台 湾 研 究 系 列

教育部人文社会科学研究青年基金项目"大陆与台湾大学生
社交媒体使用焦虑心理及行为研究"（15YJC860005）成果

大陆与台湾大学生
社交媒体使用
焦虑心理及行为研究

Study on Anxiety and Behavior of Social Media Use by
College Students in the Mainland and Taiwan

胡 冰——著

九州出版社　全国百佳图书出版单位
JIUZHOUPRESS

图书在版编目（CIP）数据

大陆与台湾大学生社交媒体使用焦虑心理及行为研究/
胡冰著. -- 北京 ：九州出版社，2020.7
ISBN 978-7-5108-9355-1

Ⅰ．①大… Ⅱ．①胡… Ⅲ．①互联网络－传播媒介－
影响－大学生－心理健康－研究－中国 Ⅳ．①G444

中国版本图书馆CIP数据核字(2020)第140659号

大陆与台湾大学生社交媒体使用焦虑心理及行为研究

作　者	胡　冰 著
出版发行	九州出版社
地　址	北京市西城区阜外大街甲 35 号（100037）
发行电话	(010)68992190/3/5/6
网　址	www.jiuzhoupress.com
电子信箱	jiuzhou@jiuzhoupress.com
印　刷	北京九州迅驰传媒文化有限公司
开　本	720 毫米 ×1020 毫米　16 开
印　张	20.75
字　数	394 千字
版　次	2020 年 8 月第 1 版
印　次	2020 年 8 月第 1 次印刷
书　号	ISBN 978-7-5108-9355-1
定　价	78.00 元

目 录

绪　论

20 世纪末，社交媒体的出现以互动化、个性化、便捷化等优势开启了高度信息化与数字化的信息传播世代，并成为勾勒当代社会生活轮廓与深描社会格局、文化肌理乃至心理秩序的重要元素。毋庸置疑的是，日新月异的媒介技术以前所未有的优越性为我们创造了便捷、高效的生活方式，带来了更多享受生活的机会和无尽创新的可能。但是，当我们看到满街的低头族、满屏的同质化、娱乐化、滥俗化甚至"毒化"的表情包与图片新闻，当我们面对错失手机与网络而瞬间滋生的无助与恐慌感，似乎又有一个问题萦绕心头：传播技术的进步，是否必然带来文明的进步与兴盛？例如，书写是否分流并弱化了大众识记与辩论的才能，从而造成了"学习者灵魂的健忘"？印刷媒介是否在提升知识传播效率的同时也部分消解了精英文化的社会传播价值？席卷而来的网络与数字化浪潮是否进一步瓦解了人类面对面交流的社群本能、偷窃了人们自主思考、建构意义与价值判断的能力？随着技术媒介更新迭代的速度日益加快，社会开放水平的不断加深，现代性为技术媒介高速演进所造成的文化间隙与风险也蒙上了一层魅影。然而，在繁复的"拟像世界"所织造的虚拟自由与商业文化所炮制的消费民主背后，却是社交媒体时代削平深度、焦灼又难以言明的苦楚，这种难以言说的"被纠缠的自由"，正是埋藏在技术进步论视野下、当代社会广泛焦虑的映现。

当前我国社会正处在经济转型与社会变革的重要时期，一方面，社会经济与人民物质生活水平实现了长足的进步与发展，社会信息化也达到了前所未有的高度。但是，伴随着主流政治话语与意识形态的重新建构、经济利益为坐标的价值体系不断膨胀、自由与尊严的人文精神在后现代性的冲刷下也逐渐走向式微。在此背景之下，由社交媒体使用不当引发的浮躁感、社交障碍、网络沉迷、伦理失范、社会心态失衡以及广泛焦虑成为我国当代大学生的集体群像。

另一方面，当前我国台海局势日趋复杂严峻，两岸关系正处在重要的节点。台湾社会长期动荡的政治经济局势造成了台湾大学生广泛的失落感加剧、避世退缩、强烈的无助以及对生活现实无可奈何的焦虑情绪。而由此产生的两岸网络舆情危机、青年网络犯罪等现象也成为引发社会风险、造成社会动荡的重要隐患。2019 年 1 月 2 日，习近平在《告台湾同胞书》发表 40 周年纪念会上的重要讲话中，全面回顾了两岸关系走过的非凡历程，并为继续坚持"和平统一、一国两制"方针，推动两岸关系和平发展，推进祖国和平统一进程指明了方向和目标。两岸关系的未来在青年，希望寄托在年轻人身上，他们同根同源、连接着同源的民族记忆、分享着一致的情感基础。作为两岸青年学习、生活中必不可少的信息传播载体，社交媒体既是了解两岸青年信息认知、社交行为、心理情态的重要窗口，同时也是推进两岸青年文化交流、深化情谊、增进民族认同的重要平台与路径。因此，基于此种特殊的时代背景与社会语境，通过技术——社会文化视角，深入考察并解析我国大陆与台湾大学生社交媒体使用焦虑心理与行为的作用机制、特征与影响显得紧要而迫切，这也成为本研究的重要意义之一。

虽然近年来心理学、医学、社会学、传播学等学科对社交媒介带来的复杂影响已有较多讨论与分析，但是结合社会学、心理学、传播学的综合分析视角考察社交媒体使用焦虑心理与行为的研究依然很少，针对我国大陆与台湾大学生群体的社交媒体使用焦虑的研究几乎没有。由此，本研究从跨学科视野出发，通过量化与质化相结合的方式对研究问题进行普遍性、特殊性与代表性三方面的综合考察。首先，研究在反复论证的前提下试图建构一个综合性的研究框架：即，将用户自身焦虑状态与社交媒体错失焦虑（FoMO）进行关联，并与社交媒体依赖相结合，形成一个综合社交媒体错失焦虑——社交媒体依赖——个体焦虑与行为三者的分析框架，用以考察大学生社交媒体使用焦虑的构成特征、内在机制，并结合其它个体特征变量，探讨两岸不同特征大学生在社交媒体使用中的焦虑状态差异。其次，研究在大量文献搜集与爬梳的基础之上，运用半结构与无结构式访谈对两岸大学生社交媒体使用焦虑情境中出现的"玩乐劳动"现象与"圈层化"效应，以及广泛流行于两岸青年中的"朋克养生"与"小确幸""小确丧"现象背后的特征、机制、影响与成因进行了初步考察与分析。在此基础上，为建立健全两岸大学生社交媒体使用引导与干预机制，促进青年身心健康发展，以及构建更加健康、开放、和谐的两岸青年文化与舆论环境，增进两岸青年的相互理解与认同提供研究依据与初步的策略及建议。

　　由于研究对象涉及大陆与台湾地区青年大学生，研究指向也包含了文化、心理、时政等多重面向，这虽然成为本研究的重要意义之一，但却也使得研究在理论与方法设计、数据收集等层面面临更多困难。由于篇幅、学力所限，研究更多着墨于对社交媒体使用焦虑现象的呈现、特征与形成机制的考察与分析，在理论剖析和归纳方面仍有诸多不足，希望能够通过持续不断的努力和探索，为该领域的研究提供微薄助力。

第一章 研究背景、意义与方法

第一节 研究背景与意义

一、研究背景

（一）社交媒体与"后人类时代"的社会焦虑

一种新媒体的长处，将导致一种新文明的产生。作为信息社会的代表性力量，建立在web2.0基础上的社交媒体，"不仅全面荡涤了传统社会结构，同时也引发了政治权力、组织结构、公民社会、生产方式、工作模式和交往方式等几乎所有领域的深刻变革"。① 而这一特征在社交媒体技术日新月异的当下中国体现得尤为突出。

首先，在经济领域，社交媒体及其产业正以一种新的或重新组合或者再次发现的知识形态被引入当代经济系统的运行之中，社交媒体在拉动信息流量消费、跨国消费，助力共享经济与消费，拉动就业，促进教育、医疗、电商、金融、零售等产业的转型和升级方面创造了巨大的市场价值和发展潜能，从而成为优化经济与产业结构、创造新型经济增长方式的重要力量。根据麦肯锡公司的调查发现，企业内使用社交网络能够使熟练的知识员工生产率提高20%—25%，如果在消费品、金融服务、专业服务和精密制造四个产业中采用这一做法，每年可创造9000亿到1.3万亿美元的经济价值②。

其次，在政治与公民社会领域，以我国为例，截至2018年6月，我国在线政务服务用户规模达4.70亿，占总体网民的58.6%。其中通过支付宝和微信城市服务平台获得政务服务的使用率为42.1%，成为网民使用最多的在线政务服

---

① 刘卫东，荣荣：《网络时代媒介权力结构与社会利益变迁：以当代中国社会意识形态为视角》，《新闻与传播研究》，2012年第2期，第20—27页。

② ［英］汤姆·斯丹迪奇：《从莎草纸到互联网：社交媒体2000年》，林华译，中信出版社，2015年，第299页。

务方式；其次则为政府微信公众号，使用率为 23.6%，政府网站、政府手机端应用及政府微博的使用率分别为 19%、11.6% 及 9.4%[①]。社交媒体不仅成为建构我国政民互通、完善法制化进程、强化社会监督与民主化建设的重要渠道，同时，随着社交媒体平台功能的延伸与聚合，它也成为提升教育、医疗、养老、社会保障等多边社会事业的重要推手。可以说，社交媒体在当代社会的作用和意义早已超越了其工具属性，它借助媒介的力量重构着一种经济创造与政治参与的模式，它不仅仅是现代性的产物，同时也形塑着日新月异的现代化进程，并已成为现代社会重要的组成部分，在某种程度上甚至是我们今天所处社会之所以称为"现代"的重要原因。

再次，在社会文化领域，社交媒体也成为建构当代多元文化、深化全球文化传播动能与潜力的重要平台。例如，每天孜孜不倦推送各种新奇好玩的想法、新闻、音乐、视频链接的 Twitter；分享知识、经验和见解的知乎；纪录、传播个人生活、学习和工作的微博、Facebook，为全球用户提供高水平视频服务的"油管"（YouTube）、抖音、优酷；即时分享照片的 Instagram；借助各类有趣表情进行即时通信的 Line；基于地理位置，发掘社交开放性的陌陌、探探；以及每日与你我相伴的微信、QQ、人人网等。不同的社交媒体平台通过各自独特的符号体系在不知不觉中改变并重塑着我们生存的话语方式、知识体系与文化环境。

无疑，社交媒体为人类社会生活带来了前所未有的高效、便捷与乐趣。但是，随着社交媒体使用时长的不断扩充、个体对于社交媒体的需索度也在不断提高。从各式迅速更新换代的外载智能手机到可穿戴、可植入的内置芯片，人们与技术媒介之间的界限也在不断消弭，科幻电影和小说中的塞伯格（cyborg）、Social Bots 走出荧屏，后人类（post human）时代已然降临。然而，与科幻世界所呈现的线性叙事与单维逻辑不同，技术媒介对文化、伦理社会带来的复杂而深远的影响，它或如同鲍德里亚"拟像（simulacra）"理论描述的一般，大众媒介通过编码技术构造了一个仿真的世界，消费社会中受众在媒介引导下将符号文化中的"意义真实"与"现实真实"混淆了，拟像和仿真的东西超真实，最终导致大众真伪难辨，唯有主动丧失意愿。或如尼尔·波兹曼描述的："一切文化内容都心甘情愿成为娱乐的附庸，毫无怨言或无声无息，其结果是我们成了

---

① 《CNNIC：2018 年第 42 次中国互联网络发展状况统计报告》，中文互联网数据资讯中心网站，获取网址：http://www.199it.com/archives/762938.html，发布时间：2018 年 8 月 27 日。

一个娱乐至死的物种"。[①] 不仅如此，伴随着技术媒介嵌入度的不断深化，作为自然属性与社会属性的"人"的元概念也不断被消解，正如弗拉瑟的观点"人逐渐成为帮助工具实现其功能的客体，而设备则成为使人类机器化的社会装置"[②]，而人类的情感与精神世界也逐渐成为附庸。这种交织在工业与后现代性之中，沐浴在消费主义、技术主义和工具理性之下的社会焦虑情境，就像进入了一个"人心失序"（ethos）的年代，人的情感日益失去它的价值维度与重量，人的精神生活正在失去其正当性的根基。然而，人心秩序是世界的价值秩序的主体性维度，心态气质（体验结构）的现代转型比社会政治经济制度的历史转型更根本[③]。田里克与海德格尔在历经了过去三十年来西方社会的文化危机与动荡后，将焦虑形容为人类对非存有（nonbeing）威胁的反应，克尔凯郭尔则将焦虑描述为对虚无的恐惧（fear of nothingness）。似乎我们所处的时代，正在迫使人类逐渐走向越来越不安全的风险社会，其中时刻并且到处充满着危机、恐慌与焦虑。[④] 从理论层面而言，这种复杂的文化表征一方面延续并发展了 20 世纪以来马克思的"异化理论"、卢卡奇的"物化理论"，同时它也从后现代的立场出发，不断解释并且建构着新的社会现实，甚至，"从本体论的分野（ontological divisions）打破原有的世界，形塑着事实与虚构、自然与文化、全球与地区、科学与艺术、科技与人文之间的差异"[⑤]。由此，如何在时代语境中反思、阐释、协调、应对这种由物质、技术、媒介发展与精神、文化、自我之间构成的剧烈矛盾与结构性焦虑已成为全球范围内社会科学研究共同关注的重要议题。

（二）我国大学生的社交媒体使用焦虑群像

克尔凯郭尔曾提出，焦虑是自由的眩晕，焦虑是被纠缠的自由[⑥]。当前的我国社会，正处在经济转型与社会变革的重要时期，不仅人民物质生活水平实现了空前的发展与富足，社会信息化程度也达到了前所未有的高度。然而，处在这样的时代与区域语境之中，对于游离在便捷、自由、繁复的数字化世界之中

---

① [美] 尼尔·波兹曼：《娱乐至死》，广西：广西师范大学出版社，2004 年，第 4 页。

② [巴西] 威廉·弗拉瑟尔：《摄影的哲学思考》，毛卫东，丁君君译，北京：中国民族摄影艺术出版社，2017 年，第 23—24 页。

③ 刘小枫：《舍勒选集》，上海：上海三联书店，1999 年，第 9 页。

④ [德] 乌尔里希·贝克：《个体化》，北京：北京大学出版社，2011 年，第 78 页。

⑤ Kierkegaard S, "The Concept of Anxiety",trans,by Reidar Thomte and Albert B.Anderson, New Jersey：Princeton University Press，1981：61.

⑥ 杨钧：《焦虑：西方哲学与心理学视域中的焦虑话语》，北京：北京大学出版社，2013 年，第 12 页。

的我国大学生来说，社交媒体不仅是伴随其学习、生活、社交的重要媒介工具，同时也是形塑其社会认知、价值观与世界观的重要途径。泰普斯科特曾提出，1977 年以后出生的青少年，已经随着互联网的崛起而成为有史以来第一批在数字化环境中成长的世代，他们的生活方式和行为方式，明显地体现了网络化、数字化的生存逻辑。[①]在我国，正如黄少华所述，作为一个群体，青少年正越来越将自己的生存方式与网络融合到了一起，无论是聊天室、BBS、电子邮件、还是 QQ、MSN、netmeeting 或网络游戏，都从不同的面向体现了今天青少年全新的生存方式与行为逻辑。[②]社交媒体对于当代青年的影响，一方面体现在其参与、公开、交流、对话、社区化等优越性产生的增益性作用，另一方面，由社交媒体使用不当造成的焦虑效应也成为当代大学生的集体群像。

首先，随着青年社交媒体依赖水平的不断提高，低头一族随处可见，不刷手机就无法入眠、不晒美图就不能吃饭的现象屡见不鲜。更加令人担忧的是，隐藏在这些现象背后、由社交媒体使用不当对青年带来的一系列心理、意识形态及价值观层面的复杂影响。例如，当代青年沉浸在社交媒体建构起来的符号世界里，不仅需要依靠大同小异的网络语言、表情包、精修的照片来传达思想、互动交际，甚至需要依托这些虚拟符号所承载的"语言共识""美的共识""文化与情感共识"来证明主体存在的意义和价值，这状态正如克里斯托弗·拉什所述，"他却要依靠别人才能感到自尊。离开了对他崇拜得五体投地的观众，他就活不下去。或者只有当他依附于那些出类拔萃、声名显赫、具有领袖才华的人物时，他才能克服这种不安全感"。[③]这种主体性剥离与丧失的状态对于青年独立、创新、思辨的精神与能力的培养极为不利。其次，由青年社交媒体使用突显性、强迫性、冲动性等现象造成的认知与心理动机、人际关系、自我表达与社会认同异常现象，逐渐成为引发青年群体道德恐慌、焦虑与抑郁、伦理失范、社会交往异化与极化、社会心理失衡等问题、造成网络舆情危机、带来社会风险的重要隐患。青年作为推动社会发展的根本性动力，其价值观、世界观不仅是对当代社会文化与宏观环境的综合映照，同时也是决定未来社会文化发

---

① [美]唐·泰普斯科特：《数字化成长：网络世代的崛起》，陈晓开等译，长春：东北财经大学出版社，1999 年，第 328 页。

② 黄少华、陈文江：《重塑自我的游戏：网络空间的人际交往》，兰州：兰州大学出版社，2002 年，第 83—97 页。

③ [美]克里斯托弗·拉什：《自恋主义文化：心理危机时代的美国生活》，陈红雯、吕明译，上海：上海译文出版社，2013 年，第 4 页。

展趋向与水平的重要根基。通过深入剖析社交媒体使用不当造成的青年心理及行为异常问题，建立健全有效的引导和干预机制，是当前青年问题研究中亟待解决的核心主题之一。

（三）社交媒体时代两岸青年的焦虑与共情

2019年1月2日，习近平在《告台湾同胞书》发表40周年纪念会上的重要讲话，引发了海峡两岸特别是岛内民众的广泛共鸣。讲话全面回顾了两岸关系走过的非凡历程，并为继续坚持"和平统一、一国两制"方针，推动两岸关系和平发展，推进祖国和平统一进程指明了方向和目标。回顾两岸关系几十年来的发展历程，在两岸同胞共同努力下，两岸关系已取得了历史性成就，发生了历史性变化。2018年年底的"九合一"选举结果便反映了广大台湾民众希望继续分享两岸关系和平发展的"红利"，希望改善经济民生的强烈愿望。① 由此可知，在继续坚持"九二共识"的基础之上，进一步全面推进两岸在政治、经济、文化领域的交流与合作，逐渐深化中华民族的思想认同、文化认同与民族认同将是两岸人民共同的愿望与热切呼声。

在开展两岸政治经贸往来的同时，进一步实现两岸青年之间的互动无疑将成为推动两岸关系发展，促进两岸文化交流与认同的关键步骤与发展趋向。例如，《关于促进两岸经济文化交流合作的若干措施》（简称"31条惠台措施"）发布一年来，大陆已有25个省区市72个地方（涵盖东部全部省份、中西部和东北大部分省份及全部计划单列市）分别制定具体落实举措，促进惠台政策的持续与深入②。从产业、财税、用地、金融，到就业、教育、文化、医疗，涉及诸多领域的"31条惠台措施"不仅为台企台胞提供了更多、更广阔的市场发展机遇与政策，同时也让更多的台湾青年在大陆学习、就业和创业，他们的足迹遍布了云南、贵州、四川、甘肃和北京等地，通过与大陆青年之间的深入交流，进一步了解了中国传统文化，两岸青年也收获了彼此深厚的友谊。正如中共中央台办、国务院台办主任张志军在考察江苏省淮阴工学院台商学院时所说："两

---

① 《国台办阐释习近平总书记在〈告台湾同胞书〉发表40周年纪念会上的重要讲话：为新时代两岸关系发展指明方向》，团结报团结网，获取网址：http://www.tuanjiebao.com/2019—01/17/content_163720.htm，发布时间：2019年1月17日。

② 《大陆"惠台31条措施"出台一年间》，华夏经纬网，获取网址：http://www.huaxia.com/qqla/qqh/2019/02/28/6038339.html，发布时间：2019年2月28日。

岸关系的未来在青年，希望寄托在年轻人身上。"[①] 作为当代青年学习、生活必不可少的生活方式，社交媒体成为了解两岸青年多维行为与心理特征的重要平台，同时，折射在当代青年身上的社交媒体使用焦虑情境已成为两岸大学生共通的心理与行为表征，由此聚焦两岸青年社交媒体使用焦虑研究，将为有效避免网络传播失当造成的两岸舆情危机、社会风险问题提供监测与预警机制。为进一步推进两岸青年文化交流、增进两岸青年共情能力、提升两岸青年思想认同、文化认同与民族认同，注入新的活力。

二、研究意义

（一）反思技术"赋魅"风险，培育积极、健康的青年文化

正如"艺术的本质是对理念世界的模仿，欣赏艺术时，人类的心灵状态如同在回忆理念世界的美"一样[②]。到中世纪和文艺复兴时期，最被人所熟知的艺术作品的内容大多与神话故事或宗教题材有关，它们在表现人类的理想美的基础上，同时包裹了宗教情绪，甚至承担救赎功能。无论是表现美，还是体现善，这些艺术都如同被赋上了一层"魅"[③]。

信息社会以来，媒介技术带给文化的重要影响不仅如同一股"形塑的力量"改变着社会各个领域与日常生活的样貌，承担着创造和维系、协调个人和整体社会之间关系与归属的能力[④]。同时，现代性时而也为技术媒介高速演进所造成的文化间隙与风险蒙上了一层魅影，然而，当工具理性的魅影逐渐覆盖理性的全部解释力时，媒介发展带来的一切问题变的合理化，继而成为一种机制化延伸而来的理由和借口。令人担忧的是，现代性技术"赋魅"也成为当代青年社交媒体使用不当、个体与群体焦虑、社会舆情风险的重要根源之一。在世界范围内出现的、由网络与社交媒体使用不当造成的青年群体视力下降、睡眠不足等问题正在广泛的影响着当代青年的身心健康，而日趋严重的青年网络成瘾、焦虑与抑郁、伦理失范、社会交往异化与极化、网络犯罪等问题不仅造成了一

---

① 《张志军：两岸关系的未来在青年 希望寄托在年轻人身上》，中国新闻网，获取网址：http://www.chinanews.com/tw/2017/05—09/8218943.shtml，发布时间：2017年5月9日。

② 杨冬：《文学理论——从柏拉图到德里达》（第2版），北京：北京大学出版社，2012年，第19页。

③ 《什么是"赋魅"与"祛魅"？》，搜狐网，获取网址：http://www.sohu.com/a/218945329_684863，发布时间：2018年1月25日。

④ 包亚明：《现代性与空间的生产》，上海：上海教育出版社，2003年，第95页。

系列负面的社会影响，它也在更深层的意义上对积极向上的青年文化与青年时代精神的培育带来严重的阻滞与破坏作用。相对于我国国情而言，是否能跟上信息化时代的步伐，跻身于世界信息强国，实现跨越式发展，与青少年一代的网络素养直接相关，而大学生群体作为青年群体中的重要构成部分，无疑肩负着国家人才培养和科技创新的重要责任。因此，厘清大学生社交媒体使用特征与焦虑心理及行为属性、机制与原因，有助于建立健全青年社交媒介使用干预与疏导策略、有效避免青年网络犯罪、舆论与社会风险现象的滋生，并为健康、积极向上的青年文化培育与引导奠定研究基础。

（二）增进两岸青年文化交流、理解与认同

"medium"源于拉丁文"didius"，意指"在中间"，而"communication"则源于拉丁文"communicare"，意为分享或使普遍。从詹姆斯·凯利"传播的仪式观"出发可知，社会信息传播的意义并非信息在物理空间中的扩散，而是通过信息的共享来达到在时间上对一个共同体的维系，它强调的不是控制与权力，而是共享与交流。同样，在两岸交流合作越来越广泛、同胞交往越来越密切、亲情越来越深厚、心灵越来越契合的今天，社交媒体不仅作为两岸社会信息与民间文化传播的重要渠道，同时，它也是两岸人民进一步增进了解、扩大分享与交往、深化认同的重要方式与契机。因此，作为推动两岸关系深化发展的重要渠道与平台，深入考察两岸青年群体的媒介使用方式、特点及存在的问题，将为了解两岸青年网络及社会认知心理与行为逻辑，全面建构、完善两岸网络舆情危机预防与调控机制，建构更加开放、和谐的两岸青年文化公共领域、提升两岸青年交流、理解与认同提供初步策略基础与实证依据。

（三）创新理论测量框架，推进量化与质化结合研究

本研究综合了量化与质化相结合的研究思路，通过量化方法对研究问题进行了合理的理论框架创新与测量，并对研究问题的普遍性意义进行了较为全面的考察，同时在深度访谈与小组访谈的基础上对研究问题所呈现出的特殊性与代表性进行了较为深入的了解，一定程度上推进了本议题的量化与质化相结合的综合研究进程。首先，在量化研究层面，虽然已有研究对于社交媒体用户焦虑的界定、测量、机制与影响因素的考察已取得部分成果，但由于相关研究尚处于起步阶段，不仅研究数量较为有限，在对于"社交媒体用户焦虑"这一概念界定层面，目前也尚未出现权威性的界定，较为完整的研究框架也尚未形成。这导致了相关文献研究所使用的概念与测量方式各自迥异，同时也加大了本研

究的难度。本研究在详细梳理以往研究成果的基础之上，充分考察了社交媒体焦虑可能涉及到的精神与躯体表征、媒介依赖、社交媒体独特属性、用户个体特征、社会网络关系等多方面因素，并在此基础上尝试建构一个综合性的研究框架：即将用户自身焦虑状态与社交媒体错失焦虑（Fear of Missing Out，简称FoMO）进行关联，并与社交媒体依赖相结合，形成一个综合社交媒体错失焦虑、社交媒体依赖、焦虑情绪与行为的三维分析框架，用以考察在社交媒体环境下，用户焦虑的构成特征、内在机制，并结合其他个体特征变量，探讨不同特征大学生在社交媒体使用中的依赖与焦虑状态差异。其次，本研究根据前期量化研究成果，在对相关领域专家、大学生开展了多次深度及小组访谈的基础上制定了正式访谈提纲，并对两岸大学生社交媒体使用焦虑现象中的特殊性进行考察。最后，研究通过半结构与无结构式访谈法对两岸大学生群体中独具时代性与代表性的"朋克养生""小确幸"与"小确丧"等青年次生文化进行了初步考察，从而较为全面的对两岸大学生社交媒体使用焦虑现象做一透视，并在此基础上提出了针对性的对策与建议，具备一定的理论创新价值与意义。

第二节　社交媒体使用焦虑研究综述

由社交媒体使用不当造成的受众心理及行为焦虑对社会产生了广泛而深远的影响。已有研究表明，当不得不放弃使用社会化媒体时，青年们使用了和戒掉毒品、酒精相同的词汇来描述其感受：戒瘾、疯狂渴求、非常焦虑、极其不安、痛苦、神经紧张、疯狂。媒介沉溺行为已经对人的精神产生了不可小觑的影响[1]。而由社交媒体使用不当所带来的浮躁感、注意力不集中以及网络负面价值观等影响已经成为困扰以90后为代表的青年群体身心健康的主要问题[2]。在随处可见的"低头族"中，注意力障碍、道德恐慌、焦虑与抑郁、伦理失范、社交交往异化等现象频发，这不仅对我国青年的身心健康发展带来极大危害，同时，由此引发的青年群体意识异化与极化、社会心态失衡等问题也成为制造社会舆情危机、引发社会风险的重要隐患。本研究分别从文献计量与质化分析两

---

① 熊宁：《移动电子媒介兴起中的媒介依赖研究》，人民网，获取网址：http://media.people.com.cn/n/2013/1017/c370015—23239225.html，发布时间：2013 年 10 月 17 日。

② 凯度：《2017 中国社交媒体影响报告》，搜狐网，获取网址：http://www.sohu.com/a/146588745_742234，发布时间：2017 年 8 月 13 日。

方面对国内外社交媒体使用焦虑文献进行统计、梳理与归纳，旨在对相关研究现况、存在的问题及未来发展趋势进行全面把握，从而为本研究的开展提供扎实的研究基础。

一、文献计量分析

本研究首先尝试运用文献计量分析方法，在美国科学情报研究所的"ISI web of knowledge"中的"web of science 核心合集"数据库中，对 1975—2019 年期间收录的有关社交媒体焦虑的研究文献进行统计分析。在此次研究中，为确保检索结果的查全率和查准率，研究选择了两个检索主题，并构建检索式为"主题 =（Social media anxiety）OR 主题 =（Social Internet service anxiety）"。检索时间为 2019 年 6 月 19 日，检索到 1975—2019 年（截至 2019 年 6 月 19 日），共计 1726 篇论文。本研究采取文献计量分析法，主要从社交网络焦虑研究的论文增长规律与文献利用情况、期刊与作者分布、研究热点与应用三个方面、七个维度对数据进行搜集、整理与分析。数据分析采取 SPSS 和 Excel 作为统计分析工具。

（一）社交媒体焦虑研究的文献增长规律和文献利用情况分析

1. 文献增长规律

某一研究领域科学文献的数量是揭示该领域科学知识量变化的重要指标，文献计量学的奠基人之一普赖斯在对各种科学指标进行了大量统计分析的基础上，提出了科技文献增长的四阶段理论[①]：第一阶段，学科刚刚诞生，绝对论文数量少，增长不稳定，很难通过统计的方法求得相应的数学表达式；第二阶段，学科进入大发展时期，专业理论迅速发展，论文数量急剧增加，较严格地服从指数增长；第三阶段，学科理论日趋成熟，论文数量增长减缓，演变为线性增长，仅维持固定的文献增长量；第四阶段，随着理论的完备，学科文献日趋减少，曲线逐渐平行于横坐标，或出现不规则各类振荡。表 1-1 列出了 1975 年—2019 年社交媒体焦虑研究论文每年的发表数量以及论文累计数量。（由于 1975 年—1994 年以前的主题文献在内容与数量上与社交媒体定义并非强相关，分别为 1991 年 3 篇、1992 年 1 篇，1993 年 5 篇。1994 年 3 篇。故将 1994 年以前的文献数进行加和统计）

[①]　邱均平、王菲菲：《基于文献计量的国内外社会网络分析研究比较》，《情报资料工作》，2011 年第 1 期，第 33—37 页。

表 1-1 社交媒体焦虑研究论文的年代分布

出版年份	当年论文数量	论文累计数量
1975—1994	12	12
1995	4	16
1996	3	19
1997	5	24
1998	5	29
1999	7	36
2000	4	40
2001	11	51
2002	7	58
2003	13	71
2004	20	91
2005	21	112
2006	24	136
2007	34	170
2008	47	217
2009	48	265
2010	62	327
2011	62	389
2012	77	466
2013	125	591
2014	122	713
2015	154	867
2016	185	1052
2017	268	1320
2018	300	1620
2019	106	1726

自 1975 年起，社交媒体焦虑主题研究论文进入 web of science 核心合集数据库以来，每年论文数量稳定增长。2001 年开始，年载文数量达到两位数，2005 年年累计论文量超过百篇；2013 年，当年论文发表数量过百，占总论文数的 7.2%，至 2017 年当年论文发表数量大幅提升，达到 268 篇，2017 年、2018 年两年共刊发相关主题论文 568 篇，占总发文量 32.9%。截至 2019 年 6 月 19 日，累计论文数量达到 1726 篇。

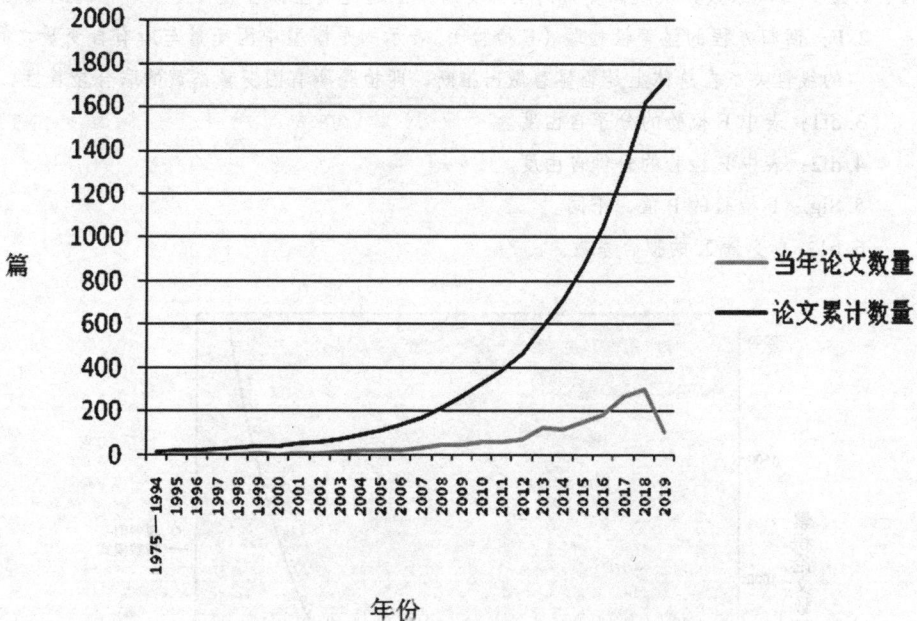

图 1-1　社交媒体焦虑论文数量增长趋势图

图 1-1 从每年发布的论文数量以及论文累计增长数量两个角度揭示了 web of science 数据库中 1975 年—2019 年社交媒体焦虑论文数量增长趋势图。由数据分析可知，虽然社交媒体概念出现于 2007 年，但在 2001 年起，相关主题的研究就已逐渐出现，并在 2008 年前后出现较快增长，同时保持基本稳定的增长节奏。这与近年来社交媒体技术的迅速发展和应用普及紧密相关。

表 1-2　论文累计数量增长的曲线拟合度

方程	模型汇总					参数估计值	
	R^2	F	df1	df2	Sig.	常数	b1
指数	0.991	2866.008	1	24	0.000	1.065E-166	0.193

$$Y=(1.065E-166)e^{0.193x}$$

注：1. R^2：可决系数，反映因变量的全部变动中能通过模型拟合被自变量解释的比例。

2. F：回归方程的显著性检验（F 检验），表示的是模型中因变量与所有自变量之间的线性关系在总体上是否显著做出推断，即检验所有因变量系数的联合显著性。

3. df1：表中 F 检验的分子自由度。

4. df2：表中 F 检验的分母自由度。

5. Sig.：F 检验的 P 值，下同。

6. b1：自变量 X 的拟合系数。

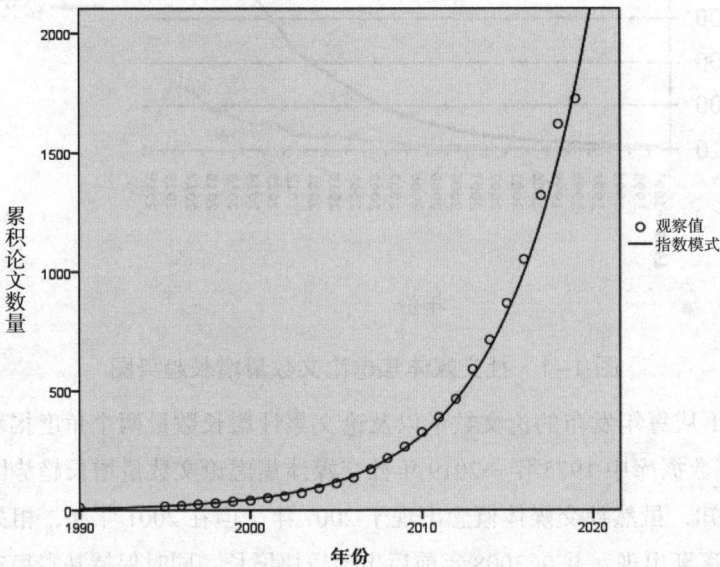

图 1-2　1975—2019 年社交媒体焦虑累计论文增长曲线拟合

为了进一步了解该领域文献研究目前所处的发展阶段和增长规律，结合普赖斯的研究，笔者对社交媒体焦虑研究论文的累计数量进行回归分析，通过 SPSS 的曲线拟合可知，指数曲线为 $Y=(1.065E-166)e^{0.193x}$。指数曲线的拟合度为 99.1%，拟合图像如图 1-2 所示。基于普赖斯的逻辑曲线增长理论，经过回归分析得出，目前对于社交媒体焦虑的研究处于第二阶段，即学科进入大发展时期，专业理论迅速发展，论文数量急剧增加，较严格地服从指数增长。这说明近年来随着社交媒体技术的不断成熟和广泛普及，其产生的社会影响正受到学界各领域的普遍关注。

2. 文献利用情况

科学文献的引用与被引用，从文献使用的角度反映了科学与技术之间、学科之间的相互关系①。本研究选取文献利用广度来分析社交媒体焦虑研究的文献利用情况。

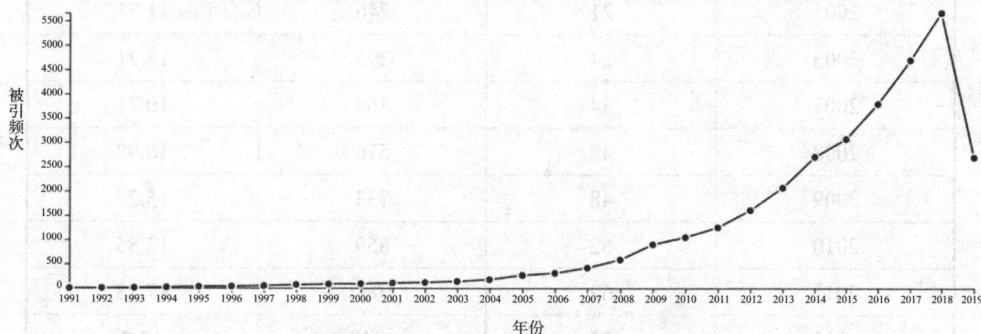

图 1-3　1975—2019 年论文被引情况

图 1-3 反映的是 1975—2019 年发表的论文被引用情况，由图可知，自 1991 年以来，该主题论文引用量呈逐年稳步增长趋势。据统计，核心合集数据库中 44 年间发布的文献总被引频次为 31931 次，去除自引为 31107 次，平均每篇被引次数为 18.5 次。最高被引出现在 2018 年，达 4719 次。

表 1-3　社交媒体焦虑论文引文分布数据

出版年份	论文数	引文数	平均引文数
1975—1994	12	28	2.33
1995	4	30	7.5
1996	3	34	11.33
1997	5	43	8.6
1998	5	64	12.8

① 张翠英、安美荣、王建芳等：《Web 引文数量探析》，《情报科学》，2004 年第 5 期，第 566—570 页。

出版年份	论文数	引文数	平均引文数
1999	7	76	10.86
2000	4	77	19.25
2001	11	101	9.18
2002	7	111	15.86
2003	13	131	10.08
2004	20	165	8.25
2005	21	246	11.71
2006	24	293	12.21
2007	34	364	10.71
2008	47	516	10.98
2009	48	733	15.27
2010	62	859	13.85
2011	62	1062	17.13
2012	77	1363	17.7
2013	125	1761	14.09
2014	122	2159	17.7
2015	154	2585	16.79
2016	185	3162	17.09
2017	268	3867	14.43
2018	300	4719	15.73
2019	106	2238	21.11

表 1-3 反映的是 1975—2019 年度引文总数和年均引文数。由表可知，至 2001 年，该主题研究引文数超过 100 次，而至 2011 年，引文总数超过 1000 次。平均引文数从 1975 年的 0 次发展到 2018 年的 4719 次，单篇文章最高引用次数达到 1926 次。这说明随着文献数据库的开发、文献传播技术的进步，文献传播范围在不断扩大，某一领域高水平的研究论文可被世界各国学者所引用，因此论文引用比率增长速度相对较快，但同时也可以看出，该领域文献引用总量不大，文献的传播范围、利用文献的广泛程度仍有待进一步提升。

（二）．期刊、学科、作者分布规律分析

1. 期刊分布规律

1975 年以来，核心合集中共有 1045 种期刊收录社交媒体焦虑相关的论文 1726 篇，总载文比约为 1.65 篇。可见，该领域的研究论文分布比较分散，涉及的学科领域非常广泛。通过统计可知，刊载论文达到 10 篇以上的期刊 16 种（如表 1-4），载文量最高的期刊 *COMPUTERS IN HUMAN BEHAVIOR* 刊载文献 61 篇，刊载 5 篇及以下论文的期刊共 539 种。

表 1-4　刊载论文 10 篇以上的期刊

刊物	发文数	比例 %
Computers in Human Behavior	61	3.534
Journal of Medical Internet Research	41	2.375
PLOS One	26	1.506
JMIR Mental Health	19	1.101
BMC Psychiatry	17	0.985
Frontiers in Psychology	16	0.927
Journal of Anxiety Disorders	14	0.811
BMC Public Health	12	0.695
CyberPsychology Behavior and Social Networking	12	0.695
Personality and Individual Differences	12	0.695
Cochrane Database of Systematic Reviews	11	0.637
JMIR Research Protocols	11	0.637
Journal of Affective Disorders	11	0.637
Australian & New Zealand Journal of Psychiatry	10	0.579
Behaviour Research and Therapy	10	0.579

20 世纪 30 年代，英国著名文献学家布拉德福德 B.C.Bradford 率先提出描述文献分散规律的经验定律：布拉德福德定律。根据这一定律可认为，如果将科技期刊按其刊载某学科专业论文的数量多少以递减顺序排列，那么，可以把期刊分为专门面对这个学科的核心区、相关区和非相关区。各个区的文章数量相等，此时核心区、相关区、非相关区期刊数量成 $1:n:n^2$ 的关系，可用以检验

该领域研究的成熟水平。本研究根据布拉德福分散定律对社交媒体焦虑的相关研究论文在期刊中的分布情况进行区域分析，即将期刊按照载文量递减规律排序，可将社交媒体焦虑相关期刊分为三个区域，即第一区为刊载 6 篇以上论文的期刊，第二区为刊载量 2—5 篇的期刊，第三区为刊载量仅 1 篇的期刊，如表1-5 所示。通过研究可发现，刊载论文的专业期刊比较分散。其中刊载两篇及以上的期刊共 220 种，共占比 21.1%，另外 825 种期刊分别刊载该主题论文 1 篇，占刊物总数的 78.9%，明显不符合布拉德福定律。

表 1-5　来源期刊离散分布

分布区域	期刊种数	占比	载文数量	占比	刊载书目、期刊
第一区	30	2.9%	396	22.9%	≥6
第二区	190	18.2%	505	29.3%	2—5
第三区	825	78.9%	825	47.8%	1
总计	1045	100.0%	1726	100.0%	—

同时，根据 1726 篇文章分散刊载在 1045 种期刊上的情况，可计算出平均每种期刊刊载文献数量（$\bar{x}$）为 1.652 篇，标准差（s）为 2.851 篇，离散系数（$v = s / \bar{x}$）为 1.7258。这种高度分散的分布状况表明，社交媒体焦虑现象的研究是一门多学科交叉性极强的研究领域，同时也说明该领域的研究仍尚未成熟，仍有较大的发展空间。

2. 研究方向分布情况

根据对 web of science 核心合集中收录的社交媒体焦虑论文研究方向分析，发现研究主题涉及学科领域丰富而广泛，研究切入点较为多元，共分为 109 个细分领域。其中发表论文 10 篇以上的研究方向有 41 个，5—9 篇的有 17 个方向，5 篇以下的有 51 个方向。

表 1-6　发文量前二十名研究方向分布

研究方向	发文量	比例 %
Psychology	480	27.810
Psychiatry	296	17.149
Communication	108	6.257
Neurosciences Neurology	107	6.199
Public Environmental Occupational Health	102	5.910
Health Care Sciences Services	92	5.330
Education Educational Research	91	5.272
General Internal Medicine	74	4.287
Social Sciences Others Topics	73	4.229
Computer Science	65	3.766
Medical Informatics	54	3.129
Business Economics	50	2.897
Sociology	47	2.723
Science Technology Other Topics	37	2.144
Biomedical Social Sciences	36	2.086
Substance Abuse	30	1.738
Nursing	29	1.680
Anthropology	28	1.622
Pediatrics	28	1.622
Rehabilitation	27	1.564

　　整体来看，社交媒体焦虑的研究涉及的领域非常广泛，在各学科中均有论文发表，这反映出社交媒体焦虑是一个多学科交叉形态显著的综合研究领域。研究成果较为突出的五个方向，包括心理学、精神病学、传播学、神经科学、公共环境职业健康。传播学发文量位居第三，在发文量最高的前 20 名研究方向中，大部分为自然科学领域期刊，见表 1-6。这说明在社交媒体焦虑研究领域，自然科学的关注度和研究成熟度相对较高，而社会科学则处在相对薄弱的发展地位和阶段。

3. 作者分布规律

（1）高产作者分布。在 web of science 核心合集数据库中提取的 1726 篇论文共由 5946 位作者撰写（由多名合作者的合著文章，在此处重复计算，但占比均以文章总数 1726 篇为基数进行计算，本研究对于占比计算均采取这一方式计算，不再另作说明）。著名科学家与科学史学家普赖斯曾论述："在同一主题中，半数的论文为一群高生产能力作者所撰，这一作者集合的数量约等于全部作者总数的平方根。"[1] 根据该定律，社交媒体焦虑领域的核心作者应约等于 77 人。然而根据统计情况来看，核心作者人数不足 77 人，其发表文献也不足 50%，这表明研究社交媒体焦虑的核心作者群尚未形成。

（2）合作者分布规律。在 web of science 核心合集数据库中搜索到的 1726 篇文章中，有 26 篇文章作者由两位及两位以上作者合作完成，论文合作率（合作论文数/论文总数）占到 1.50%，合作率非常低，体现了目前社交媒体焦虑研究的团队合作模式尚未成熟。如表 1-7 所示，在排名前十的研究团队中，IEEE 发文最高达到 8 篇，其次为 ACM 发文 5 篇，SPIRR CAD STUDY GRP 发文 2 篇，其余团队均发表 1 篇。团体作者主要分布在美国、意大利、日本、中国、澳大利亚、英国、印度、西班牙等国家。研究主要方向为工程学、信息科学、电信等，人文与社会科学领域的研究团队相对较少。由此可见，目前的相关研究中，团体作者格局正在形成，但仍处在发展初期，并以北美、澳洲与欧洲国家为主。

表 1-7 团队作者完成论文情况

排名	团队名称	发文量
1	IEEE	8
2	ACM	5
3	FROG ICU STUDY INVESTIGATORS	2
3	SPIRR CAD STUDY GRP	2
4	DESTECH PUBLICAT INC	1
4	FIBROQOL STYDY GRP	1

---

① 姜春林：《普赖斯与科学计量学》，《科学学与科学技术管理》，2011 年第 9 期，第 20—22 页。

续表

排名	团队名称	发文量
4	GROUP	1
4	INT SPEECH COMMUN ASSOC	1
4	MOBILIZING MINDS RES GRP	1
4	NEUROX YOUNG PEOPLES ADVISORY GRP	1
4	OPAL STUDY GRP	1
4	REBOOT NOTTS LIVED EXPERIENCE	1
4	ROYAL AUSTRALIAN NEW ZEALAND COLL	1

（3）机构性质。根据研究机构性质列表可知，社交媒体使用焦虑研究机构类型大部分为高校。其中，加州大学系统、伦敦大学、宾夕法尼亚州高等教育系统、哈佛大学、新南威尔士大学悉尼分校共发文 221 篇，占总发文数 12.8%。

表 1-8　研究机构性质列表

研究机构	发文量
University of California System	60
University of London	56
Pennsylvanvia Commonwealth System of Higher Education Pcshe	40
Harvard University	33
University of New South Wales Sydney	32
Karolinska Institutet	27
State University System of Florida	27
University of Toronto	27
University of Pittsburgh	26
Kings College London	24
University of Michigan	24
University of Michigan System	24
University of Sydney	22
VA Boston Healthcare System	21

美国学者 A.J. 洛特 - 加龙省卡在 20 世纪 20 年代对文献信息作者分布规律

进行探究时，曾引入描述科学生产率的经验规律："科学生产率"（个体科研人员在一定时间内撰写的论文数量）来表示科研人员撰写论文的能力。笔者对社交媒体焦虑研究的论文合作者进行统计分析，发现答案是否定的，这是由本研究主题的高合作度以及论文作者的高度离散分布所决定的。

（三）研究热点与应用领域分析

1. 研究热点地理区域分布分析

通过分析有关 1975—2019 年以来社交媒体焦虑之研究可知，5946 名作者来自 83 个国家和地区，其中发表文章超过 10 篇以上的国家和地区共有 36 个（其中，中国大陆与港澳台地区分开统计，英国包含英格兰、苏格兰和威尔士）国家和地区。（发文数量按照作者所属的国家和地区进行统计，多名合作者的文章，如果来自同一国家或地区按照 1 次计算，如果作者来自不同国家和地区，则重复计算）。

通过统计可知，排在前三位的国家分别为美国、英国、澳大利亚，三国发文量总数占到总数的 60.6%。其中美国作者发表文章数量最多，为 582 篇，占到总文章数 33.72%，超过三分之一（如表 1-9）。前五位国家发文总数 1253 篇，占总数比为 72.60%，主要为欧美发达国家，我国发文量以 82 篇名列第六，台湾地区发文 18 篇，名列第 23。在发表论文 10 篇以上的国家和地区中，亚洲地区有中国大陆和台湾地区、印度（27 篇）、日本（26 篇）、韩国（24 篇）、新加坡（13 篇）、伊朗（10 篇），总共发文量占总数的 11.59%，剩下发文的 76 个国家和地区共发表文章 1526 篇。这与 web of science 核心合集数据库主要收录英文文献有关，同时也进一步说明，欧美等国家对媒介技术发展带来的社会心理负面影响的关注度普遍较高，是社交媒体焦虑研究的热点地区，但是与 2015 年度以前发文国家分布情况相比较则不难发现，以东亚为代表的亚洲国家近年来对于相关问题的关注也在持续提高。

表 1-9　研究热点地区分布

来源国	发文量	比例 /%
美国	582	33.720
英国	270	15.643
澳大利亚	196	11.356

来源国	发文量	比例 /%
加拿大	120	6.952
德国	85	4.925
中国	82	4.751
荷兰	62	3.592
瑞士	50	2.897
意大利	46	2.665
西班牙	42	2.433
土耳其	35	2.028
法国	31	1.796
新西兰	28	1.622
印度	27	1.564
以色列	27	1.564
日本	26	1.506
苏格兰	25	1.448
韩国	24	1.390

2. 文献利用热点学科和方向分析

期刊论文的被引频次是评价期刊论文质量的重要指标，同时也是检验该领域研究成熟水平和影响因子大小的重要指标。论文被引用意味着研究成果得到继承、发展或评价，被引频次越高这种效果越明显。

表 1-10 文献利用热点学科分布

应用领域	中文对照翻译	文章数量	被引频次总数	平均被引次数
Science & Technology	科学与技术	1001	21657	21.63
Social Science	社会科学	691	11940	17.28
Arts & Humanities	人文与艺术	34	38	1.12

通过表 1-10 可知，在 web of science 核心合集数据库中搜索到的 1726 篇文章中，来自科学技术领域、社会科学领域、人文艺术领域的文献分别为 1001 篇、691 篇和 34 篇，分别占总数的 58% 和 40% 和 2%。其中，自然科学引用次数最

高，而社会科学与人文艺术则处于相对劣势地位，有待进一步深化拓展。

通过文献计量研究可知，目前国际学界对社交媒体焦虑的主题研究论文总体上已经进入普赖斯科技文献增长四阶段中的第二个阶段，即专业理论迅速发展、论文数量急剧增加的学科大发展时期，但依然存在诸多问题。首先，在文献利用方面，论文年引用比率增长速度相对较快，但文献引用总量不大，传播范围仍有待进一步提升，且期刊分布不符合布拉德福定律。其次，核心作者群尚未形成、论文合作率低，团队合作模式尚未成熟。最后，在研究热点与应用方面，文献学科分布领域丰富广泛，学科交叉性表现明显。欧美、澳大利亚等国家是社交媒体焦虑研究的热点地区，东亚地区关注度持续走高，科学与技术领域成为该主题研究热点领域，社会科学、人文艺术领域的相关研究尚处于弱势地位，传播学领域中的相关研究还处于起步时期，尚有进一步发展的空间。

（二）质化综述分析

由于针对大学生社交媒体使用焦虑现象的研究稀少，同时根据本研究的目的指向，本研究梳理了与社交媒体焦虑紧密相关的三个方向：

1. 网络媒介使用下的焦虑情境

网络媒介使用下的焦虑研究主要涵盖了社交焦虑、信息焦虑和焦虑量表研究三个方面：

（1）社交焦虑顾名思义就是在与人进行交往时产生焦虑的情绪。如，在与他人沟通、交流时产生脸红、心跳加快等表现。国外学者 Armstrong L 等提出，缺乏自信、低自尊的人在生活中更容易产生社交焦虑，为了躲避现实世界，低自尊的人会习惯沉迷网络，在网络世界中获得自信和存在感。[1] 周涛在对大学生群体的研究中发现，网络上瘾和焦虑具有内生关系，即网络成瘾的程度会随着社交焦虑程度的加强而增加[2]。还有学者认为，过度使用社交媒体，会使得大学生人际交往较之前变得更加具有随意性、功利性、冷漠化、虚拟化和低俗化[3]。而有些学者则发现，网络成瘾者会将更多精力投入网络中，并在虚拟世界中汲取更多的满足感，从而越来越沉迷于虚拟环境，并逐渐导致现实生活中社交技

---

① Armstrong L , Phillips J G , Saling L L, "Potential determinants of heavier internet usage", *International Journal of Human—Computer Studies*, vol. 53, no. 4(2000), pp.537—550.

② 周涛:《大学生社交焦虑与网络成瘾的相关研究》,《湖南师范大学教育科学学报》, 2003年 5 月第 3 期，第 85—87 页。

③ 陈叶:《大学生社交媒体的使用情况、社会支持和社交焦虑的关系及情绪启动 + 效应的研究》, 漳州：闽南师范大学教育硕士学位论文, 2015 年。

能和兴趣的缺失，最终引发社交焦虑。国内学者杨伊生等经研究发现，网络上瘾程度越高，社交焦虑的情况越严重[①]。王立皓和童辉杰经研究指出，社会支持作为中间变量将大学生网络成瘾和社交焦虑之间相联系起来[②]。基于上述国内外学者的研究成果不难发现，社交焦虑与网络成瘾之间呈正向相关关系，随着网络沉迷的深入，大学生在现实生活中的社交技能与兴趣也呈现出退化与缺失的趋势。

（2）网络环境下的信息焦虑

信息焦虑又称"知识焦虑综合征"，美国信息构建大师 Richard Saul Wurman 早在 1989 年就提出了信息焦虑的概念，他将信息焦虑定义为"数据和知识之间的黑洞"[③]，并将信息焦虑划分为 5 个部分。Bawden D 和 Robinson L 则将信息焦虑界定为：在面对信息问题时所产生的压力感[④]。有学者对信息焦虑的成因进行了详细考察，研究认为，信息焦虑的主要原因由以下几个原因导致，第一种是大量信息涌入大脑，大脑在短时间内来不及处理和消化，从而导致的心理焦虑[⑤]；第二种是指在搜寻信息时，由于信息量过大、信息过于冗杂或由于自身原因而无法搜寻或不知道如何搜寻目标信息导致焦虑，这种现象有时又被称为"信息饥渴"和"信息迷失"[⑥]；第三种则是信息更新过快，信息数量过大导致的焦虑[⑦]。当然，个体的心理素质、压力承受能力和性格等主观因素也与"信息焦虑"产生密切相关[⑧]。

（3）焦虑的量表研究

焦虑量表主要包含了社交焦虑量表和信息焦虑量表两个部分。关于社交焦

---

① 杨伊生、侯友、张秋颖：《大学生网络成瘾与焦虑形态的关系研究》，《内蒙古师范大学学报（哲学社会科学版）》，2007 年第 6 期，第 73—77 页。

② 王立皓、童辉杰：《大学生网络成瘾与社会支持、交往焦虑、自我和谐的关系研究》，《健康心理学杂志》，2003 年第 2 期，第 94—96 页。

③ Richard Saul Wurman, "*Information anxiety*", New York：Doubleday Press, 1989.

④ Bawden D , Robinson L , " The dark side of information: overload, anxiety and other paradoxes and pathologies", *Journal of Information Science*, vol.35, no.2(2008), pp.180—191.

⑤ 吴贤华、满丛英：《信息焦虑及相关研究进展》，《湖北第二师范学院学报》，2017 年第 3 期，第 47—49 页。

⑥ 王畅：《信息焦虑量表的编制研究》，吉林：吉林大学硕士论文，2010 年。

⑦ 刘根勤、曹博林：《高校学生网络接触与信息焦虑实证研究》，《中国青年研究》，2012 年第 9 期，第 53—57 页。

⑧ 梅松丽、曹锦丹：《信息焦虑的心理机制探析》，《医学与社会》，2010 第 10 期，第 93—99 页。

虑的量表研究，很少有国内学者涉足。国外学者 Watson D 和 Friend R[1] 编制了
《社交回避与痛苦量表》（SAD），该量表在编制时重点区分了社交回避和社交苦
恼两个因素，共有 28 个条目，其中一半条目适用于社交回避的测量，剩下的条
目则适用于社交苦恼的测量。由 Leary M R[2] 编制的《社交焦虑量表》(IAS) 在评
定社交焦虑方面运用最广泛，它不仅能够测量人际交往环境中所产生的主观焦
虑感受，还能让人想起具体引起焦虑感受的社交环境，该量表被证明有较高的
信度。另外，关于测量个体层面上的量表测量，Zung W W[3] 编制的《焦虑自评
量表》（SAS）也是临床与科研中常常使用的焦虑测量量表之一。对于信息焦虑
的量表研究，图书馆是大量信息和知识的聚集地，因此，较多国外学者都开展
了对图书馆焦虑量表的研究。Sharon L. Bostick[4] 编制的《图书馆焦虑量表》得到
了广泛的应用，他从信息焦虑、数学焦虑、考试焦虑、计算机焦虑四个维度出
发，编制出了 294 个条目的图书馆焦虑量表模型，信度和效度良好。国内学者
大部分在国外研究基础上展开，如贺伟[5] 在此基础上修订完成了《中文图书馆焦
虑量表》，该量表共有 5 个维度，63 个项目，一定程度上促进了国内相关研究的
发展。对于信息焦虑的直接研究，国内可供参考的文献较多，如王畅[6] 根据开放
式问卷调查的结果，结合国外经典理论编制量表，编制了包括信息质量、检索
系统质量、信息用户信息素养、信息用户认知类型、客观环境 5 个维度在内的
量表模型，被测者最后的得分越高则表明其信息焦虑程度越大。曹锦丹等[7] 从信
息检索能力、检索系统质量、信息利用能力、认知特点、知识结构、信息需求
进行量表编制，共形成 47 个题项。程文英[8] 则对王畅和曹锦丹所编制的量表进

---

[1]　Watson D and Friend R，"Measurement of social—evaluative anxiety"，*Journal of Consulting and Clinical Psychology*, vol.33, no.4(1969), pp. 448—457.

[2]　Leary M R，" Social Anxiousness: The Construct and Its Measurement"，*Journal of Personality Assessment*, vol.47, no.1(1983), pp.66—75.

[3]　Zung W W, "A rating instrument for anxiety disorders"，*Psychosom*, vol.12, no.6(1971), pp.371—379.

[4]　Bostick S, "The Development and Validation of the Library Anxiety Scale"，Detroit: Wayne State University,1992.

[5]　贺伟、Doris J.Van Kampen：《图书馆焦虑量表的修订及信效度检验》，《图书情报知识》，2008 年第 2 期，第 52—56 页。

[6]　王 畅：《信息焦虑调查表的编制研究》，长春：吉林大学硕士论文，2010 年。

[7]　曹锦丹、王畅、梅松丽、贺伟：《信息焦虑量表编制及其信效度检验》，《图书情报工作》，2011 年第 2 期，第 29—32 页。

[8]　程文英、曹锦丹、卢时雨：《信息焦虑量表的修订》，《情报科学》，2014 年第 1 期，第 64—67 页。

行修订，经检验将原量表质量不高的 10 个题目剔除。韦耀阳[①] 编制的量表根据信息焦虑定义共设计了 23 道题项，分别从信息焦虑、信息搜集和选择焦虑、信息处理焦虑、信息饥渴焦虑四个维度进行编制，通过验证有良好的信度和效度。吴贤华[②] 编制了《大学生信息焦虑量表》，该量表分别从 5 个维度（采用策略焦虑、搜索信息焦虑、筛选信息焦虑、加工信息焦虑与利用信息焦虑）进行编制。国内学者大都从搜索信息和处理信息的维度进行量表编制，虽然国内相关领域的研究成果较多，但到目前为止还未有权威的信息焦虑测量量表。

2. 社交媒体依赖研究

（1）社交媒体依赖

Ball-Rokeach S J 和 Defleur M L 提出的媒介依赖理论认为，个体对社交媒体的依赖是循序渐进的，即个体对社交媒体的需求性会随着社交媒体能够给予个体满足感的增加而增加[③]。当然，此时社交媒体对个体的影响也会不断加强，尤其是当人们对于社交的迫切需要以及对于现实社会的逃避变得强烈时，媒体就会有更多的机会去影响他们。目前国内外直接研究社交媒体依赖的成果较少，大部分是通过子项目或者相关项目来进行结合研究。美国心理学家 Kimberly S. Young[④] 曾经调查了网络依赖对高校大学生的影响，调查的结果显示：网络依赖用户的社会参与度相对较低，甚至一定程度存在逃避社会的行为；同时，大学生网络依赖现象容易导致睡眠障碍、身体健康指标下滑以及学习成绩下降问题的发生。还有学者认为，网络依赖致使受众过度沉迷于网络聊天室、聊天软件，以及网络虚拟关系，从而没有足够的精力和时间去顾及现实的友情和亲情[⑤]。还有学者对社交媒体的依赖性进行了个案验证。如 Skues J L 等[⑥] 在澳大利亚对当

---

① 韦耀阳：《大学生信息焦虑与网络依赖的关系研究》，《情报科学》，2014 年第 11 期，第 88—91 页。

② 吴贤华、满丛英、黄燕等：《大学生信息焦虑量表的编制》，《湖北第二师范学院学报》，2018 年第 12 期，第 78—82 页。

③ Ball-Rokeach S J and Defleur M L , "A Dependency Model of Mass—Media Effects" , *Communication Research*, vol.3, no.1(1976),pp.3—21.

④ Kimberly S. Young, "Internet Addiction, The Emergence of a New Clinical Disorder" , APA1996 the 104th annual meeting of the American Psychological Association,Toronto: August 1996.

⑤ 钱铭怡、章晓云、黄峥等：《大学生网络关系依赖倾向量表 (IRDI) 的初步编制》，《北京大学学报（自然科学版）》，2006 年第 6 期，第 802—807 页。

⑥ Skues J L , Williams B and Wise L , "The effects of personality traits, self-esteem, loneliness, and narcissism on Facebook use among university students" , North-Holland: Elsevier Science Publishers B V, 2012.

地高校学生 Facebook 的使用依赖性进行了调研，研究表明在 Facebook 上有更多朋友的被调查者其开放性特征和孤独感指标也相对较高。国内学者武媚[①] 则对微博依赖者展开研究。研究认为，微博依赖者在微博世界里十分热衷于参与各种活动，但与之形成巨大反差的是，现实世界中的他们显得更加安静而封闭。刘振声[②] 也将微博依赖者在现实世界和虚拟社区的表现进行对比，研究发现，微博依赖者在虚拟社区中表现出更强的参与活动意愿和自我呈现的想法，并且更愿意在虚拟世界里与他人进行信息分享和互动；而在现实生活中则恰恰相反，微博被他们当作逃避现实的"工具"，来自学习和工作中的压力能够在微博这个虚拟社区里得到缓解和遗忘，从而感到更加放松。郑子涵[③] 通过微信依赖研究发现，在一定程度上，微信可以增加与实际生活中同学、亲友的相处关系，但微信依赖者更加关注已有朋友的线上交流，从而忽视了对新的人际关系的建立。

（2）社交媒体依赖的量表研究

目前国内外鲜有直接对社交媒体依赖量表进行研究的文献，学者们大都对网络依赖、手机社交媒体依赖、Facebook 依赖和微博依赖的量表进行了讨论。Kimberly S Young[④] 在"病理性网络使用"概念的基础上形成了网络成瘾诊断问卷，得到了学界的广泛认可。Davis R A[⑤] 编制的网络使用认知问卷包括 4 个维度：对社会的满足感、孤独或抑郁感、不易控制冲动以及逃避。Thadani D R[⑥] 等人在 2011 年围绕在线网络社交媒体特征进行量表编制，具体内容由情绪改变、社交获益、负面结果、强迫性、交互控制、超时性以及戒断性 7 个维度共 29 题组成。在国内的研究者中，受到广泛认可的是钱铭怡等[⑦] 编制的《大学生网络

---

① 武媚：《"微博控"：新一代媒介依存症》，《今传媒》，2011 年第 10 期，第 99—101 页。
② 刘振声：《社交媒体依赖与媒介需求研究——以大学生微博依赖为例》，《新闻大学》，2013 第 1 期，第 119—129 页。
③ 郑子涵：《社交媒体依赖及其对人际关系的影响研究》，《科技传播》，2016 年第 15 期，第 54—56 页、第 181 页。
④ Kimberly S Young , "Internet Addiction: The Emergence of a New Clinical Disorder", *CyberPsychology & Behavior*, vol.1, no.3(1998), pp.237-244.
⑤ Davis R A , "A cognitive-behavioral model of pathological Internet use", *Computers in Human Behavior*, vol.17, no.2(2001), pp.187-195.
⑥ Thadani D R and Cheung C M K, "Online Social Network Dependency: Theoretical Development and Testing of Competing Models", HICSS 2011:Proceedings of the Annual Hawaii International Conference on System Sciences, Hawaii,January 2011.
⑦ 钱铭怡、章晓云、黄峥等：《大学生网络关系依赖倾向量表（IRDI）的初步编制》，《北京大学学报（自然科学版）》，2006 年第 6 期，第 802—807 页。

关系依赖倾向量表》,具体分为交流获益、依赖性、健康网络以及关系卷入 4 个维度,共 65 题项。

关于手机社交媒体依赖的量表目前还较为稀缺,大都集中在对手机依赖量表的研究。Bianchi A 等[1]编制了手机依赖使用量表,该量表从耐受性、逃避问题、戒断性、渴求性以及消极生活事件 5 个维度,共 27 个条目进行编制。Park W K[2] 在电视成瘾量表的基础上进行手机依赖量表的编制共涵盖了 7 个方面 20 个项目。国内学者徐华[3]也进行了手机依赖量表研究,该量表以 DSM-IV(精神疾病诊断手册)中对于依赖和成瘾的描述作为理论基础,结合个案访谈的方法,建构了由戒断性、耐受性、生理反应以及社会功能 4 个维度共 13 个题项组成的测量量表。国内目前只有吴祖宏[4]对手机社交媒体依赖进行直接的讨论,他根据强迫性、戒断性、社交增益、突显性以及冲突性 5 个维度,共 22 个题项编制了《手机社交媒体依赖问卷》,经检验该问卷具有良好的信度和效度。

除此之外,国外有学者对 Facebook 依赖量表进行研究,Andreassen C S[5] 从 6 个维度(突显行为、情绪改变、耐受性、戒断性、冲突性、复发性)编制了卑尔根 Facebook 成瘾量表。国内学者刘振声[6]通过对"互联网病理性依赖"的诊断标准和"Facebook 成瘾性使用"的研究,将媒介依赖的 4 个表现与微博的特点相结合,提出了涵盖 9 个题项的"微博依赖"测量量表,经检验该量表具有良好的效度和信度。

3. 手机依赖焦虑、倦怠与错失焦虑

(1)手机依赖焦虑、倦怠

迄今鲜有对于社交媒体焦虑展开的直接研究,但是有部分研究围绕手机依赖焦虑和错失焦虑展开。首先,关于手机依赖焦虑的研究,国外学者

---

① Bianchi A and Phillips J G , "Psychological Predictors of Problem Mobile Phone Use" , *CyberPsychology & Behavior*, vol.8, no.1(2005), pp.39-51.

② Park W K, "Mobile Phone Addiction" , London: Mobile Communications, 2005.

③ 徐华、吴玄娜、兰彦婷等:《大学生手机依赖量表的编制》,《中国临床心理学杂志》,2008 年第 1 期,第 26—27 页。

④ 吴祖宏:《大学生手机社交媒体依赖的问卷编制及特点研究》,重庆:西南大学硕士论文,2014 年。

⑤ Andreassen C S , Torbjørn Torsheim, Brunborg G S (eds.), "Development of a Facebook Addiction Scale" , *Psychological Reports*, vol.110, no.2(2012), pp.501-517.

⑥ 刘振声:《社交媒体依赖与媒介需求研究——以大学生微博依赖为例》,《新闻大学》,2013 年第 1 期,第 119—129 页。

Sandström. M[①]等通过调查发现，每天手机通话时间超过 1 小时就会导致手机用户出现头晕、犯困、疲惫不堪等身体症状。在对大学生手机依赖的研究中，国内学者刘红[②]发现手机依赖倾向与孤独感有着紧密的联系，手机依赖程度越高，依赖者的孤独感也就越强烈。范虹江[③]研究发现，孤独感会导致大学生产生很多的负面情绪，比如愤怒、焦虑、抑郁等。通过上述学者的研究可以发现，手机依赖与焦虑等情绪存在正相关关系。还有部分学者讨论了社交媒体倦怠现象，Yamakami T 指出，社交媒体倦怠是一种被感知的状态，具体可表现为身体疲劳或对社交媒体产生的一系列疲倦和厌恶的情绪[④]。也有学者指出，社交媒体倦怠与信息过载紧密相连，Lee A R[⑤]以压力和应对理论作为理论基础并指出，信息过载与社交网络疲劳之间呈显著正相关关系，并提出倦怠是用户使用 SNS（社交网络服务）过程中主观和自我评价的疲劳感。近年来国内也有学者进行相关方面的研究，有学者认为外部环境因素（信息过载、服务过载、社交过载、系统质量）影响了社交媒体用户的个人认知，而外部环境因素和用户个人因素（隐私忧患、社会比较、自制力、自我效能感、平台价值认知、感知成本、个人特质、沉浸体验）共同形成了用户的倦怠情绪，倦怠情绪深化会进一步导致用户的消极使用行为，而不同强度、不同来源的用户倦怠情绪所导致的使用行为的消极程度也存在差异[⑥]。

（2）社交媒体错失焦虑

随着互联网和媒体技术的不断发展，人们对社交媒体的需求程度和依赖程度也在激增。在此背景下许多用户在错失信息后会产生焦虑的情绪即错失焦虑

---

① Sandström. M, "Mobile phone use and subjective symptoms : Comparison of symptoms experienced by users of analogue and digital mobile phones", *Occupational Medicine*, vol.51, no.1(2001), p.25.

② 刘红、王洪礼:《大学生的手机依赖倾向与孤独感》,《中国心理卫生杂志》, 2012 年第 1 期, 第 66—69 页。

③ 范虹江:《高中女生情绪——社交孤独感与心理健康的关系研究》,《中国学校卫生》, 2007 年第 3 期, 第 276—277 页。

④ Yamakami T , "*Towards understanding SNS fatigue: exploration of social experience in the Virtual World*", ICCCT 2012: 7th International Conference on Computing and Convergence Technology, Seoul, December 2012.

⑤ Lee A R , Son S M and Kim K K , "Information and communication technology overload and social networking service fatigue: A stress perspective", *Computers in Human Behavior*, no.55(2016), pp.51-61.

⑥ 刘鲁川、李旭、张冰倩:《基于扎根理论的社交媒体用户倦怠与消极使用研究》,《情报理论与实践》, 2017 第 12 期, 第 55 页、第 104—110 页。

症（Fear of Missing Out，FoMO）。社交媒体错失焦虑即在长时间不能接触到社交媒体时而产生焦虑的情绪。国外学者 Przybylski A K 等人[1] 最开始对错失焦虑症进行究，研究将错失焦虑症界定为"人们不能参与到某件事但却想了解具体情况时所产生的一种消极的心里状态表现"，具体体现就是迫切想知道所发生的事情。Hato B[2] 认为查看手机频率越高，则移动手机用户的错失焦虑感越强烈。也就是说，移动设备的普及一定程度上加剧了错失焦虑症的程度。目前学术界对于错失焦虑症的研究都是在 Przybylski A K 的研究基础上进行拓展，而国内学者对于社交媒体错失焦虑症的研究则十分有限。国内学者叶凤云等[3] 从情境、目的、行为、结果和心理 5 个维度提取出 50 个移动社交媒体青少年用户错失焦虑症的关键特征，为未来相关量表的确立奠定了研究基础。

（3）FoMO 量表研究

在错失焦虑症（FoMO）的量表研究中，最早对错失焦虑症进行正式讨论的是 Przybylski A K 等人，他们运用主成分分析法和特质理论分析方法构建出了 10 个题项的 FoMO 测量量表，但该量表主要针对传统社交媒体进行设计[4]。由于 Przybylski A K 的量表简洁、易用，国外有些学者在编制量表时常以该量表为研究基础。例如，Hato B[5] 在此基础上就开发了 C-FoMO 量表，该量表用于衡量人们在 5 种情境下（①人们对错失电话、短信而发生的焦虑情境。②人们对错失访问社交网站和社会交往中产生的信息而产生的焦虑情境。③对错失家人、朋友求助电话/信息等紧急情况而产生的焦虑情境。④对错失最新新闻事件而产生焦虑的情况。⑤错失同事\同学或客户联系情境中的信息而产生的焦虑情况），由于错失焦虑症（FoMO）而查看手机的频繁程度。Dorit Alt[6] 基于自我决定理论，在 Przybylski A K 量表的基础上形成了由社交错失焦虑症、新闻信息

① Przybylski A K , Murayama K , Dehaan C R (eds.), "Motivational, emotional, and behavioral correlates of fear of missing out", *Computers in Human Behavior*, vol.29, no.4(2013), pp.1841—1848.

② Hato B, "*Mobile phone checking behavior out of a fear of missing out: development psychometric properties and testretest reliability of a C-FoMO-Scale*", Tilburg : Tilburg University,2013.

③ 叶凤云、沈思、李君君：《移动社交媒体环境下青少年用户错失焦虑症特征提取》，《图书情报工作》，2018 年第 17 期，第 96—103 页。

④ Przybylski A K , Murayama K , Dehaan C R (eds.), "Motivational, emotional, and behavioral correlates of fear of missing out", *Computers in Human Behavior*, vol. 29, no.4(2013), pp.1841—1848.

⑤ Hato B, "*Mobile phone checking behavior out of a fear of missing out: development psychometric properties and testretest reliability of a C-FoMO-Scale*", Tilburg : Tilburg University,2013.

⑥ Dorit Alt, "College students' academic motivation, media engagement and fear of missing out", *Computers in Human Behavior*, no.49(2015), pp.111-119.

错失焦虑症和商业信息错失焦虑症 3 个部分共 13 个题项组成的量表。Abel. J.P[①]等则对已有的错失焦虑症量表题项进行修改,最终开发出了 10 个项目的错失焦虑症心理基础测量量表。国内研究中,学者们大都针对移动社交媒体的量表进行讨论。宋小康等人[②]针对国内移动社交媒体编制了错失焦虑症量表,该量表主要由心理动机、认知动机、行为表现和情感依赖 4 个维度构成,经检验该量表具有良好的效度和信度。叶凤云和李君君[③]针对大学生群体编制了错失焦虑症量表,通过情境、行为、结果和心理 4 个特征维度的确立,设计了移动社交媒体错失焦虑测量量表,用于考察不同大学生群体的错失焦虑程度,经检验具有良好的效度和信度。

综观国内外对社交媒体使用焦虑相关的理论分析和实证研究现状可知,相关研究已经取得了数量较丰富的研究成果,其研究视野也在不断深化与拓展,这为社交媒体使用焦虑研究的开展提供了重要的理论与实证研究基础。但仍存在着以下缺陷和不足:①社交媒体使用焦虑的直接研究依旧匮乏。②社交媒体使用焦虑的测量量表尚未建立。③研究视角与方法相对单一。运用多学科视角、融合质化与量化方法,对现象进行普遍性与特殊性的综合考察研究尚有待形成。

第三节　研究目标、内容与框架

一、研究目标

强调对社会行为的研究,是社会科学的一个重要传统。社交媒体对当代社会心理及行为带来的革命性变革和深远影响迫切需要社会科学从理论上作出解释。因此,本课题试图在全面回顾和总结国内外社交媒体使用焦虑的相关研究基础上,综合运用问卷调查、深度访谈、焦点小组访谈等研究方法,对我国大陆与台湾大学生社交媒体使用焦虑心理及行为的表现特点、形成机制、成因与影响进行深入考察与分析,并在此基础上,提出引导、优化两岸大学生社交媒体使用行为的初步对策与建议,拟实现以下预期目标:1. 基于跨学科视野,建

---

① Abel.J.P, Buffcl, Burrsa, "Social media and the fear of missing out: scale development and assessment", *Journal of business and economics research (online)*, vol.14, no.1(2016), pp.33-44.

② 宋小康、赵宇翔、张轩慧:《移动社交媒体环境下用户错失焦虑症 (FoMO) 量表构建研究》,《图书情报工作》,2017 年第 11 期,第 96—105 页。

③ 叶凤云、李君君:《大学生移动社交媒体错失焦虑症测量量表开发与应用》,《图书情报工作》,2019 年第 5 期,第 110—118 页。

构一个综合社会学、传播学、心理学等学科的研究架构，并通过多次反复检验设计一套大学生社交媒体使用焦虑测量问卷与访谈模型。2. 运用问卷调查、深度访谈、个案分析等方法，对两岸青年社交媒体使用焦虑的普遍性、特殊性与代表性特质进行综合分析和考察，为后期研究提供扎实的实证基础。3. 通过前期研究进一步考察社交媒体使用失当对大学生身心健康、两岸信息传播与舆情危机构成的影响，通过相关建议的提出，提高对两岸大学生社交媒体使用行为引导与干预工作的预见性、可行性、针对性和有效性。

二、研究内容

1. 从传播学、社会学等视角出发，构建大学生社交媒体焦虑研究的传播学架构。青年社交媒体使用是当代社会中常见的信息传播现象之一。但目前相关研究成果主要分布在基础医学、心理学、计算机科学等领域，在传播学、公共关系学等社会科学中取得的成果较少，本研究拟构建一个综合传播学、心理学、组织行为学等多元学科视野在内的跨学科研究架构，对大学生社交媒体焦虑问题进行多维、全面的梳理、测量和剖析。2. 应用研究架构对两岸大学生社交媒体使用概况（使用平台及内容、使用频次、使用场合、使用时长等）、使用动机、焦虑心理与行为表现，台湾与大陆大学生社交媒体使用结构同异性与焦虑情形同异性、以及流行于两岸青年群体中的典型亚文化现象进行量化与质化相结合的考察与分析，从而为后期对策与建议的提出提供研究依据。3. 两岸大学生社交媒体使用焦虑的成因、社会影响与对策分析。通过实证研究结果结合当前社会发展语境对两岸大学生社交媒体使用焦虑背后的成因、影响进行初步分析，并基于此提出针对我国两岸大学生社交媒体使用行为的引导与干预机制、两岸舆情风险防控与提升两岸文化交流、增进了解与认同的初步对策与建议。

三、研究视角与框架

来自于社会学、政治经济学、心理学、文化研究与传播学等多维理论视角，将为社交媒体焦虑研究提供重要的理论来源与思维路径，从而为本研究的深入展开带来重要启示。首先，社会学领域中的结构理论、马克思·韦伯的作为社会关系的社会性、以及卡尔·马克思的作为协同工具的社会性、腾尼斯的作为社区的社会性等经典理论已形成了以信息、交流、协作共同构成的人类活动基本模型，它为社交媒体的社会学视角提供了重要的理论参考。亨利·詹金斯、达拉斯·斯迈斯关于数字劳动概念的提出和讨论，生态政治剥削与"技术解决主义"、互联网盲目崇拜与全球经济危机及数据保护研究等也将为本研究提供重要的理论依据与支撑。其次，心理学相关理论和原理在社交媒体使用需要、动机、诱因、欲望、需求等层面具有强大的解释力。诸如自我表露与呈现、自恋、羞怯与孤独、幸福感等心理学理论与概念都将有助于社交媒体使用的焦虑心理与行为研究。再次，诸如福柯、韦伯、哈贝马斯、马尔库塞、卡斯特等人的经典分析与研究，也为揭示隐藏在网络文化之下的社会关系和权力分配机制分析提供重要理论源泉。最后，包括文化焦虑、数字异化、身份认同及使用与满足等经典理论都不同程度地为本研究的开展提供了重要的思考向度与理论基础。基于社会学、政治经济学、心理学等领域的相关成果，本研究从传播学视角出发，利用质化与量化相结合的方法，对我国大陆与台湾大学生社交媒体使用焦虑心理及行为进行信息收集与分析，旨在通过多学科融合视角对这一现象进行深入了解与剖析。研究思路与框架如图1-4：

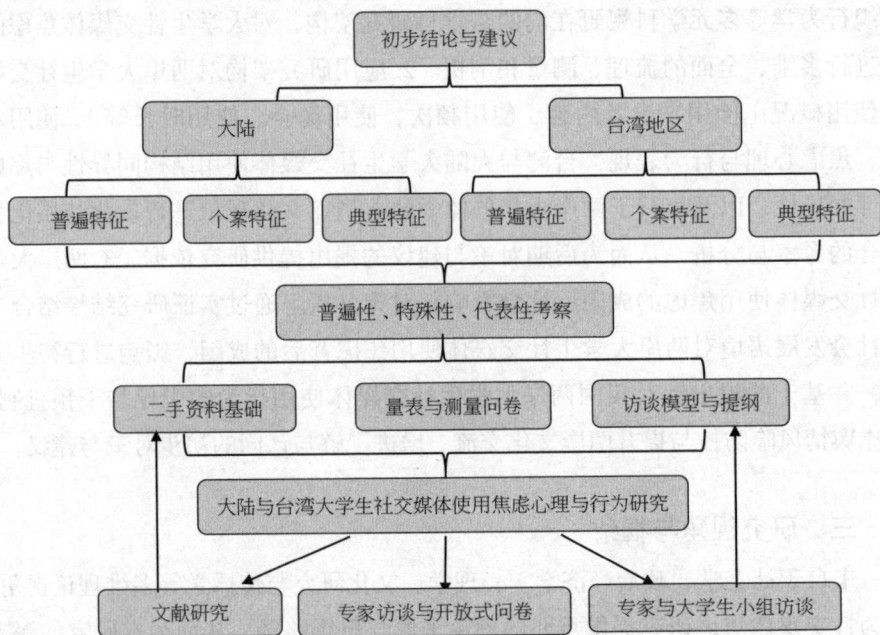

图1-4　社交媒体焦虑心理与行为研究模式

　　在研究思路与框架层面，首先本研究对相关文献进行了大量搜集，整理、归纳与分析，并为后期研究提供理论与文献基础；同时，研究开展了多次有针对性的专家访谈、确立了深度访谈提纲，并通过开放式问卷的反复、多次测量，确定了最终量表与测量问卷；其次，通过建立在访谈与问卷基础之上的研究工具与方法的确立，开始对研究问题进行普遍性、特殊性与代表性的综合考察，在普遍性意义层面，借用问卷调查法对大学生社交媒体使用焦虑特征、内在机制与影响因素进行全面分析；在特殊性与代表性的考察层面，主要从访谈案例与当前流行于两岸青年中的典型文化现象为例，考察两岸大学生社交媒体使用的特性和新时期青年次生文化生成的背景、成因及影响。第三，针对研究结果对两岸大学生社交媒体使用监管、疏导与调控提供初步的策略与建议。在理论框架的设计层面，研究在量化研究部分一定程度借鉴了网络依赖、错失焦虑等相关理论及框架，在质性研究部分应用了马克思异化理论、使用满足理论等成果，详见第三章、第四章。

第四节 研究方法

个体焦虑一直是医学、心理学、教育学、社会学乃至哲学等众多领域共同关注的研究议题，医学领域的焦虑研究主要集中于焦虑情绪的表现、生理学症状、诊断及治疗手段方面；心理学领域的研究则主要讨论焦虑的发生机理；教育学领域的研究注重考察焦虑对于学生心理以及教学绩效的影响；社会学的研究则主要聚焦于焦虑产生的社会因素及其社会影响等。本研究拟从传播学视角对大学生社交媒体使用焦虑心理与行为进行普遍性、特殊性与代表性的综合考察，主要应用以下研究方法：

一、文献研究法。本研究充分收集、整理、分析和借鉴了国内外来自心理学、临床医学、社会学、传播学等领域相关研究成果，并为后期研究框架设计、模型建构、实证分析等环节打好坚实的文献基础。

二、小组访谈与深度访谈法。本研究在对社会学、心理学、传播学、统计学相关专家进行深度访谈的基础上，结合大学生小组访谈的成果初步拟定了本次研究的访谈计划与访谈提纲，并采用半结构、无结构的访谈方法，对大陆与台湾地区大学生社交媒体使用焦虑心理与行为特征、成因与影响进行一手资料收集，研究试图通过深度访谈法激发并了解研究对象内心深处的心理感知与所思所想，深入挖掘其社交媒体使用特点与青年媒介文化间的建构关系及其文化特征与社会影响，并为结论的形成提供支撑。

（一）访谈提纲设计

根据研究目的与框架设计，深度访谈研究分为：

1.针对部分案例的访谈研究初步确立研究问题为：

Q1.受访者使用社交媒体的基本情况（使用内容、使用频次、使用场合、使用时长等）。

Q2.受访者社交媒体使用动机（心理动机、认知动机）、行为表现（生活嵌入、耐受性）信息焦虑（强迫心理、信息焦虑、戒断反应）和情感影射（情绪影响、社会比较），以及社交媒体使用焦虑行为内在的心理机制与特征。

Q3.受访者社交媒体使用中存在的玩乐劳动与"圈层化"等情况，及其社交媒体使用异化及焦虑现象的特点、成因与影响。

2.针对特定青年流行文化的访谈研究，主题分别选取了近期在大陆地区大学生群体中较为流行的"朋克养生"现象和台湾地区的"小确幸"现象，研究从文化的特质性出发，通过半结构与无结构式访谈的方法对该种文化现象背后的焦虑认知、体验、心理与原因及社会影响进行综合考察。

（二）访谈方法

访谈时间在2017—2019年不同时间段开展，研究选取经验丰富的访员24名，每次访谈由1—2名访员一组共同开展访谈，时间为40—60分钟左右，并进行录音或记录以便复查和回访。在被访者的选择上，研究选取了厦门、泉州、珠海、广州、兰州等地在校大学生共114名，以及台北、台南、桃园、新北、屏东等在校大学生共79名为研究对象。根据研究问题指向，在采访期间以半结构、无结构方式进行询问，访谈结束后由小组成员共同检查、讨论与确认，并将记录的数据逐字转录及编码，以提高结果的严谨性。

三、问卷调查法。本研究在文献研究的基础之上，基于开放式问卷及专家访谈，初步构思大学生社交媒体使用动机、依赖程度、焦虑测量的维度，编制大学生社交媒体依赖及焦虑的前测量表问卷，并以此为基础进行问卷调查。

（一）社交媒体依赖与焦虑量表编制方式

1.专家访谈+开放式问卷。通过对在校大学生发放开放式问卷，定性了解其使用社交媒体的动机、偏好、依赖及焦虑情况，并就大学生社交媒体依赖及焦虑问题咨询相关领域专家学者，基于访谈结果以及网络传播、传播心理、社会心理以及国内外相关领域研究文献进行提炼，初步归纳出大学生社交媒体依赖以及焦虑的维度方向，并充分参考传播学与心理学教授专家、研究生以及部分受测者的意见进行修订，最终构建大学生社交媒体依赖、焦虑情绪与社交媒体错失焦虑的测量维度，并以此设置基本题项。

2. 使用初始问卷在局部范围进行测试调查，通过对具体题项的因子分析、题总相关分析以及信度分析，筛选出更具代表性与鉴别力的题项，进而对初始问卷进行优化改进，形成最终的正式问卷。

3. 使用正式问卷进行施测，并对施测结果进行项目分析、探索性因子分析以及验证性因子分析。

4. 对正式问卷的信度和效度进行确认，信度检验主要通过内部一致性信度和分半信度两种，效度检验采用结构效度与内容效度指标。

（二）前测量表设计

为前测量表设计提供依据，设计前测量表所投放的开放式问卷选取泉州地区 63 名大学生为被试，通过课堂渠道发放，问卷施测时间为 10 分钟，问卷作答完成后当场收回。共回收有效问卷 58 份，问卷有效率为 92%，其中男生 30 人，女生 28 人；文科 35 人，理科 23 人。专家访谈从华侨大学新闻与传播学院、文学院以及厦门大学邀请相关领域专家 10 人作为咨询对象，其中教授 3 名、副教授 5 名、讲师 2 名。

根据开放式问卷、专家访谈内容以及相关文献梳理，初步拟定关于大学生社交媒体依赖及焦虑的问卷题项，整理形成问卷初稿。在初稿完成后，邀请新闻传播学院 2 位教授以及文学院 1 位副教授对前测量表进行了审核、校对与评价，对题项的语义完整性与准确性进行评估，排除题项中语义模糊、容易造成误解的表述，以确保量表的适用性、有效性与可理解性，最终形成前测问卷。

根据本研究主题，前测问卷涉及社交媒体依赖、用户焦虑测量以及社交媒体错失焦虑三方面内容。

1. 社交媒体依赖：基于文献分析、开放式问卷与专家咨询，初步确定对高校大学生社交媒体依赖的测量由突显性、社交增益、强迫性、冲突性、戒断性 5 个维度构成，对于大学生因社交媒体导致的焦虑症状则从情绪、体验、体感 3 个维度进行测量，具体维度说明如下：

①突显性：表明社交媒体的使用已经突出成为个体的主要想法和行为。

②强迫性：表明社交媒体的使用已经成为个体难以控制的渴望与冲动，甚至在一定程度上表现为强迫倾向。

③冲突性：表明社交媒体的使用已经开始影响个体生活，并与学习、生活、

工作等方面发生矛盾。

④戒断性：表明社交媒体使用已经具有一定"成瘾"特征，若因故一段时间不能使用的话，个体会产生心理乃至生理上的不适感。

⑤社交增益：指个体通过社交媒体的使用感受到人际关系的改善与强化，并且有受益感。

2. 用户焦虑测量：以目前在精神诊断、心理学、教育领域使用较为主流的汉密尔顿焦虑量表（HAMA）及焦虑自评量表（SAS）为基础，结合本研究主题进行细部调整，以测量大学生社交媒体用户的焦虑情绪及相关表现。量表主要包含躯体性焦虑与精神性焦虑两个因子维度，评分标准采用5级评分，即0分为无症状、1分为轻度症状、2分为中度症状、3分为重度症状、4分为极重症状，总分能较好地反映焦虑症状的严重程度，根据该量表在我国的应用数据来看，一般总分 ≥ 29 分可界定为严重焦虑；总分 ≥ 21 可认为明显有焦虑；总分 ≥ 14 分则可认为肯定存在焦虑；总分 ≥ 7 分则存在焦虑可能，总分小于 7 分则表明不存在焦虑症状。

3. 社交媒体错失焦虑（FoMO）：随着信息化、媒体技术与网络的普及，人们对于社交媒体的使用频度以及依赖程度递增，这一方面拓展了人们的信息边界，同时也造成了受众害怕错失相关信息的现象，学者们将其称为错失焦虑症（Fear of Missing Out, FoMO）。尽管 FoMO 是近几年才受到学术界关注的，但 J.Reagle 认为这种经由媒介带来的受众焦虑和不安由来已久[1]，尤其是在移动互联网的发展和移动社交媒体普及背景下，FoMO 的实现场景和可能被大大加剧，并开始成为人们在社交媒体环境下焦虑情绪的重要体现，其与用户信息行为的依赖性直接相关[2]，同时它也被证明是社交网络成瘾的重要预测因素之一[3]。因此，本研究将 FoMO 作为一个社交媒体使用焦虑的关键维度，并结合社交媒体依赖、用户焦虑情绪构建一个综合性的分析框架，用以考察大学生社交媒体使

---

① Reagle J, "First Following the joneses: FOMO and conspicuous sociality", *First monday*, vol.20, no.10(2015), pp.215-228.

② 赵宇翔、张轩慧、宋小康：《移动社交媒体环境下用户错失焦虑症 (FoMO) 的研究回顾与展望》，《图书情报工作》，2017 年第 8 期，第 133—144 页。

③ Chotpitayasunondh V and Douglas K M , "How 'phubbing' becomes the norm: The antecedents and consequences of snubbing via smartphone", *Computers in Human Behavio*r, no.63(2016), pp.9-18.

用中的焦虑情况及内在影响机制。参考宋小康等[①]编制的变量，设置题项测度大学生社交媒体使用中的 FoMO 状况，相关部分题项初步分为心理动机、认知动机、行为表现、感情变化 4 个维度。

（三）前测问卷设计

为优化前测量表，我们设计了前测问卷，通过对局部样本的施测，在信度、效度、代表性等方面进行评价，并调整和修正部分题项。测试问卷内容由以下 5 部分内容组成：

第一部分是卷首语，主要向受测者简要说明问卷调查目的、调查意义与保密原则，进而消除受测者疑虑，提升配合度与填报质量，并向受测者简单说明填报方法。

第二部分主要调查受测者过去一段时间内社交媒体使用频度、种类、偏好与时长，以了解其社交媒体使用基本状态。

第三部分主要调查受测者过去一段时间使用社交媒体的体验与感受，涉及测项包括社交媒体依赖、社交媒体错失焦虑（FoMO）等方面共 44 个题项，使用李克特 5 点量表，5 点评价由"完全不符合"至"完全符合"递进。需要说明的是，由于部分测项表述源于国外研究，初始表述均为英文，为确保测量表述的准确性，我们基于标准的"翻译—回译"流程，并积极邀请相关领域专家与英语专业人士对量表翻译与表述进行评估审核，并根据其意见进行调整修改，尽可能保持量表英文表述与中文表述之间的语义同等性。

第四部分主要调查受测者的焦虑状况，共 20 个题项，主要参考 Hamilton（1959）的焦虑量表（HAMA）和 Zung（1971）的焦虑自评量表（SAS）进行编制，并根据社交媒体使用情境与体验的特性进行调整，对部分过于强烈的体感描述题项进行修改，并同样遵循"翻译—回译"程序以保证准确性和有效性。

第五部分为受测者基本特征收集，包括性别、年龄、年级、学历和平均月支出情况，考虑到部分信息较为敏感，故置于问卷最后部分。

（四）前测问卷分析与量表修正

前测问卷投放由研究者以班级为单位进行，使用统一指导语，测试时间为 10 分钟，采用分层与配额抽样方法，在华侨大学泉州校区、厦门校区、泉州师范学院、厦门大学、厦门理工学院抽取被试，发放前测问卷 200 份，回收问卷

---

① 宋小康、赵宇翔、张轩慧：《移动社交媒体环境下用户错失焦虑症 (FoMO) 量表构建研究》，《图书情报工作》，2017 第 8 期，第 133—144 页。

194 份，回收率为 92%，研究者对问卷回答的完整性与真实性进行审核，剔除无效问卷后，得到有效问卷 164 份。

对前测量表的理论结构与实证效力进行探索和验证，在此基础上进行调整优化，以编制正式的大学生社交媒体依赖及焦虑问卷。大学生社交媒体依赖前测量表如附录 1 所示，其中突显性（10 项）、强迫性（7 项）、戒断性（7 项）、冲突性（10 项）、社交增益（10 项），共 44 个题项，采用李克特 5 点量表形式，其中 1 代表完全不符、2 代表不太符合、3 代表一般、4 代表比较符合、5 代表完全符合，每项均为单选。施测问卷回收后，对 164 份有效问卷进行初步描述性统计分析，其中男女比例、年级与学科分布如表 1-11 所示：

表 1-11　前测问卷对象性别、年级与学科分布

项目	组别	频率	总百分比	有效百分比	累计百分比
性别	男	73	37.63%	44.51%	44.51%
	女	91	46.91%	55.49%	100.00%
年级	大一	33	17.01%	20.12%	20.12%
	大二	46	23.71%	28.05%	48.17%
	大三	48	24.74%	29.27%	77.44%
	大四	37	19.07%	22.56%	100.00%
学科	文科	102	52.58%	62.20%	62.20%
	理科	62	31.96%	37.80%	100%

1. 社交媒体依赖测量量表设计与修正

基于初始问卷回收数据，使用 SPSS20.0 软件进行统计处理，具体内容包括：

（1）项目分析

通过项目分析检验前测问卷各个题项的代表性、一致性与可靠程度，其理论机制是将受测者通过总分区分为高分组与低分组，通过题项之间的一致性及异质性检验考察其效力是否足以对不同特征受测者进行甄别，以此作为对局部题项进行筛选和调整的依据，项目分析一般有以下几种方法：

第一种是 T 检验。即运用独立样本 T-test 方法，检验具体题项在高分组与低分组（本研究选取总分最高 25% 与最低 25% 前测样本）的差异，如果差异

显著则表明该题项具有较好的鉴别性。通过对前测问卷的 T 检验发现：所有 44 个前测题项均在 5% 显著性上统计显著，鉴别性良好。

第二种为克隆巴赫 α 系数检验。通过删除部分题项后整体问卷信度的变化，考察删除题项与其余问卷题项之间的一致性，若某个题项在删除后问卷剩余部分的克隆巴赫 α 系数明显提高，则表明该选项与其余题项一致性不足，可考虑在最终问卷中将该题项删除。就前测结果来看，问卷整体的 α 系数为 0.965，前测问卷中所有关于社交媒体依赖的题项，在删除后均未出现整体问卷信度提高的情况，表明问卷依赖测量题项一致性良好。

第三种为共同性。共同性（Communalities）也被称为共同度，反映在题项因子分析中，特定变量（题项）在全部公因子上的因子载荷的平方总和，反映在问卷中，则为特定题项在全部公因子上的因子载荷平方和，即该题项（变量）可以被所有公因子解释的变动百分比，共同性的大小可以有效反映该题项（变量）与公因子的关联程度，共同性越低，则题项（变量）与整体问卷之间的同质性越小，可考虑删除。就表 1-12 所示结果来看，所有关于社交媒体依赖的前测题项的共同度均达到 Kavsek 和 Seiffge-Krenke（1996）提出的最低标准（0.16），表明问卷中的公共因子对各个题项的解释力良好。

第四种为题总相关。题总相关为特定题项分数与问卷总分的相关系数，从理论上看，特定题项与问卷的相关程度越高，则表示该题项与整体量表之间的同质性越强，其所测量的心理特质与潜在变量越为接近。一般来说，若特定题项的题总相关小于 0.4，则可以考虑删除该题项。就表 1-12 来看，所有 45 个社交媒体依赖题项与总分的相关系数均达到 0.4 以上，并在 1% 的水平上统计显著，与问卷整体较为一致。

表 1-12　前测问卷社交媒体依赖模块项目分析表

题项	CR 值	题项删除后的 α 值	共同性	题总相关
Q1	5.808***	0.964	0.717	0561***
Q2	6.064***	0.963	0.771	0.595***
Q3	5.450***	0.963	0.713	0.491***
Q4	6.716***	0.963	0.722	0.625***
Q5	9.967***	0.962	0.728	0.724***

题项	CR 值	题项删除后的 α 值	共同性	题总相关
Q6	5.767***	0.964	0.686	0.528***
Q7	9.697***	0.964	0.730	0.672***
Q8	9.236***	0.964	0.757	0.712***
Q9	6.755***	0.964	0.705	0.653***
Q10	10.411***	0.963	0.697	0.764***
Q11	6.943***	0.964	0.606	0.619***
Q12	7.189***	0.964	0.600	0.614***
Q13	6.436***	0.964	0.601	0.553***
Q14	6.727***	0.964	0.704	0.627***
Q15	6.657***	0.964	0.692	0.624***
Q16	4.454***	0.964	0.786	0.488***
Q17	5.815***	0.964	0.697	0.560***
Q18	7.393***	0.964	0.639	0.652***
Q19	6.082***	0.964	0.736	0.569***
Q20	5.924***	0.964	0.662	0.579***
Q21	10.408***	0.964	0.544	0.701***
Q22	13.257***	0.963	0.794	0.765***
Q23	9.644***	0.964	0.646	0.655***
Q24	12.785***	0.963	0.707	0.766***
Q25	10.177***	0.964	0.749	0.629***
Q26	10.131***	0.964	0.695	0.677***
Q27	11.603***	0.964	0.620	0.717**
Q28	7.378***	0.964	0.648	0.591***
Q29	8.753***	0.964	0.677	0.603***
Q30	8.721***	0.964	0.690	0.664***
Q31	4.201***	0.965	0.744	0.427***
Q32	8.218***	0.964	0.616	0.619***
Q33	9.551***	0.964	0.698	0.619***

题项	CR 值	题项删除后的 α 值	共同性	题总相关
Q34	8.452***	0.964	0.769	0.572***
Q35	4.864***	0.965	0.691	0.465***
Q36	7.610***	0.964	0.764	0.585***
Q37	8.666***	0.964	0.617	0.661***
Q38	11.268***	0.963	0.769	0.753***
Q39	12.873***	0.963	0.827	0.765***
Q40	7.807***	0.964	0.684	0.633***
Q41	11.282***	0.964	0.778	0.699***
Q42	8.894***	0.964	0.766	0.667***
Q43	8.558***	0.964	0.703	0.664***
Q44	8.978***	0.964	0.761	0.660***
Q45	7.584***	0.963	0.743	0.676***
判断标准	≥ 3	≤ 0.965	≥ 0.16	≥ 0.4

注：表中 CR 值又称临界比，是根据测验总分区分出高分组受试者与低分组受试者后，再求高低两组在每个题项的平均数差异的显著性，其原理与独立样本的 t 检验相同。***、**、* 分别表示在 1%、5%、10% 的水平上统计显著。

（2）探索性因子分析

就表 1-12 来看，前测问卷中关于社交媒体依赖的 44 个题项项目在 CR 值、题项删除后的 α 值、共同性以及题总相关上均达到标准。但值得注意的是，上述 4 项指标侧重考察问卷题项的一致性与同质性，对于问卷题项的因子命名与解释力并无足够关注，故我们引入因子分析方法，通过考察各个题项的因子载荷，力图对题项解释进行筛选改进。

实施因子分析的前提在于题项之间的相关性，对于量表题项相关性的检验主要通过 Bartlett 球度检验以及 KMO 系数实现。一般而言，若要进行因子分析，则 Bartlett 球度检验结果至少需在 5% 水平上达到统计显著。根据 KMO 系数原理，KMO 值在 0.9 以上说明量表非常适合做因子分析；KMO 值在 0.8—0.9 表明比较适合做因子分析；KMO 值在 0.7—0.8 表明可以做因子分子；KMO 值在 0.6—0.7 勉强可以做因子分析；KMO 值在 0.6 以下则可认为不适合进行因子分析。就前测问卷的检验结果来看，KMO 系数达到 0.918，Bartlett 球度检验的近似卡方值为 5455.386，P 值为 0.000（表 1-13），故可以认为前测样本特别适合于进行因子分析。

表 1-13　前测问卷题项 KMO 和 Bartlett 检验

KMO 检验量		0.918
Bartlett 球度检验	近似卡方	5455.386
	df	990
	Sig.	0.000

注：1. KMO：KMO 检验用于检验样本是否适合进行因子分析，该检验是对原始变量之间的简相关系数和偏相关系数的相对大小进行检验，如果原始数据中确实存在公共因子，则各变量之间的偏相关系数应该很小，这时，KMO 的值接近于 1，则可判断样本数据适用于因子分析。

2. Bartlett：Bartlett 球形度检验主要是用于检验数据的分布，重点考察各个变量间的相关性，若该检验结果显示 Sig.<0.05（即 p 值 <0.05）时，说明各变量间具有相关性，适合进行因子分析。

在确定符合因子分析前提条件之后，我们可用以下几种原则对因子及题项进行筛选：

第一是特征值。根据 Kaiser（1960）的观点，若因子特征值小于 1 则表明其包含信息量较少，故应选取特征值（Eigenvalue）大于 1 的因子，小于 1 的应予以舍弃。

第二为碎石图。碎石图是进行因子选取的重要依据，其绘制以因子特征值（方差）为纵坐标，以因子数量为横坐标，可以直观反映哪些因子占据了数据变异的大部分。根据 Cattell（1966）的观点，适合的因子数量可以通过在图形开始变得平坦之前的所有散点数量给出，即保留碎石图出现明显转折之前的所有因素，在转折之前的因子承载了较多变异信息，转折之后的因子承载的变异较少。通过特征值与碎石图的联合分析，我们可以较为准确的确定应保留的因子数量。

第三是方差解释率。方差解释率是指单个因子可以解释总体数据变异的程度，一般而言，单个因子保留的基本条件是方差解释率大于 2%，并且单个因子包含题项数不小于 3 个。

第四是累积方差解释率。累积方差解释率是指在因子分析过程中，所有已经提取的公因子的方差解释率的累积总和，当累积方差解释率超过某一预设值时，即可以停止抽取公因子，排在之后的因子便可不予保留。根据 Hair et.al.（1998）的观点，在社会科学研究领域，一般当提取公因子的累积解释率超过50% 便可接受。

第五是因子命名的难易程度。在因子抽取完成之后，研究者会基于预期构想的理论维度，基于特定因子所包含题项的因子载荷，通过因子载荷最高的若干题项的词义对该因子进行命名。一般而言，若某因子内部载荷最高的题项均（或大部分）来自某个理论维度，便可以该维度对该因子命名。当然，研究中也可能出现意外状况，即某因子中高载荷题项来自多个维度，或者词义所涉维度超出预期，这时则需要根据题项词义重新考虑维度，调整命名。

第六是抽取因子解释度的边际贡献：若抽取 m-1 个因子时整体模型的解释度明显下降，而抽取 m+1 个因子时模型的解释度并无明显改善，则抽取 m 个因子即为适宜的因子个数。

就前测问卷的项目分析结果来看，所有关于社交媒体依赖的 45 个题项鉴别力均达到最低标准，故我们进一步考虑通过因子载荷进行题项删选优化。因子载荷（Factor Loading）也被称为因子负荷，指因子分析中原始观测变量（题项）与公共因子之间的相关系数，反映特定题项依赖于特定公因子的程度；因子载荷绝对值越大，则题项与公共因了之间的关系越强。根据 Kavsek 和 Seiffge-Krenke（1996）提出的标准，题项在公共因子上的因子载荷最低应大于 0.4 才可被接受。需要说明的是，在因子分析操作中，可能出现某些题项没有在任何一个因子上存在载荷，或者有些题项在多个因子上存在载荷的情况。一般认为，造成这种情形的主要原因在于：①某些题项的表述不够清晰或者偏离问卷主题，未能准确表达测量含义或者测量含义与预期不符，存在心理具象程度不够的问题。②被试数量有限，取样范围有限，导致部分题项无法明确归因。在此情况下，可采用以下步骤进行处理：①基于因子载荷大小的考虑，首先删除因子载荷小于 0.4 的题项。②将具有跨因子载荷并且载荷量同时大于 0.4 的题项删除，这类题项含义不够明确，在分析中无法发挥有效作用。③每个因子至少应包含3 个题项，若单个因子题项少于 3 项则予以删除。④采用逐步删除法，原则上每次删除一个因子载荷最低的题项，再重新进行探索性因子分析。上述步骤重复多次，直到各个题项的因子载荷均在 0.4 以上，并且抽取出的公因子数量以及公因子包含题项趋于稳定为止。

使用主成分方法提取因子，并基于最大方差法进行因子旋转，求出因子载荷矩阵如表 1-14 所示：

表 1-14 前测问卷社交媒体依赖部分因子载荷表（调整前）

题项	因子 1	因子 2	因子 3	因子 4	因子 5	因子 6	因子 7	因子 8	因子 9
Q1	—	0.781	—	—	—	—	—	—	—
Q2	—	0.817	—	—	—	—	—	—	—
Q3	—	0.665	—	—	—	—	—	—	—
Q4	—	0.747	—	—	—	—	—	—	—
Q5	—	0.578	—	—	—	—	—	—	—
Q6	—	—	—	—	—	—	0.679	—	—
Q7	—	0.673	0.436	—	—	—	—	—	—
Q8	—	0.636	0.445	—	—	—	—	—	—
Q9	—	—	—	—	—	—	—	—	-0.407
Q10	—	0.499	—	—	—	—	—	—	—
Q11	0.557	—	—	—	—	—	—	—	—
Q12	0.571	—	—	—	—	—	—	—	—
Q13	0.621	—	—	—	—	—	—	—	—
Q14	0.716	—	—	—	—	—	—	—	—
Q15	0.586	—	—	—	—	—	—	—	—
Q16	0.71	—	—	—	—	—	—	—	—
Q17	0.792	—	—	—	—	—	—	—	—
Q18	0.644	—	—	—	—	—	—	—	—
Q19	0.545	—	—	—	—	—	—	—	0.442
Q20	0.669	—	—	—	—	—	—	—	—
Q21	—	0.436	—	—	—	—	—	—	—
Q22	—	0.419	0.571	—	—	—	—	—	—
Q23	—	—	0.685	—	—	—	—	—	—

续表

题项	因子1	因子2	因子3	因子4	因子5	因子6	因子7	因子8	因子9
Q24	—	—	0.581	—	—	—	—	—	—
Q25	—	—	0.741	—	—	—	—	—	—
Q26	—	—	0.709	—	—	—	—	—	—
Q27	—	—	0.496	—	—	—	—	—	—
Q28	—	—	—	—	—	0.589	—	—	—
Q29	—	—	0.461	—	0.505	—	—	—	—
Q30	—	—	0.411	—	—	0.476	—	—	—
Q31	—	—	—	—	—	—	—	0.759	—
Q32	—	—	0.496	—	0.422	—	—	—	—
Q33	—	—	0.513	—	0.586	—	—	—	—
Q34	—	—	—	—	0.703	—	—	—	—
Q35	—	—	—	—	0.744	—	—	—	—
Q36	—	—	—	—	0.760	—	—	—	—
Q37	—	—	—	—	—	0.495	—	—	—
Q38	—	—	—	0.630	—	—	—	—	—
Q39	—	—	—	0.669	—	—	—	—	—
Q40	—	—	—	0.681	—	—	—	—	—
Q41	—	—	—	0.723	—	—	—	—	—
Q42	—	—	—	—	—	0.661	—	—	—
Q43	—	—	—	—	—	0.652	—	—	—
Q44	—	—	—	0.687	—	—	—	—	—
Q45	—	—	—	0.772	—	—	—	—	—
特征值	17.83	3.353	2.196	1.631	1.42	1.189	1.149	1.116	1.021
方差解释率/%	40.52	7.621	4.992	3.707	3.228	2.703	2.611	2.535	2.321
累积解释率/%	40.52	48.14	53.13	56.84	60.07	62.77	65.38	67.91	70.24

表1-14为前测问卷题项经过旋转之后的因子载荷状况，并且仅显示出因子

49

载荷大于 0.4 的项目。我们发现因子 7 仅包含一个题项 Q6，因子 8 仅包含一个题项 Q31，因子 9 仅包含两个题项 Q9 与 Q19，根据单因子包含题项数不小于 3 的标准，在题项中予以删除。题项 Q7、Q8、Q22 在因子 2 与因子 3 之间同时具有大于 0.4 的跨因子载荷，在量表中予以删除；题项 Q29、Q32、Q33 在因子 3 与因子 5 之间有跨因子载荷，也予以删除，在 Q29、Q32、Q33 删除后，因子 5 只剩下 3 个题项，根据单因子包含题项数不小于 3 的标准，将 Q34、Q35、Q36 也一并删除。

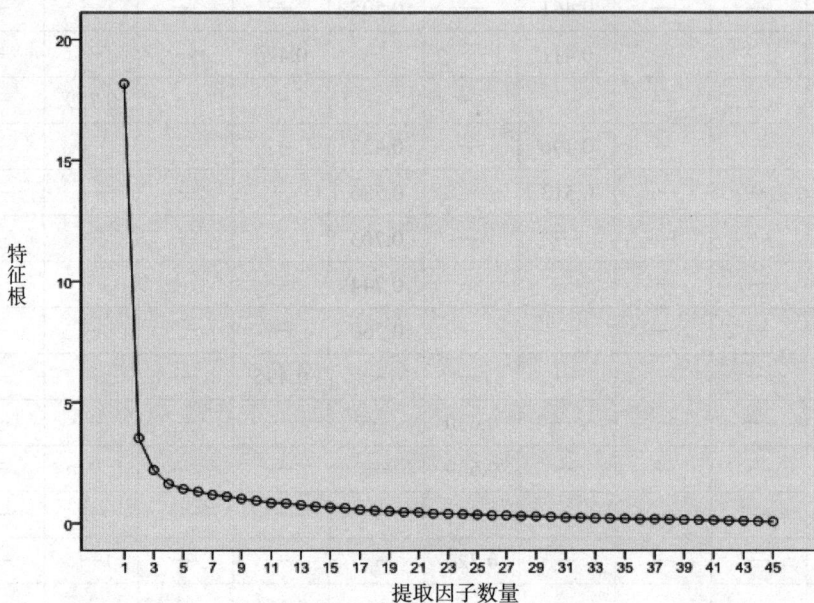

图 1-5　因子碎石图（前测问卷筛选前）

注：因子碎石图用于因子分析中，图形以提取共因子的特征值为纵轴，提取公因子的数量作为横轴，用于评估哪些分量或因子占数据中变异性的大部分，从而为进行研究中公因子的选择提供参考，操作中一般选取陡曲线中开始平坦线趋势第一个点之前的因子。

在以上题项删除与调整步骤之后，我们对保留下来的 32 个题项重新进行探索性因子分析，为进一步优化题项，我们将题项因子载荷的筛选门槛提升至 0.5，在因子载荷选择标准提高到 0.5 之后，题项 Q10、Q21、Q45 均因未达到标准而被删除。考虑到因子 1 所含题项较多，部分题项之间可能存在重复测量问题，我们对该因子做进一步考虑发现：Q11、Q12、Q15、Q18 的词义与其他题项存在细微差异，Q11、Q12、Q15、Q18 主要涉及受测者社交需求的满足，体现社

交主观性；而因子 1 中其他题项则主要反映受测者因社交媒体使用而带来的社
交效应的拓展与改善，体现实效客观性。此外，Q11、Q12、Q15、Q18 的因子
载荷也相对较低，故我们将这 4 项从因子 1 中删除，留下其余 5 项反映社交媒
体对大学生社交范围与效益提升的题项，从而使因子 1 的理论维度进一步聚焦。
我们最终得到如表 1-15 所示的因子载荷列表。筛选后的因子碎石图如 1-6 所示。

表 1-15　前测问卷社交媒体依赖部分因子载荷表（调整后）

题项	因子 1 社交强化	因子 2 强迫性	因子 3 突显性	因子 4 冲突性	因子 5 戒断性
Q1	—	—	0.771	—	—
Q2	—	—	0.780	—	—
Q3	—	—	0.743	—	—
Q4	—	—	0.749	—	—
Q5	—	—	0.609	—	—
Q13	0.629	—	—	—	—
Q14	0.720	—	—	—	—
Q16	0.769	—	—	—	—
Q17	0.800	—	—	—	—
Q20	0.647	—	—	—	—
Q23	—	0.716	—	—	—
Q24	—	0.570	—	—	—
Q25	—	0.794	—	—	—
Q26	—	0.758	—	—	—
Q28	—	—	—	0.624	—
Q30	—	—	—	0.573	—
Q37	—	—	—	0.633	—
Q42	—	—	—	0.752	—
Q43	—	—	—	0.729	—
Q38	—	—	—	—	0.548
Q39	—	—	—	—	0.573

续表

题项	因子 1	因子 2	因子 3	因子 4	因子 5
	社交强化	强迫性	突显性	冲突性	戒断性
Q40	—	—	—	—	0.670
Q41	—	—	—	—	0.730
Q44	—	—	—	—	0.730
特征值	11.831	2.395	1.957	1.236	1.120
解释率（%）	42.254	8.554	6.990	4.413	3.999
累积解释率（%）	42.254	50.809	57.798	62.212	66.210

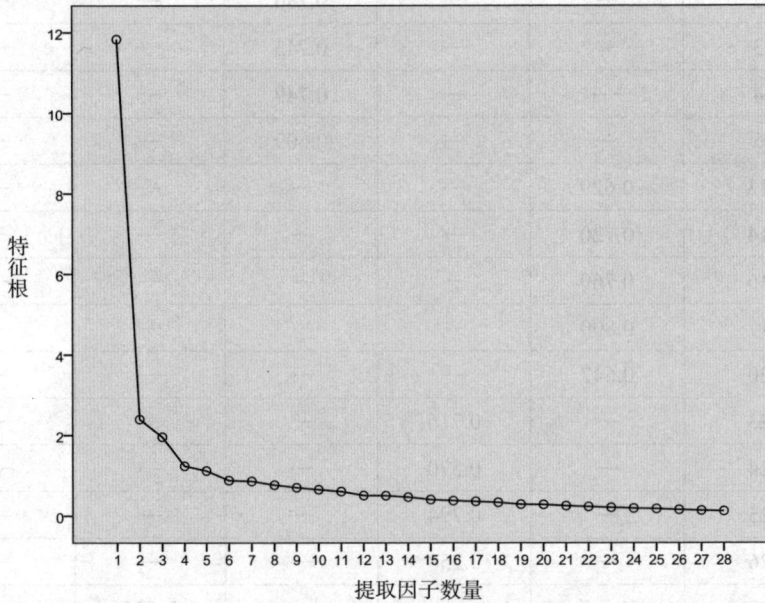

图 1-6　因子碎石图（前测问卷筛选后）

根据上述筛选步骤，我们确定了 5 个定义较为清晰的因子，将大学生社交媒体依赖的维度测量定为 5 个，包括：突显性、社交强化、强迫性、冲突性、戒断性。

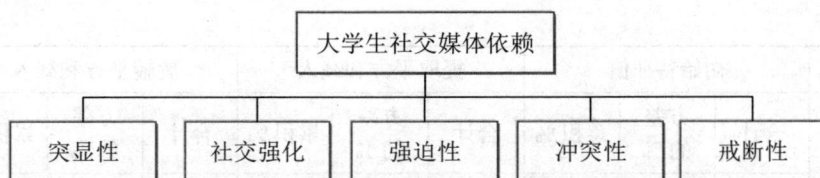

图 1-7 大学生社交媒体依赖维度图

通过对项目分析与因子载荷分析，结合专家的意见，对前测问卷题项进行筛选调整后，留下 5 个维度共 24 个题项。根据表 1-15 所示分析结果，5 个维度因子的累积方差解释率为 66.21%，题项的最高因子载荷为 0.800，最低因子载荷为 0.548，具体维度及题项说明如下：

表 1-16 前测问卷因子特征值及方差解释率（调整后）

成分	初始特征值			提取平方和载入			旋转平方和载入		
	合计	方差的 %	累积 %	合计	方差的 %	累积 %	合计	方差的 %	累积 %
1	11.831	42.254	42.254	11.831	42.254	42.254	4.910	17.537	17.537
2	2.395	8.554	50.809	2.395	8.554	50.809	3.666	13.091	30.628
3	1.957	6.990	57.798	1.957	6.990	57.798	3.466	12.380	43.009
4	1.236	4.413	62.212	1.236	4.413	62.212	3.417	12.204	55.212
5	1.120	3.999	66.210	1.120	3.999	66.210	3.079	10.998	66.210
6	0.882	3.149	69.359	—	—	—	—	—	—
7	0.861	3.074	72.433	—	—	—	—	—	—
8	0.768	2.743	75.176	—	—	—	—	—	—
9	0.703	2.511	77.687	—	—	—	—	—	—
10	0.653	2.331	80.018	—	—	—	—	—	—
11	0.607	2.168	82.186	—	—	—	—	—	—
12	0.508	1.813	83.998	—	—	—	—	—	—
13	0.502	1.793	85.791	—	—	—	—	—	—
14	0.466	1.666	87.457	—	—	—	—	—	—
15	0.406	1.449	88.907	—	—	—	—	—	—
16	0.377	1.347	90.253	—	—	—	—	—	—

成分	初始特征值			提取平方和载入			旋转平方和载入		
	合计	方差的 %	累积 %	合计	方差的 %	累积 %	合计	方差的 %	累积 %
17	0.360	1.285	91.539	—	—	—	—	—	—
18	0.336	1.199	92.738	—	—	—	—	—	—
19	0.287	1.026	93.764	—	—	—	—	—	—
20	0.281	1.005	94.769	—	—	—	—	—	—
21	0.251	0.897	95.665	—	—	—	—	—	—
22	0.229	0.819	96.484	—	—	—	—	—	—
23	0.208	0.744	97.229	—	—	—	—	—	—
24	0.189	0.676	97.905	—	—	—	—	—	—
25	0.177	0.630	98.535	—	—	—	—	—	—
26	0.154	0.549	99.084	—	—	—	—	—	—
27	0.136	0.486	99.570	—	—	—	—	—	—
28	0.120	0.430	100.000	—	—	—	—	—	—

提取方法：主成分分析。

①因子 1 特征值为 11.831，经最大方差法因子旋转之后方差解释率为 17.537%，9 个题项均涉及因社交媒体使用引起的社交与人际关系便利或改善，故将该因子命名为"社交强化（Social Intensify）"。

②因子 2 包含特征值为 2.395，经最大方差法因子旋转后的方差解释率为 13.091%，因子中 4 个题项内容主要反映受测者对社交媒体中难以抑制的使用需求与冲动，故将其命名为"强迫性（Compulsivity）"。

③因子 3 特征值为 1.957，最大方差法因子旋转后方差解释率为 12.380%，该因子内题项含义主要表现社交媒体在受测者生活中的嵌入程度，已经成为其习惯性的想法与行为，故将其命名为"突显性（Salience）"。

④因子 4 特征值为 1.236，最大方差法因子旋转后的方差解释率为 12.204%，因子中题项内容主要反映社交媒体使用对受测者正常生活节奏形成干扰，并与学习、工作等目标发生矛盾，故将该引自命名为"冲突性（Conflict）"。

⑤因子 5 特征值为 1.120，经最大方差旋转后的方差解释率为 10.998%，该因子中题项含义主要体现受测者无法或不便使用社交媒体时所感受到的不快情

绪与负面体验，故将其命名为"戒断性（Withdrawal）"。

（3）验证性因子分析及模型修正

验证性因子分析（Confirmatory Factor Analysis，GFA）是探索性因子分析的进一步延伸，其目的是对研究构想与现实数据之间的匹配程度进行验证。在验证性因子分析中，一方面需要通过潜变量与观测变量之间的相关性和载荷确定各因子之间的影响路径；另一方面，则需通过各方面拟合指标反映整体模型的拟合程度。一般情况下，学者们普遍使用结构方程模型（SEM）进行验证性因子分析，具体步骤、拟合指标和判断标准如下：

①卡方（Chi-square）检验：在验证性因子分析中，卡方检验值与样本规模高度相关，故学者们一般采用卡方值与自由度（x^2/df）之比作为替代性的检验指标，该指标期望值为 1，若在检验中取值越接近于 1，则代表样本协方差矩阵与估计的协方差矩阵之间相似性越强，模型拟合程度越高。在具体操作中，若 x^2/df 接近于 2，则可以认为模型拟合程度良好；在样本容量较大的情况下，x^2/df 达到 5 也被认为可以接受。

②拟合指数。常用的拟合指数有拟合优度指数 (Goodness of Fit Index, GFI)、调整拟合优度指数 (Adjust Goodness of Fit Index, AGFI)、标准拟合指数 (Normal Fit Index, NFI)、相对拟合指数 (Comparative Fit Index, CFI)、递增拟合指数 (Incremental Fit Index, IFI)。这些指标取值范围均在 0—1，越接近 1 反映拟合程度越好，指数在 0.95 以上表示模型拟合很好，在 0.90 以上就表示模型可以接受。

③近似均方根误差 (RMSEA) 是评价模型是否拟合的关键指标，其小于 0.05 表示模型拟合程度优秀，而在 0.05—0.08 表示模型拟合良好，在 0.08—0.10 则被认为勉强可接受，但若 RMSEA 大于 0.1，则表明模型拟合效果不佳。残差均方根 RMR (Root Mean Square Residual)、SRMR(标准根均方残差) 也是检验模型的指标，其值越小越好，一般小于 0.05 就可认为模型拟合优秀，且越接近 0 越好。

表 1-17　验证性因子分析模型评价指标与评判标准

指数名称		评价标准[①]
绝对拟合指数	x^2（卡方）	越小越好
	GFI	大于 0.9
	RMR	小于 0.05，越小越好
	SRMR	小于 0.05，越小越好
	RMSEA	小于 0.05，越小越好
相对拟合指数	NFI	大于 0.9，越接近 1 越好
	IFI	大于 0.9，越接近 1 越好
	CFI	大于 0.9，越接近 1 越好
信息指数	AIC	越小越好
	CAIC	越小越好

注：1. GFI：拟合优度指数（Goodness of Fit Index），反映观测变量的方差协方差矩阵多大程度能被模型拟合的方差协方差矩阵所预测，其值越接近于 1 则拟合效果越好。

2. RMR：均方根残差（Root Mean Square Residual），衡量模型拟合程度。

3. SRMR：标准化均方根残差（Standardized Root Mean Square Residual），标准化后的 RMR 指标。

4. RMSEA：近似误差均方根（Root Mean Square Error of Approximation），评价模型不拟合的程度。

5. NFI：赋范拟合指数（Normed Fit Index），反映假设模型与独立模型（即不存在任何相关的模型）之间的差异，NFI 值越大则拟合效果越好。

6. IFI：增值拟合指数（Incremental Fit Index），该指标在使用最小二乘法估计时表现较好。

7. CFI：比较拟合指数（Comparative Fit Index），该拟合指数在对假设模型与独立模型比较时取得，不易受样本容量影响，运用不同的模型估计方法时表现相较其他拟合指数更为稳定。

8. AIC：赤池信息量（Akaike Information Criterion），衡量模型拟合优度，其值越小说明模型越简约并且拟合越好。

9. CAIC：一致性赤池信息量（Consistent Akaike Information Criterion），调整后的赤池信息量以使其在大样本下更具一致性。

① 表格中给出的是该拟合指数的最优标准，譬如对于 RMSEA，其值小于 0.05 表示模型拟合较好，在 0.05—0.08 表示模型拟合尚可（Browne & Cudeck, 1993）。因此在实际研究中，可根据具体情况分析。

此外，在进行验证性因子分析时，还可通过初始模型的模型修正指标对模型进行调整，AMOS 提供两种模型修正指标，其中修正指数（Modification Index）用于模型扩展，临界比率（Critical Ratio）① 用于模型限制。模型扩展是指通过释放部分限制路径或添加新路径，使模型更加合理，通常在提高模型拟合度时使用；模型限制是指通过删除或限制部分路径（变量），使模型更加简洁。

使用 AMOS 软件对前测问卷社交媒体依赖部分题项进行验证性因子分析，采用最大似然法估计前述 5 个因子的拟合程度，结果如下所示：

表 1-18　社交媒体依赖测量模型拟合指标（一）

拟合指数	卡方值（自由度）	GFI	CFI	NFI	IFI	RMR	RMSEA	AIC	CAIC
结果	544.052（247）	0.779	0.875	0.795	0.877	0.087	0.086	652.052	873.445

就表 1-18 所示拟合结果来看，x^2/df 系数约为 2.202，略微偏大；GFI、CFI、NFI、IFI 系数略微偏小，没有达到 0.9 的标准，说明模型存在优化空间；RMR 与 RMSEA 指标分别为 0.087 与 0.086，略大于 0.08 的临界水平，AIC 与 CAIC 指标提示存在优化的空间。

进一步观察模型修正指标，我们发现 Q38 与 Q39 存在概念重合，故我们将这两项通过算数平均合并成为 1 项，命名为 Q38.5；Q1 与 Q2 两项通过算数平均合并成为 1 项，命名为 Q1.5；Q41 与 Q44 算数平均合并成为 1 项，命名为 Q42.5；依次类推，我们将题项中存在题意不清、概念重合、影响模型拟合程度的 Q5、Q16、Q17、Q25、Q30、Q37 题项删除，得到大学生社交媒体依赖的最终测量模型如下：

① 此处的临界比率 CR 不同于前述项目分析中的参数显著性检验中 CR。

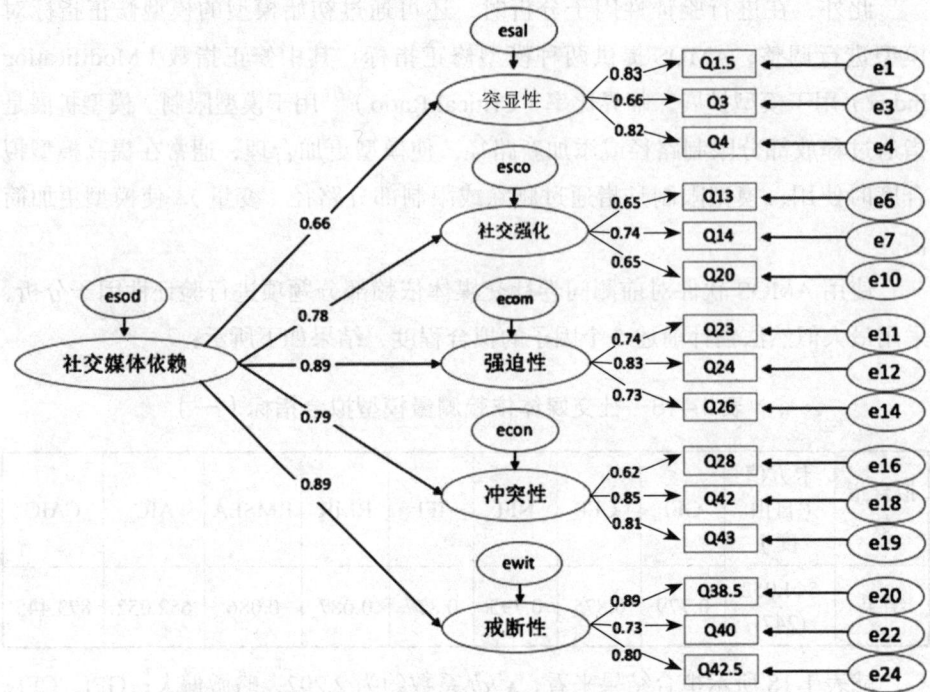

图 1-8　社交媒体依赖测量模型标准化路径

经过上述模型调整后，模型拟合指标如表 1-19 所示，可以看出所有模型拟合指标均达到较为理想的程度，x^2/df 系数缩减到 2 以内，除 NFI 系数略小于 0.9 之外，GFI、CFI、IFI 系数均达到 0.9 的最优标准，RMR、RMSEA 指标均小于 0.08，达到可接受标准，AIC 与 CAIC 指标也达到较小，综合各指标情况，对于社交媒体依赖的测量模型已经较为理想。

表 1-19　社交媒体依赖测量模型拟合指标（二）

拟合指数	卡方值（自由度）	GFI	CFI	NFI	IFI	RMR	RMSEA	AIC	CAIC
结果	140.636（85）	0.902	0.952	0.889	0.953	0.055	0.063	210.636	354.131

（4）社交媒体依赖测量量表信效度分析

A. 信度分析

在确定测量量表后，需进一步确认其可靠性、稳定性与一致性，我们通过 Cronbach's α 系数确认问卷测量的信度。Cronbach α 系数取值在 0—1，De Vellis 认为 α 系数低于 0.65 是不可接受的，在 0.65—0.70 为最低可接受值，在 0.70—0.80 表示信度不错，在 0.8 以上则表明信度非常好。此外，分半信度 (Split-half Reliability) 也是测量信度水平的重要指标，即将问卷题项分为两半，根据两半题项的得分计算两者之间的相关系数，由于对于问卷分半的方式存在多种选择，用不同分半方式所得的分半信度也会存在一些差异，尤其是在题项数量为奇数的时候，故我们主要使用 Cronbach's α 作为信度指标。

此外，在使用结构方程进行验证性分析时，题项与因子之间标准化拟合系数 λ 即为该题项的因子载荷，λ 的平方即是该题项的信度系数。同时，我们基于因子载荷量，计算因子题项的组合信度（Construct Reliability，CR 值），计算公式如下：

$$CR = \frac{\left(\sum \lambda\right)^2}{\left[\left(\sum \lambda\right)^2 + \sum \theta\right]}$$ λ 为因子载荷量，θ 为测量误差

B. 效度分析

效度反映测量量表可以有效测量目标事物的程度，即所测量的结果能够有效反映研究者意图考察内容的程度，测量结果与研究者研究目标越吻合则效度越高，相反则效度越低。测量效度的方法有很多种，本研究主要采用内容效度与结构效度对所用量表进行效度考核。

对内容效度的确定主要采用专家判断法，通过相关专家的意见对量表题项与测量目标之间的吻合程度进行评判，在本研究的测量量表编制与修订完成之后，我们请到新闻传播以及心理学领域的教授、博士生、硕士研究生对量表进行评定，根据专家意见，对问卷进行初步修订，并邀请华侨大学文学与新闻专业的 40 名本科生对问卷题意进行评价，在其意见上进行修改，以保证问卷通俗易懂、意义明确，以此保证量表题项的内容效度。

结构效度是用于考察所测结果与理论结构或特质之间符合程度的指标，反映了实际测量与理论预期之间的一致性。前述探索性因子分析与验证性因子分析均是结构效度的主要测算手段。其中，平均方差抽取量（Average Variance Extracted，AVE 值）是重要考察指标之一，AVE 值代表潜在变量对所有测量变量的综合解释能力，AVE 值越大，潜变量能够同时解释它所对应的题项能力就越强，同时，题项表现潜在变量性质的能力也越强（收敛于一点），收敛效度越

好，其计算公式如下：

$$AVE=\frac{\left(\sum \lambda^{2}\right)}{\left[\left(\sum \lambda^{2}\right)+\sum \theta\right]}$$

λ 为因子载荷量，θ 为测量误差

综合以上，我们在前述探索性因子分析和验证性因子分析基础上，引入以下指标进一步确定研究量表的信度与效度，指标列表与评判标准如表 1-20 所示：

表 1-20　量表信效度考察指标与评判标准

信度指标名称	评判标准
因子载荷量 λ	$1 \geqslant 0.7$ 或 P 值 <0.05
信度系数 λ^{2}	$\lambda^{2} \geqslant 0.5$
Cronbach's α 系数	$\alpha \geqslant 0.7$
组合信度（Construct Reliability，CR 值）	$CR \geqslant 0.6$
效度指标名称	评判标准
平均方差抽取量（Average Variance Extracted，AVE 值）	$AVE \geqslant 0.5$

就表 1-20 所示指标来看，除了社交强化因子 AVE 值略微偏低之外，其余信度与效度均达到理想要求，表明我们修订的社交媒体依赖量表具有较好的信效度。

表 1-21　社交媒体依赖测量量表信效度指标汇总

因子	题项	因子载荷 λ	信度系数 λ^{2}	显著性	Cronbach's α	组合信度（CR）	平均方差萃取量（AVE）
突显性	Q1.5	0.833	0.694	***			
	Q3	0.664	0.441	***	0.801	0.8195	0.604
	Q4	0.824	0.679	***			
社交强化	Q13	0.649	0.421	***			
	Q14	0.741	0.549	***	0.718	0.7214	0.464
	Q20	0.650	0.423	***			

续表

因子	题项	因子载荷 λ	信度系数 λ²	显著性	Cronbach's α	组合信度（CR）	平均方差萃取量（AVE）
强迫性	Q23	0.736	0.542	***	0.812	0.808	0.585
	Q24	0.828	0.686	***			
	Q26	0.726	0.527	***			
冲突性	Q28	0.616	0.379	***	0.793	0.804	0.582
	Q42	0.846	0.716	***			
	Q43	0.807	0.651	***			
戒断性	Q38.5	0.888	0.789	***	0.815	0.829	0.620
	Q40	0.732	0.536	***			
	Q42.5	0.798	0.637	***			

注：显著性一栏中 * 表示在 10% 的水平上统计显著，** 表示在 5% 水平上统计显著，*** 表示在 1% 水平上统计显著。

2. 用户个体焦虑测量量表设计与修正

焦虑是"个体由于不能达到目标或不能克服障碍，从而导致自尊心或自信心受挫，失败感或内疚感增加，形成的一种紧张不安、焦急恐慌的情绪状态"[1]。随着社交媒体在现代社会生活中的广泛普及和渗透，其不仅改变了民众的社交方式，同时也可能加剧社交媒体用户的焦虑情绪[2]。基于这一点，我们在对社交媒体依赖程度进行测量的基础上，试图进一步探讨社交媒体依赖与个体焦虑情绪之间的关系。值得注意的是，这种关系可能并非单向，对于部分处于焦虑情绪中的用户而言，社交媒体反而可能成为其转移注意力、缓解焦虑的一种途径，在此前提下，社交媒体依赖与用户焦虑情绪之间甚至可能存在持续强化或弱化的双向反馈过程。

长期以来，个体焦虑一直是医学、心理学、教育学、社会学乃至哲学等众多领域的研究主题，医学领域的焦虑研究主要集中于焦虑情绪的表现、生理学症状、诊断及治疗手段方面；心理学领域的研究则主要讨论焦虑的发生机理；

[1] 朱智贤：《心理学大词典》，北京：北京师范大学出版社，1989年。
[2] 刘鲁川、张冰倩、李旭：《社交媒体用户焦虑和潜水行为成因及与信息隐私关注的关系》，《情报资料工作》，2018年第5期，第74—82页。

教育学领域的研究则侧重于考察焦虑对于学生心理以及教学绩效的影响，社会学的研究则主要考察焦虑产生的社会因素及其社会影响等。

我们的前测问卷题项 Q46—Q65 为焦虑测量模块，考虑汉密尔顿焦虑量表（HAMA）与焦虑自评量表（SAS）是临床及社会科学研究领域的主流量表，故将二者进行整合作为个体焦虑情况的测量工具，并针对大学生的特点适当进行了修改（如附录所示）共 20 个初始题项。首先基于 164 份前测问卷进行项目分析，结果如下：

表 1-22　前测问卷个体焦虑测量模块项目分析

题项	CR 值	题项删除后的 α 值	共同性	题总相关
Q46	12.480***	0.969	0.726	0.775***
Q47	14.873***	0.969	0.794	0.782***
Q48	17.442***	0.968	0.802	0.770***
Q49	22.320***	0.967	0.770	0.846***
Q50	16.721***	0.969	0.758	0.819***
Q51	19.426***	0.966	0.601	0.781***
Q52	12.614***	0.970	0.604	0.738***
Q53	12.632***	0.970	0.590	0.844***
Q54	22.520***	0.968	0.738	0.847***
Q55	19.576***	0.968	0.731	0.764***
Q56	15.279***	0.969	0.636	0.784***
Q57	15.840***	0.968	0.764	0.853***
Q58	16.149***	0.969	0.693	0.822***
Q59	12.453***	0.969	0.796	0.811***
Q60	12.289***	0.969	0.816	0.807***
Q61	14.267***	0.968	0.791	0.803***
Q62	13.637***	0.969	0.839	0.831***
Q63	12.976***	0.968	0.867	0.841***
Q64	9.437***	0.970	0.643	0.722***
Q65	12.519***	0.969	0.821	0.846***
判断标准	>=3	<=0.965	>=0.16	>=0.4

就前测问卷焦虑测量模块的项目问题结果来看，对于焦虑的测量题项整体信度 α 系数为 0.971，所有 20 个焦虑测量题项在逐个删除后均没有出现整体信度提高的情况，测量一致性良好。基于 T 检验的 CR 值分析表明，所有焦虑题项均在 5% 水平上统计显著，具有较好的鉴别性。表 1-22 第 4 列表明各题项的共同度均达到 Kavsek 和 Seiffge-Krenke（1996）提出的最低标准（0.16），表明公共因子对各题项的解释力良好。此外，所有焦虑题项与焦虑总分相关系数均达到 0.7 以上，远超过 0.4 的最低接纳标准，并在 1% 的水平上统计显著。

在项目分析基础上，我们对前测问卷的焦虑测量 20 个题项进行因子分析，使用主成分方法提取因子，并采用最大方差法进行因子旋转，基于特征值、碎石图、方差解释率、因子载荷等指标对焦虑题项进行筛选优化，结果如下所示：

表 1-23　个体焦虑测量题项 KMO 和 Bartlett 球度检验

KMO 检验量		0.941
Bartlett 球度检验	近似卡方	3865.642
	df	190
	Sig.	0.000

由表 1-23 可见，焦虑测量模块题项的整体 KMO（Kaiser Meyer Olkin）值为 0.941，Bartlett 球度检验的近似卡方值为 3865.642，并在 1% 的水平上统计显著（表 1-24）。由表 1-24 则可看出对于焦虑的测量存在两个明显的公因子，与前文设计的量表的理论预期相同。

表 1-24　个体焦虑测量题项特征值与方差解释率

成分	初始特征值			提取平方和载入			旋转平方和载入		
	合计	方差的%	累积%	合计	方差的%	累积%	合计	方差的%	累积%
1	12.93	64.672	64.672	12.934	64.672	64.672	7.474	37.372	37.372
2	1.847	9.233	73.905	1.847	9.233	73.905	7.307	36.534	73.905
3	0.932	4.661	78.566	—	—	—	—	—	—
4	0.793	3.967	82.533	—	—	—	—	—	—
5	0.540	2.699	85.232	—	—	—	—	—	—

成分	初始特征值			提取平方和载入			旋转平方和载入		
	合计	方差的%	累积%	合计	方差的%	累积%	合计	方差的%	累积%
6	0.434	2.172	87.404	—	—	—	—	—	—
7	0.427	2.133	89.537	—	—	—	—	—	—
8	0.353	1.763	91.300	—	—	—	—	—	—
9	0.269	1.346	92.647	—	—	—	—	—	—
10	0.246	1.229	93.875	—	—	—	—	—	—
11	0.198	0.991	94.867	—	—	—	—	—	—
12	0.172	0.861	95.727	—	—	—	—	—	—
13	0.160	0.802	96.529	—	—	—	—	—	—
14	0.140	0.698	97.227	—	—	—	—	—	—
15	0.121	0.606	97.833	—	—	—	—	—	—
16	0.116	0.579	98.411	—	—	—	—	—	—
17	0.098	0.489	98.900	—	—	—	—	—	—
18	0.093	0.465	99.365	—	—	—	—	—	—
19	0.070	0.352	99.717	—	—	—	—	—	—
20	0.057	0.283	100.000	—	—	—	—	—	—

　　进一步考察旋转后的因子载荷（表1-24），以 0.5 为门槛进行因子载荷筛选，我们发现所有 20 个焦虑测量题项均至少在一个公因子上具有 0.5 以上的载荷，其中 Q51、Q55 与 Q58 在两个公因子上具有 0.5 以上的双重载荷，考虑题项含义与因子载荷的相对大小，我们将 Q51 归入因子 2，将题项 Q55 与 Q58 删除（表1-25 中 4 至 5 列）后，所有题项被较好地归并到两个公因子中。

表 1-25　个体焦虑测量题项因子载荷（调整前后）

题项	调整前		调整后	
Q46	—	0.806	—	0.815
Q47	—	0.859	—	0.864
Q48	—	0.871	—	0.875

续表

题项	调整前		调整后	
Q49	—	0.771	—	0.777
Q50	—	0.792	—	0.788
Q51	0.519	0.777	—	0.781
Q52	—	0.709	—	0.722
Q53	—	0.683		0.675
Q54	—	0.71	—	0.693
Q55	0.536	0.666	—	—
Q56	—	0.669		0.661
Q57	0.721	—	0.708	
Q58	0.657	0.510	—	
Q59	0.832	—	0.832	
Q60	0.854	—	0.856	
Q61	0.835	—	0.844	
Q62	0.854	—	0.859	
Q63	0.869	—	0.871	
Q64	0.752	—	0.754	
Q65	0.817	—	0.814	

就调整后两个公因子所含题项词义来看，因子1主要反映焦虑状态在身体症状上的体现，与躯体性焦虑因子含义相符；因子2题项主要反映受测者在精神与心理上的焦虑状况，与精神性焦虑因子含义相符。本研究感兴趣的是：社交媒体是否是大学生焦虑情绪的出口，即在大学生出现焦虑时更容易对社交媒体形成依赖？还是焦虑情绪的来源之一？或者兼而有之。更进一步的问题是，如果大学生社交媒体的使用依赖与大学生焦虑相关，那么这种相关性更多体现在哪个维度——精神性焦虑还是躯体性焦虑？

考虑到HAMA与SAS均是总加量表，为深入分析用户焦虑情绪——社交媒体依赖——社交媒体错失焦虑三者之间的关联机制。本研究试图在HAMA和SAS量表基础上进行精炼，基于结构方程模型，通过验证性因子分析，进一步对焦虑测量题项进行修订优化，试图得到一个更为简炼有效的测量模型。

基于表 1-25 提示的两个因子维度建立结构方程模型如下，并基于初测 164 份问卷进行分析，初次拟合结果如图 1-9：

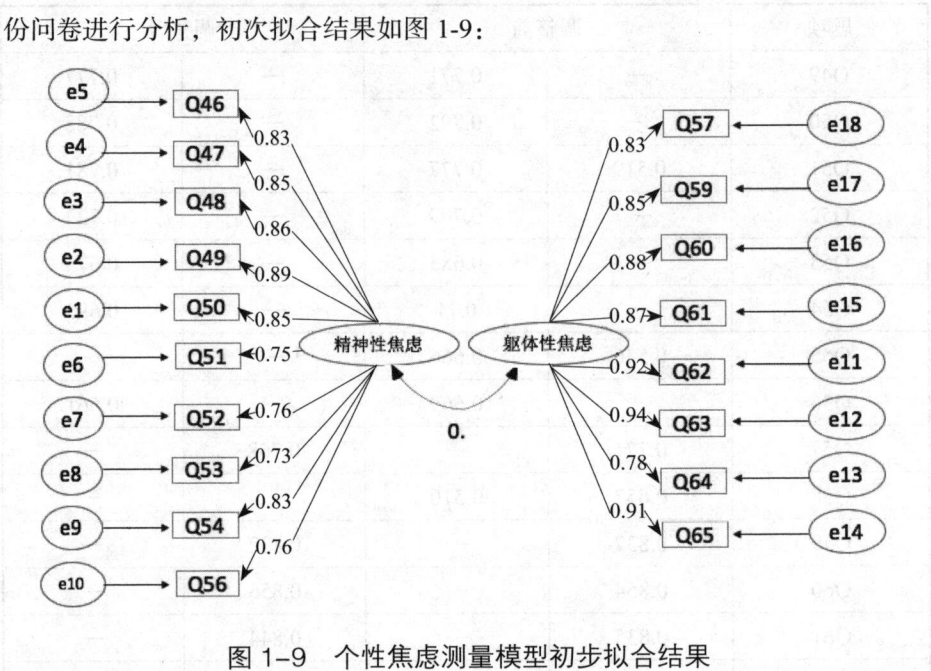

图 1-9　个性焦虑测量模型初步拟合结果

就初步拟合结果来看，模型中各条路径的拟合系数均为显著，但模型拟合指标却并不理想，x^2/df 指标高达 4.96，GFI、CFI、NFI、IFI 指标也未达到 0.9 的合宜水平，RMSEA 指标显著大于 0.08，AIC 与 CAIC 指标也偏高，提示模型存在较大的修改空间。

表 1-26　个体焦虑测量模型初步拟合指标

拟合指数	卡方值（自由度）	GFI	CFI	NFI	IFI	RMR	RMSEA	AIC	CAIC
结果	664.726（134）	0.657	0.841	0.810	0.842	0.083	0.156	738.726	890.421

我们基于修正指标 M.I. 对模型进行逐步修正，对 M.I. 按从大到小进行排序，表 1-27 列出了 M.I. 值偏高的路径：

表 1-27　个体焦虑测量模型初步拟合 M.I. 指标

题项	路径	题项	M.I.	Par Change
Q51	←	Q61	19.394	0.25
Q48	←	Q60	15.021	-0.181
Q57	←	Q47	13.85	0.152
Q61	←	Q51	13.144	0.14
Q63	←	Q52	12.151	-0.085
Q48	←	Q59	11.136	-0.153
Q57	←	Q50	10.653	0.133
Q52	←	Q51	10.559	0.17
Q51	←	Q62	10.149	0.198
Q51	←	Q60	10.109	0.194
Q51	←	Q52	10.102	0.171
Q51	←	Q59	9.906	0.188
Q57	←	Q54	9.674	0.135
Q48	←	Q61	9.217	-0.132
Q63	←	Q51	8.569	-0.071
Q47	←	Q51	8.347	-0.122
Q57	←	Q53	8.344	0.122
Q56	←	Q60	8.134	0.166
Q47	←	Q61	7.98	-0.127
Q46	←	Q54	7.631	-0.135
Q54	←	Q46	7.585	-0.121
Q48	←	Q51	7.477	-0.112

注：1. 表中 M.I. 为模型修正指数，模型修正时一般考虑优先调整 M.I. 指数越大的路径；
　　 "←" 表示变量之间的影响路径方向。

　　 2. Par Change：Par Change 的含义根据类别的不同而不同，残差项之间的 Par
　　 Change 表示若在两个残差项之间建立双向联系，那么模型中两者的协方差预计会
　　 改变多少；变量之间的 Par Change 则代表对其进行调整后回归系数的预计改变量。

基于 M.I. 指标，我们逐步删除系数较高的路径，渐次删除了 Q61、Q60、Q54、Q57、Q47、Q48、Q52，经过反复模型调整得到如图 1-9 焦虑测量模型：

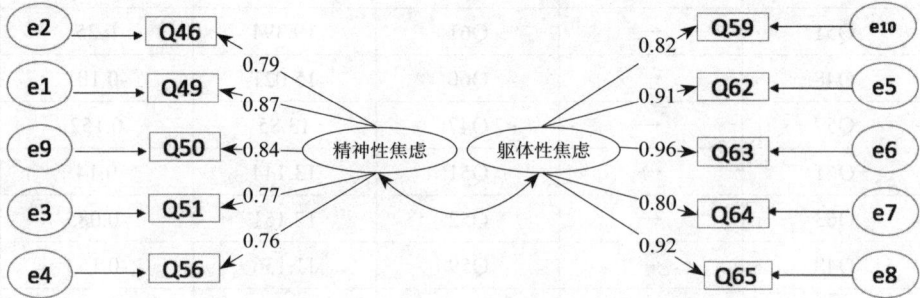

图 1-10 个体焦虑测量模型最终拟合结果

就图 1-10 分析结果来看，经过模型修正后，模型拟合指标大幅改善，如表 1-28 所示，模型拟合达到较好效果。由于本研究针对样本为大学生，其样本特征较为年轻，这在很大程度导致量表中某些体感题项：如生殖系统症状、心血管症状在因子分析中载荷并不显著；此外，一些与抑郁倾向有所重合的题项如 Q47、Q48 也在探索性与验证性因子分子中被排除，使得经过修正后的模型能更为集中且有效地反映大学生人群的焦虑特征。

就表 1-28 所示模型拟合指标来看，可以看出经过修订后，上述焦虑测量模型拟合指标达到较为理想的程度，x^2/df 系数为 2.56，GFI、NFI、CFI、IFI 系数均达到 0.9 以上的理想水平，RMR、RMSEA 指标均小于 0.08，说明焦虑测量模型已调整至较为合宜的程度，具有较好效度。

表 1-28 修正后的个体焦虑测量模型拟合指标

拟合指数	卡方值（自由度）	GFI	CFI	NFI	IFI	RMR	RMSEA	AIC	CAIC
结果	87.075 (34)	0.934	0.974	0.959	0.975	0.034	0.088	82.682	152.379

（4）个体焦虑测量量表信效度分析

我们对前述调整后的社交媒体用户焦虑测量量表进行信效度分析，就表 1-29 所示指标来看，信度与效度均达到理想要求，表明我们修订的社交媒体依赖量表具有较好的信效度。

表 1-29　个体焦虑测量量表信效度指标汇总

因子	题项	因子载荷 λ	信度系数 λ²	显著性	Cronbach's α	组合信度（CR）	平均方差萃取量（AVE）
精神性焦虑	Q46	0.874	0.764	***			
	Q49	0.792	0.627	***			
	Q50	0.766	0.587	***	0.902	0.912	0.677
	Q51	0.763	0.582	***			
	Q56	0.908	0.824	***			
躯体性焦虑	Q59	0.959	0.920	***			
	Q62	0.799	0.638	***			
	Q63	0.924	0.854	***	0.945	0.939	0.756
	Q64	0.838	0.702	***			
	Q65	0.815	0.664	***			

注：显著性一栏中 * 表示在 10% 的水平上统计显著，** 表示在 5% 水平上统计显著，*** 表示在 1% 水平上统计显著。

3. 社交媒体用户错失焦虑（FoMO）量表设计与修正

随着技术的发展和环境的变化，用户对于移动社交媒体的依赖程度和使用频率激增，错失焦虑症 (Fear of Missing Out，FoMO) 已经从原先的个体现象演化为一种广泛存在的社会症候群。

社交媒体用户长期使用社交媒体产生的负面影响有很多，如：网瘾症、手机依赖症等。"错失焦虑症"和上述症状一样，也是社交媒体用户过度使用社交媒体、依赖社交媒体所产生的不良影响之一。但是这里的"错失焦虑症"并不是简单地等同于前面的网瘾症及手机依赖症。对前者的研究更倾向于心理方面，是一种心理病症研究。而对后者的研究不仅仅局限于病理性研究，"错失焦虑症"的产生可能是因为社交媒体用户的日常使用习惯以及用户下意识的个体反应，即潜意识所导致的。不能把后者与前者等同化。再者说，后者所涉及的研究媒体和领域更为广泛。

参考宋小康等编制的移动社交媒体用户错失焦虑量表，在其基础上进行适当修改，本研究对于大学生社交媒体错失焦虑的预期测量维度及前测题项设置如下：

表 1-30　大学生社交媒体使用错失焦虑预期维度与备选题项池

维度	指标	题项
心理动机	猎奇心理	每到新地方、看到新鲜事都习惯用社交媒体进行信息分享 睡前不想看社交媒体却忍不住看了又看
	攀比心理	在社交媒体上看到别人晒"成功与幸福生活"有挫败感产生 看完别人的"幸福生活"对自己的生活状态感到担忧和不满
	强迫心理	看到或听到社交媒体上的新消息提醒，不打开看就焦躁不安 当听到别人手机社交媒体上的提示音响起会以为是自己的 产生自己手机社交媒体上提示音或震动响起的幻听
	希望被关注	社交媒体可以帮助自己获得更多的关注和认可 社交媒体上别人的关注和评论让自己很有成就感
认知动机	生活嵌入	习惯性使用社交媒体 感觉社交媒体已经成为自己身体的一部分
	社交需求	社交媒体能够满足自己大部分的社交需求 社交媒体使自己的社交圈范围更扩大了 在社交媒体上自己敢于说出日常生活中不敢说的话
	娱乐需求	感觉社交媒体上的娱乐内容很能吸引我
	信息获取	社交媒体帮自己获得了更多工作、学习、就业、交友等机会
	社区归属感	社交媒体拉近了人与人之间的情感距离 社交媒体让自己觉得朋友就在身边
行为表现	习惯性查看	每隔一段时间都会打开社交媒体查看是否有自己的信息 一有空（如课间、食堂就餐、搭车）就使用社交媒体
	消磨时间	每次学习、工作前习惯刷一下社交媒体
	时间管理	没有社交媒体能够更加集中精力、提高效率完成工作和学习任务 关机之后睡眠质量更好 常因社交媒体使用中断、打乱学习、工作、生活的节奏 在社交媒体上花费过多时间，导致睡眠时间减少或失眠
	耐受性	在社交媒体上逗留的时间比自己打算的要长 每次只打算玩一会社交媒体，但刷很久都停不下来

续表

维度	指标	题项
情感变化	充实感	我常用社交媒体记录自己的生活和感悟 用社交媒体与他人沟通会觉得自己沟通更自在，更自信 社交媒体让我感觉生活更充实
	戒断反应	无法使用社交媒体时，感到空虚无聊、焦躁不安 手机故障、断电、断网无法使用社交媒体的时刻觉得比自己生病还难受 在偏远地区无法使用社交媒体时感觉自己被世界抛弃了
	情绪改善	刷完社交媒体心情更加不好了（反向） 每晚需要刷一下社交媒体才能安心入睡

使用以上题项，我们基于前测 164 份问卷的调查数据进行探索性因子分析，结果发现尽管前测题项的 KMO 指标（0.917）与 Bartlett 球度检验值（3861.45）均较为理想，但因子构成与相应的载荷与宋小康等的文献存在局部差别，究其原因可能在于宋小康等的研究对象为移动社交媒体环境下的用户错失焦虑，而本研究研究对象并未限定于移动社交媒体环境，而是一般化的社交媒体使用场景，由此造成本研究部分题项的表述与宋小康等的研究并不完全相同；此外，样本的差异也可能造成探索性因子结果的差别。考虑上述差异，结合相关文献与理论研究（赵宇翔等[①]、叶凤云等[②]），我们对大学生社交媒体使用中的错失焦虑测量维度与题项进行了调整。

宋小康等设计的量表包含心理动机—认知动机—行为表现—情绪变化 4 个维度，但其中并未有涉及社交媒体焦虑的核心表征：即在社交媒体环境下用户由于担心遗漏信息所引发的焦虑，Hato 设计的 C-FoMO 量表中，则将人们由于FoMO 频繁查看手机的情景分为 5 种：包括一般情况的 C-FoMO（对电话、短信、社交网站信息的错失焦虑）、社会活动的 C-FoMO（对访问社交网站和社会交往信息遗漏的焦虑）、家人/朋友紧急情况的 C-FoMO（错失家人朋友求助电话/信息的焦虑）、重要新闻标题的 C-FoMO（对最新新闻事件的错失焦虑）、工作/学校相关问题的 C-FoMO（同事、同学或客户联系信息的错失焦虑），可见FoMO 的核心内涵在于对信息遗漏的担心，而宋小康等的量表中并无直接对应的

① 赵宇翔、张轩慧、宋小康:《移动社交媒体环境下用户错失焦虑症(FoMO)的研究回顾与展望》,《图书情报工作》, 2017 第 8 期, 第 133—144 页。
② 叶凤云、沈思、李君君:《移动社交媒体环境下青少年用户错失焦虑症特征提取》,《图书情报工作》, 2018 年第 17 期, 第 96—103 页。

题项，这一点无疑是令人遗憾的。因此，本研究在社交媒体 FoMO 测量中加入了"信息焦虑"这一维度，替换了宋小康等量表中"认知动机"与"心理动机"中的部分内容，加入了"无法使用社交媒体时，我担心错过重要信息"这类核心题项，并对各维度包含题项进行了调整，并加入了由于"社会比较"引发焦虑的题项，对含义相近的题项进行和合并或删改，最终结果如表 1-31 所示。

表 1-31　社交媒体错失焦虑测量维度与题项调整

维度	指标编码	指标	题项
心理动机	PM1	被关注	社交媒体可以帮助自己获得更多的关注和认可
	PM2		社交媒体上别人的关注和评论让自己很有成就感
	PM3	社交需求	社交媒体使自己的社交圈范围更扩大了
	PM4	信息获取	社交媒体帮自己获得了更多工作、学习、就业、交友等机会
	PM5	归属感	社交媒体拉近了人与人之间的情感距离
	PM6		社交媒体让自己觉得朋友就在身边
行为表现	BP1	习惯性查看	每隔一段时间都会打开社交媒体查看是否有自己的信息
	BP2		一有空（如课间、食堂就餐、搭车）就使用社交媒体
	BP3	生活嵌入	习惯性使用社交媒体
	BP4	耐受性	在社交媒体上逗留的时间比自己打算的要长
信息焦虑	IA1	强迫心理	当听到别人手机社交媒体的提示音响起会以为是自己的
	IA2		产生自己手机社交媒体上提示音或震动响起的幻听
	IA3	信息焦虑	无法使用社交媒体时，我担心错过重要信息
	IA4	戒断反应	无法使用社交媒体时，感到空虚无聊、焦躁不安
情感映射	EC1	情感影响	刷完社交媒体心情更加不好了
	EC2	情绪变化	在社交媒体上看到别人晒"成功与幸福生活"有挫败感产生
	EC3		看完别人的"幸福生活"对自己的生活状态感到担忧和不满

在调整后，对于大学生社交媒体使用中的错失焦虑的测量维度为心理动机—行为表现—信息焦虑—情感映射，如图 1-11 所示：

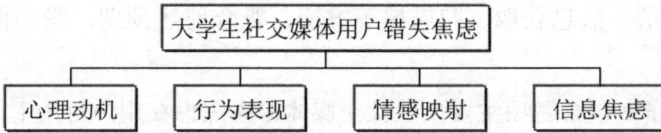

图 1-11　大学生社交媒体用户错失焦虑测量维度图

基于调整后的 FoMO 量表进行探索性因子分析，删除载荷较小的因子，整理后因子维度与载荷如表 1-32 所示：

表 1-32　社交媒体错失焦虑测量因子与载荷（调整后）

指标编码	成分			
	因子 1	因子 2	因子 3	因子 4
BP3	—	0.863	—	—
BP2	—	0.846	—	—
BP1	—	0.791	—	—
BP4	—	0.715	—	—
PM3	0.727	—	—	—
PM5	0.716	—	—	—
PM4	0.776	—	—	—
PM1	0.840	—	—	—
PM2	0.693	—	—	—
PM6	0.690	—	—	—
IA1	—	—	—	0.822
IA2	—	—	—	0.831
IA3	—	—	—	0.494
IA4	—	—	—	0.586
EC1	—	—	0.838	—
EC2	—	—	0.845	—
EC3	—	—	0.807	—

注：因子提取方法为主成分分析法。因子旋转方法为具有 Kaiser 标准化的正交旋转法。

由表 1-32 所示，调整后的题项被较为平均地归属到 4 个因子中：

（1）因子 1 包含题项主要反映受测者使用社交媒体的内在动因，包括被关注、社交需求、信息获取、归属感等方面，符合前述预期，我们保留其命名"心理动机"。

（2）因子 2 包含题项主要反映社交媒体错失焦虑在用户行为上的体现，主要包括重复查看习惯的形成以及社交媒体对用户生活的高度嵌入，符合研究预期，故保留其命名"行为表现"。

（3）因子 3 包含题项主要反映用户在社交媒体上获得的情绪体验，这种情绪体验会影响其对社交媒体的使用，并且形成情感上的驱动，从而强化其对社交媒体的使用倾向，我们将其命名为"情感映射"。

（4）因子 4 包含题项反映社交媒体 FoMO 的核心维度，即由于担心错失信息所造成的焦虑及强迫症状，以及在无法使用社交媒体获得信息时的戒断反应我们将其命名为"信息焦虑"。

将上述维度与题项输入 AMOS20.0 软件进行验证性因子分析，设置 4 个潜变量（即表 1-33 所示的 4 个维度），17 个观测变量和 17 个残差变量，选择最大似然估计方法进行运算，结果如下：

表 1-33 社交媒体 FoMO 测量路径系数估计（调整前）

路径			非标准化系数	S.E.	C.R.	P	标准化系数
心理动机	←	社交媒体错失焦虑	1.000	—	—		0.636
行为表现	←	社交媒体错失焦虑	0.841	0.157	5.349	***	0.619
信息焦虑	←	社交媒体错失焦虑	1.610	0.292	5.514	***	1.017
情感映射	←	社交媒体错失焦虑	1.310	0.224	5.841	***	0.707
BP3	←	行为表现	1.000	—	—		0.804
BP2	←	行为表现	1.111	0.099	11.196	***	0.82
BP1	←	行为表现	1.229	0.112	11.011	***	0.809
EC2	←	情感映射	1.000	—	—		0.850

路径			非标准化系数	S.E.	C.R.	P	标准化系数
EC1	←	情感映射	0.916	0.081	11.288	***	0.804
EC3	←	情感映射	0.999	0.088	11.302	***	0.805
BP4	←	行为表现	1.162	0.112	10.354	***	0.768
IA1	←	信息焦虑	1.000	—	—	—	0.658
IA2	←	信息焦虑	0.976	0.132	7.392	***	0.672
IA4	←	信息焦虑	1.127	0.128	8.824	***	0.852
IA3	←	信息焦虑	0.888	0.119	7.466	***	0.68
PM3	←	心理动机	1.000	—	—	—	0.734
PM5	←	心理动机	0.768	0.092	8.353	***	0.687
PM4	←	心理动机	0.768	0.090	8.567	***	0.705
PM1	←	心理动机	0.971	0.100	9.662	***	0.795
PM2	←	心理动机	0.961	0.104	9.207	***	0.757
PM6	←	心理动机	0.907	0.111	8.203	***	0.675

注：表中"←"表示变量之间的作用路径方向；S.E. 为标准误；C.R. 为临界比率（相当于 t 值，计算方法为：非标准化系数 /S.E.）；P 为 P 值，反映估计系数的显著性。***、**、* 分别表示在 1%、5%、10% 的水平上统计显著。

就表 1-34 所示模型拟合结果来看，各个路径的拟合系数均在 0.01 的水平上统计显著，但出现了标准化路径系数大于 1 的情况（1.017），说明模型需要调整；此外，就验证性因子分析的拟合指标来看，结果也并不理想，GFI、CFI、NFI、IFI 均未达到 0.9，RMR 和 RMSEA 指标也超过了 0.08，提示模型存在优化空间。

表 1-34　社交媒体 FoMO 测量模型拟合指标调整前

拟合指数	卡方值（自由度）	GFI	CFI	NFI	IFI	RMR	RMSEA	AIC	CAIC
结果	321.478 (115)	0.801	0.866	0.809	0.868	0.098	0.105	397.478	553.273

我们根据 AMOS 提供的 M.I. 系数进行模型优化调整，将模型中各路径以及残差之间的 M.I. 系数由大到小进行排列，列出最高的几项如表 1-35 所示：

表 1-35　初步拟合中 M.I. 值较大路径

路径			M.I.	Par Change
e8	↔	e9	31.6	e8
e13	↔	e17	16.149	e13
e1	↔	e2	15.077	e1
e2	↔	e14	13.994	e2
e14	↔	e15	13.953	e14
e7	↔	e16	13.107	e7
e15	↔	e17	11.402	e15
e9	↔	e11	10.916	e9
e7	↔	e14	10.86	e7
e1	↔	e14	9.45	e1
e10	↔	e11	7.893	e10
e2	↔	e9	7.451	e2
e14	↔	e16	7.17	e14
e7	↔	e10	7.152	e7
IA2	←	IA1	16.419	0.237
IA1	←	IA2	15.752	0.257
BP4	←	IA4	14.26	0.204
IA2	←	BP2	11.746	-0.262
BP4	←	EC2	11.599	0.177
BP4	←	PM2	10.463	0.183
BP4	←	EC3	9.422	0.151
BP4	←	IA2	8.816	0.146
PM4	←	IA2	8.765	-0.131
BP2	←	PM4	8.568	0.161
BP2	←	IA2	8.172	-0.117
PM5	←	PM6	8.025	0.142
PM6	←	PM5	7.722	0.203
IA2	←	BP3	7.694	-0.231
PM5	←	IA2	7.004	0.122

注：表中 M.I. 为模型修正指数，模型修正时一般考虑优先调整 M.I. 指数越大的路径；"↔"表示残差之间的相关，"←"表示变量之间的影响路径方向。

根据表 1-35 所示 M.I. 指标，我们对模型进行逐步修正。（1）考虑 e8—e9M.I. 值达到 31.6，表明 IA1 与 IA2 之间存在密切关系，故我们尝试将 IA1 删除以改善模型拟合效果。（2）考虑 PM5 与 PM6 之间相互 M.I. 值均达到 8 左右，我们尝试将 PM5 删除。（3）考虑题项 BP2 与 IA2、PM4 之间均存在 8 以上 M.I. 值，我们尝试将 BP2 删除。（4）考虑 PM2 与 BP4 之间 M.I. 值高达 10 以上，我们尝试将 PM2 删除。经过多次测试，我们发现剔除 IA1、PM5、BP2、PM2 之后，模型拟合效果最为理想，如下图所示：

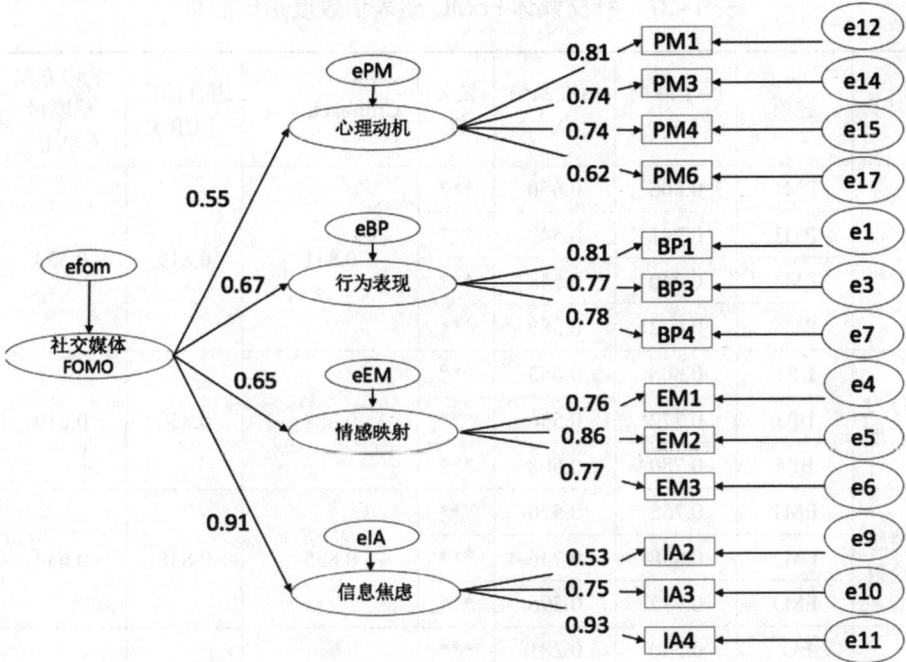

图 1-12 社交媒体 FoMO 测量模型标准化路径图

就表 1-36 所示模型拟合指标来看，可以看出经过调整后，FoMO 测量模型的拟合指标均达到较为理想的程度，x^2/df 系数为 2.75，GFI、NFI、CFI、IFI 系数均达到 0.9 以上的理想水平，RMR、RMSEA 指标均小于 0.08，总体说明我们的 FoMO 测量模型调整至合宜程度，并具有较好效度。

表 1-36　修正后的社交媒体 FoMO 测量模型拟合指标

拟合指数	卡方值（自由度）	GFI	CFI	NFI	IFI	RMR	RMSEA	AIC	CAIC
结果	167.868 (61)	0.924	0.947	0.920	0.948	0.070	0.070	227.868	373.947

（4）社交媒体 FoMO 测量量表信效度分析

我们对前述调整后的社交媒体 FoMO 量表进行信效度分析，就表 1-37 所示指标来看，各因子与题项的信度与效度均达到理想标准，可见我们社交媒体 FoMO 量表在修订后，具有较好的信效度。

表 1-37　社交媒体 FoMO 量表信效度指标汇总

因子	题项	因子载荷 λ	信度系数 λ^2	显著性	Cronbach's α	组合信度（CR）	平均方差萃取量（AVE）
心理动机	PM1	0.806	0.650	***	0.831	0.819	0.533
	PM3	0.741	0.549	***			
	PM4	0.740	0.548	***			
	PM5	0.622	0.387	***			
行为表现	BP1	0.808	0.653	***	0.828	0.830	0.619
	BP3	0.772	0.596	***			
	BP4	0.780	0.608	***			
情感映射	EM1	0.755	0.570	***	0.835	0.838	0.634
	EM2	0.858	0.736	***			
	EM3	0.772	0.596	***			
信息焦虑	IA2	0.530	0.281	***	0.747	0.789	0.567
	IA3	0.747	0.558	***			
	IA4	0.929	0.863	***			

注：显著性一栏中 * 表示在 10% 的水平上统计显著，** 表示在 5% 水平上统计显著，*** 表示在 1% 水平上统计显著。

第二章　大学生社交媒体使用概述

第一节　社交媒体的定义与发展简史

一、社交与分享文明简史

在《从莎草纸到互联网：社交媒体 2000 年》一书中，作者汤姆·斯丹迪奇梳理了人类诞生以来社交与分享的文明进程。作者认为，随着灵长类动物社会性大脑（新大脑皮层）的进化和成熟，早期人类自相互梳理毛发伊始便已开启了分享和社交的社会化历程。随后，约十万年前起人类语言与流言传播成为人们交流信息、维系社会关系的重要纽带。直至 5000 年前书写的发明为人们提供了进一步扩大传播与交流的方式和基础，这三者成为 2000 年来支撑分享型社交媒体的古老基石。到了古罗马时代，口授和互通信件、分享书面新闻、创建报刊、传抄书籍，以及在老百姓中广为流传的墙壁涂鸦成了社会各个阶层维系、增进社交关系的重要方式和手段，同时，相对于早期基督教发展而言，从莎草纸转向手本传播则成为早期教会大力利用媒体获得发展的重要体现。12 世纪时，中国造纸术和雕版印刷术引入欧洲，有效提升了思想及文化启蒙的速度和传播广度。而至 1440 年前后，约翰·古滕堡印刷机的问世，不仅使得"人人都求知若渴、惊诧于自己之前的蒙昧"，同时也使以马丁·路德为核心的新教改革思想借助大量复制印刷的小册子与新闻叙事歌一起从德意志地区迅速扩散至欧洲的各个角落。伴随着出版自由的确立，新闻信札、报刊和不计其数的宣言、小册子、书籍、叙事诗、单张以及印刷品成为十五六世纪分享、宣传、编造、分析评论各类信息的主要途径。到了 17 世纪中叶，新型社交媒体咖啡馆诞生，在看似不起眼的咖啡馆里的闲聊不仅催生了科学革命史上最伟大的著作之一——《自然科学的数学原理》，为世人揭示了不朽的万有引力定律，同时，咖啡馆的讨论和创新精神也延伸到了商业和金融领域，为《国富论》等巨著的诞生提供了思想的温床。可以说，咖啡馆的出现不仅为各类诗人、作家乃至各类科学家同行提供了学术辩论、谈判、交流的场所，同时也成为各行各业思想交汇、混合技术和商业创新的熔炉。随着媒介技术在传播与社交领域的不断发展，其社会影响力也逐渐渗透至政治与文化领域，美国革命便通过北美社会—媒体生态系统的帮助，借助信件、小册子和报纸的流通以及这种流通造成的思想交流，催发了不同殖民地的人民团结起来支持共同的事业。正如拉姆齐曾在 1789 年出版的《美国革命史》(*the history of the American revolution*) 中宣称，在实现美国的独立中，笔与印刷机和剑同样功不可没。到了 19 世纪初，印刷机依然与 15 世纪大同小异，但《泰晤士报》《太阳报》《纽约时报》《波士顿每日时报》等大众报纸的发展和记者的崛起，以及报业大亨的出现使得报纸从手制的地方性刊物演变为庞大、有力、赚钱的产业，并由此催生了更加工业化、市场化、专业化的大众传播环境。

20 世纪初，借助无线电波讯号应运而生的广播媒体逐渐从军事与政治领域流通至大众市场，BBC（英国广播公司）(1922 年) 的成立成为欧洲国家广播经营与大众文化传播的典范。20 世纪 20 年代，关于电视的研究与实践逐渐深入，战后电视开始在大众阶层中得到推广和普及，广告模式也随之确定下来。从此，电视成为二十世纪最普及的大众传播媒体，而泡在电视机前一动不动的人们则被戏称为"沙发土豆"(couch potato)。

80 年代初，相互连接、使用封包交换的电脑网络、包括最早的 ARPA 网出现，1993 年万维网（world wide web）诞生并且迅速繁荣起来。1997 年博客（weblog）诞生，它为广大互联网用户提供了个人信息发布与传播的社交平台，并成为现代意义上的第一个网络社交媒体。博客在发展初期势头凶猛，但之后在全球范围内的增长速度却趋于缓慢，这主要是因为对于大多数人来说，建立博客，定期发帖，努力经营并且培养稳定的读者群，从而获得期望之中的持续关注和赞美，不仅烦琐、费时费力同时还带有较强的精英主义色彩。因此，20 世纪 90 年代末，一种平民化的、亲切友好且操作简单的即时互动、联系与分享信息的工具——六度空间网站（sixdegree.com）(1997 年) 随之出现，用户不仅可以在网站上创建包括简历、照片、兴趣爱好的个人资料页，同时其还设置了通讯录和发送信息的功能。随后，用于结交陌生人、扩大交友圈的 Friendster、拓展职场网络的 Linkedin、娱乐化社交工具 Myspace 等社交平台应运而生 ①。

---

① ［英］汤姆·斯丹迪奇：《从莎草纸到互联网：社交媒体 2000 年》，林华译，北京：中信出版社，第 5、25、31、67、139、141 页。

至 2004 年，web2.0 概念兴起，Blogger don 在《web2.0 概念诠释》一文中从技术的角度提出了 web2.0 的定义：web2.0 是以 Flicker、Linkedin、Craigslist、Friendster、43things.com 等网站为代表、以 TAG、博客（Blog）、RSS、社交网络（SNS），维基（wiki）等社会性软件的应用为核心，根据六度分隔理论和 AJAX、XML 等技术实现的新一代的互联网模式[①]。基于 web2.0 参与性（去中心化）、松散耦合性（通过高互操作性组建按需联络，统一消息的传递机制）、协同性（利用集体智慧和力量，通过自组织的方式进行协同创作）、集成性（通过带动分散、独立的开发者而聚集各个系统和网站）整合性（理念、技术与服务的统一）、平台独立性（不同应用平台具有通用的界面、服务和通信等开放应用程序接口）、网络外部性（web2.0 模式下的分享和参与的架构能够驱动网络效应）、轻量型应用性（web2.0 通过内容和服务的联合使轻量的业务模式变得可行，造就了分享经济的模式）、持续更新性（web2.0 模式下注重所有用户的用户体验[②]）的特点，社交网络的 UGC（Users Generate Content）功能不仅实现了人与内容之间的关联，同时建立了人与人的网络互动模式，并从此开启了现代社交媒体传播的新进程与新世界。

从灵长类动物彼此梳理毛发到古罗马的口授书信人和墙壁涂鸦，再到十五六世纪的小册子和 17 世纪的咖啡馆，以及 19 世纪的大众报刊和 20 世纪的广播、电视，直至 80 年代的网络社交媒体；无论是集体的狩猎活动，还是在宗教改革、美国独立运动和法国大革命中，或者近代市场经济和现代社会生活语境里，不同时期的社交媒体都成为构建社会信息传播、分享社会交往的重要平台，它们孕育着不同历史片段中各行各业人们思想的积累与融合，促动着社会集体创新与人类文明的不断演进。

二、社交媒体的定义与分类

（一）社交媒体的定义

社交媒体又被称为社交网络服务（Social Networking Service），简称 SNS，社交媒体概念最先出现在安东尼·梅菲尔德所著的《什么是社会化媒体》（*What*

[①]　刘畅：《网人合一·类像世界·体验经济——从 web1.0 到 3.0 的启示》，《云南社会科学》，2008 第 2 期，第 81—86 页。

[②]　张智勇：《web2.0 的精髓：互联网的本真》，获取地址：http://www.ddup.net/post/210.htm，发布时间：2014 年 6 月 5 日。

is Social Media）一书中。他将社交媒体定义为一种给予用户极大参与空间的新型在线媒体，一般具有以下几个特征：参与(paticipation)、公开(openness)、对话(conversation)、社区化(community)、连通性(connectedness)，其最显著的特点就是定义的模糊性、快速的创新性和各种技术的"融合"。①学者 Boyd D 和 Ellison, N.B. 认为，社交媒体是基于互联网的服务，它允许：1. 用户利用某一特定的系统建立一个公开或者半公开的个人主页；2. 用户在其中建立一个相互联系和能够进行（内容）分享的用户圈（或朋友圈）；3. 在这个系统里，用户可以在自己的用户圈（或朋友圈）内，浏览彼此的关系（和内容）。②同年，学者 Shirky 提出，社交媒体与社交软件是"增加我们与他人分享、写作、进行集体行动的能力，在所有传统制度与组织机构框架外"的工具。而传播学者安德烈·开普勒（Kaplan, A.M）等则在 Users of the world,unite!the challenges and opportunities of social media 一文中将社交媒体定义为：一系列建立在 web2.0 的技术和意识形态基础上的网络应用，它允许用户自己生产内容（UGC）的创造和交流。③在我国，"Social Media"也被译为"社会化媒体"，但学者赵云泽、张竞文、谢文静、俞炬昇在《"社会化媒体"还是"社交媒体"？——一组至关重要的概念的翻译和辨析》一文中指出，将"Social Media"翻译为"社交媒体"相对更为妥当。④有学者认为，社交媒体能够给予用户极大参与空间，不仅能够满足网民个人基础资料存放的需求，更重要的是能够满足用户"被人发现"和"受到崇拜"的心理感受需求，能够满足用户"关系建立"和"发挥影响"的需求⑤。还有学者指出，社交媒体的出现将新媒体经济导向关系经济，同时还促进了关系赋权。⑥

（二）社交媒体的分类

关于社交媒体的分类一直在随着媒体技术应用及其社会功能的发展而持

---

① Mayfield A, "what is social media", icrossing.co.uk/ebooks.

② Boyd D, Ellison, N.B. , "Social Network Sites:Definition,History, and Scholarship" , *Journal of Computer—Mediated Communication,* Vol.13, no.1（2007）, pp.210-230.

③ Kaplan A M & Haenlein M, "Users of the World,unite!The Challenges and Opportunities of Social Media", B*usiness Horizons* , vol.53, no.1(january—february 2010), pp.59-68.

④ 赵云泽、张竞文、谢文静、俞炬昇：《社会化媒体？——一组至关重要的概念的翻译和辨析》，《新闻记者》，2015 年第 6 期，第 63—66 页。

⑤ 闵大洪：《传统媒体的网络社会化媒体使用》，南方报网，获取地址：http://www.360doc.com/content/09/0713/23/16099_4257775.shtml，发布时间：2009 年 6 月 25 日。

⑥ 曹博林：《社交媒体：概念、发展历程、特征与未来——简兼谈当下对社交媒体认识的模糊之处》，《湖南广播电视大学学报》，2011 第 3 期，第 65—66 页。

续变化。学者 Kaplan，A.M. 从传媒研究和社会过程视角将社交媒体分为博客、合作项目 / 协作计划（Collaborative Projects，如维基、百度百科等）、内容社区（Content Communities，如 YouTube、火山小视频、bilibili 等）、社交网络（Facebook、Qzone、人人网等）、虚拟世界（如虚拟游戏世界（Virtual Game Worlds）和虚拟社会世界（Virtual Social Worlds）几部分。[①] 安东尼·梅菲尔德则将社交媒体划分为博客、论坛、维基、播客、社交网络和内容社区六类。[②] 除此之外，郭淑娟曾将社交媒体划分为创作发表型、资源共享型、协同编辑型、社交服务型、网络游戏型。[③] 唐兴通则相对细化的将我国社会化媒体可以分为：社会关系网络（Social Networking Sites）、视频分享网络（Video Sharing Sites）、照片分享网络（Photo Sharing）、合作词条网络（Collaborative Directories）、新知共享网络（News SharingSites）、内容推选媒体（Content Voting Sites）、商务关系网络（Business Networking Sites）、社会化书签（Social Bookmarking Sites）八大类别。[④] 除此之外，各大调研机构和组织也在调查实践中完善和归纳了社交媒体的应用范畴。例如，中国互联网络信息中心（China Internet Network Infomation Center, CNNIC）便在参考国内外社交应用分类的基础上结合我国社交应用的现状，在《2016 年中国社交应用用户行为研究报告》中将我国的社交媒体类型分为：即时通信工具（如 QQ、微信、阿里旺旺等）、综合社交应用（QQ 空间、新浪微博、微信朋友圈等）、图片视频社交应用（美拍、秒拍、优酷拍客等）、婚恋交友社交应用（58 交友、赶集婚恋、世纪佳缘等）、社区社交应用（百度贴吧、豆瓣、天涯社区、知乎等）和职场社交应用（脉脉、领英、猎聘秘书等）等六大类。[⑤] 艾瑞咨询则在同年的《2016 年中国移动社交行业系列研究报告——产品篇》中进一步细化了社交应用的性别和人群特征，并将中国移动社交应用分为即时通讯、综合社交、兴趣社交、同性交友、婚恋交友、母婴社区、校园社交、图片社交、陌生人社交、商务社交等主要类型。随后，

---

① kaplan A M, "Users of the World,unite!The Challenages and Opportunities of Social Media", Business Horizons, vol.53, no.1(2010), pp.59-68.

② Mayfield A, "what is social media", icrossing.co.uk/ebooks.

③ 郭淑娟：《论社会性媒体的概念及发展中面临的问题》，《新闻界》，2011 第 3 期，第 40—41 页、第 44 页。

④ 唐兴通：《社会化媒体营销大趋势——策略与方法》，北京：清华大学出版社，2011 年。

⑤ CNNIC：《2016 年中国社交应用用户行为研究报告》，中国互联网信息中心网站，获取地址：http://www.cnnic.cn/hlwfzyj/hlwxzbg/sqbg/201712/t20171227_70118.htm，发布时间：2017 年 12 月 27 日。

艾瑞咨询又在《中国社交应用需求价值白皮书 2017 年》中从社交需求与满足视角出发，根据用户的七大核心需求界定了中国社交媒体的七大类型：荷尔蒙型、孤独感型、工具型、炫耀型、抒情型、发泄型、自我提升型（如图 2-1）[①]。凯度集团在《2018 中国社交媒体影响报告》中也跳出了传统的划分方式，另辟蹊径地根据社交媒体平台在社交关系和内容的分布权重差异，将社交媒体较宽泛地划分成为核心社交媒体（重关系、轻内容）和衍生社交媒体（重内容，轻关系），并试图说明中国社交媒体平台的双格局生态。[②] 艾瑞和凯度的划分方式虽在合理性和准确性层面还有待商榷，但此种视角却开始将过去单一的技术功能视角转向至社会—心理与社交层面上来，为多元化探讨社交媒体类别提供了新的思维向度与空间。2019 年，艾媒市场咨询则在《2019 年中国移动社交行业研究报告》中将社交媒体分为：即时通讯类、微博博客类、泛娱乐类社交、陌生人社交、社区类社交应用。[③]

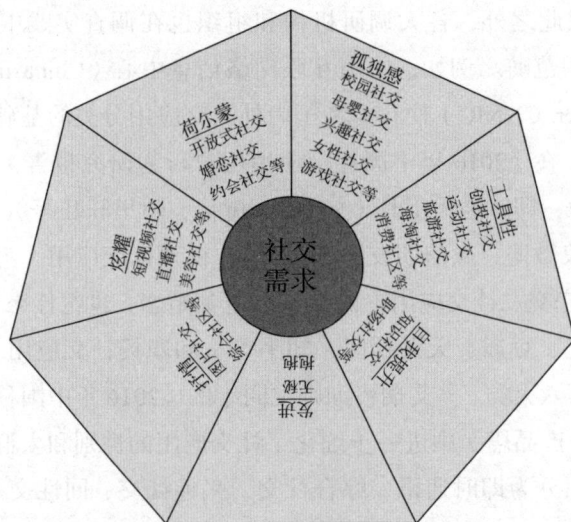

图 2-1　中国社交媒体的七大类型

图片来源：作者整理。

---

① 艾瑞咨询：《中国社交应用需求价值白皮书 2017 年》，中国知网，获取地址：http://cpfd.cnki.com.cn/Article/CPFDTOTAL—ASSC201709001020.htm，发布时间：2017 年 10 月 9 日。

② 凯度：《凯度：2018 年中国社交媒体影响报告》，获取地址：http://www.199it.com/archives/820382.html，发布时间：2019 年 1 月 14 日。

③ 艾媒报告：《2019 年中国移动社交行业研究报告》，艾媒网，获取地址：http://www.iimedia.cn/63737.html，发布时间：2019 年 3 月 1 日。

　　总而言之，各种分类标准既有重叠及相似的部分，也有界定视角与具体内容的差别之分。但是，对于社交媒体类别的界定从其应用范畴向着发展区域与使用特征、发展现状、受众心理等多维标准的转化，以及日趋细化的特点，则从侧面反映了社交媒体技术应用、市场发展以及理论研究不断完善与成熟的发展趋势。

二、社交媒体的发展简史

（一）现代社交媒体发展时间轴

1. 全球社交媒体发展简史

　　纵观现代社交媒体发展历程，自 20 世纪 70 年代至今已然历经了 40 年时间。社交媒体发展的起点源于 1978 年，美国新泽西州第一个虚拟在线社区电子交换系统（Electronic Information Exchange System,EIES）、以及同年的"电子公告栏系统"（Bulletin Board System）的建立，这成为万维网出现之前最早的在线社区。随后，蒂姆·博纳斯 - 李于 1991 年创立了万维网，至 1994 年，斯沃斯莫尔学院学生 Justin Hall 建立个人站点"Justin's Links from the Underground"并开始进行与外部网络互联，由此被称为"个人博客元勋"。三年后，美国在线实时交流工具 AIM 上线，"weblog"一词诞生。同年，第一个在线社交网络创建，名字为 sixdegree.com。

　　博客发展至 90 年代，已经有了一定影响力，特别是 2004 年之后，web2.0运动的兴起，社交服务网站开始蓬勃发展，社交媒体开始迅猛发展起来[1]，在这一时期各类社交网站如雨后春笋般涌现出来。首先，2001 年 Wikipedia 诞生，它成为全球首个开源、在线、协作而成的百科全书。同年，专注于线下交友的Meetup.com 网站成立。随后，Friendster.com 于 2002 年诞生，并成为首家用户规模达到 100 万的社交网络。2003 年，面向青少年群体的 MySpace 上线，它再一次刷新了社交网络的成长速度：一个月注册量便突破 100 万[2]，2004 年，享誉世界的 Facebook 与 Flicker 同年上线，一年后，史蒂夫·陈、查德·赫尔利和贾韦德·卡利姆共同创建了"油管"（YouTube）。2006 年，杰克·多尔塞、诺厄，

---

　　① 曹博林：《社交媒体：概念、发展历程、特征与未来——兼谈当下对社交媒体认识的模糊之处》，《湖南广播电视大学学报》，2011 第 3 期，第 65 页。

　　② 黄龙中：《纵览社交媒体 40 年发展史》，获取地址：https://www.ifanr.com/178134，发布时间：2012 年 10 月 23 日。

格拉斯、比扎·斯通、埃文·威廉斯创建 Twitter，它迅速成为全球范围内最方便的交流工具和强大的自媒体平台之一。在这之后，更多广为熟知的社交媒体诞生并渗透入大众生活之中，如 Instagram（2010）、Prinsterest (2010)、Google +（2012）等。（如图 2-2）

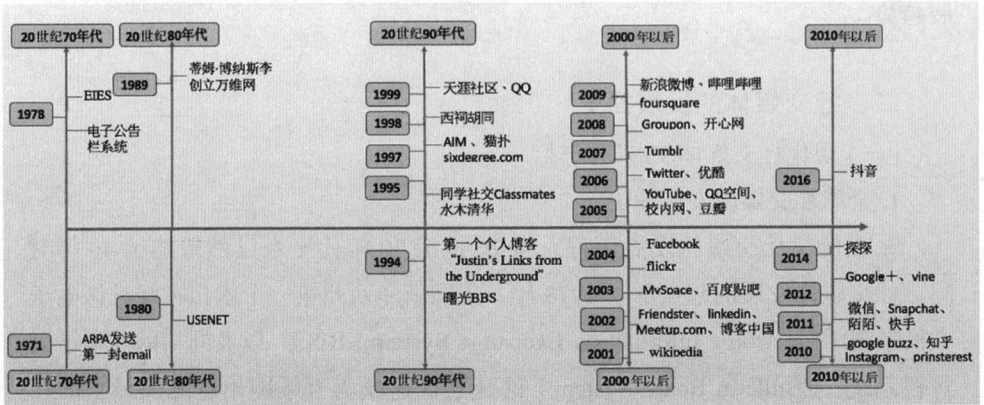

图 2-2　社交媒体发展简要历程图

图表来源：作者整理。

2. 全球社交媒体发展近况

从全球社交媒体使用近况来看，无论是在使用人数、覆盖率还是增长形势，社交媒体都处在高速发展的进程之中。（如表 2-1）

表 2-1　2016—2019 全球社交媒体使用情况

年份	2016 年	2017 年	2018 年	2019 年
使用人数 / 百万	2307	2797	3196	3484
环比增幅	11%	21%	14%	9%
覆盖率	31%	37%	42%	45%

图表来源：作者整理。

同时，根据《We Are Social：2019 年全球数字报告》调查显示，至 2019 年 1 月，全球人口达 76.76 亿，其中，互联网用户达 43.9 亿，比 2018 年 1 月增加 3.66 亿（9%）；同时，社交媒体用户数为 34.8 亿，较去年同期增长 9%。在社交媒体用户中，全球已有 32.6 亿人在移动设备上使用社交媒体，新用户增长 2.97 亿，同比增长超过 10%。从 2016 年到 2019 年（1 月）全球社交媒体使用人数已从 2307（百万）增长至 3484（百万），覆盖率由 31% 增长至 45%。[①]

（二）全球社交媒体分布空间轴

1. 全球社交媒体的空间分布概况

得益于近十几年来移动网络与智能设备的发展，社交媒体的应用空间范围也在持续拓展。数据显示，在过去 12 个月中有 2.88 亿社交媒体新用户出现，并将全球渗透率推高至 45%[②]。虽然全球社交媒体用户已经达到近 35 亿，每 10 人中就有 9 人通过移动设备上的社交媒体软件联系彼此，但是，社交媒体的使用在全球范围内分布并不均匀。其中，来自亚太地区的用户占比最多，达到 58%，将近占据了全球用户的五分之三，其次为欧洲用户，占比 16%，拉美用户、北美用户、中东用户分别占到 10%、10%、8%。非洲部分地区的普及率仍然只有个位数。[③]

近年来，全球绝大部分地区社交媒体渗透率都有不同程度的提升，发展中国家和地区增速相对较快。其中，东亚地区增长势头迅猛，它以 70% 的渗透率与北美洲并列成为社交媒体使用频次最高的地区；截至 2019 年 1 月，我国使用社交媒体用户数量突破 10 亿人次，并成为 2018 年社交媒体用户增长幅度最多的国家。印度也在 2018 年成功吸引近 6000 万新用户注册社交媒体，东南亚地区增长比例也相对较高。北美和北欧地区社交媒体渗透率相对持衡，西欧则出现了少量下滑状况，非洲地区渗透率持续低迷不振[④]（如图 2-3）。

---

① We Are Social & Hootsuite：《2019 全球数字报告》，中文互联网数据资讯中心 199IT，获取网址：http://www.199it.com/archives/829519.html，发布时间：2019 年 2 月 2 日。

② We Are Social & Hootsuite：《2019 全球数字报告》，中文互联网数据资讯中心 199IT，获取网址：http://www.199it.com/archives/829519.html，发布时间：2019 年 2 月 2 日。

③ 正点国际传媒：《2018 全球社交媒体格局图》，获取网址：https://www.zetin.cn/insight/19，发布时间：2018 年 11 月 1 日。

④ We Are Social & Hootsuite：《2019 全球数字报告》，中文互联网数据资讯中心 199IT，获取网址：http://www.199it.com/archives/829519.html，发布时间：2019 年 2 月 2 日。

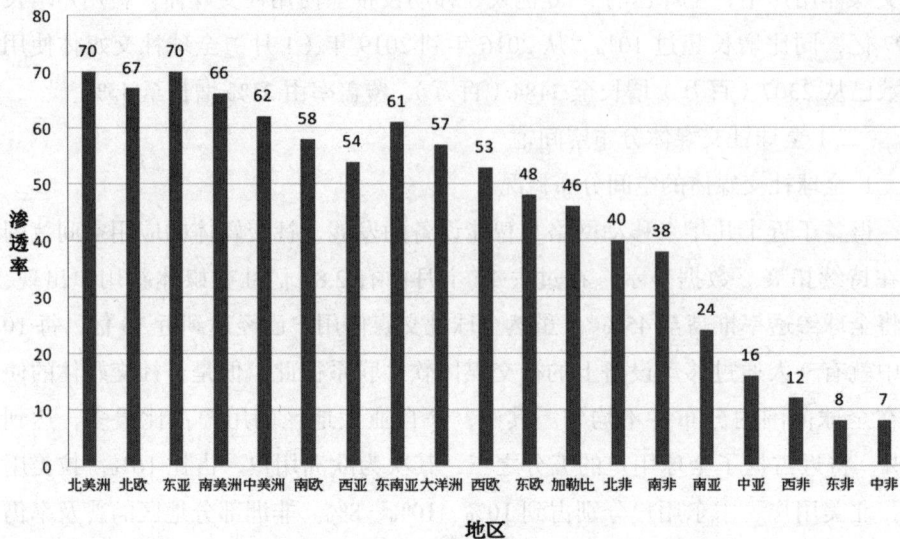

图 2-3　2018 年社交媒体全球渗透率

图表来源：作者整理。

2. 全球社交媒体使用平台与时长

从社交媒体使用平台分布状况来看，根据《Global Web Index：2019 年社交媒体趋势报告》的调查结果显示，国际范围内社交媒体用户覆盖率位居前十五位的媒体为 Facebook、YouTube、FB Messenger、WhatsApp、Instagram、Twitter、Google+、Linkedin、Skype、Snapchat、Pinterest、Line、Viber、WeChat、Tumblr、微信以 23% 的覆盖率位列第 14。(如图 2-4) 新浪微博 (13%)、腾讯微博 (13%) 位列第 17。

社
交
媒
体

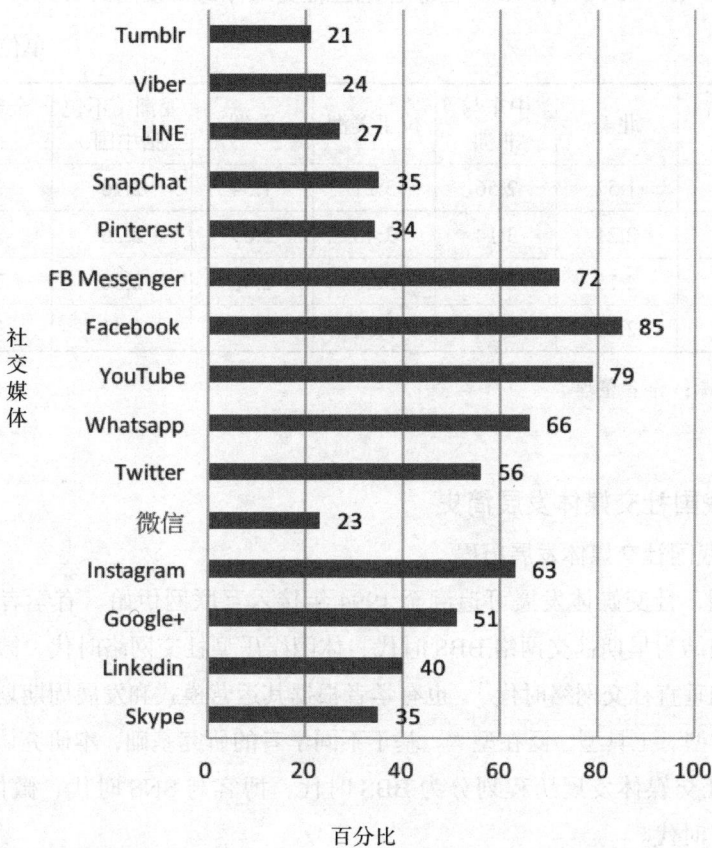

Tumblr 21
Viber 24
LINE 27
SnapChat 35
Pinterest 34
FB Messenger 72
Facebook 85
YouTube 79
Whatsapp 66
Twitter 56
微信 23
Instagram 63
Google+ 51
Linkedin 40
Skype 35

0 20 40 60 80 100

百分比

图 2-4　2018 年全球社交媒体用户覆盖率前十五位

图表来源：作者整理。

全球社交媒体种类五花八门，而不同地区的使用时长也各有不同。（如表 2-2）。据调查数据显示，2018 年，全球各地区社交媒体每日使用时长平均为 2 小时 30 分，其中欧洲地区相对较低，拉丁美洲则远高于其他地区[1]。

_____

① Global Web Index：《2019 年社交媒体趋势报告》，获取地址：https://www.useit.com.cn/forum.php?mod=viewthread&tid=21697&from=album，发布时间：2018 年 12 月 25 日。

表2-2　2015—2018年全球各地区社交媒体每日使用时长分布

单位：小时

年度	北美	中东与非洲	拉丁美洲	欧洲	亚洲（不包括中国）	全球平均每日
2015年	1:57	2:56	3:21	1:54	2:16	2:03
2016年	2:21	3:14	3:48	2:09	2:26	2:20
2017年	2:15	2:58	3:28	2:06	2:36	2:28
2018年	2:19	3:08	3:30	2:04	2:41	2:30

图表来源：作者整理。

三、我国社交媒体发展简史

（一）我国社交媒体发展历程

在我国，社交媒体发展可追溯至1994年接入互联网伊始，有学者将这段发展历程归结为早期社交网络BBS时代、休闲娱乐型社交网络时代、微信社交网络时代和垂直社交网络时代[1]。也有学者根据其运营模式和发展周期划分为平台型、社群型、工具型、泛在型[2]。基于不同学者的研究基础，本研究认为，也可将我国社交媒体发展历程划分为BBS时代，博客与SNS时代、微信时代、"SoLoMo"时代。

第一阶段（BBS时代）：1994年国家智能计算机研究开发中心开通了我国第一个论坛——曙光BBS，从而为大众实现了基于网络媒体的双向互动与交流模式，互联网社交意识开始萌芽。随后，代表着中国高校网络社群文化的水木清华（1995），定位为"全球华人网上家园"的天涯社区（1999年），集合论坛、小说、游戏、地方站等产品为一体的综合性富媒体娱乐平台猫扑（1997年建立，2004年被千橡互动集团并购），西祠胡同（1998年）等相继成立。BBS的诞生和发展实现了信息多节点化和分散信息的重聚，使得受众依据志趣、爱好等单元重新以"群"的形式聚合在一起，不仅在传播形式上将点对点传播演化为点

---

[1]　李娜、胡泳：《社交媒体的中国道路：现状、特色与未来》，《新闻爱好者》，2004年第12期，第5—11页。

[2]　谭天、张子俊：《我国社交媒体的现状、发展与趋势》，《编辑之友》2007年第1期，第21—26页。

对面传播，同时也为新兴的网络消费市场奠定了重要的细分依据。

第二阶段（博客与 SNS 时代）：如果说，BBS 的诞生使得受众在网络空间中得以重聚，那么博客的诞生则开始了网络受众碎片化进程。2002 年方兴东、王俊秀、孙坚华等人开通了博客中国（www.blogchina.com），这成为中国博客发展早期最具影响力的平台之一。个人博客页面的出现使得网民的身份由群组化剥落为个体化形态，通过个性化信息点对点的分享与传播推进了网络受众向着个体用户的转化进程，同时也进一步催生了网民自主传播意识的觉醒。可以说，博客是对个人网络化表达、分享意识的一次操演和培训，以个体为中心的社会化舞台开始出现。[①] 2009 年，新浪推出微博产品，并借助 140 字的即时表达，图片、音频、视频等多媒体支持手段的使用，大力提升了博客的即时性、互动性与多元信息交互属性，新浪微博一诞生便迅速聚合了海量用户群并风靡至今。个体分享与传播意识的普及后使人们发现，对于大多数人而言，建立与经营博客不仅费时费力，同时依然难以避免较强的精英色彩。[②] 而 Web2.0 时代 SNS 的诞生则为普通人建立网络社交与分享提供了更加恰当的平台和工具。虽然 Facebook 进军中国失利，但是 2005 年 QQ 空间的诞生风靡中国，随后校内网（2005 年）、开心网（2008年）相继创立，并成为这一时期 SNS 平台的典型代表。

第三阶段：微信时代。随着移动互联网的发展，微信息社交产品逐渐与位置服务（LBS 技术）等移动特性相结合，相继出现米聊、微信（WeChat）等移动客户端产品。其中，微信是腾讯公司于 2011 年推出的一个为智能终端提供即时通讯服务的免费应用程序。微信不仅支持跨通信运营商、跨操作系统平台、通过网络快速发送免费（需消耗少量网络流量）语音短信、视频、图片和文字，同时，也可以使用通过共享流媒体内容的资料和基于位置的摇一摇、漂流瓶、朋友圈、公众平台、语音记事本等服务插件。至今，微信已发展成为一个集社交、电子商务、支付、O2O 等多种产品于一体的"巨无霸"平台，至 2018 年 9 月，微信活跃用户约达 10 亿，（其中每个月有 6300 万 55 岁用户保持活跃）创造了极大的用户黏性。同时，微信每天发出的消息多达 450 亿次，每天有 4 亿 1 千万音视频呼叫成功，视频通话用户比 2015 年提升 570%。除此之外，微信通讯录朋友人均比

① 谭天、张子俊：《我国社交媒体的现状、发展与趋势》，《编辑之友》2007 年第 1 期，第 21—26 页。

② 谭天、张子俊：《我国社交媒体的现状、发展与趋势》，《编辑之友》2007 年第 1 期，第 21—26 页。

2015 年多了 110%，每个月使用微信搭乘公交地铁的乘客比去年增加 4.7 倍，使用微信高速出行的人数比 2017 年增加 6.3 倍，每个月使用微信零售、医疗消费的买家比 2017 年分别增加了 1.5 倍和 2.9 倍 [①]。微信不仅成为一种社交方式，连接起各个年龄层次、分布各地、散落在各个时间节点的受众，同时，通过在线下生活中的不断渗透，以及跨平台之间的信息传播、消费、商务、娱乐、社会服务系统，微信已造就了多元化、垂直化的生活方式与文化样式。

第四阶段："SoLoMo"时代。随着社交媒体形态与技术的不断丰富和完善，独具"SoLoMo"特性"Social"（社交的）、"Local"（本地的）、"Mobile"（移动的）特性的社交媒体产品也进入到一个前所未有的发展高潮中来。其中，聚焦年轻人音乐短视频的社区平台抖音（2016 年）、专注年轻人生活的文化社区哔哩哔哩（bilibili）（2009 年）、基于地理位置的移动社交工具陌陌（MoMo）（2011 年）以及大数据智能推荐、提供全新互动模式的社交 APP 探探（2014 年）已经成为微信时代以来，受众细分明朗、社交功能巨细、区位特色鲜明、互动形式多元的分众化社交媒体平台。这些社交 APP 的诞生和发展，不仅成为构筑当代社会大众信息交往方式的重要渠道，同时也成为塑造当代社会区隔性文化样态的重要手段和内容。

（二）我国社交媒体使用基本状况与特点

随着近年来我国社交媒体技术与应用发展速度的不断提升，社交媒体平台类型也展现出多元化、细分化和关联化的特点。

1. 平台选择多元化

据 Global Web Index(GWI) 的调查报告显示，2018 年中国社交品牌前八分别为微信、百度贴吧、QQ 空间、新浪微博、优酷、Facebook、腾讯微博、土豆（如图 2-5）。[②] 其中，截至 2018 年 12 月，微信月活用户数达 10.2 亿，QQ 月活用户数 6.5 亿，微博月活用户数 3.2 亿 [③]。平台选择的多元化已成为当代中国受众社交媒体使用的重要特征之一。

---

① 云掌财经:《微信发布 2018 数据报告：月活超 10.8 亿 每天发出 450 亿次信息》，获取网址：http://tech.123.com.cn/show/2552-10293035.html，发布时间：2019 年 1 月 9 日。

② Global Web Index：《2019 年社交媒体趋势报告》，Useit 知识库，获取地址：https://www.useit.com.cn/forum.php?mod=viewthread&tid=21697&from=album，发布时间：2018 年 12 月 25 日。

③ 艾媒报告:《2019 年中国移动社交行业研究报告》，艾媒网，获取地址：http://www.iimedia.cn/63737.html2019—03—01，发布时间：2019 年 3 月 1 日。

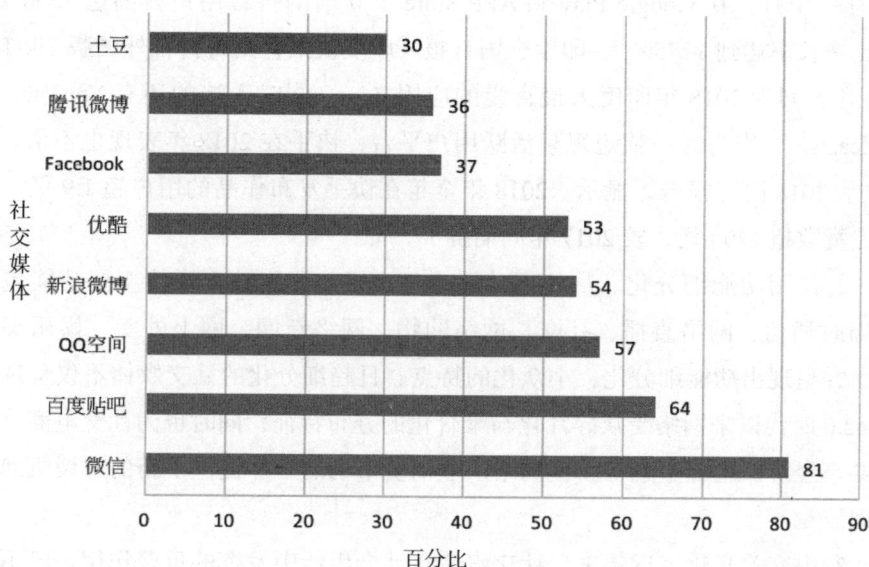

图 2-5　2018 年中国社交媒体使用覆盖率排名

图表来源：作者整理。

　　除了微信、QQ 空间、百度贴吧位居前列之外，新浪微博用户也保持着较高增长水平。据新浪微博数据中心 2019 年 3 月 15 日发布的《2018 微博用户发展报告》第四季度财报显示，微博月活跃用户 4.62 亿，已连续三年增长 7000多万。在既有微博用户群中，娱乐明星微博粉儿（167 亿人次）、时尚美妆粉儿（4.2 亿）、年轻的后起之秀粉儿、一二线城市单身、年轻、高知女粉儿所占比例尤为突出。① 除此之外，抖音和快手也成为 2018 年活跃度最高的社交平台。据《2018 抖音大数据报告》显示，截至 2019 年 1 月，抖音国内日活跃用户数突破2.5 亿，国内月活跃用户数突破 5 亿。其中，抖音短视频飙升成为短视频中最强爆款，目前应用用户规模已经达到 5.94 亿，国内日活用户 1.5 亿，月活超 3亿。同时，抖音国内用户全年打卡 2.6 亿次，北京成为 2018 年度"抖音之城"。而抖音海外版 Tik Tok 也成为全球下载量最大的 iphone 应用，在第一季度就超过了 Facebook、YouTube、Instagram，全球月活跃用户数超过 5 亿。仅 2018 年

---

　　① 新浪微博数据中心：《2018 微博用户发展报告》，Useit 知识库，获取地址：https://www.useit.com.cn/thread—22578—1—1.html，发布时间：2019 年 3 月 15 日。

12 月一个月，在 Google Play 和 APP Store 上新增的抖音用户就高达 7500 万，同比增长率达到 1275%①。印度全国日报《印度快报》则将抖音外国版 Tik Tok（抖音）列为 2018 年印度人最喜爱的应用之一，同时入选的还有 YouTube 和 Podcasts。② 作为另一款短视频活跃用户平台，快手在 2018 年表现也不俗，据《快手 2018 内容报告》显示，2018 年全年在快手发布作品的用户超 1.9 亿，全年点赞数超 1400 亿，较 2017 年同期翻了一番。③

2. 使用功能细分化。从使用功能来看，目前我国社交媒体主要功能包括了即时通信、网络直播、社交、网络购物、网络新闻、网上外卖、娱乐等部分，并呈现出功能细分化、小众化的特点。日趋细分化的社交媒体不仅呈现了 web2.0 时代以来网络受众碎片化与聚合化的分布特征，同时也为社交电商、社交共享经济、惠普金融等新型网络产业消费市场的延伸提供了新的发展机遇与空间。

3. 内容关联化。近年来，社交媒体在社会生活中发挥的重要作用，已不再局限于信息通讯领域。强大的社交媒体应用已经渗透进交通、消费、教育、医疗、养老、社会保障、公共服务等多个层次。以微信为例，其应用不仅在信息流量消费层面发挥重大作用，同时还覆盖了国内外出行、餐饮、购物、酒店旅游等领域，并同步推动互联网、人工智能、大数据等技术与实体经济融合，从而为促进传统消费领域升级、效率提升、成本降低、消费体验改善提供强大助力。2018 年，仅由微信驱动的信息消费就达到了 2097 亿元，占到中国信息消费总额的 4.7%。不仅如此，在社会政务与民生服务领域，微信在拉动就业、促进教育信息化与机制转型升级、打造智慧交通和医疗、助力政府服务民生、推动社会公益和传递社会正能量方面提供了创新思路与新型模式④，可以说，微信已逐渐成为我国当代受众不可或缺的生活方式之一。

总体而言，以网络技术为核心的信息主义异军突起，全面荡涤了社会结构，

① 字节跳动算数中心:《2018 抖音大数据报告》，梅花网，获取地址：http://www.meihua.info/a/73296，发布时间：2019 年 2 月 18 日。
② 新浪财经:《Tik Tok 入选印度最受欢迎应用》，获取地址：http://finance.sina.com.cn/roll/2019—01—03/doc—ihqhqcis2779026.shtml，发布时间：2019 年 1 月 3 日。
③ 中国日报网:《快手 2018 内容报告发布：城市点赞数北京沈阳深圳居前三》，获取地址：https://baijiahao.baidu.com/s?id=1623969966457587002&wfr=spider&for=pc，发布时间：2019 年 1 月 29 日。
④ 中国信息通信研究院:《2017 微信经济社会影响力研究》，OF week 壹看板，获取地址：http://mp.ofweek.com/Internet/a245673222246，发布时间：2018 年 6 月 25 日。

引发了政治权力、组织结构、公民社会、生产方式、工作模式和交往模式等几乎所有领域的深刻变革。而社交媒体作为社会发展与变革的主要阵地，不仅最大限度地跨越了时间、空间的距离，将天各一方的网络用户连接起来进行实时互动，为人们的信息交往提供了前所未有的便利，同时也催生了一个集互动性、体验性、娱乐性为一体的智慧型政治、经济与文化生活体系。

第二节　大学生社交媒体使用特征

一、全球大学生社交媒体使用概况

依据 Common Sense2018 年发布的《社交媒体，社交生活：青少年的体验报告》数据来看，自 2012 年起青少年社交媒体使用量就开始快速增长。在过去六年中，有智能手机的青少年则从 41% 增长至 89%，每天多次查看社交媒体的青少年从 2012 年的 34% 增长至 70%，翻了一番。[①] 在这之中，美国、法国、英国、巴西、中国的社交媒体使用人群年龄分布都有年轻化态势，并且主要集中在 18—24 岁的青年人群中。通常情形下，这部分年龄段也覆盖了大部分大学生人群（即在高等学校就读的专科、本科、研究生层次的全日制学生）。作为先进知识和思想的掌握者、先进文化和创新精神的引领者，当代大学生既是维护社会和谐稳定、促进社会发展与进步的中流砥柱，同时也是推动未来人类文明进程与发展趋向的核心动力。随着信息社会的不断推进与深入，社交媒体作为当代人的基本生活方式之一，已经成为世界范围内大学生群体学习实践、社会交往、生活娱乐、情感交流的重要方式与途径。

从全球范围来看，分布在世界各地的大学生群体社交媒体使用水平总体呈稳定增长态势，而在诸多社交媒体之中，广受全球大学生欢迎的社交媒体平台则分别为 Facebook、YouTube、WhatsApp、Facebook Message、WeChat（微信）、Instagram、QQ、Q zone、Tik Tok（抖音）、新浪微博等。

首先，作为全球最大的社交媒体网站，Facebook 粉丝占据全球人口 23%、月度用户量达到 23.2 亿。2018 年 Facebook 营业收入激增至 550 亿美元，利润

---

① Common Sense：《社交媒体，社交生活：青少年的体验报告》，199IT 中文互联网数据资讯中心，获取网址：http://www.199it.com/archives/778303.html，发布时间：2018 年 12 月 4 日。

220亿美元。[①]据美国皮尤研究中心 2018 年调查显示，在所有流行的社交媒体网站当中，Facebook 用户使用服务的频率最高。74% 的 Facebook 用户表示，他们会每天使用 Facebook 服务；51% 的用户表示他们会每天多次使用服务，年轻人则是 Facebook 上活跃的主要人群之一。[②]

其次，Snapchat 和 Instagram 也成为近段时间全球广受年轻人喜爱的社交平台。其中，Snapchat 应用其便捷的文本、面部定时和照片过滤的应用程序，满足了年轻族群快闪式的生活样态和随机而变的心理需求，并在全球收获了超过2亿用户。研究表明，78% 的 18 至 24 岁的 Snapchat 用户表示他们每天使用该平台，71% 表示他们每天多次使用该平台。以图片社交见长的 Instagram 在全球拥有超过 8 亿用户，其中，在 18 至 24 岁的年轻人中则有 71% 的 Instagram 用户每天访问该平台[③]，它由此成为近年来聚集青年人最多的社交媒体平台之一。

再次，Twitter 在青年人之中也非常流行。Twitter 通过 280 以内的字符数（称为 tweets）推送消息，已拥有超过 3.3 亿用户。另一个广受青年人群喜爱的视频社交与分享网站即 YouTube，统计显示，YouTube 目前注册客户达 15 亿，每分钟便有 300 小时的视频上传"油管"，在 18 至 24 岁的年轻人中有 94% 的人使用该平台，其中 77% 的青年订阅了 YouTube 频道，63.5% 的青年每天观看 YouTube。[④] 最后，短视频社交网站 Vine、图片社交网站 Pinterest、求职招聘社交网站 Linkedin、视频与图像分享网站、俄罗斯社交网站 VK，谷歌公司运营的 Google Plus 等也获得了当地年轻人的热捧。根据皮尤研究中心的调查结果显示，年龄在 18 岁至 29 岁的年轻用户，其社交媒体使用呈现出较强的兼容属性，大约 88% 的用户表示他们可以使用任何形式的社交媒体。大约四分之三的 Twitter（73%）和 Snapchat（77%）用户表示他们同时在使用 Instagram，而许多 Facebook 和 YouTube 的用户也在同时使用其他社交媒体。[⑤]

---

① 《脸书月度用户数量达 23.2 亿，超过了全球基督教徒的总数》，三分钟学经营，获取地址：https://baijiahao.baidu.com/s?id=1624609495544722821&wfr=spider&for=pc，发布时间：2019 年 2 月 5 日。

② 皮尤研究中心：《皮尤研究中心：2018 年美国社交媒体使用情况》，获取地址：https://www.useit.com.cn/thread-18206-1-1.html 发布时间：2018 年 3 月 6 日。

③ 《皮尤报告称 78% 美国青年人已是 Snapchat 用户》，腾讯科技，获取地址：https://tech.qq.com/a/20180305/016366.htm，发布时间：2018 年 3 月 5 日。

④ Common Sense：《社交媒体，社交生活：青少年的体验报告》，199IT 中文互联网数据资讯中心，获取网址：http://www.199it.com/archives/778303.html，发布时间：2018 年 12 月 4 日。

⑤ 《皮尤报告称 78% 美国青年人已是 Snapchat 用户》，腾讯科技，获取地址：https://tech.qq.com/a/20180305/016366.htm，发布时间：2018 年 3 月 5 日。

二、我国大学生社交媒体使用概况

总体而言，我国大学生在社交媒体使用层面呈现出年龄分布年轻化、低幼化，使用频率和场合高频化与便在化，使用内容多元化、使用人群细分化的基本特征。

（一）我国大学生社交媒体使用基本特征

1. 年龄分布年轻化、低幼化

据 CNNIC 发布的《中国互联网络发展状况统计报告》显示，截至 2018 年 12 月，中国网民规模达 8.29 亿，全年新增网民 5653 万，互联网普及率为 59.6%，较 2017 年底提升 3.8%。其中，手机网络视频用户规模达 5.90 亿，较 2017 年底增加 4101 万，占手机网民的 72.2%。[1] 在我国当前的网民职业结构中，学生群体以 25.4% 的绝对优势成为我国互联网使用最集中的人群（如图 2-6）。从年龄分布特征来看，20—29 岁的年轻人占到 26.8%，同比下降 3.2%，但仍是 2018 年网民覆盖分布最多的年龄层，除此之外，30—39 岁（23.5%）、10—19 岁（17.5%）的群体分别列第二、第三（如图 2-7）。[2] 而根据 User tracker2018 年 12 月发布的调查数据显示，无论是 PC 端还是移动中端，24 岁以下的年轻人都分别以 36.3% 和 27.2% 的比例占据所有年龄段人群榜首[3]，甚至，还约有超过六成的青少年触网年龄在 6—10 岁，而 5 岁以下就开始接触互联网的儿童占比已经达到 10% 以上，6 岁到 10 岁接触网络的孩子占比则已经超过六成[4]，这部分青少年甚至儿童多具备较强的网络使用能力，在诸多网络应用当中，社交媒体、游戏、视频、音乐成为他们触网的主要内容。以 2018 年为例，使用社交媒体的青少年（13—18 岁）比例大约为 81%。每天多次使用社交媒体的青少年达到 70%，较 2012 年（34%）的比例将近翻了一番。[5] 社交媒体不仅成为当代青年大学生、青少年群体信息获取、认知世界与娱乐的重要工具，同时也成为他

---

① CNNIC：第 43 次《中国互联网络发展状况统计报告》，Useit 知识库，获取地址：https://www.useit.com.cn/thread-22395-1-1.html 2019.2，发布时间：2019 年 2 月 28 日。

② CNNIC：第 43 次《中国互联网络发展状况统计报告》，Useit 知识库，获取地址：https://www.useit.com.cn/thread-22395-1-1.html 2019.2，发布时间：2019 年 2 月 28 日。

③ 艾瑞咨询：《中国互联网流量年度数据报告》，获取地址：http://report.iresearch.cn/wx/report.aspx?id=3332，发布时间：2018 年 12 月。

④ 共青团中央维护青少年权益部、中国社会科学院社会学研究所及腾讯公司：《2018 中国青少年互联网使用及网络安全情况调研报告》，创头条网，获取地址：http://www.ctoutiao.com/719692.html，发布时间：2018 年 5 月 31 日。

⑤ Common Sense：《2018 年美国青少年社交媒体和社交生活调查》，Useit 网站，获取地址：https://www.useit.com.cn/thread-20409-1-1.html，发布时间：2018 年 9 月 13 日。

们在青春期、儿童期开展社交体验、进行自我表露与自我呈现的重要方式之一。

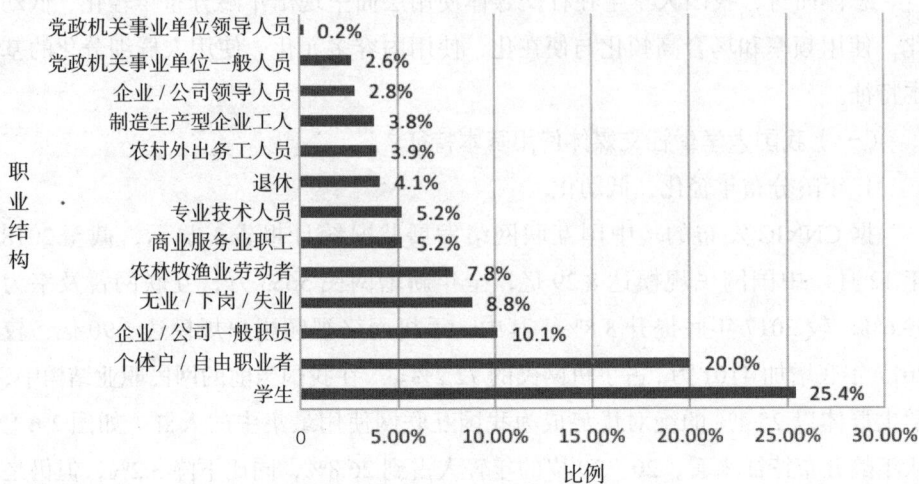

图 2-6　2018 年中国网民职业结构分布

图片来源：作者整理。

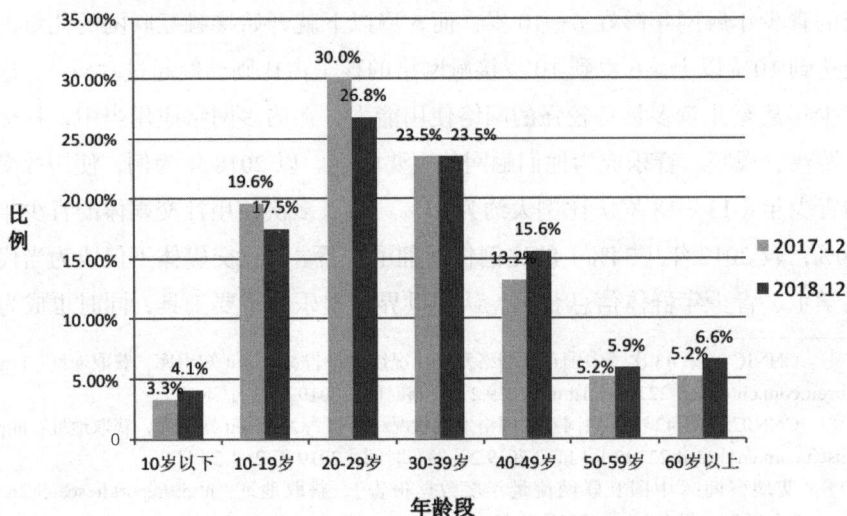

图 2-7　中国网民年龄结构分布

图片来源：作者整理。

98

2.使用频率和场合高频化与便在化

据统计，在 2018 年使用社交媒体的年轻群体中，将近四成的用户表示，他们每小时都在使用社交媒体，并且呈现出"几乎总是刷社交软件"的态势。在社交媒体使用时长层面，近半数年轻人每天上网时长都能够控制在两小时以内。24% 的青少年每天上网时长达到 2—4 小时。就青少年日常生活的时间分配特点来看，除了学习时间排在第一位之外，上网时间紧随其后占据第二位，随着日常网络生活的承载功能逐渐增强，青少年上网的时间也呈现出逐渐增加的趋势。[①] 在 18—24 岁的青年群体中，尤其是对大学生而言，由于不再受制于家庭、学校的限制，其社交媒体使用频率呈现出更加频繁的特点，使用场合也表现出便在化的特征。根据笔者调查显示，来自大陆与台湾的大学生群体，绝大部分同学都表示自己在吃饭间隙、课堂、娱乐、乘坐交通工具、家庭或朋友聚会时都会时不时拿出手机，登陆社交媒体。几乎可以确认的是，社交媒体已成为当代中国大学生学习与生活必不可少的生活方式之一。

3.使用内容多元化

我国大学生主要使用的社交媒体平台包括微信、百度贴吧、QQ 空间、新浪微博、抖音、快手、bilibili、知乎、豆瓣、优酷、腾讯微博、土豆等，总体呈现出选择细分化与多元化态势。首先，根据 Musertracker2018 年 12 月发布的调查报告显示，24 岁以下的中国年轻人人均安装 APP 个数达到 52.5 个，依照不同的功能属性可将之细分为：教育类（非语言类教育、教育工具等）、游戏类、（MOBA［多人在线战术竞技游戏］、棋牌、射击、休闲益智等）、在线休闲娱乐、购物（在线阅读、音乐、游戏商店等）等类别，它们成为当代青年偏爱的主要社交 APP。值得注意的是，与其他年龄段相比，24 岁以下的用户对于游戏服务类 APP 的偏好最为强烈，并同时成为在线阅读的主力军[②]，这一特征在青年群体中表现得尤为突出。由此，我国的 95 后、00 后大学生成为切实体验技术媒介改变传统阅读习惯、塑造新型生活方式的重要实践者。其次，在社交媒体内容选择上，以大学生为主的年轻人也呈现出内容选择多元化的特点。以休闲娱乐方式为例，"几乎总是"在听音乐的年轻人占比达到 29%，还有 20% 的年

---

① 共青团中央维护青少年权益部、中国社会科学院社会学研究所及腾讯公司：《2018 中国青少年互联网使用及网络安全情况调研报告》，创头条网，获取地址：http://www.ctoutiao.com/719692.html，发布时间：2018 年 5 月 31 日。

② 艾瑞咨询：《2018 中国互联网流量年度数据报告》，获取地址：http://report.iresearch.cn/wx/report.aspx?id=3332，发布时间：2019 年 2 月 15 日。

轻人表示"几乎总是"在看短视频,"每天看几次"的青年比例也接近10%。[①]
在诸多社交媒体应用中,以抖音、快手为代表的短视频应用借助其个性化、多元化、便捷化、分众化的特点成为当代大学生群体社交、娱乐的新爆点。根据艾媒咨询的调查数据显示,短视频典型应用抖音、快手的月活用户快速增加,在2018年均达到2.3亿人次,且近八成用户年龄低于30岁,主要集中在一二线城市,并且60%的用户拥有本科以上学历[②]。不仅如此,抖音在国外市场的拓展也如火如荼,据调查,抖音海外版Tik Tok和Musical.ly在全球覆盖超过150个国家和地区,截至2018年7月,抖音全球月活跃用户数已经超过5亿,并成为全球增速最快的手机应用。而截至2018年9月,抖音在美国的下载量已经超过了Facebook、Instagram、Snapchat和YouTube等热门应用。[③]

4. 使用人群细分化

当代大学生群体基本以95后、00后作为主要的构成人群,但是即使他们同属年轻人的范畴,其在社交媒体使用层面也存在着年龄段、性别、国别等不同维度的差异性。

(1)年龄段差异

虽然同为90年代后出生的青年群体,但是90后、95后、00后大学生在社交媒体使用方式和特点上仍存在较大差异。据《2018年微信数据报告》显示,90后最爱"边哭边笑,起床最晚,公共交通出行最频繁,每个月25次,阅读内容从三年前爱看娱乐八卦,转向生活情感"。而00后则最爱"捂脸表情,晚睡早起,睡眠时间最短,夜里十点后开始活跃,夜猫人群集中,嗜甜与凉的冰糖少年,身体里一半冷饮,一半甜品"。据调查显示,每个月支付冷饮和甜品的00后人数,相比去年增加230%。[④]即使以1995年作为区隔线,95前与95后的年轻人社交媒体使用目的和诉求也存在较大差异。由于95前群体部分已步入社会参加工作,因此对工作与学习、获取资讯方面的社交产品需求度较高,分

---

① 共青团中央维护青少年权益部、中国社会科学院社会学研究所及腾讯公司:《2018中国青少年互联网使用及网络安全情况调研报告》,创头条网,获取地址:http://www.ctoutiao.com/719692.html,发布时间:2018年5月31日。

② 艾媒大文娱产业研究中心:《2019中国移动社交行业研究报告》,艾媒网,获取地址:https://www.iimedia.cn/c400/63737.html,发布时间:2019年3月1日。

③ 艾媒大文娱产业研究中心:《2019中国移动社交行业研究报告》,艾媒网,获取地址:https://www.iimedia.cn/c400/63737.html,发布时间:2019年3月1日。

④ 4A广告提案网:《刚刚,〈2018微信年度数据报告〉发布!》,获取地址:https://www.sohu.com/a/287888588_173473,发布时间:2019年1月9日。

别达 82.9% 和 60.3%；而 95 后群体的同类需求只占到 66.0% 和 43.5%。同时，95 后群体在娱乐消遣（63.3%）、讨论兴趣话题（40.1%）、和扩展交际圈（35.4%）三方面需求分别高出了 95 前群体 16.9%、7.7% 和 9.1%。[①]

（2）性别差异

在大学生群体中，男女同学的社交媒体内容选择也表现出明显的差异化特征。除了在信息获取、学习方面的 APP 选择基本趋同外，男生更加偏爱的 APP 包括斗鱼直播、绝地求生、刺激战场、网易云音乐、bilibili、Tap Tap、掌上英雄联盟、熊猫直播、虎牙直播等；而女生则更加喜欢 B612 咔叽、百度网盘、小红书、知乎。由此可见，在大学阶段，男生对于游戏、动漫的追求较为执着，而女大学生则更加偏向使用网络视频、拍照、网络购物等 APP，但是值得注意的是，随着近年来青年文化环境中性别差异的日趋淡化，男生下载并使用美妆、美拍类 APP 的人数不断增加，而热衷于 MOBA（多人在线战术竞技游戏）的女生也呈现出不断上升的趋势。

（3）国别与地区差异

受到不同地区、国家的环境与文化差异的影响，青年群体的社交媒体与内容选择也表现出不同特点。例如，北美地区的用户更多是因为需要了解朋友们的动态而使用社交媒体。其关注的人群主要是在现实生活中认识的人，占比69%。其次是喜欢的品牌(39%)、歌手或乐队(37%)、新闻媒体组织(30%)、演员(30%)。而中东、非洲用户则主要为了关注朋友们的动态(50%)，了解新闻时事(49%)，消磨时间(44%)；拉丁美洲的用户则更加喜欢借助社交媒体了解新闻时事(50%)，消磨时间(51%)，寻找有趣的娱乐内容(50%)。亚太地区的用户使用社交媒体的目的更多是为了解新闻时事(45%)、消磨时间(44%)和获知朋友的动态(42%)。在我国，使用社媒的原因则主要集中在了解新闻时事(36%)、消磨时间(33%)、了解朋友的动态(33%)几个方面，我国青年人在社交媒体上最多关注的是在现实生活中认识的人，占比44%。其次是喜欢的品牌(38%)、演员(34%)、新闻媒体组织(29%)[②]。

---

① 酷鹅用户研究院：《兴趣导向，95 后内容消费洞察报告》，Useit 知识库获取地址：https://www.useit.com.cn/thread-19056-1-1.html，发布时间：2018 年 5 月 20 日。

② 正点国际传媒：《2018 全球社交媒体格局图》，获取网址：https://www.zetin.cn/insight/19，发布时间：2018 年 11 月 1 日。

三、大学生社交媒体使用的优势与存在的问题

毋庸置疑的是，社交媒体已成为世界范围内大学生群体学习、社交、娱乐、情感世界中不可或缺的重要平台和工具，其互动性、多元化、联通化的优质属性不仅为当代大学生塑造了更加丰富多彩、高效便捷的青年生活与文化形态，另一方面，由社交媒体使用不当造成的诸如隐私侵犯、知识产权侵占、超负载学习与工作、数字设备沉迷与社交媒体依赖、网络色情、暴力、歧视与欺凌等负面影响也不断展现出来。随着媒介技术的不断深化，其在大学生群体中的影响也将进一步加深。

1.社交媒体给大学生学习与生活带来的优势

社交媒体在促进大学生社交生活与互动、催生新型教学理念、丰富教学形式、提高大学管理水平、促进大学科研交流与提升等层面具备重要意义。首先，社交媒体在帮助朋友了解自己的动态、让家人／朋友与自己沟通更便捷、增长见识，了解社会热点、拓展社交圈、更好的做出购物抉择、缓解生活压力、提升交际能力和变得更有自信等方面具备一定积极性意义。中国学者范哲、杨晓新、王周秀通过研究也发现，中国大学生社交媒体使用在促进实现学习意愿之外，在信息获取、工具性、娱乐性、社会认同等维度同样存在使用动机。[①] 国外学者 Min-woo Kwon 等则通过研究指出，大学生在社交媒体使用时除了信息获取、娱乐、使用社交媒体应用（工具性）之外，还有逃避和建立社会关系的动机[②]。有学者还发现，大学生社交媒体使用在经营社交关系、积累社会资本等方面也能提供一定帮助[③]。其次，相对于当代大学生与大学教育而言，社交媒体的出现还催生了 e-learning2.0(网络学习 2.0)（downes,2005）以及 pedagogy2.0(教育学 2.0) 的新概念，激发了包括开放、协作、社交网络、社会存在、用户生成内容（UGC）等特征的网络教育方式，从而为当代大学教育提供了更加先进的发展思路与平台依托，提高了大学教学质量与学习效果。例如，社交媒体在作为虚拟学习社区，以及合作学习的工具对学习效果提升有很大帮助[④]；同时，社

---

① 范哲、杨晓新、王周秀：《高校学生社交媒体平台交互学习动机研究——以微博平台开展应用型课程学习为例》，《情报资料工作》，2015 年第 2 期，第 101—105 页。

② Min-Woo Kwon, J D Angelo J D, Mcleod D M, "Facebook Use and Social Capital: To Bond, To Bridge, or to Escape", *Bulletin of Science Technology & Society*, vol. 33 no.1 － 2(2013), pp.35-43.

③ Lampe C, Nicole E, Charles S, "Face (book) in the crowd:social searching vs.social browsing", 20th *anniversary conference on computer supported cooperative work*, Canada ,alberta 2006.11.4-8in Banff.

④ 唐承鲲、徐明：《基于社交媒体合作学习效果的影响要素与实现机制分析》，《远程教育杂志》，2015 年第 6 期，第 32—38 页。

交媒体的介入使得以学生为中心的课程增多、提供了更加个性化的选择和定制式学习方式，并使用翻转课堂为可能，通过可访问性和实用性的改进，越来越多的成年学生参与到学习中来，而且害羞的学生在这种间接的环境中借助更高的参与度也获得了长足的进步[①]。再次，社交媒体多方面的挑战了传统教育中的不足之处。研究指出，社交媒体技术不仅帮助实现了思想交流的开放和自由，其在促进协作学习与学习时间管理层面也具有正向促进作用。[②]在科研与交流层面，社交媒体在大学科研中分享专业相关的信息、资源和媒体内容、课程以及学生信息、参与社会评论、进行数字身份与印象管理等方面也发挥着重要作用。尤其是在帮助不同国别学者之间、不同学科之间以及学术圈之外的人进行交流等方面具备较大优势。[③]

2. 大学生社交媒体使用中存在的问题

虽然使用社交媒体对于大学教学、科研有诸多帮助，但是也存在着许多问题。主要体现在：（1）社交媒体建设、维护、在线咨询的过度损耗问题。（2）知识产权问题。（3）超负载学习与工作引发的无偿劳动问题。（4）隐私侵权问题。（5）社交媒体依赖成隐及心理疾病问题。（6）色情、诈骗、歧视与欺凌。（7）社交媒体信息准确性担扰。（8）访问障碍（技术障碍、数字鸿沟）等。（9）负面价值观的潜在影响。（10）数字干扰。[④]除此之外，对于社交媒体使用是否能够有效帮助学生提升学习成绩，也有学者提出了不同的观点。研究认为，学习过程中社交媒体的使用会对学生学习产生分心影响和干扰，从而对成绩提高产生消极作用。学者高尚则针对大学生社交媒体使用与大学组织文化与管理效果进行了考察，研究认为，社交媒体对校内话语权产生较大冲击，这使得大学传统权威地位遭到挑战、大学教师魅力逐渐消解，并提高了大学生管理的难度。[⑤]

总体而言，社交媒体使用对当代大学生带来了双向性的复杂影响，随着现

① Van Merriënboer, J. J G , Stoyanov. "Learners in a changing learning landscape: Reflections from an instructional design perspective", Springer Netherlands,2008.

② Lapolla K, "The Pinterest project: Using social media in an undergraduate second year fashion design course at a United States University", Art Design & Communication in Higher Education ,vol. 13 no.2(2014), pp. 175-187.

③ Rowlands,Nicholas,Russell,canty&Watkinson, " Social media use in the research workflow", Learned Publishing ,vol. 24 no.3(2011), pp. 183-195.

④ 张晴:《美国大学对社交媒体的使用研究——以 Facebook 为例》, 成都：四川大学出版社, 2017 年，第 10—22 页。

⑤ 高尚:《社交媒体：大学组织文化的新变量》,《江苏高教》, 2013 年第 5 期，第 31—33 页。

代性的不断加剧与技术媒介在日常生活中的不断渗透，社交媒体对当代大学生群体的负面影响也会日趋深重。

第三节　大学生社交媒体使用焦虑症状表征与诊断

一、焦虑的定义

弗洛伊德和阿德勒曾说，原始人最初的焦虑体验，是来自野生动物的尖牙和厉爪的威胁警示。它形如疼痛感对于主体起到的警示与保护机制一样，焦虑对于主体提升自我反思能力、预警能力，延伸自我保护范围与水平也具有重要意义。到了现代，直面猛兽尖牙利爪的概率大大降低，但是，更多的焦虑和恐惧却在社会情境与心理层面生成。那么到底什么是焦虑呢？克尔凯郭尔提出，焦虑是人类在面对他的自由时所呈现的状态[①]。弗洛姆则指出，当代一般工业制度的特定因素，又特别是它的寡占层面，造就了无能、孤独、焦虑、没有安全感的人格发展。[②]弗洛伊德则认为，焦虑是了解情绪与心理失序的根本问题。不难看出，焦虑不仅仅是生理层面的机体反应抑或心理层面的情绪反应，同时，焦虑也是一种社会性的呈现，它作为一种深植入人类文化模式中的态度与心理机制，也是一个糅合多方因素共同建构的历史意识的过程[③]。因此，对焦虑问题的定义需要综合生理学、哲学与社会学、心理学及文化学等多维视角来进行深入解读。

（一）生理学进路

在罗洛·梅的《焦虑的意义》一书中，作者清晰地梳理了焦虑的神经学以及生理学进路。其中提到，当有机体受到威胁时，身体就会发生一种变化，这种变化是自律神经系统的反应。自律神经系统分为两个副系统，其中，副交感神经系统负责掌管消化、生长以及有机体其他"建构功能"，交感神经系统则是加速心跳、提高血压、输送肾上腺素到血液，以及动员有机体能量来对抗或者逃离危险等其他层面的系统，与交感神经刺激的"一般性兴奋"相连接的情感，主要有愤怒、焦虑或恐惧等。原始社会的交感神经反应主要用于防御猛兽等危

---

① ［美］罗洛·梅：《焦虑的意义》，朱侃如译，桂林：广西师范大学出版社，2010年，第34页。

② 何程鹏：《索尔·贝娄小说中的焦虑情结研究》，重庆：西南大学硕士论文，2013年。

③ ［美］罗洛·梅：《焦虑的意义》，朱侃如译，桂林：广西师范大学出版社，2010年，第148页。

险事物的攻击，而在现代社会，人们较少直接面对具体威胁，焦虑主要源于社会性因素中的疏离、孤独、社会调适、竞争、成就等因素。[①] 在弗洛伊德之前，焦虑症并没有被单独处理，而是被精神病学家看待为神经症的一种症状，弗洛伊德则将焦虑性神经症的症状从神经衰弱中分离出来，例如：易怒、焦虑发作以及长期的焦虑性期待等。焦虑发作常常伴随着同等的身体变化或被这些身体变化所代替，例如发抖、面部充血、害怕夜行、失眠、眩晕、呕吐、恶心、心跳加速、呼吸急促、出汗等。[②] 除此之外，由于焦虑而促使身体制造过多糖分从而引起糖尿病、心脏型神经官能症（cardiac neurosrs）、暴食症（bulimia）、以及由慢性焦虑引发的肥胖、尿频、胃溃疡现象已被相关研究多次证实。虽然焦虑与有机体的生理反应直接相关，但是由于"目前掌握的证据不足以让我们将身体变化的模式，单纯的归结为神经或交感神经的活动，若把随着情绪困扰而来的胃部变化视为整体身体反应模式的一部分，似乎更为有益"。[③] 这一分析揭示了躯体性焦虑症状可能存在的社会性与心理性原因，而正如弗洛伊德的观点，有机体在心理层面的冲突表现为焦虑，而体现在生理面向则表现为具体的生理反应或疾病（如胃溃疡、心悸或其他病症）。[④] 这也与克尔凯郭尔、霍妮、罗洛·梅等哲学、心理学领域的认知不谋而合。由此可知，焦虑的生理面向并非单独存在，它与焦虑的心理、社会意义一同成为焦虑的不同表征。

（二）哲学与社会学进路

在近代哲学体系中，对于焦虑的特征与定义的描述可追溯至17世纪。在这个自主理性觉醒的时代，借由笛卡尔二元论而建构起来的包括身体在内的物理性质、机械与数学的法则成为支撑近代理性精神的重要源泉，它不仅造就了不同于以往任何时代的新型的本体论与世界观，同时也瓦解了中世纪和文艺复兴两百余年来存在于自然及社会中的不可知因素而产生的恐惧与普遍性焦虑。在这一时期，代表性的观点之一即斯宾诺莎提出的焦虑学说，他认为恐惧是一种"不确定的痛苦"，焦虑源自我们认为某件我们所憎恨的事情将降临在我们身上，而希望则是"不确定的快乐"，它源自我们期待的好事即将发生。没有希望就没

---

① [美]罗洛·梅，《焦虑的意义》，朱侃如译，桂林：广西师范大学出版社，2010年，第61—82页。

② 杨钧：《焦虑——西方哲学与心理学视阈中的焦虑话语》，北京大学出版社，2013年，第69页。

③ S.G.沃尔夫、H.G.沃尔夫：《人类的胃功能》，牛津大学出版社，1947年，第176页。

④ [奥]弗洛伊德：《焦虑分析引论》，高觉敷译，北京：商务印书馆，1986年，第315页。

有恐惧，反之亦然，这种作为自我情绪而同时出现的两个面向，即在恐惧与希望之中徘徊的状态，即是焦虑。[①] 对于斯宾诺莎而言，高度的自主理性已不再是认知世界的本体论和方法论，而是演变为一种克服一切恐惧的终极信仰。但是，这种形而上的方式似乎并不能对每个人都奏效，17 世纪的帕斯卡既是一例，他从人类经验中的耦合（contingent）现象出发，描述了人类不断设法让自己分身，逃避无聊、避免孤独，直到困扰成为问题本身为止的焦虑状态。显然，在帕斯卡的描述中，耦合性与对自我多维状态的不断解构，并最终导致的"困扰本身变为焦虑"的矛盾情境，既是对自主理性的全面否定。

18 世纪以来，特别是两次世界大战之后，个体与社会的关联属性越发凸显，自主理性的光辉也越发微弱，战争的无情与战后社会的动荡使得个体变成一个个在心灵上无家可归的支离破碎的存在物，理性再次被攻陷，社会焦虑广泛滋生并蔓延，不安全成了时代的主题。这也成为以克尔凯郭尔为先驱的存在主义的温床。[②] 进入 19 世纪后，现代工业、自动化科学催生了技术理性的崛起，但是对于技术的笃信忽略了其在文化上造成的断层与隔阂（compartmentalization）以及由此滋生的社会焦虑，作为更小分子的个体社会成员逐渐形如飞速运转的社会机器上的一颗小螺丝，只能依靠对情绪的习惯性压抑来暂时排解焦虑，并应对来自社会的多重压力。既往多发的、尖锐的对抗性与革命性处事原则也逐渐演变为温顺与近乎麻木的妥协，既弗洛姆的自动从俗（automation conformity）策略。这在 19 世纪 30 年代两项名为"美国小镇"的研究中得到了淋漓尽致的呈现。研究者发现，造成焦虑的因素除了当时社会经济大萧条带来的不安之外，来自社会身份与角色的认同等问题，也成为美国小镇居民在面对复杂世界时候所表现出的共同的不安因素。[③]

这种焦虑状态，直到 19 世纪中期，成为一种显性问题浮出水面。以克尔凯郭尔为代表的思想家否定了传统的理性主义，他在《恐惧的概念》中提出，焦虑是人类在面对他的自由（可能性选择）状态时所呈现的状态，即"自由的

---

① [荷] spinoza,baruch：" the ehics of spinoza and treatise on the correction of the intellect"，London:Kegan paul ,trench,trubner&co.,ltd,1910,p.131.

② 杨钧：《焦虑——西方哲学与心理学视阈中的焦虑话语》，北京：北京大学出版社，2013年，第 6 页。

③ [美] 罗洛·梅：《焦虑的意义》，朱侃如译，桂林：广西师范大学出版社，2010 年版，第 159—161 页。

可能性"，而个人的可能性（创造性）越高，他潜在的焦虑也就越大①。这种状态，成为近代工业社会与资本主义制度的结构性矛盾在社会心理层面的重要表征。当然，工业化语境下的焦虑解读自然也有其进步意义作为自我纾解的出口。例如，克尔凯郭尔就提出，焦虑形如"学府"（school），只有经过可能性焦虑教育洗礼的人，才会成为没有焦虑的人。尼布尔也在《人的本性与命运》中提出，人因为处在既有限又自由，既受限又无限的矛盾状态，所以是焦虑的。自由与有限并存的吊诡情形，使人生而焦虑，焦虑是"原罪的内在先决条件……焦虑是诱惑心态的内在描述"②。除此之外，田立克则形容焦虑是人类对非存有（nonbeing）威胁的反应，即当个体察觉到自己的存有正与非存有的无限可能对抗时，焦虑便产生了。而"非存有"（nobeing）不只有躯体死亡的威胁——虽然死亡极可能是焦虑最普遍的形式与象征。非存有的威胁在心理与精神领域同样存在，也就是个人在处境中所承受的无意义感（meaninglessness）③。同样，焦虑的存在主义路径分析似乎也在强调，"存在……是一个不断的奋斗，一个永久的选择；它以激进的自由和责任为标志；它总是容易陷入焦虑感之中，焦虑在最大程度上显示出存在者没有真正的生活，它生活于自欺之中。并且由于人生活的特点即是它从来不是被给予的，存在没有基础，因此它是被抛弃的，甚至是荒诞的"④。本研究认为，无论是"学府"说、"原罪说"，以及对"非存有"状态下"无意义感"的解读，都与时代语境、社会体制与结构带来的认知导向紧密相关。而依托于此解读人的存在状态与精神困境，是否能够真正意义上纾解焦虑，或者使焦虑成为展开新的人生境界的重要契机⑤则尚未有定论。

（三）焦虑的心理学进路

焦虑的心理学根源与弗洛伊德、霍妮等人的心理学研究关系密切。首先，作为焦虑心理学卓越的先驱者和奠基人，弗洛伊德曾一语中的指出，"焦虑是各

---

① ［美］罗洛·梅：《焦虑的意义》，朱侃如译，桂林：广西师范大学出版社，2010年，第34页。

② ［美］尼布尔：《人的本性与命运》，成穷、王作虹译，贵阳：贵州人民出版社，2006年，第182页。

③ ［美］罗洛·梅：《焦虑的意义》，朱侃如译，桂林：广西师范大学出版社，2010年，第13—15页。

④ 杨钧：《焦虑——西方哲学与心理学视阈中的焦虑话语》，北京：北京大学出版社，2013年，第5—10页。

⑤ 杨钧：《焦虑——西方哲学与心理学视阈中的焦虑话语》，北京：北京大学出版社，2013年，第57页。

种重要问题的中心，我们若是猜中了这个哑谜，便可明了我们整个心理生活"。①
由此可见焦虑研究在弗洛伊德心理学体系中的重要位置。弗洛伊德对于焦虑的
认知分为多个层次和阶段。首先，他从癔症和强迫性神经症开始焦虑研究，因
此，焦虑一开始就是作为一种人类心理失调的症状而进入心理学家的视野。而
弗洛伊德焦虑研究的第一大贡献在于，他将焦虑性神经症的症状与病因学条件
从神经衰弱中分离出来，并且提出，神经症患者就是通过焦虑性症状来表达自
己。其次，随着研究的深入，弗洛伊德对焦虑的研究扩展到了文学、人类学和
宗教等领域，并开启了对焦虑进行文化阐释的先河②。在他的焦虑研究理论中，
他认为，有机体处于冲突情境，而冲突在心理层面的呈现就是焦虑，换言之，
焦虑是被心理层面的冲突具体化的各类躯体病症，如胃溃疡、心悸等。而弗洛
伊德焦虑研究体系中最核心的部分由两大理论系统构成。第一，压抑理论。即，
他认为焦虑主要是对不可发泄的性冲动的一种有害反应，当利比多难以找到正
当的发泄途径排遣本能与冲动时，就变成了焦虑，并通过焦虑性期待、对特定
对象的恐怖症以及焦虑性癔病表现出来③。随后，弗洛伊德发现了俄狄浦斯情结
（Oedipus complex）中的阉割焦虑，找到了力比多冲动转化为焦虑的心理渊源，
但同时，弗洛伊德也意识到本能冲动并不能直接转成焦虑，因为不同的冲动也
会产生同样的焦虑。于是"第二焦虑理论"由此生成，即，焦虑被看作是冲突
所引起的结果，而自我只是把它当作一种危险的或是不愉快的信号去反应，从
而产生了防御机能，它也被称作"焦虑的信号理论"④。弗洛伊德的焦虑体系为
后来的心理学研究提供了重要的理论指引。

兰克在发展弗洛伊德的分离经验基础之上提出，焦虑是一系列诸如出胎、断
奶、上学、告别单身、结婚以及人格发展中所有的分离所带来的不安状态，即当
与个人环境结合或有依赖关系的先前处境被打破时，便会出现焦虑。而如果个人
拒绝与眼前的安全处境分离，同样也会经历焦虑，除非个体的自主性已经失去。⑤

---

① [奥]弗洛伊德：《焦虑分析引论》，高觉敷译，北京：商务印书馆，1986年，第315页。
② 杨钧：《焦虑——西方哲学与心理学视阈中的焦虑话语》，北京：北京大学出版社，2013年，第7页。
③ 杨钧：《焦虑——西方哲学与心理学视阈中的焦虑话语》，北京：北京大学出版社，2013年，第136—144页。
④ 杨钧：《焦虑——西方哲学与心理学视阈中的焦虑话语》，北京：北京大学出版社，2013年，第136—144页。
⑤ [美]罗洛·梅：《焦虑的意义》，朱侃如译，桂林：广西师范大学出版社，2010年版，第128—131页。

荣格则认为，焦虑是在害怕集体无意识的掌控，害怕人类动物祖先的残余功能，也害怕残存在人格次级理性层次的古老人类功能，即当集体无意识的非理性力量与意象入侵到心灵时，个体所作出的反应。值得注意的是，荣格敏锐地察觉并跳出了以往的认知框架，从心灵的先在性视角检验了社会环境对于焦虑建构的认知标准，他认为，当代社会中的西方人所遵循的理性原则与知性功能，并非真的理性或知性，而是"为某种自我中心的权力目的，误用理性和知性"[①]。而沙利文提出的"焦虑是婴儿得不到重要关系人认可，而产生出来的不安"[②]。以及霍妮"人格冲突倾向是神经性焦虑的来源"[③]的观点也从一定程度揭示了这一内在机制与规律。进入 21 世纪以来，技术理性的效应越发凸显，对于焦虑的定义更加注重对于生理、病理层面的强调，如国外心理学家 Leslie R A 将焦虑定义为一种情绪状态，是个体经历的一种害怕、担忧、紧张、烦恼和神经过敏[④]。我国《心理学大词典》中则将焦虑定义为：个体由于不能达到目标或不能克服障碍，从而导致自尊心或自信心受挫，失败感或内疚感增加，形成的一种紧张不安、焦急恐慌的情绪状态。[⑤]

（四）焦虑的文化进路

虽然焦虑研究的面向复杂而多元，但是显而易见的是，无论是哲学抑或生理学、心理学都无法与焦虑的文化根源脱开关系。例如，弗洛伊德的"出胎"与"去势"的观点即随着其焦虑研究的不断深入，也越来越倾向于文化象征性的诠释。[⑥]

沙利文即从精神病学、社会学、人类学、心理学等综合视角来剖析焦虑产生的社会文化机制，他认为，焦虑是人际关系分裂的表现，当个体获取需要满足的方式受到重要的他人的谴责或者有可能受到重要的他人的谴责时，个体就会产生焦虑。而兰克则把西方文化中无所不在的各种神经官能症描写成"高度

---

① Jung C G, "psychology and religion", new harven,conn. : Yale University Press, 1938,pp.14—15.

② H S Sullivan , "Conceptions of modern psychiatry", New York:William Alanson white psychiatric foundation,1953,pp.14-34.

③ [美]罗洛·梅:《焦虑的意义》，朱侃如译，桂林：广西师范大学出版社，2010 年，第 141 页。

④ Leslie R A , James M F , "Pharmacological magnetic resonance imaging: a new APPlication for functional MRI", *Trends in Pharmacological Sciences*, vol.21, no.8(2000), pp.314-318.

⑤ 朱智贤:《心理学大词典》，北京：北京师范大学出版社，1989 年。

⑥ [美]罗洛·梅:《焦虑的意义》，朱侃如译，桂林：广西师范大学出版社，2010 年，第 123 页。

的自我意识、自卑感、不适感、恐惧责任与疚责感",这种西方文化中普遍的神经官能症特质,可以被看成是宗教等集体价值已被推翻,而个人被迫要面对现实的文化产物。① 例如,研究表明,胃溃疡的高发生率经常与当代西方文化过度强调竞争以及单一化的成功价值导向有关,它被称为"西方文明挣扎与野心"的疾病。研究指出,十九世纪初期,胃溃疡在二十多岁的女性身上爆发概率相当高,其原因主要是在当时的文化环境中,女性的自我价值与意识尚未觉醒,婚姻成为创造女性安全感与价值感的重要来源,这致使未婚女性的"剩女"情结更加凸显,压抑已久的焦虑情绪最终演变为胃溃疡等病症。而到了 20 世纪40 年代,这一状况却发生了很大变化,男性的社会性角色更加凸显,是否具备男性独立而强大的性格特质,能否获得社会认可与成功成为检验男性优秀与否的度量衡,而男性的自然属性面向,如对于温情的渴望、天性中的脆弱与依赖则需要被迫隐藏和压抑,这使得男性罹患胃溃疡的概率几乎是女性的十倍,而女性却得以使用哭泣来纾解她们的无助感②。

除此之外,资本主义社会过度的工业主义、个人主义、竞争型经济导向也成为造成人际孤立与焦虑的重要根源。例如,工业主义思维下已经异化了的劳动价值并非生产活动本身而是在于获得劳动报酬,而创造活动本身并不能带来价值的满足感,而是在财富的攫取中无限轮回。在这种社会机制下,市场价值成了个人评价的唯一标准,而借由竞争规律带来的同侪之间的人际疏离也成为工业主义语境下焦虑的一般来源。弗洛姆曾深刻地指出,寡占性资本主义带来的自由换工作、自由购物等自由现象是一种"空泛的自由",它加速了对人的价值的贬抑。③ 而西方社会应对此种内生性焦虑的办法是,自动从俗(automation conformity),即个人全盘接受文化模式所提供的人格类别,他丝毫不差地成为所有其他人的样子,以及他们期待的样子。④ 由此可知,只要主观上认为某个价值受到威胁,人就足以产生极度的焦虑体验,而焦虑的形成和导致焦虑的因素在很大程度上由当时的文化影响所致,"文化支配着焦虑"已成为被广泛接受

① [美]罗洛·梅:《焦虑的意义》,朱侃如译,桂林:广西师范大学出版社,2010 年,第131 页。

② [美]罗洛·梅:《焦虑的意义》,朱侃如译,桂林:广西师范大学出版社,2010 年,第 77页。

③ [美]罗洛·梅:《焦虑的意义》,朱侃如译,桂林:广西师范大学出版社,2010 年,第161—165 页。

④ [美]埃里希·弗洛姆:《逃避自由》,刘林海译,北京:人民文学出版社,2018 年,第185 页。

的共识。

虽然来自多元面向的视角使得前贤们对于焦虑的定义各有不同，但是不难发现，焦虑的核心与本质总是与分离及对抗不无关系，例如，弗洛伊德第二焦虑理论将有机体心理层面的冲突描述为焦虑；斯宾诺莎则将"不确定的痛苦"与"不确定的快乐"之间的徘徊称为焦虑；帕斯卡描述了人为了摆脱焦虑、逃避无聊、避免孤独的困扰却深陷这种困扰本身之间的剧烈矛盾；克尔凯郭尔和尼布尔则用无限与有限、自由与受限之间的吊诡情形来表述焦虑，田立克阐释了存有和非存有之间的焦虑反应，萨特分析了选择与逃离之间的分离与对抗统一，弗洛伊德与兰克的分离经验也呈现了人一生无可避免的与前我状态相分离与对抗的情形，荣格则分析了无意识与有意识，理性与非理性的焦虑状态。无论是何种意义或语境下的分离与对抗，都是现当代西方宗教价值、集体价值与自由主义、个人主义、工业主义等价值体系之间矛盾的映射。当代的我国社会正处在改革与发展转向的关键时期，来自保护中国传统文化和发展市场经济现代化、弘扬社会主义理想与贯彻市场经济政策、保护中国人的文化认同与国际接轨等多维问题都成为改革进程中引发社会阶段性焦虑的重要来源与结构性因素。因此，对于历史与文化语境中焦虑的多维分析无疑也将为洞察并疏解我国社会焦虑与困惑现象提供思考和借鉴。

二、焦虑的分类

焦虑依据不同的分类标准基本可划分为以下几类：

1. 现实性焦虑／客观性焦虑、神经性焦虑和道德性焦虑

首先，根据焦虑的来源，依据弗洛伊德的说法可将其划分为：现实性焦虑、客观性焦虑、神经性焦虑和道德性焦虑。(1) 现实性焦虑／客观性焦虑。指由外界环境中真实的、客观的威胁引起的情绪体验。此情境中的焦虑与恐惧有较大的相似之处，如当人们面临各类自然灾害及社会现实中的危险情境等。这种焦虑因现实而起，也易因现实改变而缓解、消失。如灾害消失、得以脱险则焦虑也随之消失。(2) 神经性焦虑。指个体由于惧怕自己的本能冲动会导致他受到惩罚时所产生的情绪体验。神经性焦虑以社会性机制为基础，只有当人们认识到实现本能需要可能招致来自外界的危险或者惩罚时，才有可能引发个体焦虑。(3) 道德性焦虑。指个体的行为违反了超我的价值观时，引起内疚感的情绪体验。道德性焦虑基于更多的自我反思与审视。当个体行为有违自身道德准

则时，个体内心的道德与自我谴责机制就会发生作用，从而激发因违背准则而产生的道德焦虑感 [1]。

2. 轻度焦虑与严重焦虑

焦虑程度的不同也是划分焦虑类型的重要标准之一。沙利文认为存在各种不同程度的焦虑，他重点讨论了轻度焦虑和严重焦虑。例如，在日常生活中交往、工作考核、面试等情境都可能引发焦虑体验，大多数人都会由此产生轻度焦虑，即有点紧张的状态。轻度焦虑可以促使个体调整自己有可能与既定标准相偏离的态度与行为。这在现代生理学中被描述为"肾上腺素激发"，即当人类察觉到危险时在几毫秒内便能够调动全身的反应机制，并迅速分泌肾上腺皮质激素，这些激素会关闭人体内部分非危险应对的功能，例如消化系统和免疫能力，从而使全身的精力集中在对危险的处理上；同时大脑也会进入高度警戒状态，并随时应对和改善有可能发生的危机。这种非过度强烈的焦虑／恐惧刺激会使得紧张感能够触发一个人的能量唤起，并在客观上促进学习或工作的主动性、积极性和创造性。在罗洛·梅眼里，这种正常的焦虑被称为"增加我们察觉、警戒和生存热情的刺激"[2]。而一旦紧张感强度超越了临界点，进入中度焦虑或神经过敏性焦虑的状态，将会导致能量消失，从而使得个体产生消极的感受。如果这种焦虑得不到排遣，并引发明显的植物神经系统功能紊乱，即有可能患了焦虑症，这种状况会导致个体身心健康受损。同时，这种严重焦虑只有婴儿和心理病态的人才会感受到，它能使个体丧失记忆，忘却那些导致严重焦虑的事件 [3]。

3. 正常焦虑和神经性焦虑

罗洛·梅的焦虑观是典型的存在主义焦虑观，他把焦虑分成了两种：正常焦虑和神经症焦虑。正常焦虑是一个人的成长过程的一部分。一个人在成长过程中，必定会遭遇与以往惯常的意义结构或者价值标准相矛盾与冲突的时刻，此时便会激发焦虑。这种与创造性、批判性、革命性相关的意识与行为某种意义上而言不但不是病理性的，相反是正常的、健康的且具有进步意义的。神经症焦虑包含着压抑和其他形式的内部心理冲突，并且受到各种活动和意识障碍的

---

① 叶浩生：《西方心理学的历史与体系》，北京：人民教育出版社，1998年，第307—308页。
② ［美］罗洛·梅：《焦虑的意义》，朱佩如译，台北：立绪文化事业公司，2004年，第257页。
③ 黎伟：《大学生焦虑水平及其影响因素研究》，武汉：华中师范大学硕士论文，2002年。

控制。正如罗洛·梅所说:"当一个人在出现了实际的成长危机并且威胁到他的价值观而无法面对正常焦虑时,就会出现神经症焦虑。神经症焦虑是以前从未遇到过的正常焦虑的最终结果。"[①]罗洛·梅认为心理治疗学家所要对付的正是这种神经症焦虑。

4. 状态焦虑与特质焦虑

斯皮尔伯格等人把焦虑分为状态焦虑 (State-anxiety) 和特质焦虑 (Trait-anxiety) 两种,状态焦虑描述了一种不愉快的情绪体验,如紧张、恐惧、忧虑和神经质,一般伴有短暂性的自主 (植物) 神经功能的亢进。特质焦虑则描述了相对稳定的、作为一种人格特质、具有个体差异的焦虑倾向,它是相对持久的人格特征中稳定而差异性的性格特质,而状态焦虑则是指焦虑的暂时波动状态。

5. 临床医学中的焦虑分类

现代心理学家们从临床治疗的角度,对焦虑症进行了分类。斯皮尔伯格等人于 1970 年编制了状态—特质焦虑问卷（STAI）,其目的旨在为临床学家、行为学家和内科学家提供一种工具以区别评定短暂的焦虑情绪状态和人格特质性焦虑倾向,并为不同的研究目的和临床实践提供服务。汉密尔顿焦虑量表（Hamilton Anxiety Scale,HAMA）也是临床医学中测量焦虑特质的常用工具,它由 Hamilton 于 1959 年编制,包括 14 个项目。最早是精神科临床中常用的量表之一,并成为众多临床焦虑症的诊断及程度划分的依据。另外,焦虑自评量表 (Self-Rating Anxiety Scale, SAS) 也是临床焦虑测评的重要指标,它由华裔教授 Zung 编制（1971）。焦虑自评量表从量表构造的形式到具体评定的方法,都与抑郁自评量表 (SDS) 十分相似,是一种分析病人主观焦虑症状的常用临床工具。除此之外,另一个常见的焦虑量表是《贝克焦虑量表》(Beck Anxiety Inventory, BAI),它是由美国 A.T. 贝克等人于 1988 年编制,它含有 21 个类目,能够反映被试者焦虑状况的严重程度,适用对象为具有焦虑症状的成年人,在心理门诊、精神科门诊或住院病人中均可应用。除了以上常用量表之外,医院焦虑抑郁量表 (Hospital Anxiety and Depression Scale,HADS) (Zigmond) 以及针对特殊人群、特殊情境的焦虑测量量表,如儿童社会交往焦虑测评量表 (SASC)、学前儿童焦虑观察量表（PSOSA）、考试焦虑量表 (TAS)、交往焦虑量表（IAS）、社会交往焦虑量表（SIAS）等,也是临床中针对不同人群焦虑现象、程度与特

---

① 黎伟:《大学生焦虑水平及其影响因素研究》,武汉:华中师范大学硕士论文,2002 年。

征进行诊疗的常用量表。

二、大学生社交媒体使用焦虑的心理机制

（一）社交媒体使用焦虑定义

根据前期的文献研究基础可知，目前尚未有关于社交媒体使用焦虑的准确定义，而基于前人的研究基础来看，已有研究在用户焦虑情绪的特征描述、焦虑成因及影响方面已有了一些成果，但对于社交媒体环境下用户焦虑的界定、测量、机制与影响因素等方面，还远未形成一个较为完整的研究框架，这在很大程度上源于学界对于社交媒体用户焦虑的认知尚未形成共识。一方面，社交媒体环境下的用户焦虑具有与一般性焦虑基本相近的精神与躯体表征；同时，社交媒体下的用户焦虑的形成机制与影响因素则与用户因"害怕错过"而形成的"信息强迫"高度相关。考虑到社交媒体焦虑的成因较为复杂，并不局限用户自身，而是综合了信息焦虑、错失焦虑、用户人格、情绪特征等等众多方面形成的一种焦虑情绪①，因此，本研究将社交媒体使用焦虑界定为用户在使用社交媒体过程中，随着依赖程度的加深，因社交媒体独特属性、用户个体特征、社会网络关系等多方面因素复合作用，形成的焦虑情绪或症状。同时，大学生社交媒体使用焦虑心理与行为的发生机制与其社交媒体使用需要、动机、欲望与诱因有着重要关联，这些因素成为诱发大学生社交媒体使用焦虑心理与行为的核心要素。（如图 2-8）

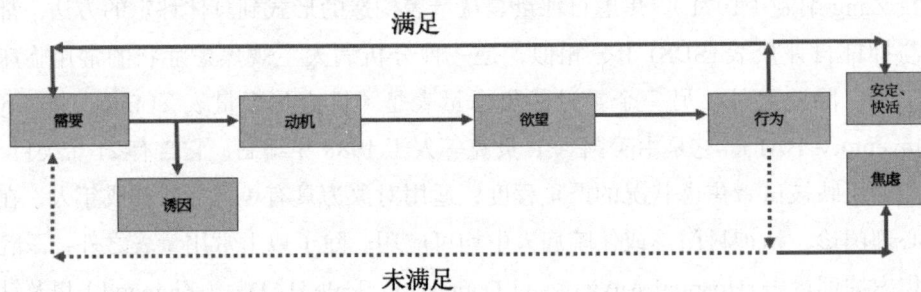

图 2-8　社交媒体使用焦虑心理及行为构成因素

图表来源：作者整理。

---

① 宋伟：《微博用户的情绪焦虑及其应对》，《新闻传播》，2013 第 5 期，第 36 页。

1. 需要

需要是个体由于缺乏某种东西而产生的生理或心理上的不平衡状态[①]。作为有机体缺乏某种物质时产生的一种主观意识，需要是有机体对于客观事物需求的综合反映。需要也是构成动机、塑造欲望、产生行为的起始动因，因此它也成为个体活动的积极性源泉。需要的种类依据范围、性质、迫切程度、时间指向的不同可划分为不同内容。根据人类需求的基本属性可将需要分为生理／自然需要以及社会需要两个方面。生理需要涵盖了维持人们生存与生理平衡的基本需要，如对水、食物等衣食起居以及维护生命安全的需要，两性生活的需要等。生理需要是所有需要的构成基础，按照马克思主义的观点，维持生存的物质生活是人们的基本需要，也是最强烈的需要。而一个人的物质生活需要如果不能得到满足，往往会导致妨碍社会和集体的极端行为，即所谓"饥寒生盗心"。社会需要则指由社会生活引起并受社会制约的高级需要，它也包括物质需要和精神需要。例如维护自尊、建立社会交往、获得社会地位与认可、在自我族群中获得身份认同等需要。只有实现了基本的物质需要才有可能激发更高层次的社会需要，即所谓"衣食足而后知荣辱"。

生物决定论认为人的需要是实现人类本能的活动，而社会决定论则把人的需要看成是对社会环境的简单"投射"。然而，从以往人们的生产生活经验中便可获知，人类的需要是一个复杂的结构体，它不仅是人与客观环境相互作用的综合结果，同时也受到不同时代、不同社会发展阶段与环境的影响从而呈现出不同的特质。在以往需要理论的研究中，学者们也从不同领域、维度对需要层次进行了划分和探讨。

例如，马斯洛的需要层次理论就为人们揭示了通常意义下人类的基本自然需要与社会需要类型以及其层级关系。马斯洛认为，人的需要主要包括：生理需要（physiological）、安全需要 (safety)、社会需要 (social)、自尊需要 (esteem) 和自我实现 (self-actualisation) 的需要。同时，一般情形下，五种需要像阶梯一样从低到高，按层次逐级递升，但这样的次序不是完全固定的，可以变化，也有种种例外情况（如图 2-9）。

---

① 王延华：《谈激励的动机基础》，《辽宁行政学院学报》，2006 年第 5 期，第 78—80 页。

图 2-9　马斯洛需求层次理论

图表来源：作者整理。

依据马斯洛的理论，虽然人类的需求分为五个基本层次，但是各层级之间所占的比例并不是完全均等的，当它与社会发展阶段、生产力与生产关系等要素相互关联之后，它也成为我们洞察不同语境中社会政治、经济、文化生活的重要侧面。例如，在生产力相对落后，物质资源相对匮乏的发展阶段，满足人们人身安全、衣、食、住、行等基本生活保障与需要就成为社会发展早期人们的核心需求，随着社会生产力的提高，物质生活不断充裕，社会个体间关联属性进一步加强，人们开始注重社交生活、感情世界、精神世界的价值追求，并由此更加偏向于对情感与归属、尊重、求知与审美、自我实现等社会需求的追求与获得。不仅如此，马斯洛需求层次理论还可以嵌入进更加具象化的社会情境之中，例如，一个国家多数人的需要层次结构，是同这个国家的经济发展水平、科技发展水平、文化和人民受教育的程度直接相关的。在不发达国家，生理需要和安全需要占主导的人数比例较大，而高级需要占主导的人数比例较小[①]；这在发达国家则刚好相反。20 世纪 50 年代，美国心理学家戴维·麦克莱兰对个体在工作情境中的需求进行了考察，研究对人的高层次需要与社会性的动机进行了大量的考证，并在此基础上提出了著名的三种需要理论（three-needs theory），理论认为，个体在工作情境中有三种基本需要：成就需要（Need

————————
① 刘华堂：《基于经济发展视角审视廉政建设》，《企业导报》，2011 年第 4 期，第 20—21 页。

for achievement）：争取成功希望做得最好的需要；权力需要（the need for authority and power）：影响或控制他人且不受他人控制的需要；亲和需要（Need for affiliation）：建立友好亲密的人际关系的需要，即寻求被他人喜爱和接纳的一种愿望。1969 年，美国心理学家克雷顿·奥尔德弗修正了马斯洛的观点，将需求层次进行重组后提出了三种人类需求，即生存需求 (Existence Needs)（主要指物质需要、生理需要和安全需要）、关系需求 (Relatedness Needs)（主要涵盖社会结构中人与人之间社交关系的建立、发展与维系）以及成长需求 (Growth Needs)（主要指对于事业、前途等方面得到发展的内在愿望），并称为 ERG 理论①。ERG 理论认为，需求被满足的程度越低，个体对该需求的追求就越强；当较低层次的需求得到满足后，对较高层次的需求会加强，同时，当较高层次需求受到挫折时，个体对低层次需求满足的追求将越发强烈。ERG 理论更加强调人类追求需要的流动性，由此可知人们追求需要的层次顺序并不那么严格，优势需要也不一定那么突出。因此，针对需求的激励与管理措施可以更加多元化。Deci 与 Ryan 提出了人类与生俱来的三种心理需求：自主感 (Autonomy)、胜任感 (Competence) 与关联感 (Relatedness)。美国学者史特朗（Strong）则从营销与广告的视角罗列了受众的 21 个先天需要（如表 2-3）：

表 2-3　Strong 21 个先天需要

饮食	常常显得很忙的样子	观察别人
猎取	男人常需要情绪上的刺激	被别人观察
攫取	时刻需要去看、听、嗅、尝、触	表示自己的意见
搜集	需要若干程度的精神活动	管制别人
保有	克服别人的干扰	向他人驯服或追随一位领袖
逃避痛苦	社会性的需要	爱慕一位异性
逃避不喜欢的东西	和他人在一起	爱抚自己的孩子

图表来源：作者整理。

不同视角下的需要理论帮我们建构了特定情境中受众的需要类型与关联机制，并为后期研究提供了重要的理论基础。针对大学生社交媒体使用情形来看，

① 吴秋明、邓丽君：《个体行为管理：行为过程规律与管理》，豆丁网，获取地址：https://www.docin.com/p—676511276.html%202019—6—27，发布时间：2019 年 6 月 27 日。

社交媒体已经成为当代大学生获取学习、工作、生活相关信息的重要渠道，同时也是其进行社会交往、建立并拓展社交关系、获得自我与群体认同，收获爱与归属感的重要方式。因此，结合马斯洛需求层次理论可知，大学生社交媒体主要用于满足社会需要 (social)、自尊需要 (esteem) 和自我实现 (self-actualisation) 三个层次。然而，针对当代大学生对于网络乃至社交媒体的深度需索以及过度沉迷和依赖的现象则正如马斯洛描述的"高峰体验"状态，即"一种欣喜若狂、如醉如痴的感觉"，而在依赖、成瘾以及戒断或过度使用后形成的"浮躁、空虚、焦虑与抑郁"的状况，似乎已将人们对于媒体的需索度下沉至安全需要，甚至生理需要的层次。其背后需要机制的构成则更加引人深思。本研究认为，源自文化研究视野下对于后人类时代人与技术关系的解读为解析这一问题提供了重要参考。在弗拉瑟的研究中便提出，在传统社会中，人们用工具对待自然物，借助工具使自然物变为社会物（如狩猎与皮衣），即人类利用工具的功能（functionality）的过程。然而，后工业时代以来，随着信息技术的不断渗透与深化，人类对技术的需求不断加深和固化，技术在人类生活中扮演的角色与属性已经不再仅仅是为人类提供方便的工具属性，它逐渐与人类合二为一，甚至超越了人的主体性而将人演化为技术／设备（apparatus）的一部分，人类也不再是文艺复兴以来源于生理与自然属性共塑的传统"人类"，它逐渐演变为成为"后人类"（post human）镜像中的赛博格（cyborg）形象，并成为依靠系统的随机性（randomness）和必然性（necessity）运作的大型社会机器之上的子部件。从这一视角出发，作为自然人与社会人的人类需要与后人类时代"赛博格"式的"技术人"需要有着本质的差异。这一思路对解读数字媒介时代大学生社交媒体使用需要的内在生成机制有重要帮助。由此，如何在技术—社会视角之下关照到社交媒体焦虑产生的社会根源，平衡新时期大学生需求的满足与社交媒体使用合理性之间的互动关系，将是本研究致力考察的问题之一。

2. 动机

动机是指引起个体活动，并使活动朝向某一目标的内在心理过程或动力，当个体需要达到一定的强度，并且存在满足需要的对象，就会出现动机[1]。动机不仅能够唤起身体的能量，激活一般的紧张状态，同时具备明显的指向性和选择性，如果说需要是激发动机形成的重要内驱力，而诱因则成为激发动机形成

---

[1] 丁妍妍:《河南省农村中学生生物学习动机现状及优化策略研究》，新乡：河南师范大学硕士论文，2015 年。

的外部驱力。动机理论主要包括了本能说、精神分析说、驱力理论等。其中，美国心理学家麦孤独提出的人类的本能说既涵盖了觅食、性欲、恐惧、憎恶、好奇、好斗、自信等基本动机；而弗洛伊德认为人类行为的动机源自心理能量，这些能量又源自人们先天的生本能（生存驱力、繁衍驱力）与死本能（残暴、侵略）等。[1] 赫尔的驱力理论则认为，当有机体的生理需要得不到满足时，就会驱使有机体采取有意的行为去纠正这些身体的缺失或者障碍，[2] 所以使驱力降低一定程度被认为是行为发生的主要原因。美国生理学家 W.B. 坎农提出了稳态的概念，也描述了人类为了获得有机体内环境的平衡与协调而激发不自觉或者有意而为之的自控和调节。

可以说，在特定的社会结构之中，生产力与生产关系的基本模式成为塑造不同社会需要、动机的基本条件，而不同的时代、社会机制孕育下的人群也呈现出不同的行为动机特点。相对于当代大学生社交媒体使用而言，其使用动机也呈现出较大的差异性。根据《2017 中国社交媒体影响报告》和《2019 年社交媒体趋势报告》显示，青年上网的基本动机主要可以归纳为以下几个方面：

表 2-4 青年使用社交媒体动机

了解朋友的动态	与家人 / 朋友的沟通更便捷	方便我更快地了解到社会热点	增长了我的见识
拓展朋友圈	帮助我做出更好的购物决策	缓解我现实生活中的压力	让我更有自信，交际能力得到提升

图表来源：作者整理。

同时，年轻人对于不同社交媒体所持有的使用动机也有所不同，以 QQ 空间、新浪微博、微信朋友圈为例，QQ 空间与微信朋友圈更加倾向于和朋友互动、增进朋友之间的感情，而微博则在及时了解新闻热点、认识更多新朋友、关注并获取感兴趣的内容几方面作用显著。同时，依据年龄层次的不同，其使用动机也有所差异，研究显示，95 前的青年人社交媒体使用动机更多倾向于工作与学习、获取资讯需要的满足，他们对新闻、军事历史、汽车、财经、健康

---

① 李清新：《结合弗洛伊德的精神分析理论分析影片〈绿化仙踪〉》，《艺术时尚》（下旬刊），2014 年第 10 期，第 57 页。

② 邓小青：《我国上市公司管理层股权激励模式的选择、动因及效果研究》，南京：东南大学硕士论文，2010 年。

养生、房产等与生活相关的内容更加感兴趣。而 95 后的使用动机主要集中在娱乐消遣、讨论兴趣话题、扩展交际圈等方面，并对游戏电竞、电影音乐、动漫、二次元等娱乐类项目（如图 2-10）。[1]

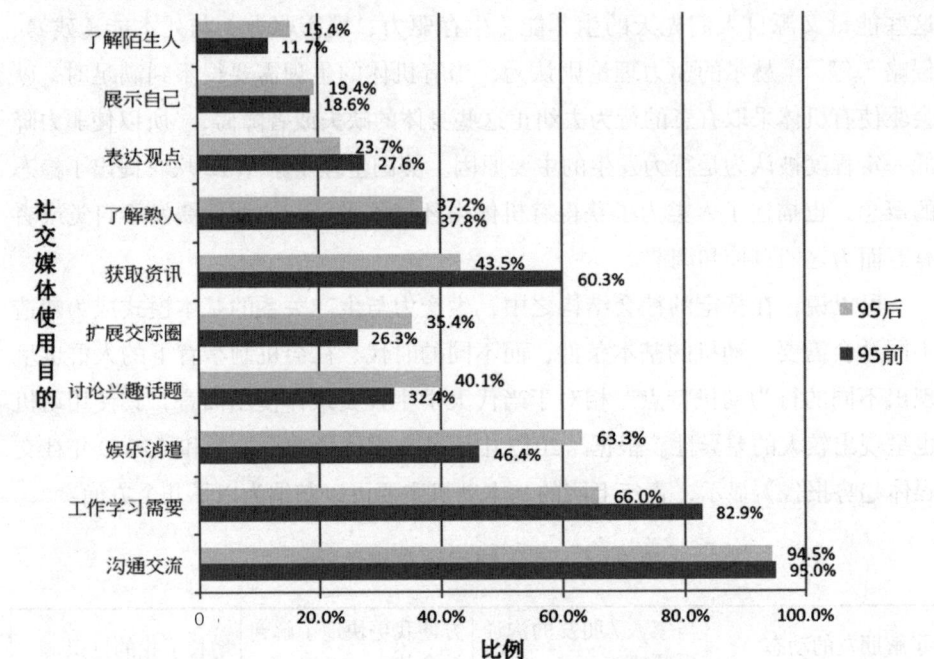

图 2-10 95 前与 95 后社交媒体使用动机分布

图表来源：作者整理。

除此之外，大学生的专业对其社交媒体的使用动机也有显著影响，文科学生和商科学生比理科和工科学生使用社交媒体的时间更长也更活跃，前者对于社交网站"搜索研究信息""保持灵通""消磨时间""娱乐消遣"的需求更强。[2] 学者刘杨的研究则发现，社交媒体对大学生提升对外交流、拓展人脉关系以及表达自我产生积极影响，而同时也会带来社交媒体依赖、肤浅阅读以及自我膨

---

[1] 酷鹅用户研究院：《95 后内容消费洞察报告》，Useit 知识库，获取地址：https://www.useit.com.cn/thread-19056-1-1.html，2018 年 5 月 20 日。
[2] 张咏华、聂晶：《"专业"对大学生社交媒体使用及动机的影响——以上海大学生为例》，《国际新闻界》，2013 年第 12 期，第 43—55 页。

胀、虚荣心强、心理焦虑等影响[1]。还有学者检验了社交媒体使用动机与网络成瘾之间的关系，研究表明，大学生网络使用动机包含了社会交往动机、虚拟社群动机、匿名交往动机、自我肯定动机和商品资讯动机。且动机越大，其网络成瘾倾向越高，而个体人格的神经质对大学生的网络成瘾倾向与网络使用动机起着重要作用。[2]

3. 诱因

诱因是指能激起人们的定向行为，能够满足某种需要的外部条件或刺激物[3]。诱因有积极和消极之分，但是它都是促使需要向动机转变的重要条件。理性决策论、认知反应理论、期望—价值研究等理论都是诱因理论研究中的重要成果。在众多动机研究理论中，赫尔的内驱力降低理论应用广泛。该理论认为，有机体的需要产生驱力，驱力迫使有机体活动，但引起哪种活动或反应，要依环境中的对象来决定，为了解释环境对行为产生的影响性作用，赫尔在其动机理论的结构中又提出了诱因（incentive motivation）这一概念，并提出了反应潜能的形成公式：产生某种行为的反应潜能（sER）等于内驱力（D）、诱因（K）和习惯强度（sHR）的乘积。即：sER=D×K×sHR。由此可知，形成某种行为的反应潜能是由内驱力、诱因、习惯强度的多元的乘积决定的。如果 D（内驱力）=0 或 K（诱因）=0，则 sER 也等于零而不发生反应。同时，如果驱力水平低，反应潜能也低。由此可将赫尔的动机理论归结为有两点：（1）有机体的活动在于降低或消除内驱力。（2）内驱力降低的同时，活动受到强化，因而它是促使提高学习概率的基本条件。依照赫尔的动机理论可知，促成大学生社交媒体使用不当的行为因素中，也有内驱力、诱因和习惯强度共同构成，而诱因也有积极诱因与消极诱因之分，积极诱因包括了如网络与信息社会积极的观念引导与高效传播、网络生活环境的便在化、便捷化等，消极诱因包括了过度的消费主义、网络与社交媒体内容中娱乐、色情、暴力等负面与干扰性因素等。应当将引发造成大学生社交媒体使用焦虑的诱因进行区分和甄别，从而对其使用行为进行有针对性的疏导和调控。

---

[1]　袁立、刘杨：《社交媒体对大学生的影响分析——基于安徽高校的调查》，《现代传播》，2015 年第 4 期，第 144—148 页。

[2]　谭文芳：《大学生网络使用动机类型及其与网络成瘾的关系分析》，《长沙大学学报》，2005 年第 5 期，第 109—111 页。

[3]　何光文：《浅析学习动机的培养与激发》，《教育与职业》，2012 年第 27 期，第 190—191 页。

4. 欲望

拉康的欲望理论分为三个层次，即需要 (need)、要求 (demand) 和欲望 (desire) 三个层面。需要和要求具备可满足性，因此属于现象层面，而欲望则具有绝对条件性，所以属于本体的形而上层面。拉康认为，一般意义上的欲望不叫欲望，它只是欲望的代替品，但是，即便是这种零碎的积累也可以达到欲望的质变，因为它是欲望的起因，是主体的欲望一步步迈向本体的过渡。就像主体总是要从实在界走向想象界，再由想象界走向象征界一样[①]。因此，欲望的形成不是一开始就是形而上的。所以在营销科学中将欲望定义为经由客观世界塑造的需要是不无道理的。然而，将客观世界所满足的需要本身看待为欲望的本体则显得片面，奇泽克认为，在悲剧的人生旅途中，客体如同喜剧舞台上的小丑，它淡化了悲剧意识，像转移的拓扑学一样，把人们的目光和声音引入暂时的避难所，消解了崇高与严肃，变成了意识形态的崇高客体。而这个客体或物自体则是个"易碎的绝对"，例如偶像崇拜、身体拜物，消费过剩却消极了真正欲望的本体，即一切坚固的东西都烟消云散了，而生活中剩下的只是残汤剩羹。[②] 对于当代大学生而言，其成长的社会环境背景与 70 后、80 后一代群体有很大差别，他们出生在中国改革开放取得重大成就的阶段，在飞速发展的社会进程中成为接受相对成熟的信息化、网络化以及全球化渗透与影响最为显著的第一代群体，他们既享有着前所未有的物质生活条件，但同时，他们也是见证中国社会发展与改革、历经巨大文化冲击与心理矛盾的一代，这些复杂的社会与文化变迁在当代青年人观念与生活里激起的涟漪，构筑了他们更为多元、异质的需要、诱因、动机、欲望，而当这些因素与网络环境匿名化、便在化、多元化等网络文化相互交织与杂糅，便构成了当代大学生复杂的社交媒体使用心理与行为。

欲望借由行为的发生而得以释放，当行为能够满足个体的心理需要时，则个体获得安定与快活，并开始寻求新的需要的满足，而当行为不能满足需要，进而引发"某种价值受到威胁"时，则生成了焦虑症状。社交媒体时代，当代青年的欲望在现象层面变得更加复杂和琐碎，则其欲望本体也变得更加遥远和飘乎不定，其与行为对接得以释放的难度就越大，而其焦虑情境也愈加突出。

---

① 刘玲:《拉康欲望理论阐释》,《学术论坛》, 2008 年第 5 期, 第 18—22 页。

② 刘玲:《拉康欲望理论阐释》,《学术论坛》, 2008 年第 5 期, 第 18—22 页。

三、焦虑的症状与诊断

（一）焦虑的症状与表现

焦虑表现为紧张、焦急、忧虑、担心和恐惧感交织的一种复杂的情绪反应，情绪焦虑者常常感到压抑烦躁，轻者表现为失眠、精神萎靡、对事务失去兴趣，重则可能休学、退学、自杀和造成凶杀等。张春兴曾将焦虑症分为三种：泛虚症与恐慌症、恐惧症、强迫症。江光荣则认为焦虑症可分为广泛性焦虑（慢性焦虑）和惊恐发作（急性焦虑）。广泛性焦虑主要表现为经常的或持续的紧张不安，植物神经系统的症状不像急性焦虑那样明显。惊恐发作则出现突然发生的强烈惊恐，且没有明确的恐惧对象。患者在发作时有剧烈的心慌，呼吸困难，胸闷胸痛，四肢不能控制地发抖、出汗。[①] 严重的焦虑现象不仅会影响大学生的学习与生活，同时也会危害到大学生身心健康与发展。目前学界已有许多研究对焦虑现象进行考察，他们分别从不同的维度识别、测量了焦虑现象的基本表征和程度。常见的焦虑测量量表有：

1. 汉密尔顿焦虑量表（Hamilton Anxiety Scale，简称 HAMA）

汉密尔顿焦虑量表由 Hamilton 于 1959 年编制。是精神科临床中最常用的量表之一，包括 14 个项目。其测量总分能较好地反映焦虑和抑郁障碍患者焦虑症状的严重程度和对各种药物、心理干预效果的评估（如表 2-5）。

表 2-5 汉密尔顿焦虑量表项目内容

序号	项目内容
1	焦虑心境：担心、担忧，感到有最坏的事情将要发生，容易被激惹
2	紧张：紧张感、易疲劳、不能放松，情绪反应，易哭、颤抖、感到不安
3	害怕：害怕黑暗、陌生人、一人独处、动物、乘车或旅行及人多的场合
4	失眠：难以入睡、易醒、睡得不深、多梦、梦魇、夜惊、睡醒后感到疲倦
5	认知功能：或称记忆力、注意力障碍。注意力不能集中，记忆力差
6	抑郁心境：丧失兴趣、对以往爱好的事务缺乏快感、忧郁、早醒、昼重夜轻
7	躯体性焦虑（肌肉系统症状）：肌肉酸痛、活动不灵活、肌肉经常抽动、肢体抽动、牙齿打战、声音发抖
8	感觉系统症状：视物模糊、发冷发热、软弱无力感、浑身刺痛

---

① 黎伟：《大学生焦虑水平及其影响因素研究》，武汉：华中师范大学硕士论文，2002 年。

序号	项目内容
9	心血管系统症状：心动过速、心悸、胸痛、血管跳动感、昏倒感、心博脱漏
10	呼吸系统症状：时常感到胸闷、窒息感、叹息、呼吸困难
11	胃肠消化道症状：吞咽困难、嗳气、食欲不佳、消化不良（进食后腹痛、胃部烧灼痛、腹胀、恶心、胃部饱胀感）、肠鸣、腹泻、体重减轻、便秘
12	生殖、泌尿系统症状：尿意频繁、尿急、停经、性冷淡、过早射精、勃起不能、阳痿
13	植物神经系统症状：口干、潮红、苍白、易出汗、易起"鸡皮疙瘩"、紧张性头痛、毛发竖起
14	（1）一般表现：紧张、不能松弛、忐忑不安、咬手指、紧握拳、摸弄手帕、面肌抽动、不停顿足、手发抖、皱眉、表情僵硬、肌张力高、叹息样呼吸、面色苍白 （2）生理表现：吞咽、频繁打呃、安静时心率快、呼吸加快（20 次 / 分钟以上）、腱反射亢进、震颤、瞳孔放大、眼睑跳动、易出汗、眼球突出

图表来源：作者整理。

HAMA 将焦虑因子分为躯体性（1—6 项）和精神性两大类（7—18 项），所有项目采用 0—4 分的 5 级评分法，各级的标准为：0 分：无症状；1 分：轻；2 分：中等；3 分：重；4 分：极重。根据我国量表协作组提供的资料：总分 ≥ 29 分，可能为严重焦虑；≥ 21 分，肯定有明显焦虑；≥ 14 分，肯定有焦虑；超过 7 分，可能有焦虑；如小于 7 分，便没有焦虑症状。《CCMD-3 中国精神疾病诊断标准》将其列为焦虑症的重要诊断工具，临床上常将其用于焦虑症的诊断及程度划分的依据。

2. 焦虑自评量表 (Self-Rating Anxiety Scale, 简称 SAS)

焦虑自评量表由华裔教授 Zung 1971 年编制，主要用于分析受试者的主观焦虑症状，是目前国际咨询门诊中了解焦虑症状的常用量表。研究认为，SAS 能够较好地反映具有焦虑倾向的精神病求助者的主观感受。SAS 量表由 20 个项目构成，主要包括心理感受和躯体症状两个部分，并可以评定项目所定义的症状出现的频度。（如表 2-6）

表 2-6　焦虑自评量表项目内容

序号	项目内容
1	我觉得平常容易紧张和着急
2	我无缘无故地感到害怕
3	我容易心里烦乱或觉得惊恐
4	我觉得我可能将要发疯
5	我觉得一切都不好，会发生什么不幸
6	我手脚发抖打战
7	我因为头痛、头颈痛和背痛而苦恼
8	我感觉容易衰弱和疲乏
9	我觉得心烦，不能安静坐着
10	我觉得心跳得很快
11	我因为一阵阵头晕而苦恼
12	我有晕倒发作或觉得要晕倒似的
13	我觉得憋气，呼吸不畅
14	我手脚麻木和刺痛
15	我因为胃痛和消化不良而苦恼
16	我常常要小便
17	我的手常常是潮湿的
18	我脸红发热
19	我不易入睡，并且一夜睡得都不好
20	我做噩梦

图表来源：作者整理。

　　Zung 编制的 SAS 量表使用 4 级评分制，以标准分 50 分作为焦虑症状分界值，标准分越高，焦虑症状越严重。一般认为，小于 50 分为正常范围，50—59 分为轻度焦虑，60—69 分为中度焦虑，超过 70 分为重度焦虑。我国协作组吴文源等人使用 SAS 量表对 1158 例正常人进行测评与结果分析后，得出 2 项标准分值为 29.78 ± 0.46，从此这个标准值就作为中国正常成人的常模用作研究对比的参照[1]。

---

　　① 浙江大学心理健康教育与咨询中心：焦虑自评量表 (SAS)，获取地址：http://www.xlzx.zju.edu.cn/redir.php?catalog_id=113&object_id=2567，发布时间：2019 年 6 月 27 日。

3.贝克焦虑量表(Beck Anxiety Inventory，简称 BAI)

贝克焦虑量表由美国阿隆·贝克等于 1985 年编制，主要用于评定受试者被多种焦虑症状烦扰的程度，适用于具有焦虑症状的成年人（如表 2-7）。

表 2-7　贝克焦虑量表项目内容

序号	项目内容
1	麻木或刺痛
2	感到发热
3	腿部颤抖
4	不能放松
5	害怕发生不好的事情
6	头晕
7	心悸或心率加快
8	心神不定
9	惊吓
10	紧张
11	窒息感
12	手发抖
13	摇晃
14	害怕失控
15	呼吸困难
16	害怕快要死去
17	恐慌
18	消化不良或腹部不适
19	昏厥
20	脸发红
21	出汗（不是因暑热冒汗）

图表来源：作者整理。

BAI 是一个含有 21 个项目的自评量表。该量表用 4 级评分，其标准为 "1" 表示无；"2" 表示轻度，无多大烦扰；"3" 表示中度，感到不适但尚能忍受；"4" 表示重度，只能勉强忍受。测试后将被试所得的总分通过公式 Y = int(1.19x) 取整数后转换成标准分。并由此判断，15—25 为轻度焦虑，26—35 为中度焦虑，36 分以上为重度焦虑。BAI 在中国临床试验中已被证明具备有效性，并已成为我国临床心理工作中了解焦虑症状的常用检测工具。

4. 状态—特质焦虑量表 (State-Trait Anxiety Inventory, 简称 STAI)

斯皮尔伯格等人 1970 年编制的状态—特质焦虑量表是用以区别、评定短暂焦虑情绪状态和人格特质性焦虑倾向的焦虑研究测量量表。量表由两部分构成，即状态焦虑量表与特质焦虑量表。状态焦虑受到自主性神经系统的波动影响，体现为担忧、紧张、忧虑，神经过敏等状态；特质焦虑则来自动机或习得性行为养成的人格特质。状态—特质焦虑量表由 40 个项目构成，分别为状态焦虑量表 (S-AI)，主要用于评定即刻的或最近某一特定时间或情景的恐惧、紧张、忧虑和神经质的体验或感受，可用来评价应激情况下的状态焦虑。特质焦虑量表 (T-AI)，用于评定人们经常性出现的情绪体验（如表 2-8）。

表 2-8　状态—特质焦虑量表

序号	状态焦虑量表（S-AI）	特质焦虑量表（T-AI）
1	感到心情平静	我感到愉快
2	我感到安全	感到神经过敏和不安
3	我是紧张的	我感到自我满足
4	我感到紧张束缚	我希望能和别人那样地高兴
5	我感到安逸	我感到我像衰竭一样
6	我感到烦乱	我感到很宁静
7	我现在正烦恼，感到这种烦恼超过了可能的不幸	我是平静的、冷静的和泰然自若的
8	我感到满意	我感到困难——一堆积起来，因此无法克服
9	我感到害怕	我过分忧虑一些事，实际这些事无关紧要
10	我感到舒适	我是高兴的
11	我有自信心	我的思想处于混乱状态
12	我觉得神经过敏	我缺乏自信心

序号	状态焦虑量表（S-AI）	特质焦虑量表（T-AI）
13	我极度紧张不安	我感到安全
14	优柔寡断	我容易做出决断
15	我是轻松的	我感到不合适
16	我感到心满意足	我是满足的
17	我是烦恼的	一些不重要的思想总缠绕着我，并打扰我
18	我感到慌乱	我产生的沮丧是如此强烈，以致我不能从思想上排除它们
19	我感到镇定	我是一个镇定的人
20	我感到愉快	当我考虑我目前的事情和利益时就陷入紧张状态

图表来源：作者整理。

5. 医院用焦虑抑郁量表 (Hospital Anxiety and Depression Scale, 简称 HADS)

在临床医学中，焦虑、抑郁同时也是内科慢性躯体疾病如冠心病、糖尿病、肿瘤等常见的心理问题和心理障碍之一，它对躯体疾病的治疗、康复和预后都有重要的影响，而由 Zigmond 等人编制的医院焦虑抑郁量表正是筛查躯体疾病焦虑抑郁的最常用工具之一，它被广泛应用于临床各科焦虑和抑郁的检测。它由两个部分构成，其中 D 代表抑郁量表部分，A 代表焦虑量表部分（如表 2-9）。

表 2-9　医院用焦虑抑郁量表项目内容

序号	项目内容
1	我感到紧张或痛苦（A）
2	我对以往感兴趣的事情还是感兴趣 (D)
3	我感到有些害怕，好像预感到有什么可怕的事情要发生（A）
4	我能够哈哈大笑，并看到事务有趣的一面 (D)
5	我心中充满烦恼（A）
6	我感到愉快 (D)
7	我能够安闲而轻松地坐着（A）
8	我感到人好像变迟钝了 (D)

续表

序号	项目内容
9	我感到一种令人发抖的恐惧（A）
10	我对自己的外表（打扮自己）失去兴趣 (D)
11	我有点坐立不安，好像感到非要活动不可（A）
12	我怀着愉快的心情憧憬未来 (D)
13	我突然有恐惧感（A）
14	我能欣赏一本好书或一项好的广播或电视节目 (D)

图表来源：作者整理。

除此之外，还有针对特殊群体、特殊情境中的焦虑心理和行为的量表，此处不再一一论述。由于焦虑心理与行为的发生机制涉及了医学、心理学、社会学、传播学等多个维度，因此对于焦虑症状以及其成因的考察也涉及了多个面向，应当将焦虑的发生放置在具体的社会语境与事件当中，以便更加全面、多元的分析与考证焦虑产生的根源。

（二）社交媒体使用成瘾

针对大学生社交媒体使用而出现的焦虑状况，大部分与社交媒体使用不当行为有紧密关系，尤其与网络使用依赖与成瘾有重要关联。

关于社交媒体依赖的概念，Ball-Rokeach 和 DeFleur M L 曾提出了媒介依赖理论作为解释。观点认为，个体对社交媒体的依赖是循序渐进的，即个体对社交媒体的需求性，随着社交媒体能够给予个体满足感的增加而增加。而此时社交媒体对个体的影响也会不断加强，尤其是当人们对于社交的迫切需要以及对于现实社会的逃避变得强烈时，依赖就会出现并且加强[①]。国内的媒介依赖研究观点认为，人与社交媒体之间存在一种依赖关系，当然这种依赖关系是互相的，但不可否认的是个体更依赖媒介，它们主要从传播内容方面控制着每个个体（研究参见第一章）。网络成瘾概念则由 Goldberg 于 1996 年创立，即"一组认知、行为和生理症候群，表明个体尽管明白使用成瘾物质会带来明显的问题，但还是继续使用，自我用药结果导致了耐受性增加，戒断症状和冲动性觅药行为"，而"网络成瘾障碍"（internet Addiction Disorder，IAD）不仅表现为

---

① Ball-Rokeach S J，Defleur M L，"A Dependency Model of Mass-Media Effects"，*Communication Research*，vol.3，no.1(1976)，pp. 3—21.

对网络的过度依赖而产生的心理异常症状，而且有生理受损的倾向，其症状为过度使用网络、造成学业、工作、社会、家庭等身心功能的减弱。[①]1997 年，Goldberg 进一步将网络成瘾改为病理性网络使用（Pathological Internet Use，简称 PIU）并将之定义为：因为网络过度使用而造成沮丧（distress），或是身体、心理、人际、婚姻、经济或社会功能的损害。[②]学者 Yong 在电话访谈和在线调查的基础上对网络成瘾的定义进行总结，认为网络成瘾是"在无成瘾物质作用下的上网行为和上网冲动控制障碍。世界卫生组织则将网络成瘾症状定义为由于过度使用网络而导致的一种慢性或周期性的着迷状态，并产生难以抗拒的再度使用的欲望。我国学者雷雳则将网络成瘾定义为，用户上网达到一定时间量后反复使用互联网，造成其认知功能、情绪情感功能、行为活动甚至生理活动受到严重伤害，偏离现实生活、但仍然不能减少或停止使用互联网。学者陶然从医学角度对网络成瘾进行定义，他认为网络成瘾是由于反复使用网络不断刺激中枢神经系统，引起神经内分泌紊乱，造成以精神症状、躯体症状、心理障碍为主要临床表现，并进而导致成瘾者社会功能活动受损的一组症候群，伴随耐受性和戒断性反应特征。[③]

随着网络在社会生活中扮演的角色越来越重要，网络成瘾的发生率越来越高，并且呈现出显著的全球化趋势。研究表明，网络成瘾的发生率在 6%—14%，而在网络成瘾者之中，20 岁以下的大约为 6%，21—30 岁占 31%，31—40 岁的占 23%，41—50 岁的占 20%，51—60 岁的占 13%，60 岁以上的占 7%[④]，国外成瘾者一般年龄为 20—30 岁，我国网络成瘾的易感年龄则为 13—18 岁，15—20 岁为成瘾的高发期。[⑤]在不同类别属性的人群中，大学生的网络成瘾所占比例更高，研究结果显示，国际大学学生网络成瘾的发生率在 6.0%—35%，欧洲研究样本的发生率在 1.0%—9.0%，以美国大学生为代表的美洲网络病理性使用比例达到 18.3%，亚洲地区发病率则集中在 2%—18.0%。[⑥]网络成瘾的类型

---

① 贺金波:《网络成瘾的发生机制和防治》，武汉：华中师范大学出版社，2015 年，第 13 页。

② 贺金波:《网络成瘾的发生机制和防治》，武汉：华中师范大学出版社，2015 年，第 13 页。

③ 贺金波:《网络成瘾的发生机制和防治》，武汉：华中师范大学出版社，2015 年，第 13 页。

④ Hall A.S.,Parsons J., "Internet addition:college student case study using best practices in cognitive behavior therapy", *Journal of mental health counseling*, vol.23, no.4, pp.312—327.

⑤ 高文斌:《网络成瘾病例心理机制及综合心理干预研究》，《心理科学进展》，2006 第 4 卷，第 596—603 页。

⑥ 高文斌:《网络成瘾病例心理机制及综合心理干预研究》，《心理科学进展》，2006 第 4 卷，第 596—603 页。

基本包括：信息的过度摄取、网络关系成瘾、网络性成瘾、网络游戏成瘾、网络强迫、交叉成瘾等。还有学者对网络成瘾的症状进行考察后认为，网络成瘾者通常具有：（1）把大量精力投入到网络活动中；（2）下线之后情绪失落；（3）对在线行为过度容忍和适应；（4）否认自己有行为问题四个基本特点。还有观点表明，网络成瘾者也具备：（1）对待工作、学业或家庭责任的困难越来越大；（2）随着网络的不断使用，其快乐也在逐渐减少；（3）不在线的时候会感到紧张和不安；（4）无法有效地减少上网时间；（5）尽管出现生理、心理和社会问题，仍然继续使用网络。[1]学者 yong 则总结了网络成瘾的八个标准：（1）网络过度关注；（2）有延长在线时间的需要；（3）多次企图减少网络的使用；（4）网络使用减少的时候出现退缩症状；（5）时间控制困难；（6）环境紧张；（7）上网时段有欺骗行为；（8）通过网络使用调整心态。[2]目前，考察网络成瘾的诊断工具则主要有 Bernner 编制的网络成瘾行为量表（Internet-Related Addicitive Behavior Inventory,IRAB）Armstrong 编制的网络使用调查表（the Internet Usage Survey, IUS）、Young 编制的网络成瘾诊断问卷和网络成瘾自评量表、陈氏网络成瘾量表（Chen Internet Addiction Scale,CIAS）、青少年病理性互联网使用量表（Adolescent Pathological Internet Use Scale,APIUS）。网络成瘾一般情形下会造成患者精神与躯体的双重症状，例如认知改变、情感变化、社会功能受损、行为异常、植物神经紊乱、激素水平失衡等症状，严重者还会诱发如心血管疾病、胃肠神经官能症、紧张性头痛、睡眠障碍、焦虑症、抑郁症等。

焦虑与网络成瘾之间的关系异常紧密，一方面，它是网络成瘾者的典型特征，这一观点已经得到了大量研究的证实。例如，有学者便通过研究发现，社交焦虑是解释孤独者偏好网络社交的重要原因[3]。另一方面，它也是网络成瘾的并发症之一。诸多研究表明，网络成瘾与焦虑之间呈现正向相关性，网络成瘾与社交焦虑障碍有共同的、较高的发病率，同时，一般情形下网络成瘾者的社交焦虑得分显著较高[4]。

① 郑希付、沈家宏等：《网络成瘾的心理学研究——认知和情绪加工》，广州：暨南大学出版社，2009 年，第 7 页。
② 高文斌：《网络成瘾病例心理机制及综合心理干预研究》，《心理科学进展》，2006 第 4 卷，第 596—603 页。
③ 贺金波、陈昌润、贺司琪、周宗奎：《网络社交存在较低的社交焦虑水平吗？》，《心理科学进展》，2014 年第 2 期，第 288–294 页。
④ 任磊：《父亲和母亲教养方式影响网络成瘾发生机制的比较研究》，武汉：华中师范大学硕士论文，2014 年。

四、社交媒体使用焦虑的意义与危害

（一）焦虑的意义

正如弗洛伊德所述，焦虑是对危险的反应。……而危险又是人性的一个普遍命运，他们对于每个人来说都是同样的。[①] 人类普遍感受到这种对危险的恐惧、不安与创伤无疑是贯穿人的意识结构与人格结构的一个内核，它出现在每个人的生命轨迹里并伴随一生。然而，从多元视角出发，焦虑的发生并非没有进步意义。正如罗洛·梅在《焦虑的意义》一书中的修订版序言中提出："焦虑是有意义的，尽管这层意义可能有毁灭性的部分，但是也有建设性的部分，我们的生存之道已是老生常谈，就是面对焦虑。"[②] 在许多哲学家眼里，焦虑也是人格丰富的体现。克尔凯郭尔就曾提出，"人的焦虑越丰富，他就越伟大"。神经生物学家利戴尔也认为，焦虑与知识如影随形，焦虑是知识的阴影，也是创意的环境[③]。罗洛·梅在长期临床研究中也发现，人格贫乏的人较少感受到焦虑，他们屈从于周围的环境和他人的要求，放弃了自己的自主性，让自己的思考与感知能力都变得贫乏，并使得自己与他人沟通与联结的能力大大减弱。相反，有创造力的人似乎更喜欢冒险，并设法让自己处在焦虑的情境中，在一种富于挑战与内心冲突的状态下，激发自己的潜能与创造性[④]。笔者非常赞同罗洛·梅对于焦虑意义的分析，他认为，焦虑的意义首先在于人通过焦虑看清了自身的处境，看到了焦虑无所不在，看到了存在的艰辛和荒谬，体验到生命的全部真实性，触摸到生存结构的坚硬外壳，从而意识到，人生的幸福并不是剔除所有的痛苦与焦虑，而是从这些苦难与焦虑中找到存在的真谛。所以罗洛·梅说："所谓生命的目标便是完全没有焦虑，这不但是自我欺骗，甚至是很危险的。"[⑤] 这段对于焦虑与生活本质的论述对于身心正处在成长进程之中、社会化历程尚未达成的大学生而言，独具启发性意义。回溯当代大学生的大学生涯，从青年人们第一次脱离原生家庭优渥的情境远走他乡开始，到步入大学校园，开始独立建

---

① [奥] 弗洛伊德：《抑制、症状与焦虑》（《弗洛伊德文集》第六卷），长春：长春出版社，2004年，第211页。

② [美] 罗洛·梅：《焦虑的意义》，朱侃如译，桂林：广西师范大学出版社，2012年，第1—3页。

③ [美] 罗洛·梅：《焦虑的意义》，朱侃如译，桂林：广西师范大学出版社，2012年，第184页。

④ 杨钧：《焦虑——西方哲学与心理学视阈中的焦虑话语》，北京大学出版社，2013年，第183—184页。

⑤ 杨钧：《焦虑——西方哲学与心理学视阈中的焦虑话语》，北京大学出版社，2013年，第183—184页。

立自己的社交圈、生活圈，适应大学阶段的学业与生活，应对在青春期遇到的情感、自我等各方矛盾与压力，直到尝试走出象牙塔与社会对接的每一个历程，可以说，焦虑一直与当代大学生如影随形。通过适当的焦虑激发，学生们也会在各类看似矛盾甚至疾病的情境中习得一些重要的生存原则和因应困难的能力。正如汉斯·沙利在《生活的压力》中曾经提到的一样，健康幸福的奥秘就在于，能够针对这个世界不断变化的情境成功地调适；而在这个庞杂调适过程中的失败者，便会受到疾病和不幸的惩罚。[①] 饱受关注与期待的当代大学生群体不仅应当学会在复杂变迁的社会环境中正确的调适、疏导自己，同时也应当在焦虑体验与适应、克服的状态中了解到：人之存在，并不是一次性给予，它不是像橡树籽长成橡树那样自动呈现的，而是从冥顽无知的一个小小心灵发展成为一个丰富阔大的内宇宙的一个漫长过程。在这个过程中，青年个体自我意识的萌芽与成长，价值观确立与延展，一直到理智、情感与意志的心智结构的逐渐成熟，都离不开焦虑的参与。因此，焦虑是个体成长与心灵成熟的必经之途。

（二）焦虑的危害

适当的焦虑对当代大学生的成长、成熟与社会化的完成具有正向的激发和促进效应，但是过度的焦虑则容易导致大学生群体身心健康不同程度的遭受影响和损害，从而危害其正常的学习与生活，并对个体产生消极的影响。

1.焦虑的生理危害

不当的社交媒体使用会导致焦虑的躯体反应，主要包括视觉、听觉等感觉系统损害、认知功能障碍、自主神经功能亢进、睡眠障碍、运动系统损伤、呼吸系统、消化系统、生殖系统、心血管系统、肌肉系统受损等。

（1）视觉、听觉等感觉系统损害。视觉系统受损主要指由过度的电脑、手机媒体使用依赖、成瘾造成的视觉系统受损，如视疲劳、干眼症、白内障、视神经萎缩等状况。例如，长时间聚精会神地盯着手机屏幕时，屏幕散发的光影会对眼睛造成刺激，引发疲劳。尤其是当代大学生群体习惯睡前在黑暗的环境中长时间刷手机，这对眼睛的损害尤其大，常常容易引发视疲劳、视力下降、近视度数加深等问题。其次，当眼睛的注意力都集中在手机上时，眨眼次数也大量减少，这导致眼睛出现疲劳、干涩、刺痒等感觉，甚至出现眼睛刺痛、流

---

① Selye,H, "*The Stress of Life*", New York: McGraw—Hill Book Company, 1956, pp.55—56.

泪、畏光等不适症状，从而引发干眼症等症状。[①] 在颠簸的交通工具或者运动状态中使用手机还易引发结膜炎，如果不注意，则会进一步诱发结膜组织的慢性炎性病变，造成视神经萎缩。听觉系统损害则包括电脑手机等社交媒体终端使用不当造成的震动幻听症等。

（2）认知功能障碍。认知功能主要指人的记忆、语言、视空间、执行、计算和理解判断等负责进行信息接收、加工、内化、认知系统建构的功能。认知障碍是指上述几项认知功能中的一项或多项受损。由社交媒体使用焦虑造成的认知功能障碍多发于记忆力、注意力障碍、认知系统紊乱、认知麻痹等现象。根据《2018年社交媒体使用研究报告》显示，在各项社交媒体带来的负面影响评价中，社交媒体引发注意力不集中成为最重要的一项，而90后则成为体验这一感受最深刻的群体（如图2-11）。

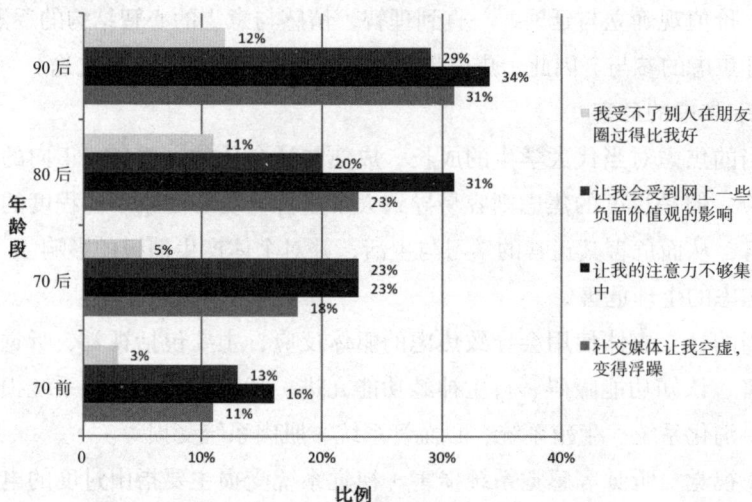

图 2-11　社交媒体使用的负面影响

图表来源：作者整理。

除了记忆力不集中、衰减之外，社交媒体承载的海量信息也容易造成受众的认知超载现象。对于大学生而言，很容易致使其迷失在五花八门的肤浅信息之中而缺乏深层思考的能力与意识，从而影响了认知思维的广度、深度和强度，

---

① 中国科学技术大学：《长期盯着电子产品对眼睛有什么危害？》，获取地址：http://eye.ustc.edu.cn/index.php?m=content&c=index&a=show&catid=195&id=4282018—08—31，发布时间：2018年8月3日。

导致思维惰性，严重者还会产生信息焦虑综合征，表现为在没有器质性病变的情况下出现焦虑症状，如恶心、呕吐等。随着上网时间的增加，还将导致用户感受信息的阈值发生递减甚至认知麻痹现象，也就是人们长期感知同一事物后容易导致对该事物的感受性降低[1]，例如当前越来越难以被调动起来的大学生注意力与兴趣点，和越发淡漠的求知欲与兴趣。

（3）植物神经功能亢进。植物神经系统是感知焦虑症状的重要构成部分。植物神经功能亢进主要症状体现在口干、潮红、苍白、易起"鸡皮疙瘩"、紧张性头痛、毛发竖起、心慌、气短、出汗、颤抖、面色潮红、忐忑不安、咬手指、紧握拳、面肌抽动、不停顿足、手发抖、皱眉、表情僵硬、肌张力高、叹息样呼吸等，有时还会有濒死感，严重时还会有失控感。[2]

（4）睡眠障碍。研究证明，电脑、手机和平板屏幕所放射出来的短波蓝光对人体视网膜刺激最强烈，而睡前暴露在这种光线下几个小时，将导致褪黑激素分泌被抑制。同时，睡前过多的信息接触也会引发入睡困难、浅睡、多梦、梦魇和睡眠中断等问题。据《2018 中国社交媒体影响报告》显示，在 2014—2017 年的调查里，"减少我阅读纸质书籍的时间"都是排名第一的消极影响，但在 2018 年的研究中，"让我的视力变差"(49%) 和"减少我的睡眠"(47%)[3] 变成占比最高的选项，这说明社交媒体对于身体健康的负面影响越来越深重。

（5）运动系统损害。以手机、电脑为代表的社交媒体终端使用过度还容易造成运动系统的损害，例如俗称"鼠标手"的"腕管综合征"，即神经部位出现的感觉异常（主要是拇指、食指、中指掌侧），随着症状的加重，患者会在夜间出现疼痛和感觉异常，如果症状持续发展，晚期会引起鱼际肌萎缩[4]。其次，肩周炎也是一种长时间使用电脑、手机后引发的躯体病症，主要表现为肩关节僵硬，活动受限，有隐隐或剧烈疼痛感。同时久坐使用电脑与手机还可能造成颈腰部位长期处于紧张状态，而长时间玩手机不仅容易压迫椎动脉而造成慢性劳损，同时由于使用手机的姿态易对颈椎造成过度牵拉，这可能导致颈椎曲线变

---

① 徐娟、于红军、张德兰、姚聪燕：《青少年网络成瘾心理干预》，北京：化学工业出版社，2010 年，第 39 页。

② 徐娟、于红军、张德兰、姚聪燕：《青少年网络成瘾心理干预》，北京：化学工业出版社，2010 年，第 39 页。

③ 凯度：《2018 中国社交媒体影响报告》，199IT 中文互联网数据资讯中心，获取地址：http://www.199it.com/archives/820382.html，发布时间：2019 年 1 月 14 日。

④ 贺金波：《网络成瘾的发生机制和防治》，武汉：华中师范大学出版社，2015 年，第 49—52 页。

形，严重的甚至会引起颈椎反弓，诱发腰椎间盘突出。[①]

（6）心血管系统损害。具体表现为心动过速、心悸、胸痛、血管跳动感、昏倒感、心博脱漏等症状。当人们使用手机时，手机会向发射基站传送无线电波，而无线电波或多或少会被人体吸收，这些电波就是手机辐射。有研究表明，由于手机使用者大脑周围产生的电磁波是空间电磁波的4—6倍，少数劣质手机产生的电磁波甚至超过空间电磁波百倍，可使脑电图异常，有诱发癫痫病的可能。同样，电磁波也会严重干扰心肌的生理过程，破坏心肌电位的平衡从而干扰心脏功能正常运作，引起心电图异常。因此，装有心脏监视器者用手机会影响监测结果，导致误诊。一般情形下，癫痫病患者、心脏病患者、严重的神经衰弱者都不适合长时间使用手机。[②]

（7）生殖、泌尿系统损害。生殖系统症状基本包括尿意频繁、尿急、停经、性冷淡、过早射精、勃起不能、阳痿等。

另外，严重的手机与电脑使用造成的焦虑现象还有可能诱发诸如呼吸系统症状（时常感到胸闷、窒息感、叹息、呼吸困难等）；胃肠消化系统症状（吞咽困难、嗳气、食欲不佳、消化不良，进食后腹痛、胃部烧灼痛、腹胀、恶心、胃部饱胀感、肠鸣、腹泻、体重减轻、便秘等）；肌肉系统症状（主要体现在肌肉酸痛、活动不灵活、肌肉经常抽动、肢体抽动、牙齿打战等）。

2. 焦虑的心理危害

焦虑的心理危害主要以焦虑情绪体验为主要特征，在病理上呈现为焦虑症。一般可分为慢性焦虑（广泛性焦虑）和急性焦虑发作（惊恐障碍）两种形式。慢性焦虑表现为无明确客观对象的紧张担心，患者感觉自己处于一种紧张不安、提心吊胆，恐惧、害怕、忧虑的内心体验中。如焦虑严重程度与客观事实或处境明显不符，或持续时间过长，则可能为病理性的焦虑。具体而言，焦虑心境与体验主要表现为以下几个方面：（1）过分机警：焦虑症患者无时无刻不处在警惕状态，严重者导致失眠，并对生产生活产生极大影响。（2）无来由的担心。担心、担忧，感到有最坏的事情将要发生，容易被激惹，且对未来产生无来由的、过度的、长久的、模糊的焦虑和担心。（3）基于焦虑而过度顺从或恐惧。

① 李维新：《玩手机会诱发腰椎间盘突出吗？》，寻医问药专家网，获取地址：http://z.xywy.com/doc/liweixindr/wenzhang/83—64824.htm，发布时间：2015年7月31日。
② 中国政府门户网站：《专家提醒：八类人不适宜长时间使用手机》，获取地址：http://www.gov.cn/fwxx/jk/2005—12/23/content_135005.htm，发布时间：2005年12月23日。

焦虑情绪还有可能激发退缩、过度顺从，过度焦虑，导致高度敏感、自卑、自我评价过低、依赖心重、做事犹豫不决、恐惧、害怕等。（4）紧张感。这一情绪体验主要表现为过度的紧张感、易疲劳、不能放松，情绪反应，易哭、颤抖、感到不安害怕：害怕黑暗、陌生人、一人独处、动物、乘车或旅行及人多的场合。如焦虑情绪进一步发展将导致抑郁心境的产生，从而形成丧失兴趣、对以往爱好的事务缺乏快感、忧郁、早醒、昼重夜轻等现象，并由此引发人格异化、抑郁症、精神分裂症等病症。

3. 焦虑的社会危害

（1）恶性暴力事件的滋生

社交媒体的高自由度、便携性、互动性、联通性为青年群体提供了前所未有的信息便利。这一方面为拓展青年群体的知识面与认知能力、社会化水平带来积极作用，但是另一方面，不当的社交媒体使用也成为滋生暴力犯罪、阻碍青年健康成长的重要诱因。据《华盛顿邮报》消息，进入 2018 年以来，伦敦便凶案连连、青少年持械行凶现象更是呈现激增态势。有分析认为，青少年暴力犯罪飙升的背后拥有系列复杂成因，但社交媒体扮演着"催化剂"的作用。伦敦警察局局长迪克在接受英国《泰晤士报》采访时表示，社交媒体在青少年暴力犯罪中起到了推波助澜的作用，相当一部分案件的起因仅仅因为"一言不合"，如果当事人通过社交媒体向对方发布侮辱、威胁性言论，事情就很容易闹大。他举例称，英国两伙敌对帮派前不久在视频网站 YouTube 上互相讥讽、诋毁，最终导致一名年仅 15 岁的受害者当街被人砍死。同时，社交媒体还为一些倡导暴力文化的"网红"提供了平台。据英国《每日电讯报》称，Instagram 上就有类似的"枪支文化爱好者群"，关注者高达数万，频道主播会定期发布各种"不良内容"，如展示各种枪支武器、侮辱诋毁教师等群体。英国《每日邮报》称，伦敦一些帮派或不良组织还利用社交媒体组织骇人听闻的"砍人游戏"，其中最小的参与者年仅 9 岁。据前帮派成员对媒体透露，这种游戏拥有一套"声望系统"，"犯的事越大、声望越高，手下的追随者就越多"[①]。社交媒体一定意义上成为助长这种歪风邪气与暴力行为的重要帮凶。

另一份由针对犯罪问题的非营利组织芝加哥犯罪协会（Chicago Crime Commission）发布的新报告中指出，社交媒体已经改变了美国帮派。报告指出，

---

① 《社交媒体成伦敦凶案"催化剂"，"一言不合"就引发矛盾》，搜狐网，获取地址：http://www.sohu.com/a/227631882_162522，发布时间：2018 年 4 月 9 日。

现在的美国黑帮不再像以前一样到处涂鸦、街头挑衅，现在都转战到网络，在各类社交媒体上传他们喊话的视频。"你根本用不着向谁发起斗殴挑战，连短信都不用发。一切都在网上'实况直播'。"据芝加哥郊区西塞罗的警方称，70%的帮派冲突都源自社交媒体上的冲突。协会顾问安德鲁·海宁称，"社交媒体已经成了暴力的催化剂、促进剂。而这样的催化和促进作用带来了现实的后果：年轻人的生命因此被夺走。"[①] 由于社交媒体接触门槛极低，信息监管不力，这使得社交平台上充斥着各类色情、暴力、暗黑信息，不断地挑战着青年们的生理与心理防线，在缺乏正确引导与把控的情况下，对于身心尚未完全成熟、价值观尚未完善的当代大学生而言，极易出现各类消极、犯罪心理与行为。

（2）影响并阻碍当代大学生青年精神、能力的培养与塑造

学者曹博林曾提出，随着传播内容自由度不断扩大，传播主体和渠道趋向多元化，注意力资源稀缺已成为不可忽视的问题。而社交媒体上的海量信息轰炸，使得个体受众的注意力和承载力面临严峻考验，进而影响到个体的信息驾驭能力、信息消化能力乃至理性判断能力。从而妨碍了科普信息的传播深度[②]。然而，社交媒体之上过度碎片化、娱乐化的超载信息带来的负面影响并不止于此，在当前的高校一线教学实践中频频出现的：学生对理论学习不感兴趣、上课电脑手机刷成一片、毕业前夕依然缺乏论文写作基本能力的现实已成为广大高校教师的共通体验与苦楚。通过一番了解便可知，时刻游走在社交媒体上各类美好的图像、完美的身体、完美的妆容、完美的面孔之间，沉溺在各类虚拟的镜像与符号、肤浅的娱乐信息、游戏及社交与消费之中无法自拔已成为当代大学生生活与精神状态的真实写照。但是，看似自由的情境并未带来持久的自由与快感，由过度的信息带来的认知麻痹与肤浅甚至"毒化"阅读、过剩的娱乐与商业导向、信息茧房效应造成的认知广度与深度匮乏、对社交媒体的过度依赖引发的主体性丧失等现象逐渐成为大学生焦虑、沮丧、抑郁的重要来源。然而，大学乃国之重器，着力培养勤奋学习、善于思索、勇于创新、不畏艰难、艰苦奋斗的青年精神，以及全面的知识点与广泛的兴趣爱好、深入的理论分析能力、完善的实践与创新能力、良好的沟通能力才应当成为新时期大学教育追求不懈

---

① 红星深度：《社交媒体时代美国黑帮网上犯罪，警察监控可疑帮派，年龄最小 10 岁》，获取地址：http://baijiahao.baidu.com/s?id=1603794918859225004&wfr=spider&for=pc 2018-06-20，发布时间：2018 年 6 月 20 日。

② 曹博林：《社交媒体：概念、发展历程、特征与未来——兼谈当下对社交媒体认识的模糊之处》，《湖南广播电视大学学报》，2011 年第 3 期，第 65—69 页。

的教育培养目标与宗旨。社交媒体的使用失当与焦虑现象，已成为影响并阻碍当代大学生青年精神、能力培养与塑造的重要成因。

第三章　大陆大学生社交媒体使用
焦虑心理与行为研究

　　本研究通过量化与质化相结合的研究思路，采取问卷调查与深度访谈相结合的研究方法，对两岸大学生社交媒体使用焦虑心理和行为进行了综合考察与研究。在大陆大学生社交媒体使用部分，主要分为大陆大学生社交媒体使用焦虑特征与影响机制研究，裂变、反噬与迷失——"玩乐劳动"视角下青年社交媒介使用异化行为，社交媒体时代青年拼贴文化背后的焦虑、补偿与成因——以大学生"朋克养生"现象为例三个小节，研究旨在从普遍性、特殊性与代表性三个维度对两岸大学生社交媒体使用焦虑心理及行为进行探讨。

第一节　大陆大学生社交媒体使用焦虑特征与影响机制研究

　　社交媒体用户焦虑情绪是随着社交媒体对社会生活的深度嵌入产生的一种社会现象，其不仅改变了人们的生活与社交方式，同时也加剧了社交媒体用户的焦虑情绪[1]，索尔福德大学对 298 名社交媒体用户进行调查显示：50% 的受测者表示社交媒体使他们的生活变得更糟糕，66% 的人表示在使用社交媒体之后难以放松或入睡，出现焦虑的症状[2]。随着我国移动互联网的发展、智能手机的普及以及各种社交网络平台的拓展，人们对社交媒体的依赖程度持续加深，大学生作为更容易接受和享受新鲜事物的群体，其对社交媒体的使用依赖尤为突

---

[1]　刘鲁川、张冰倩、李旭：《社交媒体用户焦虑和潜水行为成因及与信息隐私关注的关系》，《情报资料工作》，2018 第 5 期，第 74—82 页。

[2]　《研究发现社交媒体上瘾和吸毒类似》，199IT 中文互联网数据资讯中心，获取地址：http://www.199it.com/archives/208337.html，发布时间：2014 年 4 月 8 日。

出①。中国互联网络信息中心发布的《中国互联网络发展状况统计报告》显示，早在2014年，我国网民中微博的使用率就已达到43.6%，其他社交媒体的使用率为60.3%，达到3.81亿人次，其中学生群体占比达到25.1%，是网民中最大的群体。社交媒体使用在极大地拓展大学生生活空间与社交范围的同时，其无节制使用也带来了一系列负面影响，许多大学生过度依赖沉迷于社交媒体，甚至出现一定程度上的成瘾特征，包括强迫性地重复查看、戒断焦虑等，这种情况发展到一定程度，可能会显著影响部分大学生的正常学习和生活。

在网络信息时代，依赖性是用户信息行为的重要驱动力，其会导致用户在具体行为表现上的反复，譬如反复查看手机、频繁登录社交媒体等。Vanden Abeele M等提出青少年的错失焦虑(FoMO)可能导致其产生社交媒体的重度依赖甚至成瘾②，可见社交媒体依赖程度与社交媒体焦虑高度相关，在考察社交媒体用户的焦虑问题时，无法绕过对于社交媒体依赖的讨论。

值得注意的是，社交媒体用户的使用焦虑不仅仅来自于移动互联网络以及社交媒体平台自身的系统特性，同时也和用户的个人特征相关，如个体人格特质、情绪状态等。有文献研究表明，神经质人格的学生相对于其他类型人格具有更强的社交媒体错失焦虑③；同时，对于社交媒体的使用也会很大程度上影响用户的焦虑状态，丘文福等④的研究表明社交媒体的使用或通过上行社会比较的中介对大学生的焦虑情绪产生影响。根据英国皇家公共卫生学院2010年发布的《社交媒体与年轻人精神健康报告》显示，在其调查的16—24岁社交媒体用户中，91%的受测者在获得更多情感支持时也导致睡眠缺乏和焦虑症状的出现，可见社交媒体的使用和依赖即可能引致焦虑，同时也可能被用户的焦虑情绪或特质所引致。

就目前来看，对于社交媒体环境下用户焦虑的研究尚处于起步阶段，相关研究数量较为有限，一个重要的问题是，学界对于"社交媒体用户焦虑"这一概念，目前并没有一个权威性的界定，导致相关文献研究所使用的概念与测量

---

① 吴祖宏：《大学生手机社交媒体依赖的问卷编制及特点研究》，重庆：西南大学硕士论文，2014年。

② Vanden Abeele M, Van R T, "Fear of Missing Out(FoMO) as a predictor of problematic social media use among teenagers", Proceedings of International Conference on Behavioral Addictions, Geneva:March, 2016.

③ 江云霞：《微信用户的人格特质与错失焦虑症关系研究》，南昌：南昌大学硕士论文，2018年。

④ 丘文福、林谷洋、叶一舵等：《社交媒体使用对大学生焦虑的影响：上行社会比较和心理资本的序列中介作用》，《中国特殊教育》，2017年第8期，第88—92页。

方式各自迥异：部分学者将社交媒体焦虑界定为个体焦虑情绪和状态在特定情境下的体现，基于医学以及心理学领域传统的焦虑测量量表对其进行研究，如刘鲁川等结合了感知风险与社会比较因素，量化分析了社交媒体用户焦虑与潜水行为的成因；而更多的国内学者则将视野投向社交媒体环境下的用户错失焦虑上，赵宇翔等将社交媒体环境下的错失焦虑（FoMO）界定为：当人们借助各种智能终端进行信息浏览、搜索与社交时，若因为某些原因无法连接，则会在潜意识或心理层面产生不同程度的焦虑情绪，包括不安、烦躁、恐慌等等，就此界定来看，社交媒体环境下的错失焦虑（FoMO）与社交媒体依赖密切相关，呈现一定强迫性、戒断性倾向，并且体现出焦虑症状的重要表征。

当然，社交媒体环境下用户焦虑是一个综合性的复杂问题，错失焦虑(FoMO)是其中的一个重要维度。在传播学、情报学以及信息技术相关研究领域，已有文献关于用户焦虑的考察涉及"计算机焦虑""信息焦虑"与"技术焦虑"三个方面。随着智能手机以及移动互联网的普及，手机替代计算机成为人们的主要信息处理工具，在一般性用户中，"计算机焦虑"与"技术焦虑"的影响开始逐步淡化，而面对信息高度冗余所带来的"信息焦虑"成为用户焦虑的主要来源。当然，错失焦虑与前述"计算机焦虑"及"技术焦虑"具有截然不同的特质，后两者主要发生在工作环境中，而社交媒体用户的错失焦虑情绪更多体现在日常生活使用中以追求更好的使用体验与正面情绪为主要目的（孙凯，2015）；从信息源上看，社交媒体的"自媒体"属性使得信息来源获得极大拓展，同时也使信息流向更加多元。但是在用户时间日趋碎片化的现代生活节奏下，过度冗余的信息会强化用户的信息强迫心理，导致用户在主动或被动接收信息时，产生认知上的信息错失担忧，从而形成心理乃至生理上的焦虑症状。显然，在精神表现与躯体症状上，社交媒体焦虑与一般意义上的焦虑并无根本区别，但在形成机制与触发场景方面存在其独有特征，这种特征源于两个方面的矛盾，其一是社交媒体信息高度冗余与用户信息处理能力有限之间的矛盾；其二是社交媒体深度依赖与用户时间碎片化之间的矛盾。

就目前来看，在用户焦虑情绪的特征描述、焦虑成因及影响方面已有了一些研究成果，但对于社交媒体环境下用户焦虑的界定、测量、机制与影响因素等方面，则还远未形成一个较为完整的研究框架，这在很大程度上源于学界对于社交媒体用户焦虑的认知尚未形成共识。一方面，社交媒体环境下用户焦虑具有与一般性焦虑基本相近的精神与躯体表征；同时，社交媒体下的用户焦虑的形成机制与影响因素则与用户因"害怕错过"而形成的"信息强迫"高度相关。考虑到社交媒体焦虑的成因较为复杂，并不局限用户自身，而是综合了信息焦虑、错失焦虑，用户人格、情绪特征等方面形成的一种焦虑情绪[1]，因此，本研究将社交媒体用户焦虑界定为用户在使用社交媒体过程中，随着依赖程度的加深，因社交媒体独特属性、用户个体特征、社会网络关系等多方面因素复合作用，形成的焦虑情绪或症状。

此外，考虑社交媒体依赖与焦虑之间的关联，以及用户人格、情绪状态与社交媒体 FoMO 之间的相关性，本研究试图建议一个综合性的研究框架：将用户个体焦虑状态（使用 HAMA 与 SAS 综合量表测量）与社交媒体错失焦虑（FoMO）进行关联，并与社交媒体依赖相结合，形成一个综合社交媒体错失焦虑—社交媒体依赖—个体焦虑与行为三者的分析框架，用以考察在社交媒体环境下，用户焦虑的构成特征、内在机制，并结合其他个体特征变量，探讨不同特征大学生在社交媒体使用中的焦虑状态差异。在此研究框架下，本章基于大陆大学生样本，采用合理测量手段，量化分析大学生社交媒体使用状况、依赖程度以及焦虑个体之间的关系，并试图提出针对性的改善对策，以引导大学生正确的社交媒体使用观念与习惯。

根据前述设计修订的社交媒体依赖、焦虑状态以及社交媒体 FoMO 量表，我们在福建省华侨大学（泉州校区与厦门校区）、厦门大学、泉州师范学院、厦门理工学院以及台湾地区的辅仁大学、淡江大学、世新大学、暨南国际大学投放正式问卷，问卷投放采用配额抽样＋自愿样本方法，网络问卷调研与实地问卷投放[2] 相结合，共回收有效问卷 702 份，其中大陆问卷 425 份。通过问卷调研，我们掌握了受测大学生的基本人口学信息和社交媒体使用状况（使用偏好、时长、频率等），同时也掌握了其社交媒体依赖、个体焦虑以及社交媒体 FoMO 相关数据，以此为基础进行实证分析，研究内容安排如下：

（1）大陆大学生社交媒体使用现状：基于大陆大学生样本，考察大学生社交媒体的使用情况如何，包括使用偏好、频率、时长等方面。

（2）大陆大学生社交媒体依赖与焦虑程度测量：基于前文编制的社交媒体依赖、用户焦虑以及 FoMO 测量量表，考察大陆大学生社交媒体依赖以及焦虑

---

① 宋伟：《微博用户的情绪焦虑及其应对》，《新闻传播》，2013 年第 5 期，第 36 页。

② 台湾大学生问卷样本主要通过实地问卷调研的方式，委托部分赴台湾高校交流的同学现场发放问卷。

的程度。并结合性别、年级、使用频率等分组调节变量进行分析。

（3）大陆大学生社交媒体焦虑的影响机制分析：基于相关以及回归分析，对大学生社交媒体依赖的内在机制与影响因素进行考察。

一、大陆大学生社交媒体使用概况

为了解大陆大学生社交媒体使用情况，本研究正式问卷中设置了关于社交媒体使用频率、次数以及偏好的题项，并且统计了受测者的个人特征，基于大陆的 425 份正式有效问卷，统计情况见表 3-1：

表 3-1　大陆样本个人特征统计

特征	组别	样本数	百分比	累计百分比
性别	男	197	46.4%	46.4%
	女	228	53.6%	100%
年级	大一	42	9.9%	9.9%
	大二	174	41.0%	50.9%
	大三	93	21.9%	72.8%
	大四	75	17.7%	90.5%
	硕士在读	39	9.2%	99.6%
	博士在读	2	0.4%	100.0%
年龄	16—25 岁	381	89.65%	89.65%
	26—30 岁	33	7.76%	97.41%
	31—40 岁	9	2.12%	99.53%
	41—50 岁	2	0.47%	100%

如表 3-1 所示，在我们搜集的大陆大学生样本中，男性 197 名，女性 228 名，女性人数略高于男性。就样本年级构成来看，大二学生在样本中所占比重最高为 41.0%，其后是大三（21.9%）、大四（17.7%）和大一（9.9%），我们的样本中也有少量的硕士（9.2%）和两名博士样本，考虑对于大学生的定义是在各类高等学校注册入学并接受高等学校大学教育直至毕业的群体，或指在高等学校读书的学生[①]，基于这一界定，则硕士和博士也属于大学生的范畴，故并没

[①] 根据在线《汉语字典》，大学生，指在高等学校读书的学生。大学：主要培养本科生，有的还培养大专生或研究生。故硕士与博士在读研究生也应被归属到大学生样本中。

有在样本中予以排除。当然，硕博士样本也可以有效反映较高学历大学生人群的社交媒体使用及焦虑状况特征。

表 3-2 显示了大陆大学生样本的社交媒体使用频次，在 425 名受测者中，选择"每天 10 次以上"以上的人数最高，达到 329 名（占比 77.41%），"每天 5—10 次"的样本 76 名，这两项加总之后达到大陆大学生样本的 95.29%。

表3-2　大陆大学生社交媒体使用频度

使用频次	样本数	百分比
每天 10 次以上	329	77.41%
每天 5—10 次	76	17.88%
每天 3—4 次	16	3.76%
每天 1—2 次	4	0.94%
合计	425	100.0%

就表 3-3 所示大陆大学生样本社交媒体使用时长情况来看，"每天 1 小时以下"以及"每天 1—2 小时"的大学生仅占样本总量的 16.71%，大部分大陆大学生使用时长达到每天 2 小时以上。其中，接近 50%（47.06%）的大陆大学生样本社交媒体使用时长为"每天 2—5 个小时"，28.00% 的大陆样本使用时长达到"每天 5—8 个小时"，8.24% 的样本使用时长甚至达到每天 8 小时以上，合计 36.24% 的大陆大学生社交媒体使用时长在每天 5 小时以上。

表3-3　大陆大学生社交媒体每日使用时长

使用时长	样本数	百分比
每天 1 小时以下	9	2.12%
每天 1—2 小时	62	14.59%
每天 2—5 小时	200	47.06%
每天 5—8 小时	119	28.00%
每天 8 小时以上	35	8.24%
合计	425	100.00%

考虑到社交媒体使用与大学生学习及生活的时间分配相关，而不同年级大学生自我管理能力以及学业压力存在差异，故我们将大陆大学生社交媒体使用

时长与年级两个变量进行交叉分析，得到表 3-4 所示结果：

表 3-4　大陆大学生所在年级与社交媒体使用时长交叉分析表

组别	分布	年级						合计
		大一	大二	大三	大四	硕士	博士	
每天 1 小时以下	频数	1	0	0	4	1	0	6
	行百分比	16.7%	0.0%	0.0%	66.7%	16.7%	0.0%	100.0%
	列百分比	3.6%	0.0%	0.0%	8.0%	3.8%	0.0%	2.1%
每天 1—2 小时	频数	3	18	9	6	5	0	41
	行百分比	7.3%	43.9%	22.0%	14.6%	12.2%	0.0%	100.0%
	列百分比	10.7%	15.5%	14.5%	12.0%	19.2%	.0%	14.5%
每天 2—5 小时	频数	17	58	25	21	11	1	133
	行百分比	12.8%	43.6%	18.8%	15.8%	8.3%	0.8%	100.0%
	列百分比	60.7%	50.0%	40.3%	42.0%	42.3%	100.0%	47.0%
每天 5—8 小时	频数	6	29	22	16	6	0	79
	行百分比	7.6%	36.7%	27.8%	20.3%	7.6%	0.0%	100.0%
	列百分比	21.4%	25.0%	35.5%	32.0%	23.1%	0.0%	27.9%
每天 8 小时以上	频数	1	11	6	3	3	0	24
	行百分比	4.2%	45.8%	25.0%	12.5%	12.5%	0.0%	100.0%
	列百分比	3.6%	9.5%	9.7%	6.0%	11.5%	0.0%	8.5%
合计	频数	28	116	62	50	26	1	283
	行百分比	9.9%	41.0%	21.9%	17.7%	9.2%	0.4%	100%
	列百分比	100%	100%	100%	100%	100%	100%	100%

由表 3-4 可以看出，除了社交媒体使用时长"每天 1 小时以下"组别样本较少，不具代表性之外，在社交媒体使用"每天 1—2 小时"、"每天 2—5 小时"、"每天 5—8 小时"、"每天 8 小时以上"五个组别中，大二年级样本均具有相对其他年级最高的频数，在上述 4 个使用时长组别中，均呈现"大一较少"——"大二剧增至峰值"——"其后随年级上升持续减少"的右偏分布特征。

从图 3-1 也可明显看出，大二年级样本在各个社交媒体使用时长组别分布数量均为最高。

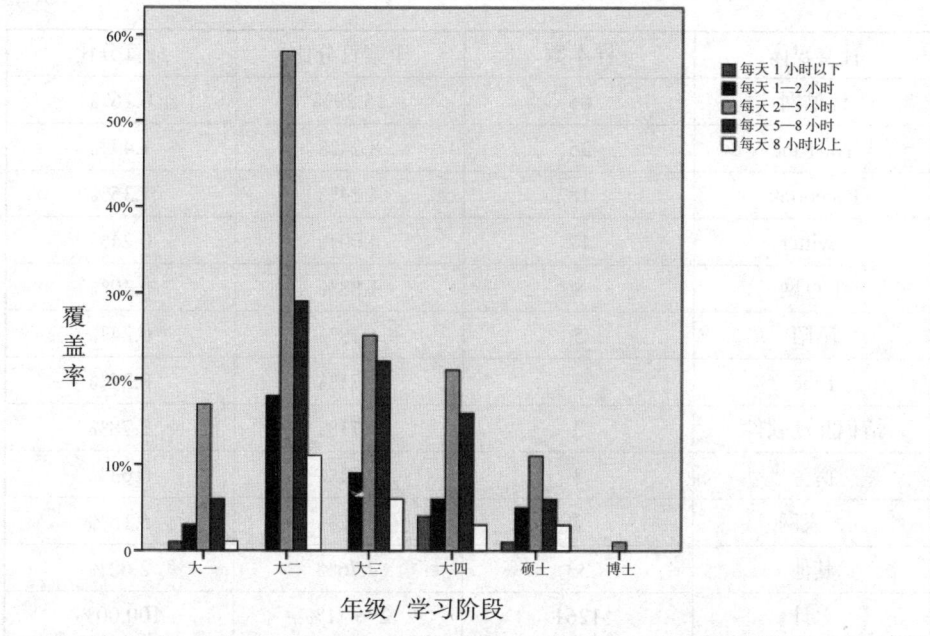

图 3-1 大陆大学生不同年级样本社交媒体使用时间分布

在正式问卷中，我们设置了"您经常使用的社交媒体有哪些？"的多选题项以了解大学生群体社交媒体的使用偏好。如表 3-5 所示，在大陆大学生中，使用最广的社交媒体是微信，个案百分比 100%，即所有受测者回答中均包括微信；微博使用广泛程度列在第 2 位，329 位受访者选择，个案百分比 77.4%；QQ 列在第 3 位，共 315 位受访者选择，个案百分比为 74.12%，排名在之后的社交媒体与前 3 位有很大差距，当然，YouTube、Facebook、Twitter、Line 等社交媒体的使用与国内网络限制有关，但显而易见的结论是：在大陆大学生群体中，微信、微博、QQ 以绝对的优势领先于其他应用，三者的被选择次数占到所有选项的 84.77%。

表 3-5 大陆大学生个体社交媒体使用选择（多选）

社交媒体	样本数	个案百分比	总百分比
微信	425	100.00%	33.70%
微博	329	77.41%	26.09%
QQ	315	74.12%	24.98%

社交媒体	样本数	个案百分比	总百分比
优酷网	65	15.29%	0.16%
YouTube	35	8.24%	1.43%
Facebook	18	4.24%	1.35%
Twitter	17	4.00%	0.24%
土豆网	8	1.88%	0.40%
陌陌	5	1.18%	0.24%
Line	3	0.71%	0.24%
情侣互动软件	3	0.71%	2.78%
街旁	3	0.71%	0.63%
人人网	2	0.47%	5.15%
其他	33	7.76%	2.62%
总计	1261	296.71%	100.00%

注：个案百分比是受访者中选择该项的比例，总百分比是该项在所有项目选择次数中所占比例，下同。

表 3-6 列示了大陆大学生社交媒体关注内容的情况，就本研究样本来看，关注人数最高的是娱乐内容，339 人选择，个案百分比达到 79.76%，在娱乐内容之后，选择人数最多的分别是社会新闻（78.35%）、时尚（44.24%）、旅游（40.24%）、读书（29.41%）、游戏（23.76%）、教育（21.18%）、体育（19.06%）、科技（16.71%）、财经（16.71%）。

表 3-6　大陆大学生社交媒体关注内容（多选）

关注内容	样本数	个案百分比	总百分比
娱乐	339	79.76%	21.47%
社会新闻	333	78.35%	21.09%
时尚	188	44.24%	11.91%
旅游	171	40.24%	10.83%
读书	125	29.41%	7.92%
游戏	101	23.76%	6.40%

续表

关注内容	样本数	个案百分比	总百分比
教育	90	21.18%	5.70%
体育	81	19.06%	5.13%
科技	71	16.71%	4.50%
财经	54	12.71%	3.42%
其他	26	6.12%	1.65%
总计	1579	371.53%	100.00%

二、大陆大学生社交媒体使用焦虑各维度测量与分析

对社交媒体用户焦虑的探讨不可能脱离依赖程度进行单方面考察，本研究基于第一章编制与修订的社交媒体用户 FoMO、社交媒体依赖以及焦虑测量量表，试图结合社交媒体依赖程度，对受测者社交媒体 FoMO 程度以及自身焦虑水平进行对照分析，以揭示大陆大学生社交媒体使用焦虑的程度、特征及影响机制。

需要说明的是，本研究涉及的社交媒体 FoMO、个体焦虑、社交媒体依赖测量均系受测者主观感受和体验，采用 5 点量表形式，尽管在问卷设计时采用了随机分布，在施测时采用匿名填写，但仍存在共同方法偏差可能。因此，我们采用 Harman 单因子检验法，通过将问卷所有题项一起进行因子分析，以了解共同方法偏差影响的程度。通过分析可以看出，本研究所用题项共提取出 10 个因子载荷大于 1 的因子，其中单个因子最大解释率为 22.63%，远小于 50% 的阈值，故可以认为本研究共同方差偏差影响不大。

1. 大陆大学生社交媒体错失焦虑（FoMO）程度测量及分析

（1）大陆大学生社交媒体错失焦虑（FoMO）测量结果

基于前文修订的社交媒体 FoMO 量表（共 13 个题项，李克特 5 点量表计分），我们对 425 名大陆大学生样本的社交媒体 FoMO 程度进行测量，并计算 FoMO 量表各题项总分，描述性统计如下：

表 3-7 大陆大学生 FoMO 测量总分描述性统计

统计指标	统计值	标准误
均值	44.133	0.470
5% 修整均值	44.257	—
中位数	44.500	—
方差	62.419	—
标准差	7.901	—
极小值	15.00	—
极大值	65.00	—
全距	50.00	—
四分位差	8.50	—
偏度	-0.339	0.145
峰度	0.959	0.289

就表 3-7 来看，大陆大学生社交媒体错失焦虑测量的样本平均分为 44.133，题项平均分为 3.394，在 5 点量表中处于中等偏上水平。可以估算大陆大学生社交媒体 FoMO 测量评分 95% 置信水平区间为 43.208—45.057。FoMO 测量总分呈现左偏分布；峰度为 0.959，呈现尖峰分布。

由于本文样本并非正态分布，故借鉴网络成瘾量表的界限划分方法，首先结算 FoMO 调查题项总分，然后用最高分减去最低分得到全距，再将全距评分为 5 等份，从得分最低段到最高段分别界定为：无明显 FoMO、轻度 FoMO、中度 FoMO、较强 FoMO、重度 FoMO 共 5 个等级。大陆大学生样本调查 FoMO 总分最高为 65 分，最低为 13 分，全距为 52，我们将其平分为 13—23 分、23—34 分、34—44 分、44—55 分、55—65 分①共 5 组，统计后如下表所示：

表 3-8 大陆大学生社交媒体使用错失焦虑程度分布

分数区间	FoMO 程度	人数	百分比
13—23	无明显 FoMO	6	1.41%
23—34	轻度 FoMO	33	7.76%

---

① 根据"上组限不计入"原则，分组之间重合的组限归入下一组，即在"13—23 分""23—34 分"，23 分归属于"23—34 分"组，下文同类分析也采用相同处理。

续表

分数区间	FoMO 程度	人数	百分比
34—44	中度 FoMO	173	40.71%
44—55	较强 FoMO	179	42.12%
55—65	重度 FoMO	34	8.00%

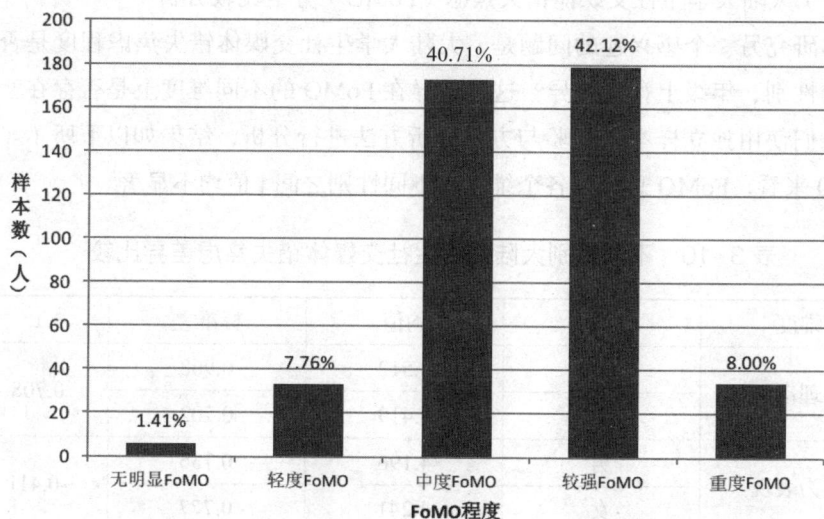

图 3-2 大陆大学生社交媒体 FoMO 程度分布图

由表 3-8 可以看出，在大陆大学生样本中，无明显 FoMO 的人数所占比例最低，仅占 1.41%；轻度社交媒体 FoMO 的人数为 33 人，占比 7.76%；比例最高为较强 FoMO 程度样本，人数达到 179，占比 42.12%；其次是中等 FoMO 程度 173 人，占比 40.71%；重度 FoMO 的大学生样本仅占 8%。

表 3-9 大陆大学生社交媒体错失焦虑各维度评分均值描述统计

社交媒体 FoMO 因素	样本量	最小值	最大值	均值	标准差
心理动机	425	1	5	3.440	0.768
行为表现	425	1	5	4.231	0.767
情感映射	425	1	5	2.753	0.899
信息焦虑	425	1	5	3.141	0.887

151

就大陆大学生社交媒体错失焦虑的各个维度均值来看，行为表现维度均值最高，达到4.231分，这表明习惯性查看、生活嵌入等错失焦虑行为在大陆大学生中表现最为明显，其后是心理动机维度（3.440分）、信息焦虑维度（3.141分），情感映射维度均分最低（2.753分），表明大陆大学生社交媒体使用中的情感投射效应并不强烈。

（2）大陆大学生社交媒体错失焦虑（FoMO）分组比较分析

本研究另一个感兴趣的问题是，大陆大学生社交媒体错失焦虑程度是否在不同的性别、年级上存在差异？这种差异在FoMO的不同维度上是否存在？因此，我们使用独立样本T检验与方差分析方法进行分析，结果如以下所示。就表3-10来看，FoMO总分及各个维度在不同性别之间t值均不显著。

表3-10　不同性别大陆大学生社交媒体错失焦虑差异比较

维度	性别	均值	标准差	t
心理动机	男	3.512	0.968	0.708
	女	3.419	0.702	
行为表现	男	4.196	0.735	-0.411
	女	4.241	0.777	
情感映射	男	2.878	1.063	1.110
	女	2.717	0.846	
信息焦虑	男	3.220	1.011	0.800
	女	3.118	0.849	
社交媒体FoMO（总分）	男	44.929	9.634	0.907
	女	43.905	7.339	

表3-11列示了大陆大学生不同年级社交媒体错失焦虑程度的方差分析结果，可以看出在心理动机维度，不同年级得分存在显著差异，表现为硕士得分显著小于本科（大一、大二、大三、大四），但在本科阶段各年级内部差异并不明显；在行为表现、情感映射以及信息焦虑三个维度，大陆大学生样本得分在不同年级间并未表现出显著差异。就社交媒体错失焦虑（FoMO）总分来看，尽管总体差异的F检验并未达到显著标准，但两两比较结果显示，硕士社交媒体FoMO得分与大二、大三、大四均存在差异，与大一水平基本相同。总体而言，在本科4个年级中，社交媒体错失焦虑的总分以及各维度得分差异并不明显。

表 3-11　不同年级大陆大学生社交媒体错失焦虑方差分析①

维度	年级	均值	标准差	F	两两比较
心理动机	大一	3.402	1.026	2.771** (0.028)	硕士＜大一、大二、大三、大四
	大二	3.491	0.699		
	大三	3.532	0.799		
	大四	3.470	0.664		
	硕士	2.981	0.774		
行为表现	大一	4.119	0.760	0.512 (0.727)	—
	大二	4.224	0.777		
	大三	4.333	0.805		
	大四	4.167	0.735		
	硕士	4.244	0.728		
情感映射	大一	2.702	0.962	0.851 (0.494)	—
	大二	2.842	0.833		
	大三	2.731	0.937		
	大四	2.713	0.886		
	硕士	2.500	1.051		
信息焦虑	大一	2.911	1.075	0.798 (0.527)	—
	大二	3.200	0.862		
	大三	3.180	0.846		
	大四	3.177	0.829		
	硕士	3.006	0.977		
社交媒体错失焦虑（总分）	大一	42.804	10.372	1.432 (0.223)	硕士＜大二 硕士＜大三 硕士＜大四
	大二	44.763	7.109		
	大三	44.863	8.133		
	大四	44.050	7.663		
	硕士	41.173	8.042		

注：括号中为 F 检验的 P 值，* 表示在 10% 水平上统计显著，** 表示在 5% 水平上统计显著，*** 表示在 1% 水平上统计显著。

① 由于大陆大学生样本中博士样本极少，无法进行方差分析，故在报表中予以剔除。

2.大陆大学生社交媒体依赖程度测量及分析

（1）大陆大学生社交媒体依赖测量结果

基于前文修订的社交媒体依赖测量量表（5个维度共15个题项，李克特5点量表计分），我们对425名大陆大学生样本的社交媒体依赖程度进行测量，计算社交媒体依赖程度总分，描述性统计如下：

表3-12 大陆大学生社交媒体依赖总分描述性统计

统计指标	统计值	标准误
均值	51.799	0.577
5%修整均值	51.966	—
中位数	52.500	—
方差	94.325	—
标准差	9.712	—
极小值	19.000	—
极大值	75.000	—
全距	56.000	—
四分位差	12.500	—
偏度	(0.319)	0.145
峰度	0.770	0.289

就表3-12来看，大陆大学生社交媒体依赖总分的样本平均分为51.799，题项平均分为3.453，考虑测量量表为5点李克特量表，这一均分处于中等偏上水平。可以估算，大陆大学生社交媒体依赖测量总分95%的置信水平区间为（50.662，52.935）。社交媒体依赖总分值呈现轻度的右偏分布；峰度为0.770，呈现尖峰分布。

大陆大学生社交媒体依赖测量的总分最高为75，最低总分为19，全距为56，按照前述方法，将全距分为5等份，从总分最低段到最高段分别界定为：无明显依赖、轻度依赖、中度依赖、较强依赖、重度依赖5个等级，各分数段分别为：19—30分、30—41分、41—53分、53—64分、64—75分，各分数等级统计后如下：

表3-13　大陆大学生社交媒体依赖程度分布

分数区间	依赖程度	人数	百分比
19—30	无明显依赖	11	2.59%
30—41	轻度依赖	40	9.41%
41—53	中度依赖	170	40.00%
53—64	较强依赖	167	39.29%
64—75	重度依赖	37	8.71%

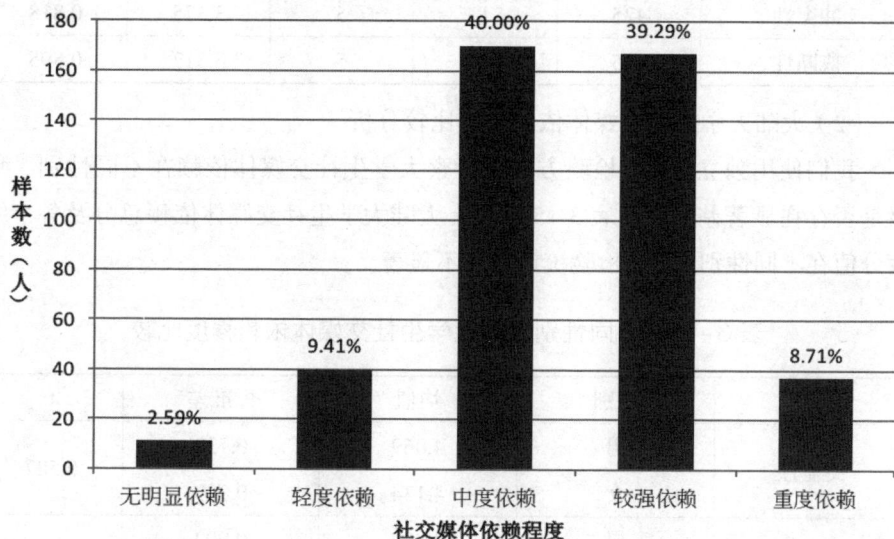

图3-3　大陆大学生社交媒体依赖程度分布图

由表3-13可以看出，在大陆大学生样本中，无明显社交媒体依赖的人数所占比例最低，仅占2.59%；轻度依赖的人数为40人，占比9.41%；比例最高的为中度依赖程度，人数达到170，占比40%；其次是较强依赖程度167人，占比39.29%；重度依赖大学生样本37人，占比8.71%。可以看出，大陆大学生样本多数均分布于中度依赖与较强依赖水平，两者合并占比接近80%。无明显依赖以及轻度依赖的大学生仅占12%左右。

就大陆大学生社交媒体依赖的各个维度均值来看，突显性维度均值最高，达到4.120分，说明使用社交媒体已经成为大学生学习生活中的常态；排在其后分别是冲突性维度3.375分、社交强化维度3.330分、戒断性维度3.317分和

155

强迫性维度 3.125 分，这 4 个维度平均分均在中值 3 以上，其间差距不大。

表 3-14　大陆大学生社交媒体依赖各维度评分均值描述统计

社交媒体依赖因子	样本量	最小值	最大值	均值	标准差
突显性	425	1	5	4.120	0.778
社交强化	425	1	5	3.330	0.804
强迫性	425	1	5	3.125	0.913
冲突性	425	1	5	3.375	0.818
戒断性	425	1	5	3.317	0.895

（2）大陆大学生社交媒体依赖分组比较分析

我们使用独立样本 t 检验方法，考察大学生社交媒体依赖在不同性别、年级是否存在显著差异。就表 3-15 来看，大陆大学生社交媒体依赖总分及各个维度分值在不同性别之间 t 检验统计量均不显著。

表 3-15　不同性别大陆大学生社交媒体依赖程度比较

维度	性别	均值	标准差	t
突显性	男	4.069	0.739	0.587
	女	4.134	0.789	
社交强化	男	3.307	0.992	-0.219
	女	3.336	0.744	
强迫性	男	3.212	1.083	0.753
	女	3.100	0.860	
冲突性	男	3.376	0.856	0.012
	女	3.374	0.809	
戒断性	男	3.368	0.978	0.505
	女	3.303	0.871	
社交媒体依赖（总分）	男	51.992	11.138	-0.179
	女	51.743	9.291	

注：* 表示在 10% 的水平上统计显著，** 表示在 5% 水平上统计显著，*** 表示在 1% 水平上统计显著。

为了解大陆大学生社交媒体依赖程度是否在不同年级存在差异，我们以年级为自变量，以社交媒体依赖总分以及各维度均分为因变量进行方差分析，结果如表3-16所示：

表3-16　不同年级大陆大学生社交媒体依赖程度方差分析 [①]

维度	年级	均值	标准差	F	两两比较
突显性	大一	4.030	0.835	0.336 (0.854)	无
	大二	4.155	0.805		
	大三	4.151	0.783		
	大四	4.100	0.706		
	硕士	4.000	0.756		
社交强化	大一	3.226	1.031	2.865** (0.024)	硕士＜大二、大三、大四
	大二	3.382	0.732		
	大三	3.495	0.741		
	大四	3.293	0.835		
	硕士	2.897	0.821		
强迫性	大一	3.000	0.985	0.345 (0.848)	无
	大二	3.144	0.848		
	大三	3.183	0.911		
	大四	3.040	0.961		
	硕士	3.192	1.080		
冲突性	大一	3.345	0.927	0.909 (0.459)	无
	大二	3.454	0.810		
	大三	3.425	0.790		
	大四	3.213	0.779		
	硕士	3.282	0.868		

[①]　由于大陆大学生样本中博士样本极少，无法进行方差分析，故在报表中予以剔除。

续表

维度	年级	均值	标准差	F	两两比较
戒断性	大一	3.173	1.085	1.919 (0.107)	硕士＜大二、大三
	大二	3.386	0.822		
	大三	3.433	0.876		
	大四	3.333	0.840		
	硕士	2.923	1.019		
社交媒体 FoMO （总分）	大一	50.321	12.239	1.288 (0.275)	无
	大二	52.565	9.196		
	大三	53.056	8.882		
	大四	50.940	9.927		
	硕士	48.885	10.311		

注：括号中为 F 检验的 P 值，* 表示在 10% 水平上统计显著，** 表示在 5% 水平上统计显著，*** 表示在 1% 水平上统计显著。

就表 3-16 来看，大陆大学生社交媒体依赖总分在各个年级之间并无显著差异，就各维度来看，突显性、强迫性、冲突性平均分值在各年级之间也无显著差异。社交强化维度平均分值在不同年级之间差异显著，但这种差异主要是硕士样本相对本科大二、大三年级分值偏低，本科 4 个年级内部的差异并不明显；尽管戒断性维度均分的 F 检验值并不显著，但两两比较显示硕士与大二、大三年级之间存在显著差异。

3. 大陆大学生个体焦虑情况测量与分析

我们在实证研究中也将社交媒体用户自身的焦虑情况作为重要变量纳入实证，并对大陆大学生自身的焦虑情绪与体感进行测量。基于前文修订的焦虑测量量表（2 个维度共 10 个题项，李克特 5 点量表计分），对 425 名大陆大学生样本的社交媒体依赖程度进行测量，计算焦虑评价总分，描述性统计如下：

表 3-17　大陆大学生个体焦虑测量总分描述性统计

统计指标	统计值	标准误
均值	22.950	0.514
5% 修整均值	22.554	—

续表

统计指标	统计值	标准误
中位数	22.000	——
方差	74.482	——
标准差	8.630	——
极小值	10.000	——
极大值	50.000	——
全距	40.000	——
四分位差	14.000	——
偏度	0.520	0.145
峰度	0.005	0.289

就表 3-17 来看，大陆大学生个体焦虑测量的样本平均分为 22.950，题项平均分为 2.295，在 5 点量表中处于中等偏低焦虑水平，但考虑受测者在填报时有隐瞒或者压低关于自身负面描述题项分数的倾向，实际的焦虑分值可能更高。可以估算大学生个体焦虑测量评分 95% 置信水平区间为 21.939—23.962；焦虑总分呈现右偏分布；峰度为 0.005，分布峰度适中。

根据我国量表协作组提供的资料：HAMA 量表采用 0、1、2、3、4 计分，总分≥29 分，可能有严重焦虑；总分≥21 分，肯定有明显焦虑；总分≥14 分，肯定有焦虑；总分超过 7 分，可能有焦虑；总分如小于 7 分，便没有焦虑症状[1]。本研究焦虑量表系根据 HAMA 与 SAS 量表进行修订，使用的是李克特 5 点量表，采用 1、2、3、4、5 计分，并且根据大学生样本的特点删减了 HAMA 与 SAS 量表的部分题项，因此评判的临界分数也应进行相应调整[2]，改为总分≥31 分，可能有严重焦虑；总分≥25 分，肯定有明显焦虑；总分≥20 分，肯定有焦虑；总分≥15 分，可能有焦虑；总分小于 15 分则认为没有焦虑症状。

基于上述调整后的焦虑评价标准，表 3-18 列示了大陆大学生样本的个体焦虑评价分布：

[1] 王纯、楚艳民、张亚林等：《汉密尔顿焦虑量表的因素研究》，《临床精神医学杂志》，2011 年第 5 期，第 299—301 页。
[2] 考虑调整后的题项由 14 项缩减到 10 项，故临界分值调整方法为：原临界分值 ×10/14+10。

表 3-18　大陆大学生个体焦虑情况分布

分数区间	焦虑等级	人数	百分比
10—15	无焦虑症状	78	18.35%
15—20	可能有焦虑	75	17.65%
20—25	肯定有焦虑	99	23.29%
25—31	肯定有明显焦虑	98	23.06%
≥ 31	可能有严重焦虑	75	17.65%

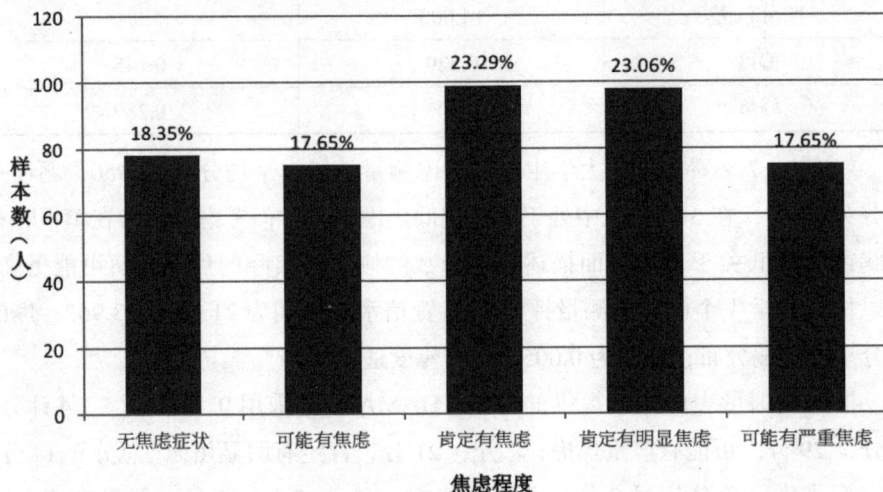

图 3-4　大陆大学生个体焦虑评价程度分布

由表 3-18 可以看出，在大陆大学生样本中，不同焦虑程度的分布相对差距不大，"肯定有焦虑"的群体占比最高，达到 23.29%；"肯定有明显焦虑"的人数也达到 98 人，占比 23.06%；"可能有严重焦虑"的大学生也不在少数，达到 75 人，占比 17.65%。

本研究修订后的测量量表也包含精神性焦虑以及躯体性焦虑两个因子维度，就大学生精神性焦虑与躯体性焦虑维度的平均得分来看，精神性焦虑维度平均分值更高，达到 2.645；躯体性焦虑平均分值（1.945）则相对较低。

表 3-19　大陆大学生个体焦虑两维度均值描述统计

维度	样本量	最小值	最大值	均值	标准差
精神性焦虑	425	1	5	2.645	0.976
躯体性焦虑	425	1	5	1.945	0.948

（2）大陆大学生焦虑状况分组比较分析

我们使用独立样本 T 检验方法，考察大陆大学生的个体焦虑在不同性别、年级是否存在显著差异。如表 3-20 所示，可以看出大陆大学生焦虑程度在不同性别之间并没有显著差异，但在躯体性焦虑维度，男性大学生测量均分要显著高于女性，表明男大学生相较女大学生具有更显著的躯体性焦虑表现。

表 3-20　不同性别大陆大学生个体焦虑程度比较

维度	性别	均值	标准差	t
精神性焦虑	男	2.684	1.038	0.351
	女	2.635	0.960	
躯体性焦虑	男	2.203	1.184	2.057**
	女	1.872	0.859	
焦虑程度（总分）	男	24.435	10.249	1.349
	女	22.532	8.094	

注：* 表示在 10% 的水平上统计显著，** 表示在 5% 水平上统计显著，*** 表示在 1% 水平上统计显著。

为了解大陆大学生个体焦虑程度在不同年级是否存在差异，我们以年级为自变量，以焦虑测量总分以及各维度均分为因变量进行方差分析，就表 3-21 来看，大陆大学生焦虑程度在各个年级之间并无显著差异，就各维度来看，精神性焦虑、躯体性焦虑的平均分值在各年级之间也无显著差异。

表 3-21 不同年级大陆大学生个体焦虑程度方差分析

维度	年级	均值	标准差	F	两两比较
精神性焦虑	大一	2.686	0.934	0.974 (0.422)	无
	大二	2.705	0.929		
	大三	2.561	0.967		
	大四	2.744	1.041		
	硕士	2.346	1.117		
躯体性焦虑	大一	1.757	0.819	0.865 (0.491)	无
	大二	2.022	0.986		
	大三	1.832	0.874		
	大四	2.044	0.932		
	硕士	1.877	1.100		
焦虑程度 （总分）	大一	22.214	7.094	0.893 (0.469)	无
	大二	23.638	8.534		
	大三	21.968	8.483		
	大四	23.940	8.730		
	硕士	21.115	10.592		

注：括号中为 F 检验的 P 值，* 表示在 10% 水平上统计显著，** 表示在 5% 水平上统计显著，*** 表示在 1% 水平上统计显著。

另外，考虑到大学生经济状况很可能影响其心理状态，家庭经济条件较差、生活费较低的学生容易产生自卑、抑郁乃至焦虑情绪（孙中亮[1]、裘开国等[2]、何兴杰等[3]），我们试图分析大陆大学生焦虑程度与经济状况之间的关系，将大陆大学生的焦虑测量总分及各维度均分与其个人平均月支出变量结合进行方差分析，结果如表 3-22 所示：

---

[1] 孙中亮：《大学生"蚁族焦虑"的现状分析及理论思考》，南京：南京财经大学硕士论文，2012 年。

[2] 裘开国、董博、崔诣晨：《贫困大学生焦虑现状及其影响因素》，《中国健康心理学杂志》，2011 年第 11 期，第 1378—1379 页。

[3] 何兴杰、王洪辉：《论贫困大学生的焦虑情绪》，《成都理工大学学报》（社会科学版），2004 第 1 期，第 98—100 页。

表 3-22 大陆大学生个人经济状况与个体焦虑水平的方差分析

维度	平均月支出	均值	标准差	F	两两比较
精神性焦虑	500 以下	2.275	0.676	1.670 (0.106)	3001—5000、5001—8000 组精神性焦虑水平高于其他组别 500—1000 组精神性焦虑水平低于其他组别 8000 以上组精神性焦虑水平低于其他组别
	501—1000	2.219	0.697		
	1001—1500	2.649	1.040		
	1501—2000	2.729	0.916		
	2001—2500	2.766	0.990		
	2501—3000	2.646	1.209		
	3001—5000	3.154	0.953		
	5001—8000	3.100	0.683		
	8000 以上	2.280	0.944		
躯体性焦虑	500 以下	1.725	0.748	1.953 (0.053)	3001—5000、5001—8000 组躯体性焦虑水平高于其他组别
	501—1000	1.716	0.829		
	1001—1500	1.856	0.948		
	1501—2000	2.061	1.028		
	2001—2500	1.846	0.877		
	2501—3000	2.200	1.033		
	3001—5000	2.615	0.870		
	5001—8000	2.800	0.542		
	8000 以上	1.960	0.792		
焦虑程度（总分）	500 以下	20.000	5.182	1.969** (0.050)	3001—5000、5001—8000 组个体焦虑总分高于其他组别
	501—1000	19.677	6.887		
	1001—1500	22.526	8.849		
	1501—2000	23.949	8.756		
	2001—2500	23.057	8.003		
	2501—3000	24.231	10.872		
	3001—5000	28.846	8.630		
	5001—8000	29.500	6.028		
	8000 以上	21.200	8.408		

注：括号中为 F 检验的 P 值，* 表示在 10% 水平上统计显著，** 表示在 5% 水平上统计显著，*** 表示在 1% 水平上统计显著。

不同于经验认知与文献研究结论，我们在表 3-22 中发现一个有趣的结论，尽管大学生的个体焦虑总分与其经济状况（月平均支出）确实存在显著关联，但这种关联却并非一般认为的经济状况越差则焦虑程度越高，相反地，我们发现月支出最低的 500 元以下的大学生组别，无论是在焦虑总分还是维度均分上都是各组之间相对较低的；值得注意的是，我们发现大陆大学生中月支出水平较高的 3001—5000、5001—8000 组别反而焦虑水平最高，这种情况出现的成因与机制值得进一步探究。

三、大陆大学生社交媒体焦虑的内在影响机制分析

1. 理论机制与研究假设

在信息网络时代，用户社交媒体使用焦虑的源头更为复杂，与社交媒体的独特属性、用户个体特征以及社会网络关系等多方面因素相关，但其最终表现出的情绪、体感与症状并未超出一般焦虑范畴，诸如焦躁、不安、恐慌、失眠、注意力难以集中等，在社交媒体焦虑发展到一定程度的时候也可能出现，故在探讨社交媒体焦虑问题时，用户自身焦虑状况也是不应忽视的变量。因此，本研究结合社交媒体错失焦虑——社交媒体依赖——个体焦虑，试图基于大陆大学生样本，通过三者之间的关联效应与路径分析，探寻社交媒体使用焦虑的内在作用及影响机制。

社交媒体焦虑情境是在用户使用与依赖达到一定程度时才会广泛发生，除了新用户在面临陌生操作界面产生的紧张和不确定感之外，轻度社交媒体依赖的用户感受更多的是新鲜感以及实现相关功能的愉悦，很难产生焦虑情绪或症状。只有在社交媒体成为用户重要信息来源和社交渠道时，相关的问题才会引致焦虑的出现。已有文献在探讨社交媒体焦虑问题时，尽管有两者相关的定性表述，但并没有结合依赖程度进行量化分析，而实际上，无论从理论还是经验上看，脱离依赖而讨论焦虑都是不合理的，正如忽视剂量而讨论疗效一样[①]。

（1）就已有文献来看，用户焦虑情绪会强化对于社交媒体的使用依赖乃至成瘾。Caplan 研究发现社交焦虑是解释孤独者偏好网络社交的重要原因，Hardie 的文献也表明社交焦虑得分较高的个体更容易成为网络成瘾者。Hato B 的研究表明错失焦虑症与用户使用智能手机的情况以及查看手机的频次呈正相

---

① 刘卫华、李应西：《浅谈中药剂量和疗效的关系》，《中医学报》，1996 第 2 期，第 55 页。

关关系[①]。Beyens I 等人对青少年用户的调查研究也表明，青少年的 FoMO 显著影响其 Facebook 的使用强度[②]。

同时，社交媒体的过度依赖会强化用户的焦虑情绪。Andreassen C S 总结了社交媒体成瘾对用户造成的负面影响，其中一个重要方面便是强化用户情绪上的焦虑[③]；胡存明、李长瑾的研究也证实了大学生网络使用与其焦虑之间存在显著正相关关系[④]。

（2）错失焦虑症（FoMO）也被译作"社交控""聚会控"或者"信息强迫症"，"信息强迫"与"信息焦虑"是社交媒体用户错失焦虑症的重要维度。文献研究表明，错失焦虑（FoMO）是社交媒体依赖乃至成瘾的重要前导因素[⑤]，随着个体沉浸倾向及 FoMO 程度的加深，用户可能从最初的轻度依赖者逐步转化为重度依赖者。

（3）用户自身的焦虑状态会影响其社交媒体错失焦虑（FoMO）程度。江云霞研究了微信用户人格特征与社交媒体 FoMO 之间的关系，结果发现神经质人格的用户更容易具有焦虑倾向，在心理动机维度呈现出强烈的错失焦虑症。Lampe et al.[⑥] 和 Burke et al.[⑦] 的研究也表明用户的情绪状态（如无聊、孤独、焦虑）会影响社交媒体的使用情况，从而产生较强的 FoMO。

值得注意的是，FoMO 也会成为用户负面情绪的来源[⑧]，焦虑是其中之一。

① Hato B, "*Mobile phone checking behavior out of a fear of missing out: development*，*psychometric properties and test—retest reliability of a C-FoMO-Scale*"，Tilburg：Tilburg University, 2013.

② Beyens I, Frison E, Eggermont S, "'I don't want to miss a thing'：adolescents' fear of missing out and its relationship to adolescents' social needs，Facebook use，and Facebook related stress"，*Computers in human behavior*，vol.64, no.11(2016),pp. 1—8.

③ Andreassen C S, "Online social network site addiction: a comprehensive review"，Current addiction reports, vol.2, no.2(2015), pp.175—184.

④ 胡存明、李长瑾：《大学生网络行为与抑郁焦虑的关系》，《医学与社会》，2010 年第 11 期，第 89—90 页。

⑤ Chotpitayasunondh V，Douglas K M，"How 'phubbing' becomes the norm: The antecedents and consequences of snubbing via smart phone"，*Computers in Human Behavior*，no.63(2016), pp.9—18.

⑥ Lampe C A C, Ellison N, Steinfeld C, "*A familiar face(book)：profile elements as signals in an online social network*"，CHI2007: Sigchi Conference on human factors in computing systems. San Jose: ACM press，2007, pp.435—444.

⑦ Burke M, Marlow C, Lento T, "*Social network activity and social well—being*, CHI 2010: Proceedings of 28th International conference on human factorsin computing systems". Atlanta: ACM press, 2010, pp.144—153.

⑧ Wortham J, "Feel like a wallflower? maybe it's your Facebook wall"，website: http:/ /www. nytimes．com /2011 /04 /10 / business /10ping．Html, 10th January，2018.

Morford 即提出社交媒体 FoMO 问题可能与一些负面事件关联 ①。虽然社交媒体错失焦虑成因复杂，但其症状表现仍未跳出个体焦虑范畴，故 FoMO 的加剧也会强化用户的焦虑症状。基于以上，我们提出研究假设如下：

假设 1（H1）：错失焦虑是社交媒体依赖的前导预测因素，社交媒体 FoMO 对大学生社交媒体依赖具有显著的正向影响；

假设 2（H2）：大学生个体焦虑程度对其社交媒体依赖程度有显著正向影响。

假设 3（H3）：大学生社交媒体依赖对大学生个体焦虑程度有显著正向影响。

假设 4（H4）：具有更高焦虑程度的用户更可能产生社交媒体 FoMO，大学生个体焦虑对其社交媒体 FoMO 有显著正向影响。

假设 5（H5）：随着社交媒体错失焦虑的加深，用户个体焦虑程度也会强化，社交媒体 FoMO 对大学生个体焦虑有显著正向影响。

综合以上，则社交媒体 FoMO、个体焦虑与社交媒体依赖交互作用的理论机制如下图所示：

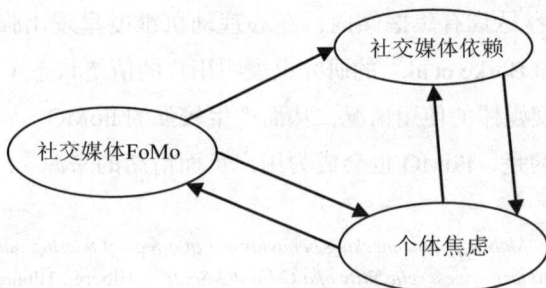

图 3-5　社交媒体使用焦虑理论机制

2. 大陆大学生社交媒体使用焦虑机制的相关分析

结合前文修订的测量量表，我们基于大陆大学生 425 份有效样本，对社交媒体依赖、个体焦虑以及社交媒体 FoMO 之间的相关关系进行讨论，以揭示大陆大学生社交媒体使用焦虑的内在机制。

（1）大陆大学生社交媒体 FoMO 与社交媒体依赖的相关分析

首先对大学生社交媒体 FoMO 的总分及各维度均分与社交媒体依赖总分及各维度均分进行相关分析，使用 Pearson 相关系数，并进行双侧 T 检验，相关系数值为正值说明两个因素存在正向关系，反之则是负向关系，结果如下：

---

① Morford M, "Oh my god you are so missing out", website: http://www.sfgate.com/cgi—bin/article.cgi?f =/g/a/2010/08/04/ notes080410. DTL & ao =all, 12th January, 2018.

表 3-23　大陆大学生社交媒体 FoMO 与社交媒体依赖之间的相关系数

检验因素	社交媒体依赖总分	突显性	社交强化	强迫性	冲突性	戒断性
社交媒体 FoMO 总分	0.906**	0.649**	0.694**	0.675**	0.640**	0.820**
心理动机	0.595**	0.400**	0.785**	0.340**	0.325**	0.459**
行为表现	0.700**	0.877**	0.402**	0.426**	0.499**	0.522**
情感映射	0.547**	0.273**	0.303**	0.480**	0.477**	0.547**
信息焦虑	0.847**	0.433**	0.502**	0.762**	0.614**	0.904**

注：表中 ** 号表示在 1% 水平（双侧）上显著相关，* 表示在 5% 水平（双侧）上显著相关。

就表 3-23 来看，社交媒体 FoMO 总分及各维度均分与社交媒体依赖总分及各维度均分两两呈现显著的正相关关系，社交媒体依赖总分及 FoMO 总分之间高度相关，相关系数达到 0.906。就各维度来看，戒断性与社交媒体 FoMO 的相关系数较高（0.820）；信息焦虑与社交媒体依赖的相关系数高达 0.847。

（2）大陆大学生社交媒体依赖与个体焦虑的相关分析

考虑到社交媒体依赖与个体焦虑之间的可能关联，我们计算了大陆大学生社交媒体依赖总分及各维度均分与个体焦虑总分及维度均分之间的相关系数，结果如下：

表 3-24　大陆大学生社交媒体依赖与个体焦虑之间的相关系数

检验因素	社交媒体依赖总分	突显性	社交强化	强迫性	冲突性	戒断性
个体焦虑总分	0.515**	0.174**	0.299**	0.530**	0.428**	0.514**
精神性焦虑	0.593**	0.246**	0.344**	0.542**	0.537**	0.584**
躯体性焦虑	0.326**	0.063	0.190**	0.406**	0.226**	0.335**

注：表中 ** 号表示在 1% 水平（双侧）上显著相关，* 表示在 5% 水平（双侧）上显著相关。

就表 3-24 所示相关分析结果来看，除去躯体性焦虑与突显性之间相关系数不显著之外，大陆大学生社交媒体依赖总分及各维度均分与个体焦虑总分及维度均分两两呈现正相关关系。社交媒体依赖总分与个体焦虑总分相关系数达到0.515，并在 1% 的水平上统计显著。

就具体维度来，大陆大学生个体焦虑与强迫性、戒断性相关程度较高（相关系数在 0.5 以上），说明社交媒体依赖与个体焦虑之间的关联很大程度上体现在强迫性与戒断性上。

相较躯体性焦虑，精神性焦虑与社交媒体依赖之间的相关程度更高，躯体性焦虑与社交媒体依赖各个维度的相关系数均相对较低，我们发现除强迫性与戒断性之外，精神性焦虑与冲突性之间的相关系数显著也达到 0.5 以上。

（3）大陆大学生社交媒体 FoMO 与个体焦虑的相关分析

社交媒体错失焦虑其最终表现也属于焦虑范畴，我们计算了大陆大学生社交媒体 FoMO 测量总分及各维度均分和个体焦虑总分及维度均分之间的相关系数，如下表所示：

表 3-25　大陆大学生社交媒体 FoMO 与个体焦虑之间的相关系数

检验因素	社交媒体 FoMO 总分	心理动机	行为表现	情感映射	信息焦虑
个体焦虑总分	0.541**	0.193**	0.192**	0.643**	0.567**
精神性焦虑	0.614**	0.242**	0.267**	0.686**	0.621**
躯体性焦虑	0.352**	0.102	0.076	0.464**	0.394**

注：表中 ** 号表示在 1% 水平（双侧）上显著相关，* 表示在 5%（双侧）上显著相关。

就表 3-25 所示相关分析结果来看，除去躯体性焦虑与心理动机、行为表现之间相关系数不显著之外，大陆大学生社交媒体 FoMO 总分及各维度均分与个体焦虑总分及维度均分大部分呈现正相关关系。社交媒体 FoMO 总分与个体焦虑总分相关系数达到 0.541，并在 1% 的水平上统计显著。

就具体维度的相关系数来看，大陆大学生的个体焦虑与社交媒体 FoMO 中的情感映射与信息焦虑维度相关性较强，相关系数分别达到 0.643 和 0.567，可见大学生社交媒体 FoMO 与个体焦虑之间的关联很大程度上体现在情感映射与信息焦虑维度上。

躯体性焦虑与社交媒体 FoMO 各个维度的相关系数均相对较低，精神性焦虑与社交媒体 FoMO 总分的相关程度明显更高（相关系数达到 0.614），精神性焦虑与社交媒体情感映射、信息焦虑之间的相关系数分别达到 0.686 和 0.621。

3. 大陆大学生社交媒体使用焦虑机制直接效应与中介效应检验

（1）社交媒体 FoMO 对社交媒体依赖的预测作用

基于前述相关系数结果以及文献研究结论，我们试图基于大陆大学生样本检验社交媒体 FoMO 对于社交媒体依赖的预测作用，将社交媒体 FoMO 各维度均分作为自变量，社交媒体依赖总分及各维度均分作为因变量，使用逐步回归方法，即社交媒体错失焦虑的 4 个维度中只有达到显著性 5% 标准的维度才能进入回归方程，结果如表 3-26 所示：

表 3-26　社交媒体 FoMO 对社交媒体依赖各维度的逐步回归分析

因变量	预测变量	R^2	β	F	t
社交媒体依赖总分	心理动机	0.859	0.215	459.232	8.672***
	行为表现	0.825	0.320		12.450***
	情感映射	0.867	0.111		4.258***
	信息焦虑	0.716	0.539		18.169***
突显性	心理动机	0.781	0.061	539.296	1.978**
	行为表现	0.769	0.777		30.615***
	情感映射	—	—		—
	信息焦虑	—	—		—
社交强化	心理动机	0.615	0.698	259.207	17.816***
	行为表现	—	—		—
	情感映射	—	—		—
	信息焦虑	0.648	0.204		5.199***
强迫性	心理动机	—	—	387.114	—
	行为表现	—	—		—
	情感映射	—	—		—
	信息焦虑	0.579	0.762		19.675***

续表

因变量	预测变量	R^2	β	F	t
冲突性	心理动机	—	—	77.086	—
	行为表现	0.426	0.255		5.027***
	情感映射	0.448	0.187		3.530***
	信息焦虑	0.374	0.387		6.679***
戒断性	心理动机	0.828	0.071	345.859	2.519**
	行为表现	0.825	0.088		3.049***
	情感映射	0.831	0.071		2.407**
	信息焦虑	0.817	0.792		23.671***

注：1. 表中 β 为标准化系数，* 表示在 10% 水平上统计显著，** 表示在 5% 水平上统计显著，*** 表示在 1% 水平上统计显著。

2. R^2 为模型可决系数，反映因变量的全部变动中能通过模型拟合被自变量解释的比例，R^2 越接近 1 则模型拟合效果越好。

3. β 为回归分析的标准化路径系数。

4. F 为回归方程的显著性检验 F 值，反映的是模型中因变量与所有自变量之间的线性关系在总体上是否显著做出推断，即检验所有因变量系数的联合显著性。

5. t 为自变量回归系数的 t 值，反映该变量系数的显著性。

　　就表 3-26 所示回归结果来看，社交媒体 FoMO 中的心理动机、行为表现、情感映射、信息焦虑能够预测社交媒体依赖总分，可共同解释 86.7% 的变动；心理动机、行为表现维度能够预测社交媒体依赖中的突显性，可以共同解释 78.1% 的变动；心理动机与信息焦虑维度能够预测社交媒体依赖中的社交强化，可以共同解释 64.8% 的变动，信息焦虑能够独自预测社交媒体依赖中的强迫性，可解释 57.9% 的变动；行为表现、情感映射、信息焦虑可以预测社交媒体依赖中的冲突性，可共同解释 44.8% 的变动；心理动机、行为表现、情感映射、信息焦虑能够预测社交媒体依赖中的戒断性，可共同解释 83.1% 的变动。回归结论进一步证实了假设 1，表明社交媒体 FoMO 是社交媒体依赖的重要预测因素，而且可以预测社交媒体依赖各个维度的大部分变动。

　　（2）社交媒体依赖与个体焦虑的双向关系检验

　　就相关系数分析结果来看，在大学生中，社交媒体依赖与个体焦虑之间确实存在正相关，但两者关联的方向尚无法确定，而这一点恰恰尤为关键，我们使用回归方法，对社交媒体依赖与个体焦虑关系的假设 2、假设 3 进行检验，结果如下：

表 3-27　社交媒体依赖与个体焦虑的双向关系检验

因变量	自变量	β系数	t	p	F	调整 R²
依赖总分	焦虑总分	0.462	11.231***	0.000	126.146***	0.211
依赖总分	精神性焦虑	0.620	12.801***	0.000	105.576***	0.309
	躯体性焦虑	-0.112	-2.311**	0.021		
精神性焦虑	依赖总分	0.552	14.280***	0.000	203.910***	0.303
躯体性焦虑	依赖总分	0.264	5.920***	0.000	35.041	0.068
焦虑总分（逐步回归）	戒断性	0.298	5.249***	0.000	49.508***	0.294
	强迫性	0.251	4.644***	0.000		
	突显性	-0.158	-3.501***	0.001		
	冲突性	0.148	2.714***	0.007		
精神性焦虑（逐步回归）	戒断性	0.336	6.314***	0.000	72.143***	0.379
	强迫性	0.249	4.868***	0.000		
	突显性	0.176	3.466***	0.001		
	冲突性	0.100	2.374**	0.018		

注：表中 β 为标准化系数，自变量回归系数的 p 值，其取值越接近于 0 的表示回归系数越显著。表中系数为标准化系数，* 表示在 10% 水平上统计显著，** 表示在 5% 水平上统计显著，*** 表示在 1% 水平上统计显著。

就表 3-27 来看，个体焦虑总分对社交媒体依赖总分具有显著正向作用，并能解释 21.1% 的社交媒体依赖变动，在大陆大学生样本中证实了假设 H2，精神性焦虑对依赖总分影响的回归系数显著为正（标准化系数 0.620），躯体性焦虑对依赖总分影响的回归系数显著为负，这表明个体焦虑对社交媒体依赖的强化作用主要体现在精神性焦虑方面，社交媒体依赖对精神性焦虑与躯体性焦虑均具有强化作用，但依赖总分与精神性焦虑的关联强度与解释力（标准化系数 0.552，R²=0.303）远高于躯体性焦虑（标准化系数 0.264，R²=0.068）。

使用逐步回归法，以社交媒体依赖各个维度作为自变量对焦虑总分进行回归，社交强化由于其影响未达阈值而被排除，可见社交强化对于个体焦虑并无预测力，就经验来看，个人社交的拓展显然不能解释其焦虑，可见这一结论并不令人意外。我们发现除突显性拟合系数显著为负（标准化系数 -0.158）之外，戒断性、强迫性、冲突性对大陆大学生个体焦虑均具有正向影响，其中戒断性与强迫性的影响效应较强，这与前文相关系数分析结论一致；当我们将因变量由焦虑总分换为精神性焦虑时，突显性系数转变成为正值（标准化系数 0.176），戒断性、强迫性变量的拟合系数与显著性均有提升，这表明社交媒体依赖对于个体焦虑的强化作用也主要体现在精神性焦虑方面。

（3）社交媒体使用焦虑的内在影响机制——基于中介效应模型

基于图 3-5 所示理论框架，我们基于中介效应模型，对大陆大学生社交媒体使用焦虑的内在机制路径进行实证分析。中介效应是指变量间的影响关系（X → Y）不是直接的因果链关系而是通过一个或一个以上变量（M）的间接影响产生的，此时我们称 M 为中介变量，而 X 通过 M 对 Y 产生的间接影响称为中介效应。中介效应是间接效应的一种，模型中在只有一个中介变量的情况下，中介效应等于间接效应；当中介变量不止一个的情况下，中介效应不等于间接效应，此时间接效应可以是部分中介效应的和或所有中介效应的总和，中介效应示意图如下：

$$Y=cX+e1 \quad （3.1）$$
$$M=aX+e2 \quad （3.2）$$
$$Y=c' X+bM+e3 \quad （3.3）$$

上述三个方程对应的模型关系图如下：

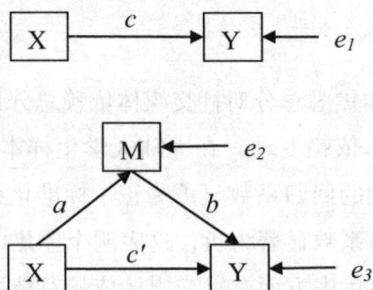

图 3-6 中介效应模型示意图

其中，c 是 X 对 Y 的总效应（total effect），ab 是经过中介变量 M 的中介效应（mediating effect），c' 为直接效应，e1、e2、e3 为误差项。当只有一个中介变量时，效应之间的关系为：c = c' + ab，中介效应的大小可以表示为 c-c'=ab

中介效应的检验传统上有三种方法，分别是依次检验法、系数乘积项检验法和差异检验法：

①依次检验法（causual steps）。依次检验法分别检验上述（3.1）（3.2）（3.3）三个方程中的回归系数，程序如下：

A. 首先检验方程（3.1）y=cx+e1，如果 c 显著（H0:c=0 被拒绝），则继续检验方程（3.2），如果 c 不显著（说明 X 对 Y 无影响），则停止中介效应检验；

B. 在 c 显著性检验通过后，继续检验方程（3.2）M=ax+e2，如果 a 显著（H0:a=0 被拒绝），则继续检验方程（3.3）；如果 a 不显著，则停止检验；

C. 在方程（3.1）和（3.2）都通过显著性检验后，检验方程（3.3），即 y=c'x+bM+ e3，检验 b 的显著性，若 b 显著（H0: b=0 被拒绝），则说明中介效应显著。此时检验 c'，若 c' 显著，则说明是不完全中介效应；若不显著，则说明是完全中介效应，x 对 y 的作用完全通过 M 来实现。

依次检验法容易在统计软件中直接实现，但是这种检验对于较弱的中介效应检验效果不理想，如 a 较小而 b 较大时，依次检验判定为中介效应不显著，但是此时 ab 乘积不等于 0，因此依次检验的结果容易犯第二类错误（接受虚无假设即作出中介效应不存在的判断）。

②系数乘积项检验法（products of coefficients）

此种方法主要检验 ab 乘积项的系数是否显著，检验统计量为 $z = ab/S_{ab}$，该公式和总体分布为正态的总体均值显著性检验相似，只是把分子换成了乘积项，分母换成了乘积项联合标准误，而且此时总体分布为非正态，因此这个检验公式的 Z 值和正态分布下的 Z 值检验不同，同理临界概率也不能采用正态分布概率曲线来判断。分母 S_{ab} 的计算公式为：$S_{ab} = \sqrt{a^2 s_b^2 + b^2 s_a^2}$ 在这个公式中，s_b^2 和 s_a^2 分别为 a 和 b 的标准差，该检验称为 sobel 检验。

采用 sobel 等检验公式对中介效应的检验容易得到中介效应显著性结果，因为其临界概率（MacKinnon）P<0.05 的 Z 值为 $z_{\alpha/2}>0.90$ 或 $z_{\alpha/2}<-0.90$，而正态分布曲线下临界概率 P<0.05 的 Z 值为 $z_{\alpha/2}>1.96$ 或 $z_{\alpha/2}<-1.96$，因此用该临界概率表容易犯第一类错误（拒绝虚无假设而作出中介效应显著的判断）

③差异检验法（difference in coefficients）

此方法同样要找出联合标准误，目前存在一些计算公式，经过 MacKinnon 等人的分析，认为其中有两个公式效果较好，分别是 Clogg 等人和 Freedman 等人提出的，这两个公式如下：

Clogg 差异检验公式：$t_{N-3} = \dfrac{c-c'}{r_{xm}s_{c'}}$

Freedman 差异检验公式：$t_{N-2} = \dfrac{c-c'}{\sqrt{s_c^2 + s_{c'}^2 + 2s_c s_{c'}\sqrt{1-r_{xm}^2}}}$

这两个公式都采用 t 检验，可以通过 t 值表直接查出其临界概率。Clogg 等提出的检验公式中，t 的下标 N-3 表示 t 检验的自由度为 N-3，c 为自变量与中介变量的相关系数，$S_{c'}$ 为 X 对 Y 的间接效应估计值的标准误，这两个公式在 a=0 且 b=0 时有较好的检验效果，第一类错误率接近 0.05，但当 a=0 且 b≠0 时，第一类错误率就非常高，尤其是 Clogg 等提出的检验公式在这种情况下第一类错误率达到 100%，故要谨慎对待。

温忠麟等[1]提出了一个新的检验中介效应的程序，该程序实际上只采用了依次检验和 sobel 检验，同时使第一类错误率和第二类错误率都控制在较小的概率，同时还能检验部分中介效应和完全中介效应，这一程序得到了相关领域学者的广泛认可，故本研究也采用该方法进行中介效应检验，其步骤如下：

步骤一，检验方程（3.1）中的 c，假如显著以中介效应检验，反之按遮掩效应检验。但无论系数 c 是否显著，仍进行后续检验。步骤二，逐个检验方程（3.2）中的 a 和方程（3.3）中的 b，若两者都显著，说明间接效应显著，跳转到步骤四，若两个系数有一个或都不显著，则进行步骤三。步骤三，采用 Sobel 法直接检验 H0：ab=0。假如显著，说明间接效应显著，继续进行步骤四；反之间接效应不显著，停止分析。步骤四，检验方程（3.3）中的 c'，假如不显著，则以完全中介效应解释；假如显著，说明直接效应显著，继续进行步骤五。步骤五，对 ab 和 c' 符号进行比较，如果为同号，则以部分中介效应解释，并报告 ab/c；若异号，即解释为遮掩效应，报告 |ab/c'|。

---

[1] 温忠麟、叶宝娟：《中介效应分析：方法和模型发展》，《心理科学进展》，2014 年第 5 期，第 731—745 页。

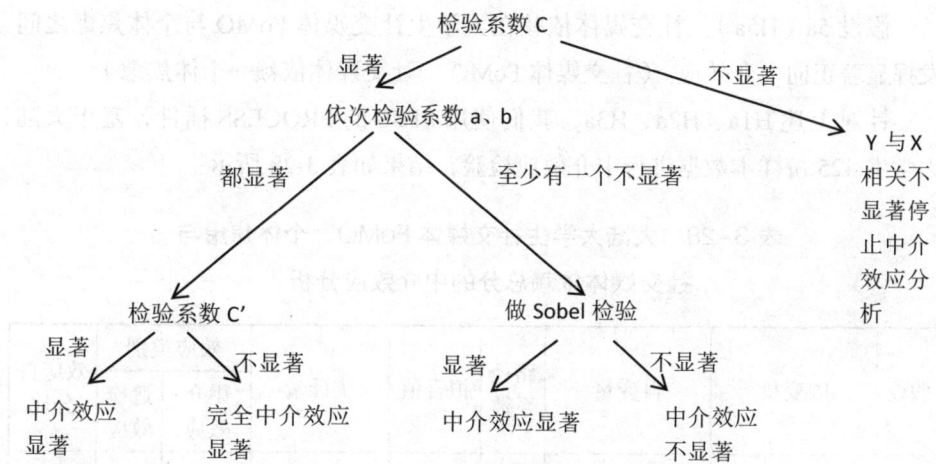

图 3-7　中介效应检验程序流程

　　中介效应的判定会以系数 c 显著为前提，如果系数 c 不显著，即自变量对因变量产生的影响不显著，此时分析和解释的问题则可变为"自变量为何不影响因变量"，这时的间接效应被不少文献称之为"遮掩效应"（suppressing effects）。（Kenny DA 等[①]、Mackinnon DP 等[②]）

　　（4）基于测量总分的中介效应分析

　　根据中介效应检验要求，各变量必须两两之间具有显著的相关关系，就表 3-24、表 3-25、表 3-26 所示相关分析结果来看，社交媒体 FoMO、个体焦虑及社交媒体依赖各个维度之间普遍存在显著正相关，满足进行中介效应检验的条件。对相关系数的分析证实了社交媒体 FoMO、个体焦虑与社交媒体依赖三者之间的相关性，初步验证了假说 1 至假说 5，但变量之间的作用方向与关联机制尚未得到确认。考虑基于图 3-5 所示理论机制，若前述 5 个假设均成立，则可能形成上述三者之间的中介关系，我们提出中介效应假设如下：

　　假设 1a（H1a）：个体焦虑在大学生社交媒体 FoMO 与社交媒体依赖之间发挥显著正向中介效应。（社交媒体 FoMO →个体焦虑→社交媒体依赖）

　　假设 2a（H2a）：社交媒体 FoMO 在大学生个体焦虑与社交媒体依赖之间发挥显著正向中介效应。（个体焦虑→社交媒体 FoMO →社交媒体依赖）

---

①　Kenny D A , Korchmaros J D , Bolger N," Lower level mediation in multilevel models", *Psychological Methods*, vol.8, no.2(2003), pp.115—128.

②　Mackinnon D P , Fairchild A J ," Current Directions in Mediation Analysis", *Current Directions in Psychological Science,* vol.18, no.1(2009),pp.16—20.

假设 5a（H5a）：社交媒体依赖在大学生社交媒体 FoMO 与个体焦虑之间发挥显著正向中介效应。（社交媒体 FoMO →社交媒体依赖→个体焦虑）

针对上述 H1a、H2a、H3a，我们使用 SPSS 的 PROCESS 插件，基于大陆大学生 425 份样本数据进行中介效应检验，结果如表 3-28 所示：

表 3-28　大陆大学生社交媒体 FoMO、个体焦虑与
社交媒体依赖总分的中介效应分析[①]

假设	因变量	自变量	路径系数	拟合值	统计量	中介效应	遮掩效应	效应百分比
						效应类别		
H1a	依赖总分	FoMO 总分	c	1.1126	35.7896***	不显著	—	—
	依赖总分	FoMO 总分	c'	1.0892	29.4934***			
	—	个体焦虑总分	b	0.0397	1.1723			
	个体焦虑总分	FoMO 总分	a	0.5895	10.754***			
	—	—	ab	0.0234	1.1615			
H2a	依赖总分	个体焦虑总分	c	0.5758	10.0463***	部分中介	—	86.9%
	依赖总分	个体焦虑总分	c'	0.0757	3.1724***			
	—	FoMO 总分	b	1.0892	29.4931***			
	FoMO 总分	个体焦虑总分	a	0.4958	10.7542***			
			ab	0.5001	10.0985***			
H5a	个体焦虑总分	FoMO 总分	c	0.5895	10.7544***	不显著	—	—
	个体焦虑总分	FoMO 总分	c'	0.4522	3.4960***			
	—	依赖总分	b	0.1235	1.1724			
	依赖总分	FoMO 总分	a	1.1126	35.7888***			
	—	—	ab	0.1374	1.1713			

注：为表述便利，表中因变量与自变量名称均省去了"社交媒体"定语，直接命名为"依赖总分"、"FoMO 总分"与"个体焦虑总分"。* 表示在 10% 水平上统计显著，** 表示在 5% 水平上统计显著，*** 表示在 1% 水平上统计显著。

表 3-28 的中介效应检验提示以下结论：

---

① 表中 c、c'、b、a 拟合系数为 t 检验，ab 的显著性使用正态分布检验。

①在假设 H1a 针对（社交媒体 FoMO →个体焦虑→社交媒体依赖路径）的中介效应检验中，社交媒体 FoMO 对社交媒体依赖的直接效应显著为正，这进一步验证了假设 1，但个体焦虑在两者之间的中介效应并不显著，H1a 在大陆大学生样本中未被证实。

②在假设 H2a 针对（个体焦虑→社交媒体 FoMO →社交媒体依赖路径）的中介效应检验中，结果表明社交媒体 FoMO 在个体焦虑与社交媒体依赖之间发挥部分中介效应，并且效应百分比高达 86.9%，假设 H2a 在大学生样本中得到证实

③在假设 H5a 针对（社交媒体 FoMO →社交媒体依赖→个体焦虑路径）的中介效应检验中，结果显示社交媒体 FoMO 对个体焦虑具有显著的正向直接效应，证实了假设 H5，但社交媒体依赖在两者之间的中介效应并不显著，H5a 在大学生样本中未被证实。

假设 H1a 中介效应不显著，说明在社交媒体 FoMO 与社交媒体依赖的关联中，个体焦虑并不能发挥作用，并从侧面说明社交媒体 FoMO 与社交媒体的依赖直接关联非常显著。假设 H2a 检验结论则说明 FoMO 是个体焦虑与社交媒体依赖之间关键性的中介因素，同时也从侧面表明社交媒体 FoMO 对个体焦虑的解释力远高于社交媒体依赖，正是由于社交媒体 FoMO 的存在，使得社交媒体依赖与个体焦虑之间形成了显著关联，加之个体焦虑对于社交媒体依赖的正向作用（H3 证实成立），将会形成交互反馈的自强化过程，导致社交媒体依赖与个体焦虑的共同持续深化，对学界以及相关教育、思政工作者而言，这一点值得高度重视。假设 H5a 的不成立则进一步证实了社交媒体 FoMO 对个体焦虑的直接影响更为显著，社交媒体依赖对于个体焦虑的影响相对较小，使其无法在社交媒体 FoMO 与个体焦虑之间发挥中介作用。

（5）基于各维度间的中介效应分析

当然，就相关系数分析结果来看，在基于 FoMO、依赖、焦虑总分的中介路径之外，社交媒体 FoMO、个体焦虑、社交媒体依赖所含维度之间也可能存在相关性较高的中介效应路径，对这些路径的发掘和检验将有利于更深入揭示社交媒体使用焦虑的内在机制。因此，本研究针对前述分析中相关系数较高的变量，结合文献结论、经验归纳与理论推演，提炼出以下具有研究意义的中介效应路径，提出假设并进行实证检验。需要说明的是，根据相关系数分析结论，个体焦虑变量与社交媒体依赖、FoMO 变量的相关更多地体现在精神性焦虑维

度，躯体性焦虑影响较小且显著性偏低，故在以下中介效应检验中，我们排除躯体性焦虑因素，使用精神性焦虑作为个体焦虑的代表维度。

①社交媒体信息焦虑对大学生精神性焦虑具有强化作用（H6），强迫性在信息焦虑与大学生精神性焦虑之间发挥中介作用（H6a）。（信息焦虑→强迫性→精神性焦虑）

②戒断性在大学生信息焦虑与精神性焦虑之间发挥中介作用（H6b）（信息焦虑→戒断性→精神性焦虑）

③冲突性在大学生信息焦虑与精神性焦虑之间发挥中介作用（H6c）（信息焦虑→冲突性→精神性焦虑）

④突显性在大学生信息焦虑与精神性焦虑之间发挥中介作用（H6d）（信息焦虑→突显性→精神性焦虑）

⑤情感映射对大学生社交媒体突显性具有正向作用（H7），精神性焦虑在情感映射与大学生社交媒体突显性中发挥中介作用（H7a）（情感映射→精神性焦虑→突显性）

⑥情感映射对大学生社交媒体强迫性具有正向作用（H8），精神性焦虑在情感映射与大学生社交媒体强迫性中发挥中介作用（H8a）（情感映射→精神性焦虑→强迫性）

⑦情感映射对大学生社交媒体戒断性具有正向作用（H9），精神性焦虑在情感映射与大学生社交媒体戒断性中发挥中介作用（H9a）（情感映射→精神性焦虑→戒断性）

⑧信息焦虑对大学生社交媒体强迫性具有正向作用（H10），精神性焦虑在信息焦虑与大学生社交媒体强迫性中发挥中介作用（H10a）（信息焦虑→精神性焦虑→强迫性）

⑨信息焦虑对大学生社交媒体戒断性具有正向作用（H11），精神性焦虑在信息焦虑与大学生社交媒体戒断性中发挥中介作用（H11a）（信息焦虑→精神性焦虑→戒断性）

⑩社交媒体的社交强化功能对大学生精神性焦虑具有加剧作用（H12），信息焦虑在社交强化与精神性焦虑之间发挥中介作用（H12a）（社交强化→信息焦虑→精神性焦虑）

⑪情感映射在社交媒体社交强化功能与大学生精神性焦虑之间发挥中介作用（H12b）（社交强化→情感映射→精神性焦虑）

⑫ 大学生精神性焦虑对其使用社交媒体的信息焦虑具有强化作用（H13），社交媒体的社交强化功能在其中发挥中介作用（H13a）（精神性焦虑→社交强化→信息焦虑）

⑬ 强迫性在大学生精神性焦虑与社交媒体信息焦虑之间发挥中介作用（H13b）（精神性焦虑→强迫性→信息焦虑）

⑭ 戒断性在大学生精神性焦虑与社交媒体信息焦虑之间发挥中介作用（H13c）（精神性焦虑→戒断性→信息焦虑）

⑮ 突显性在大学生精神性焦虑与社交媒体信息焦虑之间发挥中介作用（H13d）（精神性焦虑→突显性→信息焦虑）

⑯ 冲突性在大学生精神性焦虑与社交媒体信息焦虑之间发挥中介作用。（H13e）（精神性焦虑→冲突性→信息焦虑）

⑰ 大学生精神性焦虑对其社交媒体使用中的戒断性具有强化作用（H14），情感映射在精神性焦虑与戒断性之间发挥中介作用（H14a）（精神性焦虑→情感映射→戒断性）

⑱ 大学生精神性焦虑对其社交媒体使用中的突显性具有强化作用（H15），情感映射在精神性焦虑与突显性之间发挥中介作用（H15a）（精神性焦虑→情感映射→突显性）

⑲ 大学生精神性焦虑对其社交媒体使用中的强迫性具有加剧作用（H16），情感映射在精神性焦虑与强迫性之间发挥中介作用（H16a）（精神性焦虑→情感映射→强迫性）

⑳ 信息焦虑在大学生精神性焦虑与社交媒体强迫性之间发挥中介作用（H16b）（精神性焦虑→信息焦虑→强迫性）

㉑ 大学生精神性焦虑对其社交媒体使用中的突显性具有强化作用（H17），情感映射在精神性焦虑与突显性之间发挥中介作用（H17a）（精神性焦虑→情感映射→突显性）

㉒ 信息焦虑在大学生精神性焦虑与社交媒体突显性之间发挥中介作用（H17b）（精神性焦虑→信息焦虑→突显性）

㉓ 大学生精神性焦虑对其社交媒体使用中的戒断性具有强化作用（H18），情感映射在精神性焦虑与戒断性之间发挥中介作用（H18a）（精神性焦虑→情感映射→戒断性）

㉔ 信息焦虑在大学生精神性焦虑与社交媒体戒断性之间发挥中介作用

（H18b）（精神性焦虑→信息焦虑→突显性）

使用 SPSS 的 PROCESS 插件，基于大陆大学生样本对以上中介效应假设进行检验，结果如下：

表 3-29 大陆大学生社交媒体使用焦虑相关维度间的中介效应分析

假设	因变量	自变量	路径系数	拟合值	统计量	中介效应	遮掩效应	间接效应比
H6a	精神性焦虑	信息焦虑	c	0.6846	13.2564***	部分中介	—	20.17%
	精神性焦虑	信息焦虑	c'	0.5465	6.9080***			
	—	强迫性	b	0.1755	2.2910***			
	强迫性	信息焦虑	a	0.7869	19.6752***			
	—	—	ab	0.1381	2.2727**			
H6b	精神性焦虑	信息焦虑	c	0.6846	13.2564***	不显著	—	—
	精神性焦虑	信息焦虑	c'	0.5620	4.6552***			
	—	戒断性	b	0.1348	1.1235			
	戒断性	信息焦虑	a	0.9093	35.3769***			
	—	—	ab	0.1226	1.1224			
H6c	精神性焦虑	信息焦虑	c	0.6846	13.2564***	部分中介	—	24.7%
	精神性焦虑	信息焦虑	c'	0.5155	8.1296***			
	—	冲突性	b	0.2986	4.3456***			
	冲突性	信息焦虑	a	0.5663	13.0044***			
			ab	0.1691	4.1106***			
H7a	突显性	情感映射	c	0.2364	4.7497***	不显著	—	—
	突显性	情感映射	c'	0.1704	2.4947**			
	—	精神性焦虑	b	0.0886	1.4079			
	精神性焦虑	情感映射	a	0.7451	15.7875***			
	—	—	ab	0.0660	1.3995			

续表

假设	因变量	自变量	路径系数	拟合值	统计量	效应类别		间接效应比
						中介效应	遮掩效应	
H8a	强迫性	情感映射	c	0.4881	9.1503***	部分中介	—	57.53%
	强迫性	情感映射	c'	0.2073	2.9931***			
	—	精神性焦虑	b	0.3768	5.9072***			
	精神性焦虑	情感映射	a	0.7451	5.7875***			
	—	—	ab	0.2808	5.5229***			
H9a	戒断性	情感映射	c	0.5422	10.9434***	部分中介	—	49.35%
	戒断性	情感映射	c'	0.2746	4.2830***			
	—	精神性焦虑	b	0.3591	6.0803***			
	精神性焦虑	情感映射	a	0.7451	15.7875***			
	—	—	ab	0.2676	5.6641***			
H10a	强迫性	信息焦虑	c	0.7869	19.6752***	部分中介	—	9.15%
	强迫性	信息焦虑	c'	0.7148	14.1160***			
	—	精神性焦虑	b	0.1052	2.2910**			
	精神性焦虑	信息焦虑	a	0.6846	13.2564***			
	—	—	ab	0.0720	2.2513**			
H11a	戒断性	信息焦虑	c	0.9093	35.3769***	不显著	—	—
	戒断性	信息焦虑	c'	0.8864	27.0450***			
	—	精神性焦虑	b	0.0334	1.1235			
	精神性焦虑	信息焦虑	a	0.6846	13.2564***			
	—	—	ab	0.0229	1.1163			
H12a	精神性焦虑	社交强化	c	0.4170	6.1257***	完全中介	—	—
	精神性焦虑	社交强化	c'	0.0519	0.7894			
	—	信息焦虑	b	0.6609	11.0604***			
	信息焦虑	社交强化	a	0.5524	9.7144***			
	—	—	ab	0.3651	7.2821***			

假设	因变量	自变量	路径系数	拟合值	统计量	效应类别		间接效应比
						中介效应	遮掩效应	
H12b	精神性焦虑	社交强化	c	0.4170	6.1257***	部分中介	—	56.50%
	精神性焦虑	社交强化	c'	0.1814	3.3380***			
	—	情感映射	b	0.6959	14.3040***			
	情感映射	社交强化	a	0.3385	5.3202***			
			ab	0.2356	4.9758***			
H13a	信息焦虑	精神性焦虑	c	0.5632	13.2564***	部分中介	—	18.11%
	信息焦虑	精神性焦虑	c'	0.4612	11.0604***			
	—	社交强化	b	0.3601	7.1192***			
	社交强化	精神性焦虑	a	0.2834	6.1257***			
		—	ab	0.1020	4.6173***			
H13b	信息焦虑	精神性焦虑	c	0.5632	13.256***	部分中介	—	52.56%
	信息焦虑	精神性焦虑	c'	0.2672	6.9080***			
	—	强迫性	b	0.5829	14.1160***			
	强迫性	精神性焦虑	a	0.5078	10.7930***			
		—	ab	0.2960	8.5605***			
H13c	信息焦虑	精神性焦虑	c	0.5632	13.2564***	部分中介	—	77.24%
	信息焦虑	精神性焦虑	c'	0.1282	4.6552***			
	—	戒断性	b	0.8166	27.0450***			
	戒断性	精神性焦虑	a	0.5327	12.0332***			
	—		ab	0.4350	10.9878***			
H13d	信息焦虑	精神性焦虑	c	0.5632	13.2564***	部分中介	—	11.83%
	信息焦虑	精神性焦虑	c'	0.4967	12.1666***			
	—	突显性	b	0.3391	6.6227***			
	突显性	精神性焦虑	a	0.1963	4.2498***			
	—	—	ab	0.0666	3.5482***			

假设	因变量	自变量	路径系数	拟合值	统计量	效应类别		间接效应比
						中介效应	遮掩效应	
H13e	信息焦虑	精神性焦虑	c	0.5632	13.2564***	部分中介	—	34.04%
	信息焦虑	精神性焦虑	c'	0.3715	8.1296***			
	—	冲突性	b	0.4267	7.8153***			
	冲突性	精神性焦虑	a	0.4494	10.6485***			
	—	—	ab	0.1917	6.2825***			
H14a	戒断性	精神性焦虑	c	0.5327	12.0332***	部分中介	—	32.59%
	戒断性	精神性焦虑	c'	0.3591	6.0803***			
	—	情感映射	b	0.2746	4.2830***			
	情感映射	精神性焦虑	a	0.6320	15.7875***			
	—	—	ab	0.1736	4.1259***			
H15a	突显性	精神性焦虑	c	0.1963	4.2498***	部分中介	—	54.87%
	突显性	精神性焦虑	c'	0.0886	1.4079			
	—	情感映射	b	0.1704	2.4947**			
	情感映射	精神性焦虑	a	0.6320	15.7875***			
	—	—	ab	0.1077	2.4593**			
H16a	强迫性	精神性焦虑	c	0.5078	10.7930***	部分中介	—	25.80%
	强迫性	精神性焦虑	c'	0.3768	5.9072***			
	—	情感映射	b	0.2073	2.9931***			
	情感映射	精神性焦虑	a	0.6320	15.7875***			
	—	—	ab	0.1310	2.9350***			
H16b	强迫性	精神性焦虑	c	0.5078	10.7930***	部分中介	—	79.28%
	强迫性	精神性焦虑	c'	0.1052	2.2910**			
	—	信息焦虑	b	0.7148	14.1160***			
	信息焦虑	精神性焦虑	a	0.5632	13.2564***			
	—	—	ab	0.4026	9.6504***			

续表

| 假设 | 因变量 | 自变量 | 路径系数 | 拟合值 | 统计量 | 效应类别 | | 间接效应比 |
						中介效应	遮掩效应	
H17a	突显性	精神性焦虑	c	0.1963	4.2498***	完全中介	—	—
	突显性	精神性焦虑	c'	0.0886	1.4079			
	—	情感映射	b	0.1704	2.4947**			
	情感映射	精神性焦虑	a	0.6320	15.7875***			
	—	—	ab	0.1077	2.4593**			
H17b	突显性	精神性焦虑	c	0.1963	4.2498***	完全中介	—	—
	突显性	精神性焦虑	c'	-0.0294	-0.5355			
	—	信息焦虑	b	0.4006	6.6227***			
	信息焦虑	精神性焦虑	a	0.5632	13.2564***			
	—	—	ab	0.2256	5.9111***			
H18a	戒断性	精神性焦虑	c	0.5327	12.0332***	部分中介	—	32.59%
	戒断性	精神性焦虑	c'	0.3591	6.0803***			
	—	情感映射	b	0.2746	4.2830***			
	情感映射	精神性焦虑	a	0.6320	15.7875***			
	—	—	ab	0.1736	4.1259***			
H18b	戒断性	精神性焦虑	c	0.5327	12.0332***	完全中介	—	—
	戒断性	精神性焦虑	c'	0.0334	1.1235			
	—	信息焦虑	b	0.8864	27.0450***			
	情感映射	精神性焦虑	a	0.5632	13.2564***			
	—	—	ab	0.4993	11.8968***			

注：* 表示在 10% 水平上统计显著，** 表示在 5% 水平上统计显著，*** 表示在 1% 水平上统计显著。

基于前述研究假设，我们将表 3-29 的检验结论整理如下：

表 3-30 基于大陆大学生的检验结果汇总

假设	内容	结果
H1	社交媒体 FoMO 对大学生社交媒体依赖具有显著的正向影响	成立
H2	大学生个体焦虑程度对其社交媒体依赖程度有显著正向影响	成立
H3	大学生社交媒体依赖对大学生个体焦虑程度有显著正向影响	成立
H4	大学生个体焦虑对其社交媒体 FoMO 有显著正向影响	成立
H5	社交媒体 FoMO 对大学生个体焦虑有显著正向影响	成立
H1a	个体焦虑在大学生社交媒体 FoMO 与社交媒体依赖之间发挥显著正向中介应	不成立
H2a	社交媒体 FoMO 在大学生个体焦虑与社交媒体依赖之间发挥显著正向中介效应	成立
H5a	社交媒体依赖在大学生社交媒体 FoMO 与个体焦虑之间发挥显著正向中介效应	不成立
H6	社交媒体信息焦虑对大学生精神性焦虑具有强化作用	成立
H6a	强迫性在信息焦虑与大学生精神性焦虑之间发挥中介作用	成立
H6b	戒断性在大学生信息焦虑与精神性焦虑之间发挥中介作用	不成立
H6c	冲突性在大学生信息焦虑与精神性焦虑之间发挥中介作用	成立
H6d	突显性在大学生信息焦虑与精神性焦虑之间发挥中介作用	不成立
H7	情感映射对大学生社交媒体突显性具有正向作用	成立
H7a	精神性焦虑在情感映射与大学生社交媒体突显性中发挥中介作用	不成立
H8	情感映射对大学生社交媒体强迫性具有正向作用	成立
H8a	精神性焦虑在情感映射与大学生社交媒体强迫性中发挥中介作用	成立
H9	情感映射对大学生社交媒体戒断性具有正向作用	成立
H9a	精神性焦虑在情感映射与大学生社交媒体戒断性中发挥中介作用	成立
H10	信息焦虑对大学生社交媒体强迫性具有正向作用	成立
H10a	精神性焦虑在信息焦虑与大学生社交媒体强迫性中发挥中介作用	成立
H11	信息焦虑对大学生社交媒体戒断性具有正向作用	成立
H11a	精神性焦虑在信息焦虑与大学生社交媒体戒断性中发挥中介作用	不成立
H12	社交媒体的社交强化功能对大学生精神性焦虑具有加剧作用	成立
H12a	社交媒体信息焦虑在社交强化与精神性焦虑之间发挥中介作用	成立

假设	内容	结果
H12b	情感映射在社交媒体社交强化功能与大学生精神性焦虑间发挥中介作用	成立
H13	大学生精神性焦虑对其使用社交媒体的信息焦虑具有强化作用	成立
H13a	社交媒体的社交强化功能在其中发挥中介作用	成立
H13b	强迫性在大学生精神性焦虑与社交媒体信息焦虑之间发挥中介作用	成立
H13c	戒断性在大学生精神性焦虑与社交媒体信息焦虑之间发挥中介作用	成立
H13d	突显性在大学生精神性焦虑与社交媒体信息焦虑之间发挥中介作用	成立
H13e	冲突性在大学生精神性焦虑与社交媒体信息焦虑之间发挥中介作用	成立
H14	大学生精神性焦虑对其社交媒体使用中的戒断性具有强化作用	成立
H14a	情感映射在精神性焦虑与戒断性之间发挥中介作用	成立
H15	大学生精神性焦虑对其社交媒体使用中的突显性具有强化作用	成立
H15a	情感映射在精神性焦虑与突显性之间发挥中介作用	成立
H16	大学生精神性焦虑对其社交媒体使用中的强迫性具有加剧作用	成立
H16a	情感映射在精神性焦虑与强迫性之间发挥中介作用	成立
H16b	信息焦虑在大学生精神性焦虑与社交媒体强迫性之间发挥中介作用	成立
H17	大学生精神性焦虑对其社交媒体使用中的突显性具有强化作用	成立
H17a	情感映射在精神性焦虑与突显性之间发挥中介作用	成立
H17b	信息焦虑在大学生精神性焦虑与社交媒体突显性之间发挥中介作用	成立
H18	大学生精神性焦虑对其社交媒体使用中的戒断性具有强化作用	成立
H18a	感映射在精神性焦虑与戒断性之间发挥中介作用	成立
H18b	信息焦虑在大学生精神性焦虑与社交媒体戒断性之间发挥中介作用	成立

（四）基于大陆大学生样本的分析结果总结与讨论

1. 大陆大学生社交媒体使用情况

本研究对大陆大学生社交媒体使用情况进行了四方面的调查，分别是大学生社交媒体使用频度、使用时长、社交媒体使用选择和社交媒体关注内容。结果表明：

（1）大陆大学生社交媒体的使用已经非常普遍并且深入，社交媒体"每天10次以上"以上的人数最高，达到329名（占比77.41%），"每天5-10次"的样本76名，这两项加总之后达到大陆大学生样本的95.29%。就我们搜集的信息来看，很多学生在其他选项填报中使用"难以准确计算次数"、"远远超过 10 次"、"一有空就使用社交媒体"的表述，可见大部分大陆大学生对于社交媒体的使用已经非常频繁，其学习与生活已与社交媒体形成高度嵌入。

（2）大陆大学生社交媒体使用时长"每天 1 小时以下"以及"每天 1-2 小时"的大学生仅占样本总量的 16.71%，接近 50%（47.06%）的大陆大学生样本社交媒体使用时长为"每天 2—5 个小时"，28.00% 的样本社交媒体使用时长达到"每天 5—8 个小时"，8.24% 的大陆大学生甚至达到每天 8 小时以上。考虑到大陆大学生普遍需要应对各种课业以及人际交往、课外活动，每天 2 小时以上使用社交媒体时长已经意味着非常频繁的浏览和使用，而就我们的样本数据来看，36.24% 的大陆大学生社交媒体使用时长甚至达到每天 5 小时以上，已经进入重度使用范围，这意味着受测者每天课余（甚至课内）大部分时间被社交媒体使用所占据[①]，几乎"一有空就在使用社交媒体"。就样本统计分布来看，浏览和使用社交媒体已经成为大陆大学生学习与生活中的重要组成部分。

（3）社交媒体使用与大学生学习及生活的时间分配直接相关，就大陆大学生社交媒体使用时长与年级两个变量的交叉分析来看，各个使用时长组别均呈现"大一较少"——"大二剧增至峰值"——"其后随年级上升持续减少"的右偏分布特征。在大陆大学生样本中，大二年级是社交媒体使用时长的高峰阶段，其后随着课业的逐步繁重、毕业压力的逐步增加以及大学生自我管理能力的加强，社交媒体使用时长随年级上升而递减。

考虑到大二学生在经过大一入校的新鲜期后，在大二阶段容易遭遇迷茫期，生活容易失去方向感，特别容易出现通过社交媒体寻求寄托乃至形成依赖成瘾的情况，由此可知此阶段应成为学生工作的重要窗口期，对于学生的引导、心理纾解工作显得尤为重要，从而有效避免学生因过度沉迷社交网络而荒废学业、影响个人健康发展的情况出现。

（4）在大陆大学生中，使用最广的社交媒体是微信，个案百分比为 100%，微博使用广泛程度位列第 2 位，个案百分比 77.4%；QQ 列在第 3 位，个案百分比为 74.12%。在大陆大学生的社交媒体使用中，微信、微博、QQ 以绝对的优势领先于其他应用，三者的被选择次数占到所有选项被选择次数的 84.77%。

（5）大陆大学生社交媒体关注人数最高的是娱乐内容，个案百分比达到

---

① 就研究小组成员日常观察来看，甚至部分学生上课时间也在使用手机社交媒体。

79.76%，在娱乐内容之后，选择人数最多的分别是社会新闻（78.35%）、时尚（44.24%）、旅游（40.24%）、读书（29.41%）、游戏（23.76%）、教育（21.18%）、体育（19.06%）、科技（16.71%）、财经（16.71%）。娱乐内容选择占比最高，一定程度上反映出"娱乐至上"思潮在当代大学生中的影响[①]；当然，社会新闻也得到大学生群体的广泛关注，说明大陆大学生在象牙塔中仍关注社会现实。

2. 大陆大学生社交媒体使用焦虑相关维度测量结果与比较分析

（1）大陆大学生社交媒体错失焦虑测量的样本平均分为44.133，题项平均分为3.394，表明社交媒体FoMO程度大体已经达到中度偏上，在依据总分划分等级后发现，无明显FoMO的人数所占比例最低，仅占1.41%；轻度社交媒体FoMO的人数为33人，占比7.76%；比例最高为较强FoMO程度样本，人数达到179，占比42.12%；其次是中等FoMO程度173人，占比40.71%；重度FoMO的大学生样本占8%。大部分样本均分布于中度FoMO与较强FoMO等级，两者合并占比接近83%，较强FoMO程度以上（较强＋重度）的个案百分比达到50%（50.11%），90%的样本均具有中度以上的社交媒体错失焦虑，可见大陆大学生的社交媒体错失焦虑程度已经达到较高水平。社交媒体FoMO各维度平均值排序依次为行为表现＞信息动机＞信息焦虑＞情感映射，可以看出相较情绪与情感层面，大陆大学生的社交媒体错失焦虑在动机与行为层面表现得更为强烈。

基于性别、年级变量的分组比较分析显示，大学生社交媒体错失焦虑程度在不同性别之间并不存在显著差异，在心理动机、行为表现、情感映射、信息焦虑四个维度上的性别差异也不明显。社交媒体FoMO的各个维度及总体表现在本科各年级之间并不具有特异性，主要差异存在于硕士与本科之间。

（2）大陆大学生社交媒体依赖总分的样本平均分为51.799，题项平均分为3.453，表明社交媒体依赖的大体程度已达到中等偏上水平。在依据总分划分等级后统计发现：在大陆大学生样本中，无明显社交媒体依赖的人数所占比例最低，仅占2.59%；轻度依赖的人数为40人，占比9.41%；比例最高的为中度依赖程度，人数达到170，占比40%；其次是较强依赖程度167人，占比39.29%；重度依赖大学生样本37人，占比8.71%。接近90%的大陆大学生具有中度以上的社交媒体依赖水平，较强依赖水平以上的达到接近50%，这说明

---

① 张恒艳：《论泛娱乐化思潮对高校思想政治教育带来的挑战》，《中国市场》，2015第9期，第120—121页。

大陆大学生的社交媒体依赖已经达到较为严重的程度，值得学界及相关思政、管理方面高度关注。就大陆大学生社交媒体依赖的各个维度均值来看，各因素平均分排序依次为突显性＞冲突性＞社交强化＞戒断性＞强迫性，可以看出大陆大学生的社交媒体依赖在各个维度均达到中等以上水平，在社交媒体对大学生学习生活的嵌入与习惯形成方面表现得尤为突出。

基于性别变量的分组比较显示，大陆大学生社交媒体依赖程度在不同性别之间并没有显著差异，在突显性、社交强化、强迫性、冲突性、戒断性5个维度上的性别差异也不显著。基于年级的分布比较则显示，大陆大学生社交媒体依赖总分在各个年级之间并无显著差异。除社交强化维度外，大陆大学生社交媒体依赖总分及4个维度均分在本科4个年级之间差异并不显著；社交强化维度均分的显著差异源于硕士相对本科较低的社交强化倾向分值，其原因可能与硕士阶段学业压力较大有关，另一种解释则可能是由于硕士阶段视野与平台拓展，其现实中的社交强化水平提升，从而更少依赖于社交媒体。

（3）大陆大学生个体焦虑测量的样本平均分为22.950，题项平均分为2.295，在5点量表中处于中等偏低焦虑水平。划分不同程度分组统计显示："肯定有焦虑"的群体占比最高，达到23.29%；"肯定有明显焦虑"的人占比23.06%；"可能有严重焦虑"的大学生也不在少数，占比17.65%。总体看来，焦虑等级在"肯定有焦虑"以上的个案百分比达到64%，"无焦虑症状"的个案百分比仅占18%左右，可见大陆大学生的个体焦虑相当普遍，其中很多已经达到较高的焦虑水平。

就大陆大学生精神性焦虑与躯体性焦虑维度的平均得分来看，精神性焦虑维度平均分值更高，达到2.645；躯体性焦虑平均分值（1.945）则相对较低。可见相较于躯体性焦虑，大陆大学生的个体焦虑更多地表现为精神性维度，其原因可能由于大学生年龄段处于身体状态巅峰期，导致一些较强的体感焦虑不易出现或症状不明显；当然，也有可能是由于部分躯体焦虑体现较为敏感，导致受访者对于这部分题项隐瞒填报。基于性别变量的分组比较显示大陆大学生焦虑程度在不同性别之间并没有显著差异，但在躯体性焦虑维度，男性大学生测量均分要显著高于女性，表明男大学生相较女大学生具有更显著的躯体性焦虑表现。基于年级变量的分组比较显示，大陆大学生焦虑程度在各个年级之间并无显著差异，精神性焦虑、躯体性焦虑的平均分值在各年级之间也无显著差异。

189

　　将大陆大学生焦虑程度与经济状况进行关联分析显示，大陆大学生的个体焦虑总分与其经济状况的关联并非一般认为的经济状况越差则焦虑程度越高，月支出最低的 500 元以下的大学生组别无论是在焦虑总分还是维度均分上都较各组呈现相对较低水平，月支出水平较高的 3001—5000、5001—8000 组别反而焦虑水平最高。可见在大陆大学生样本中，个人经济状况困难并不一定导致焦虑的强化，这可能基于两方面原因：一方面，经济困难学生在压力下反而被锻炼得更加积极、坚定和乐观，另一方面，大陆高校对于经济困难学生的大力帮扶也使其学习生活不至过于窘迫。而宽裕的经济状况并不一定意味着"无忧无虑"，反而可能因支出选择的过度自由使得来自消费民主化与精神世界的空虚形成更大反差，从而加剧个体的怠惰与迷茫，从而强化其焦虑程度。

　　3. 大陆大学生社交媒体使用焦虑的内在影响机制分析

　　针对社交媒体使用焦虑，本研究建立了一个综合性分析框架，结合社交媒体错失焦虑——社交媒体依赖——个体焦虑三者之间的关联效应与路径分析，探寻社交媒体使用焦虑的内在作用机制，提出研究假设，并基于大陆大学生样本进行检验，结果如下：

　　（1）基于相关系数的分析结果

　　社交媒体依赖总分及 FoMO 总分之间高度相关，相关系数达到 0.906，这在很大程度上验证了 Chotpitayasunondh（2016）的观点，即社交媒体 FoMO 是社交媒体依赖的重要前导和预测因素。戒断性与社交媒体 FoMO 的相关系数（0.820）较高，表明一段时间无法使用社交媒体产生的负面体验与社交媒体错失焦虑高度相关，实际上，两者可被认为是一体两面的关系。信息焦虑与社交媒体依赖的相关系数高达 0.847，这说明对错失信息的焦虑会强化大学生对社交媒体的依赖，其原因可能在于信息焦虑导致的戒断效应（两者相关系数高达 0.904），使得用户难以停止社交媒体使用，进而形成越来越强的依赖。

　　社交媒体依赖总分与个体焦虑总分相关系数达到 0.515，并在 1% 的水平上统计显著，表明社交媒体依赖与个体焦虑之间存在正相关，这在一定程度上验证了假设 H2，即社交媒体依赖与个体焦虑之间存在共变，这种共变即可能是个体焦虑强化社交媒体依赖，也可能是社交媒体依赖反向来强化个体焦虑。大陆大学生个体焦虑与强迫性，戒断性相关程度较高（相关系数在 0.5 以上），说明社交媒体依赖与个体焦虑之间的关联很大程度上体现在强迫性与戒断性上，就相关领域研究来看，强迫症与焦虑症高度相关[1]，戒断焦虑也是个体焦虑的重要表现，我们的测量结论较好地印证了这一点。

　　精神性焦虑与社交媒体依赖之间的相关程度更高，可见社交媒体依赖与个体焦虑之间的关联更多地体现在精神性焦虑上。我们发现除强迫性与戒断性之外，精神性焦虑与冲突性之间的相关系数显著也达到 0.5 以上，这表明社交媒体依赖与大学生学习生活的冲突也可能成为个体焦虑的来源，当然，另一种可能机制则是个体焦虑导致大学生增加社交媒体使用以寻找逃避或慰藉，进而引致与学习生活的更大冲突。

　　大陆大学生社交媒体 FoMO 总分及各维度均分与个体焦虑总分及维度均分大部分呈现正相关关系。表明社交媒体 FoMO 与个体焦虑之间存在显著正向关联，这表明假设 H4、H5 在实证数据层面存在支持，说明社交媒体错失焦虑的发展会强化个体焦虑症状。大陆大学生的个体焦虑与社交媒体 FoMO 中的情感映射与信息焦虑维度相关性较强，相关系数分别达到 0.643 和 0.567，可见大陆大学生社交媒体 FoMO 与个体焦虑之间的关联很大程度上体现在情感映射与信息焦虑维度上。在本研究测量量表中，情感映射维度的题项主要与浏览社交媒体信息产生的攀比心理有关，就此角度而言，在社交媒体导致个人生活信息即时广泛传播的背景下，看到他人分享生活状态产生的社会比较与自我审视构成大陆大学生焦虑的重要来源。黎琳等[2]、杨邦林等[3]、童媛添等[4]的研究也证实了这一点。

　　躯体性焦虑与社交媒体 FoMO 各个维度的相关系数均相对较低，相较之下，精神性焦虑与社交媒体 FoMO 总分的相关程度明显更高（相关系数达到 0.614），可见社交媒体 FoMO 与个体焦虑之间的关联更多地体现在精神性焦虑层面，精神性焦虑与社交媒体情感映射、信息焦虑之间的相关系数分别达到 0.686 和 0.621，这在一定程度说明除情感映射（社会比较）外，信息焦虑也是社交媒体使用焦虑的重要来源。

　　[1]　李佩宜、徐俊冕：《强迫症与焦虑的关系及临床类型的研究》，《中华精神科杂志》，1999年第 1 期，第 44—46 页。
　　[2]　黎琳、徐光兴、迟毓凯等：《社会比较对大学生社交焦虑影响的研究》，《心理科学》，2007第 5 期，第 1218—1220 页。
　　[3]　杨邦林、叶一舵、邱文福：《社交网络中上行社会比较对大学生焦虑的影响：链式中介效应分析》，《信阳师范学院学报（哲学社会科学版）》，2017 年第 4 期，第 1—6 页。
　　[4]　童媛添、邱晓雯、连帅磊等：《社交网站上行社会比较对青少年抑郁的影响：社交焦虑的中介作用》，《中国临床心理学杂志》，2017第 3 期，第 498—501 页。

（2）基于回归方法的分析结果

将社交媒体 FoMO 各维度均分作为自变量，社交媒体依赖总分及各维度均分作为因变量，回归分析结论进一步证实了假设 H1，表明在大陆大学生中，社交媒体 FoMO 是社交媒体依赖的重要预测因素，而且可以预测社交媒体依赖各个维度的大部分变动。

在大陆大学生中，个体焦虑总分对社交媒体依赖总分具有显著正向作用，并能解释 21.1% 的社交媒体依赖变动，在大陆大学生样本中证实了假设 H2。可以看出个体焦虑对社交媒体依赖的强化作用主要体现在精神性焦虑方面，躯体性焦虑反而会弱化社交媒体依赖，其原因可能是由于精神性焦虑对于社交媒体依赖的解释能力过强，我们将依赖总分和精神性焦虑、躯体性焦虑的分别回归也证明了这一点，可以看出社交媒体依赖对精神性焦虑与躯体性焦虑均具有强化作用，依赖总分与精神性焦虑的关联强度与解释力，假设 H3 在大陆大学生样本中也得到证实。以社交媒体依赖各个维度作为自变量对焦虑总分进行回归发现，社交媒体依赖对于个体焦虑的强化作用也主要体现在精神性焦虑方面。

综合可以看出，大陆大学生社交媒体依赖和个体焦虑（尤其是精神性焦虑）之间，无论在总分还是具体维度上均存在双向的正向关联，社交媒体依赖会强化个体焦虑，同时个体焦虑也会强化对社交媒体的依赖，这一点值得高度注意。在双向正向作用下，以某一方变化为起点，社交媒体依赖与个体焦虑之间可能形成交互反馈的循环强化过程，造成两者持续往加剧方向发展，若无适当干预，则可能导致社交媒体依赖以及个体焦虑程度交互发展至较高水平，甚至出现社交媒体成瘾以及重度焦虑。因此，进一步考察发掘社交媒体依赖与个体焦虑之间的中间作用机制，并采用适当的干预措施及时阻断这种交互反馈机制，在青年大学生媒介使用管理与引导工作中显得尤为必要。

（3）基于中介效应模型的路径分析结果

基于温忠麟等设计的中介效应检验程序，对大陆大学生社交媒体使用焦虑的内在机制与路径进行分析，结果表明在大陆大学生样本中：

①假设 H1a 未被证实，说明在社交媒体 FoMO 与社交媒体依赖的关联中，个体焦虑并不能发挥中介作用，这侧面说明社交媒体 FoMO 与社交媒体的依赖直接关联高度显著，导致个体焦虑的作用无法发挥。

②假设 H2a 检验结论说明 FoMO 是个体焦虑与社交媒体依赖之间关键性的中介因素，同时也从侧面表明社交媒体 FoMO 对个体焦虑的解释力远高于社交

媒体依赖，正是由于社交媒体 FoMO 的存在，使得社交媒体依赖与个体焦虑之间形成了显著关联，加之个体焦虑对于社交媒体依赖的正向作用（H3 证实成立），将会形成交互反馈的自强化过程，导致社交媒体依赖与个体焦虑的共同持续深化，对学界以及相关教育、思政工作者而言，这一点值得高度重视。

③假设 H5a 的不成立，进一步证实了社交媒体 FoMO 对个体焦虑的直接影响更为显著，社交媒体依赖对于个体焦虑的影响相对较小，使其无法在社交媒体 FoMO 与个体焦虑之间发挥中介作用。

④假设 H6 在大陆大学生样本中得到证实，就 H6a、H6b、H6c、H6d 的检验结果来看，在社交媒体信息焦虑与大学生精神性焦虑之间，强迫性、戒断性、冲突性、突显性等社交媒体依赖维度的中介效应要么不显著（H6b、H6d），要么中介显著但效应百分比较低（H6a、H6c），这也印证了假设 H1a 的检验结论，说明在社交媒体 FoMO 与大学生精神焦虑之间，社交媒体依赖的中介作用并不明显。这一定程度说明：社交媒体信息焦虑与大学生精神焦虑的直接效应足够显著，以至社交媒体依赖在其中难以发挥中介效应。当然，强迫性与冲突性两个维度仍分别有 20.17% 和 24.7% 中介作用，表明社交媒体信息焦虑可以通过强化社交媒体使用的强迫性、戒断性，进而加剧大学生精神性焦虑程度。

⑤就 H7a、H8a、H9a 的检验结果来看，H7a 在大陆大学生样本中不成立，说明在社交媒体情感映射与社交媒体突显性之间，个体精神性焦虑的中介作用并不显著。H8a 在大陆大学生样本中成立，在社交媒体情感映射与强迫性之间，个体精神性焦虑具有正向的部分中介效应，效应百分比为 57.53%，表明大陆大学生对社交媒体的感情映射会通过强化其个体焦虑程度，进而增加其社交媒体使用的强迫性特征。H9a 在大陆大学生样本中成立，检验结果提示部分中介效应，表明大陆大学生对社交媒体的情感映射会通过强化其个体焦虑程度，进而增强其社交媒体使用的戒断性特征。

⑥ H10a 在大陆大学生样本中成立，检验结果为部分中介效应，说明大陆大学生的信息焦虑会通过加剧其个体焦虑程度，进而强化其社交媒体使用的强迫性。H10a 在大陆大学生样本中不成立，说明在大学生信息焦虑与社交媒体戒断性之间，个体焦虑并不具有中介作用，这也从侧面说明信息焦虑与社交媒体戒断性直接高度相关，并不需要借助中间机制。

⑦就 H12a、H12b 的检验结果来看，H12a 在大陆大学生样本中成立，提示完全中介效应，说明在社交媒体的社交强化功能与大学生精神焦虑之间，信息

焦虑发挥完全中介效应，这也从侧面说明相较社交强化，信息焦虑对大学生精神焦虑的影响更为直接且显著。H12b 在大陆大学生样本中成立，提示部分中介效应，效应百分比为 56.50%，表明社交强化功能会通过加剧大学生对社交媒体的情感映射，进而强化其个人焦虑。

⑧就 H13a、H13b、H13c、H13d、H13e 的检验结果来看，5 个假设在大陆大学生样本中均证实成立，并呈现部分中介效应。表明社交媒体依赖的 5 个维度在个体焦虑与信息焦虑之间发挥不同程度的正向中介效应，其中中介效应最强的维度为强迫性和戒断性，中介效应相对较弱的维度是突显性与社交强化。可见个体焦虑会促使大学生强化对社交媒体的使用和依赖，进而加剧其信息焦虑程度。

⑨H14a、H15a 检验结果均提示部分中介效应，表明个体焦虑可以通过强化大学生对社交媒体的情感映射，进而强化其社交媒体使用的突显性和戒断性。由于情感映射是社交媒体 FoMO 中的维度，这也进一步验证了假设 H2a，表明个体焦虑可以通过社交媒体 FoMO 这一中介，成为大学生社交媒体依赖加剧的重要来源。

⑩结合假设 H16a、H16b、H17a、H17b、H18a、H18b 的检验结果，可以看出大学生精神性焦虑对其社交媒体强迫性、突显性、戒断性均具有正向直接效应，社交媒体 FoMO 中情感映射和信息焦虑维度在其中发挥显著的中介效应，这在具体维度层面进一步证实了 FoMO 在个体焦虑与社交媒体依赖中的重要中介作用。若无社交媒体 FoMO，则个体焦虑与社交媒体依赖之间的关联将大幅削弱。

⑪就 H18a、H18b、H16a、H16b 的检验结果来看，我们发现在精神性焦虑对社交媒体强迫性与戒断性的关系中，信息焦虑均能发挥比情感映射更强的中介效应，其在精神性焦虑与强迫性之间的中介效应占比达到 79.28%，在精神性焦虑与戒断性之间则发挥完全中介效应，这也从侧面反映在 FoMO 对社交媒体依赖的显著影响中，信息焦虑发挥着更为核心的作用。H17a、H17b 的检验结果则表明信息焦虑和情感映射在大学生精神焦虑与社交媒体突显性之间发挥完全中介，这从侧面说明相较于个体焦虑，信息焦虑与情感映射对于社交媒体突显性的影响更具决定性，两者作用使得社交媒体更加深入地嵌入大陆大学生的学习生活习惯中。

总体来看，大陆大学生的社交媒体错失焦虑（FoMO）以及社交媒体依赖已经达到较为严重的程度；同时大陆大学生中的个体焦虑情况也相当普遍，很多学生（40.71%）已处于明显焦虑以上水平。不仅如此，就我们的实证结论来看，上述三者之间存在相互之间的强化效应，这一点更值得关注和警惕。

首先，根据相关与回归分析均表明，社交媒体 FoMO 是大陆大学生社交媒体依赖的重要前导和预测因素，错失焦虑是导致大陆大学生社交媒体依赖达到较高水平的重要成因。

其次，大陆大学生较强的社交媒体依赖会加剧其个体焦虑程度（尤其是精神性焦虑），尤其是当大学生的信息来源及社交生活与社交媒体深入绑定，随之而来的信息焦虑和情感映射会加剧其个体焦虑；同时，大学生个体焦虑的加剧也会通过强化其错失焦虑症状，反过来加剧其对社交媒体的依赖，由此形成依赖→焦虑→更加依赖的负面循环，在此循环机制中，社交媒体 FoMO 发挥关键性的中介作用。这也意味着，若要避免上述负面循环持续和加剧，社交媒体 FoMO 可以成为重要的对策切入点。

大学生可塑性较强，采取有效方法准确测度大学生用户的社交媒体 FoMO 程度，较早对 FoMO 程度高的学生进行干预和调节，将可以有效地弱化甚至阻断上述负面循环，避免大学生社交媒体 FoMO—依赖—个体焦虑三者之间交互加剧形成的不利影响（如成瘾、心理问题、学业影响），这对于促进大学生身心健康发展具有重要意义。

第二节　裂变、反噬与迷失
——"玩乐劳动"视角下青年社交媒介使用异化研究

一、数字劳动、玩乐劳动与异化

在传统资本主义政治经济理论中，玩乐与快感必须被限制，且应该被归属于罪过，以防止人们"非理性"地将注意力从生产劳动的中心转移开来。由此，玩乐与性欲也成为对抗资本主义制度的重要的革命性力量，随着数字媒介技术在社会生活中不断渗透，现实与虚拟、劳动与娱乐的时空边界不断模糊并消失。一种兼具劳动与玩乐性质的经济与文化形态——"玩乐劳动"迅速活跃于公众视野，并成为数字人类学、媒介政治经济学、文化研究近期关注的焦点问题之一。

（一）从普通劳动到数字劳动

在马克思主义理论体系中，资本主义语境下的劳动不仅是人类有意识地制造使用价值的生命活动，是区别于其他生物的本质功能，同时，劳动还反映了商品经济的一般规律，剩余价值理论则揭示了资本积累与增值的重要机制，资本主义语境下的劳动常表现为一种强制性、社会结构的奴役性行为。[①] 数字媒介时代以来，信息技术、全球生产系统与知识生产体系共同催生了一种新的劳动形态——"数字劳动"（digital labour）。克里斯蒂安·福克斯从政治经济学视角界定了数字劳动的定义，他将消费知识文化转化成的生产性活动称为数字劳动，并指出数字劳动是包括硬件生产、信息生产、软件生产的生产性劳动，是关于文化系统中文化产业劳动的子系统，涉及体力生产和生产性消费的文化劳动。[②] 蒂兹纳·特拉诺瓦则从意大利自治主义马克思主义的"非物质劳动"概念出发，用非物质劳动概念来解读数字劳动，他指出数字劳动是免费劳动的一种表现形式，互联网用户这种被愉快接纳同时又被无情剥削的无酬的"数字劳动"现象具体包括：互联网浏览网页、自由聊天、回复评论、写博客、建网站、改造软件包、阅读和参与邮件列表、建构虚拟空间等。[③] 特雷博·肖尔茨则认为数字劳动是个体消耗在社交网络上的创造性工作，是一种自由免费的劳动形态。[④]

数字劳动概念提出后，得到了学者们的热切关注和讨论，研究围绕媒介内容、受众和劳动的商品化，传播时空的变化以及阶级、社会运动、霸权等不同维度深入展开。其中，特雷博·肖尔茨在《数字劳动：作为操场和工厂的互联网》中，批判性的分析并考察了数字经济视阈下社会职业、剥削和劳动的新形式。文森特·莫斯可和凯瑟琳·麦克切尔则通过案例研究分析了传播从业者劳动的商品化和媒介产业商业化过程。[⑤] 除此之外，自 2010 年前后各地兴起的，诸如"数字劳动者：工人、作者、农民"（2009 年 10 月，加拿大安大略）、"数字劳动：血汗工厂、罢工纠察线、路障"（2014 年 11 月，美国纽约）等学术会议的相继举办也将"数字劳动"研究推向了高潮。国际研究日渐深入的同时也带动了国内学者对"数字劳动"研究的广泛关注。周延云、闫秀荣、燕连福、谢

---

① 吴鼎铭：《网络"受众"的劳工化：传播政治经济学视角下网络"受众"的产业地位研究》，《国际新闻界》，2017 年第 6 期，第 124—137 页。

② Christian F，"*Digital Labour and Karl Marx*"，London:Routledge, 2014, p.22.

③ Tiziana Terranova, "Free Labour: Producing Culture for the Digital Economy"，*Social Text,no.2(*2000)，pp.33—58.

④ Lynette Kvasny, "Digital Labour: The Internet as Playground and Factory"，*New Technology,Work and Employment*, vol.28, no.3(2013),p.98.

⑤ Jeremy Aroles, Book review: Trebor Scholz(eds.)，"Digital Labour: The Internet as Playgroud and Factory"，*Work Employment Society*,vol.28, no.1(2014),p.144.

芳芳等人对国外研究进行了译介，[①] 曹晋、邱林川、冯建三也借助案例分析方法
对数字劳动理论进行了深入浅出的解析，吴鼎铭、石义彬、熊节等人则对大数
据及网络产业模式中的商业增值模式、数字劳动与剥削现象进行了批判性反思。
总体来说，数字劳动是以马克思劳动价值论为基石，结合了后福特主义及意大
利自治主义的马克思主义的理论传统，遵循时代发展特征而延伸出的新理论概
念，它体现了从资本工业化时代到数字媒介时期劳动形式与内涵的演进与变迁，
同时也是对传统劳动价值论的批判性继承与创造性发展。当前，国内数字劳动
研究仍处在起步阶段。

（二）玩乐劳动与异化

作为数字劳动的形式之一，玩乐劳动（playbour）在商业与数字浪潮共同
浇筑的当代社会与文化结构中占据着重要的位置及影响力，从而成为马克思主
义劳动价值论及当代文化研究共同关注的重要议题与发展趋向。玩乐劳动主要
指用户为了获取乐趣在网络上进行的一系列娱乐性活动，如闲聊、网络游戏和
影视观赏，这些活动同时也为媒介公司生产了大量商业数据和资源。由此互联
网上的"玩"和"劳动"紧密相连，数字劳动即是游乐场又是工厂。在 2014 年
3C 关于数字劳动研究的特刊中，玩乐劳动与无酬劳动、受众劳动一起被归类为
互联网行业专业工人的数字劳动形式。[②] 阿威德·伦德通过考察劳动和游戏的关
系，建构了游戏、工作、赌博和劳动概念的分类学，并对玩乐劳动进行了解释
和批判。[③] 蒂兹纳·特拉诺瓦则认为，包括"玩乐劳动"（playbour/play labour）、
"消费性工作"（consumption work）、"产用劳动"（produser/producer and user）、
"非物质劳动 2.0"(immaterial labour2.0) 等在内的数字劳动形式应属于免费劳动
范畴。库克里奇则通过对网络玩家（网络玩工）的游戏行为进行解析后发现，
玩家在获取游戏乐趣的同时为游戏公司生产了大量剩余价值和巨大利润空间。[④]
根据达拉斯·斯迈斯的"受众商品论"可知，商业大众媒体的主要产品为受众

---

① 孔令全、黄再胜：《国内外数字劳动研究——一个基于马克思主义劳动价值论视角的文献
综述》，《广东行政学院学报》，2017 年第 10 期，第 73—74 页。

② Marisol Sandoval and Christian Fuchs, "Introduction: Philosophers of the World Unite!
Theorising Digital Labour and Virtual Work—Definitions,Dimensions,and Forms", *Triple C*,vol.12,
no.2(2014),p.467.

③ Arwid Lund, "Playing,Gaming,Working and Labouring: Framing the Concepts and Rela-
tions", *Communication,Capitalism&Critique*,vol.12, no.2(2014),p.87.

④ Julian Kücklich,Precarious Playbour, "Modders and the Digital Games Industry",*Fibreculture
Journal* ,no.5(2005), p.33.

力（audience power）。而传统的媒介产品二次售卖理论则进一步提出，媒介产品的传播与消费过程是媒介单位先将媒介产品售卖给信息受众，然后再将消费者的注意力资源转卖给广告主的过程（如图3-8）：

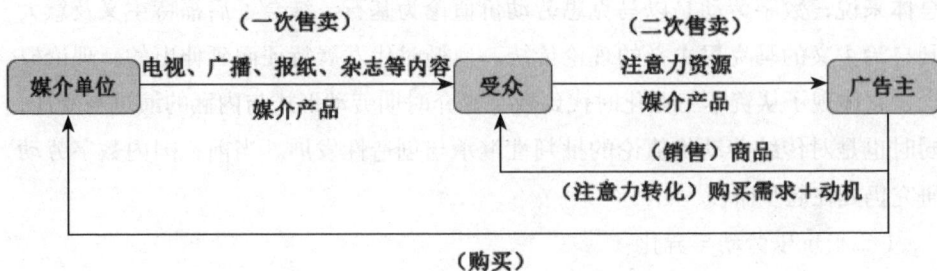

图 3-8　媒介产品二次售卖模型

关于社交媒体时代玩乐劳动的运作模式，学者们普遍认为，玩乐劳动隶属于数字劳动范畴，它建立在以数字技术为支撑的互联网平台之上，劳动主体是互联网用户，劳动对象是主体的情感、认知、经历等，劳动产品是主体在互联网上生成的内容。[①] 由此可知，数字传播时代玩乐劳动的运作模式为：媒介单位通过为受众提供"免费"／共享式网络平台，激发受众通过玩乐行为（聊天、打游戏、看视频等）为媒介生产具备"注意力经济"或"影响力经济"特征的劳动产品（受众情感、认知、偏好、经历等）并售卖给广告主，随后，广告主进一步将劳动产品与商业资源相整合，以商品形式二次售卖给受众（如图3-9）：

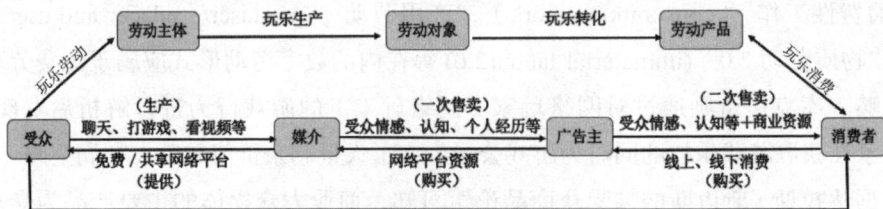

图 3-9　玩乐劳动运作模式

社交媒体上的玩乐劳动行为与传统媒介产品存在显著的差异。首先，劳动者身份多元化、隐匿化。玩乐劳动模式下，玩乐既是生产性的也是消费性的，媒介单位不再作为媒介产品的生产者，而网民作为媒介信息接收者、媒介产品

---

① 谢芳芳、燕连福：《"数字劳动"内涵探析——基于与受众劳动、非物质劳动、物质劳动的关系》，《学与研究》，2017年第12期，第84—85页。

生产者／玩乐劳动者（网络玩工）、消费者的三重身份合为一体，受众看似是在自发的玩乐中享受乐趣，但实际上却被作为数字产业增值模式中的重要元素吸纳进商业资本增值的设计与运作之中，其作为无酬数字劳工的本质被隐匿。其次，劳动产品情感化。传统雇佣劳动产品形式主要以物质形式为主，而玩乐劳动产品则通常以劳动者／消费者的个人品位、经历、兴趣为内容，这也成为玩乐劳动无酬化的重要原因。第三，劳动方式常态化。在传统的雇佣劳动中，劳动与休憩是分离的，而互联网情境中的玩乐劳动在时间、空间、内容、方式上消除了玩乐与劳动的意义边界，并且呈现出产品生产、转化、消费行为一体化特征，这构成了玩乐劳动普遍化与常态化的新特点。

马克思曾在《1844 年经济学哲学手稿》中对私有制条件下所发生的"异化"现象进行了系统的分析与总结。他指出，"异化"(alienation) 意指人的物质与精神生产及其产品变成异己或与人对立的力量反过来统治人的社会现象。异化将造成：(1) 劳动者同自己的劳动产品相异化 (2) 劳动者同自己的劳动活动相异化 (3) 人同自己的类本质相异化 (4) 人同人相异化四种异化劳动形式。[①] 马克思的异化理论描述了现代社会中无产者的存在状况，揭示了工人被剥削、被统治的地位。后工业时代以来，法兰克福学派通过研究文化工业 (culture industry) 与大众传播媒介对主体意识形态的异化作用，推进了异化理论的发展。马尔库塞在《单向度的人》中指出，工业社会艺术的大众化和商业化使之成为压抑性社会的工具，从而导致人和文化的单向度发展。而后，哈贝马斯"被视为意识形态的科技"观点则进一步指出，"我们自己创造出的物和环境在多大程度上变成了我们的主人，这是马克思所未能预见到的"[②]。卢卡奇提出的"物化"和"物化意识"现象，则在异化理论基础上强调了资本主义社会中的商品，已经逐步以一种高居于整个社会之上的统治力量，渗透进个人生活，以及经济、社会和意识形态的方方面面。

虽然时代在更迭，但异化劳动理论在当代的理论价值与生命力依然鲜活。针对数字媒介以来，人们在不分昼夜地网络冲浪，各类网络游戏、社区、聊天、视频中无法自拔的各类情形，尤其随着网络及社交媒体在青年群体中不断渗

---

① 中共中央马克思恩格斯列宁斯大林著作编译局：《马克思恩格斯全集》，北京：人民出版社，2002 年，第 270、274、276 页。

② 复旦大学哲学系现代西方哲学研究室：《西方学者论〈一八四四年经济学哲学手稿〉》，上海：复旦大学出版社，1983 年，第 68—69 页。

透，[①] 异化劳动理论、数字及玩乐劳动的结合研究更焕发出新的理论研究价值和实践意义。在以往青年社交媒体使用心理及行为的研究中，学者多从技术－社会视角讨论社交媒体使用对青年心理、学习成绩、生理、社会行为等多层面带来的复杂影响，[②] 少数国外学者不同程度提及了社交媒体使用过程中出现的数字劳工和电子异化现象，[③] 还有学者从异化理论和福柯权力观出发，通过对比工业技术背景下"机器设计"和数字技术环境中的"数字文化设计"差异，反思了数字文化中的异化现象。但是，就目前研究现状来看，依然存在着以下两方面问题：1. 现有研究过多聚焦于数字劳动的经济向度而忽视了对社会结构与文化向度的关照，尚未有研究从数字与玩乐劳动视角剖析当代青年社交媒体使用的特点及成因。2. 对于符合中国国情的数字与玩乐劳动现象的独立研究相对匮乏。在我国，社交媒体已成为影响青年学习、生活与社会化历程的重要要素，那么，我国青年在社交媒体使用过程中是否也存在着玩乐劳动及异化的现象？它与传统异化现象有哪些不同？在我国当代的社会语境中它将带来哪些影响？这成为本研究关注的重点问题。

二、研究方法

本研究主要采用深度访谈法，访谈围绕：1. 大学生社交媒体使用的基本方式（包括使用时间、频率、场合、身体姿态等）、内容（包括浏览、转贴、游戏、点赞、表情包等）；2. 大学生社交媒体使用中的玩乐劳动现象特点；3. 大学生社交媒体使用中的玩乐劳动现象成因与影响三方面展开。同时，参考马克思异化劳动理论，确立研究问题基本如下：

Q1. 大陆大学生社交媒体使用基本行为特征是什么？

Q2. 大陆大学生社交媒体使用过程中是否存在玩乐劳动现象？如果存在玩乐劳动现象，那么在劳动主体动机、劳动主体与劳动产品的互动关系、劳动主

---

① Vivien S.Huan, Rebecca P.Ang, Stefanie Chye, "Loneliness and Shyness in Adolescent Problematic Internet Users: The Role of Social Anxiety",Child & Youth Care Forum,vol.43, no.5(2014), pp. 539—551.

② Vivien S.Huan, Rebecca P.Ang, Stefanie Chye, "Loneliness and Shyness in Adolescent Problematic Internet Users: The Role of Social Anxiety",Child & Youth Care Forum,vol.43, no.5(2014), pp. 539—551.

③ Steffen Krüger, Jacob Johanssen, "Alienation and Digital Labour—A Depth—Hermeneutic Inquiry into Online Commodification and the Unconscious", *Journal of the American College of Surgeons* , vol.43, no.5(2014) , pp.478–479.

体与人际关系三方面表现出哪些特点？

Q3. 大陆大学生社交媒体使用的玩乐劳动现象成因与影响。

根据 Jaber F. Gubrium 关于线性主题（Liner-Topic）对深度访谈的样本数建议，[①] 研究确定了来自福建省厦门市、广东省珠海市、甘肃省兰州市共五所大学大学 51 名在校大学生作为研究对象。访谈在 2017 年 1 月—5 月实施，主要采用面对面与电话访谈相结合的方式进行，个案访谈时间为 60—90 分钟，全程录音并作详细记录以便于回访及核查。访谈以无结构与半结构相结合的方式围绕研究主题展开，以"渐进式聚焦法"从一般性问题入手，逐渐深入对聚焦问题的考察。研究试图通过深度访谈法激发并了解研究对象内心深处的心理感知与所思所想，深入挖掘其社交媒体使用特点与青年媒介文化间的建构关系及其文化形态特征与社会影响。由于社交媒体使用问题不同程度涉及个人隐私，深度访谈法有助于取得被访者的支持和信任，获得可靠的一手资料。另外，由于社交媒体心理与行为研究尚未有成熟完善的测量问卷，深度访谈法符合本研究作为探索性研究的基本要求。下表列出了受访者的人口统计学特征，出于受访者匿名的需要，数据分析采取了匿名的方式。

表 3-31　受访者人口学统计特征

编码段	平均年龄	男女比例	所在学校	所在地
福建 1—16	21.3	1：1	华侨大学	厦门、泉州
珠海 17—32	21.1	1：1	北京理工大学珠海分校	珠海
兰州 33—51	22.8	8：11	兰州大学	兰州

三、研究结果

研究表明，青年在社交媒体使用的过程中，存在着显著的玩乐劳动与异化现象，并且在劳动者的劳动动机、劳动产品与人际关系及自我身份认同三个方面存在明显的异化与焦虑特征。

（一）玩乐劳动动机的裂变式异化

马克思异化理论认为，人类之所以劳动，其第一目的始终是为了从其产物

---

① Jaber F. Gubrium, James A. Holstein, "*Handbook of Interview Research: Context and method*", London: Sage publications, 2001, pp.13—26.

中获得某种满足。20 世纪 70 年代，媒介研究的"使用与满足"理论也曾把受众看作是有着特定"需求"的个人，个体通过媒介接触活动便能够获得需求的有效满足。但本研究却表明，当代大学生的社交媒体使用心理与行为逐渐演化为一种无意识的、强迫性的玩乐劳动形态，在无法戒断的玩乐过程中他们并不能获得心理安慰与使用满足，反而呈现出更加空虚、焦虑的异化现象。

Box1：

编号 4："每天睁眼，起床啊、早餐，上厕所……都会刷手机啊，时间长就玩游戏，（时间）比较紧就看两眼，回个消息点赞之类，不看就觉得手痒（朱××，男，21 岁，本科，泉州）

编号 19："我倒不觉得我像他们（同学）一样过度使用手机，不过睡前一定会淘宝、闲鱼、抖音和微信一下，写作业累了就看看视频，聊聊微信，不过这些确实也占用了不少时间，好像比较难做一个量化的统计吧，反正无聊，休息的时候会肯定都是在用啦！"（赵××，男，珠海，19 岁，本科）

编号 48："无聊就刷手机，看看帖子，小视频，看看有没有人评论点赞，时间不知不觉就过去了，不过每次看完还是空虚无聊，好像也没学到什么。"（梁×，女，21 岁，本科，兰州）

根据凯度 2017 年调查数据显示，微博在 18—25 岁的青年群体中覆盖率达45.9%，较 2016 年提升 13.7%；QQ 在年轻网民中覆盖率达到 41.7%，较上一年基本持平，而微信在青年人群中覆盖率最高，达到 86.6%，且活跃度为三者最高，到达 52.7%。[1] 然而，在惊人的覆盖率与活跃度背后，在生怕"会错过些什么"、不刷手机就"空虚无聊"和需要被"关注"、被"点赞"的字里行间，折射的却是当代青年群体对安全需求、爱和归属感、尊重和自我实现的深度渴求。数字媒体时代，媒介的便携性、碎片化以一种跳跃、分散、中断、瞬息万变的信息方式（bhip culture）呈现，它与泛娱乐化的文化情境（entertainment culture）一起共同塑造了青年随进随出、匆匆而过且不再受限于某种共享时间，也不再被"在场性"所束缚的生活方式与泛娱乐意识，[2] 这种消弭了劳动与娱乐、工作与生活、家庭与社会、甚至时间与空间之间界限的媒介使用方式，看似充

① 《2017 凯度中国社交媒体影响报告》，获取地址：https://www.sohu.com/a/12，发布时间：2018 年 6 月 5 日。
② 曹家荣、黄厚铭：《流动的手机：液态现代性脉络下的速度、时空与公私领域》，台北："E世代重要议题——人文社会面向"研讨会论文，2011 年 5 月。

满了个性与自由，但其实质却如达拉斯·斯迈斯的"受众商品论"所述，受众在观看电视的时候其实既是在从事受众注意力生产的劳动活动，而玩游戏、聊天等媒介娱乐行为所耗费的休闲时间在社会整体经济结构中其实也是劳动时间。Eran Fisher 在分析 Facebook 中的电子异化与数字劳工现象时也指出，SNS 网站的政治经济学既是建立在剥削和异化之间的辩证联系基础之上的强化性剥削行为。[①] 也就是说，当代青年无意识又无休止网上玩乐活动，当以群体形式被放置在社会经济结构的整体语境中时，玩乐便呈现出了劳动的经济增值属性，而青年玩乐者的身份也转化为"网络玩工"，网络玩乐变为典型的数字劳动行为。可是，青年们夜以继日的流量和数据生产，只为媒介与广告主生产了更多的产业增值、盈利的可能性，其自身不仅不能得到任何经济回报，其获得爱与关怀的使用动机也在循环往复的玩乐劳动中呈现出"使用——不满足"的裂变式异化特征，从而使得玩乐成为一种异己的力量反过来让劳动者感到割裂、空虚、孤独和焦虑。由此玩乐不再是与劳动相对立的革命性力量，当它被商品化、劳动化资源整合之后，其便成为更具隐匿性、无酬性和无法戒断性的劳动形态。同时，玩乐劳动主体在强制劳动停止时并未主动逃离，而是沉迷在"使用—不满足"的玩乐劳动中不断轮回，日趋空虚、焦虑却无法抽身。

（二）玩乐劳动产品的反噬性异化

马克思异化劳动理论认为，在资本主义社会，"劳动所生产的对象，即劳动的产品，作为一种异己的存在物，不依赖于生产者的力量并同劳动相对立"。[②] 数字媒介时代以来，大量经过"美化"的自拍图片、各种网络表情、语言符号等数字劳动产品已经建构出了一个庞大的虚拟景观世界，而这些近乎全球通用的媒介产品已失去了其工具性质，它们逐渐成为影响、控制甚至反噬人们语言、想象力及自主意识的主体。这种现象正是外在于主体的、反过来统治、压迫主体的数字异化现象，它成为造成青年社交媒体使用焦虑的重要因素。

Box2:

编号 23："必须仰拍 45 度才行啊！虽然大家都知道是'照骗'，但是还是觉得必须修过才能发，感觉会比较有自信，比较开心。"（张××，男，23 岁，硕

---

① Eran Fisher, "How Less Alienation Creates More Exploitation? Audience Labour on Social Network Sites", TripleC, vol.10, no2(2012), pp.171—183.

② [德] 卡尔·马克思：《1844 年经济学哲学手稿》，刘丕坤译，北京：人民出版社，1985 年，第 47—48 页。

士，珠海）

编号7："我很反感不拍照就不吃饭的，感觉很无聊，不过要是自己出去旅游，感觉唯一乐趣就是拍照发圈了，可能有点虚荣吧，不过就是想鉴证一下，有时候连景点叫啥都忘记了……"（钱××，女，20岁，本科，厦门）

编号30："我常用的（网络语言）很多啊，比如'我们走，皮皮虾'、'蓝瘦香菇'，还有'666'……大家都在用了，不用好像有种脱离组织的感觉……"（柳××，男，22岁，本科，珠海）

"你站在桥上看风景，看风景的人在楼上看你"是卞之琳《断章》中的著名诗句，从拉康的"镜像理论"出发，无论是观看风景，还是作为风景的一部分被凝视，人的主体性身份与自我认同都是清晰的。调查发现，进入社交媒体时代以来，大学生们"不拍照就吃不下饭，不发圈就感受不到旅行的意义"，没有经过处理和美化的真实图片被认为是丑陋的、"不能见人的"（编号40：王××，19岁，女，本科，兰州）。以及不使用、更新慢或看不懂表情包和网络语言则被认为是"落伍的、不合群"的（编号27：皇甫×，27岁，女，硕士，珠海）观念已成为青年的一种心照不宣的集体共识。可以说，当代青年不仅需要依靠异常同步与一致的网络语言、表情包、精修的照片来传达思想、互动交际，甚至需要依托这些虚拟符号所承载的"语言共识""美的共识""文化与情感共识"来证明主体存在的意义和价值，这状态正如克里斯托弗·拉什所述，"他却要依靠别人才能感到自尊。离开了对他崇拜得五体投地的观众，他就活不下去。或者只有当他依附于那些出类拔萃、声名显赫、具有领袖才华的人物时，他才能克服这种不安全感。"[1]究其原因，这与媒介技术发展的优越性并行而来的、技术对社会结构与文化带来的复杂影响不无关系。

随着人们对新技术形式的依赖、整合程度的不断加深，人的主体性地位，乃至"人"的元概念也在不断受到挑战和革新。自文艺复兴以来，作为"万物灵长"的"人"的自然属性与社会属性及其主体性地位，已然随着技术的不断发展而被解构和异化。由此，青年们在社交媒体上的通过玩乐劳动创造出的网络语言、表情包等劳动产品，这些本来用作传情达意、建构青年文化的符号与工具，却反过来成了规训、同化甚至反噬青年主体语言方式、审美标准乃至思维能力的异己力量。后现代主义的技术异化观将这种现象解释为，人类现代科

---

① [美]克里斯托弗·拉什：《自恋主义文化》，陈红雯、吕明译，上海：上海译文出版社，2013年，第6—9页。

学思维使人类丧失了人性价值，从而带来了严重的社会及心理后果，最终导致精神上的肢解与分裂，而这种被异化的主体性被麦克卢汉称为"一种拼死的、自杀性的自我截除"。[①] 后人类时代，玩乐劳动者与数字劳动产品之间的异化现象已逐步从资本主义语境中，传统的均质对抗转变为"劳动产品"对"劳动者"本质属性的反噬、异化与解构，这种经由媒介技术与社会文化剧变带来的矛盾，是造成青年社交媒体使用焦虑心理与行为的深层原因。

（三）玩乐劳动社交与身份认同的迷失与异化

马克思异化劳动理论认为，人与人关系的异化是劳动者同劳动产品、劳动本身和人的类本质相异化的必然结果，因为"人同自身的关系只有通过他同他人的关系，才成为对他说来是对象性的、现实的关系"。[②] 研究表明，大学生在社交媒体上的玩乐劳动行为一定程度上成为引发青年人际交往、生活方式与身份认同焦虑及异化的重要原因。

Box3：

编号11："刷朋友圈的时候，看到人家的工作天高海阔，每天见不同的人、做的事情很丰富很满足，就觉得自己上学很无聊，和感情失意加起来简直就是双重打击！但看见别人都点赞或者评论还很长，好像自己不点怪怪的，就跟着点，其实心里蛮不爽！"（林××，女，24岁，硕士，厦门）

编号22："我从来都是看过了可能记在心里，但是不会去转发或评论说出自己的看法，一部分是因为我不擅长表达，主要是害怕说错话，怕有舆论的压力。"（陈××，女，24岁，本科，珠海）

编号34："看到别人各种show会觉得有点失落，觉得自己好像过得没那么好，不过depends on如果关系越近，比较的心会更多。晒奢侈生活（我）会有点酸溜溜，如果是圈子里的同学同门，发现他们取得很多成就，会有郁闷和自信心受挫，或者有点frustration"。(Kelly，女，27岁，硕士，兰州)

编号9："我一旦发朋友圈之后，我就忍不住看看有没有人评论或者点赞，如果没有人理我的话，就会有些沮丧，过一会儿，我就会把它删掉了。"（黄××，女，26岁，硕士，厦门）

[①]　[加拿大] 马歇尔·麦克卢汉：《理解媒介——论人的延伸》，何道宽译，北京：商务印书馆，2000年，第76页。

[②]　中共中央马克思恩格斯列宁斯大林著作编译局：《马克思恩格斯全集》，1998年，北京：人民出版社，第99页。

网络点赞起源于各大社交网络或社区的"Like"功能，表示对某个内容的赞同、喜欢和支持。研究表明，首先，大学生在社交媒体上的被点赞需求与点赞动机已发生明显的意义不对等现象。如被访者所述："希望大家给我点赞，看到很多个赞会有被关心的感觉。"（编号37：王×，19岁，女，本科，兰州）大学生们普遍渴望通过社交媒体上的被点赞行为来获得关注和肯定。而与"喜爱、赞同"的符号本意不同，大部分青年点赞动机为礼仪性点赞、损友模式点赞、习惯性点赞（刷存在感），甚至迫于群体及压力对自己并不赞的信息被迫点赞。这些"异形赞"折射出了大学生在社交媒体"非语言驾驭机制"下扭曲的话语方式，它促使青年违背自己的意志而与社会意志表现出虚假的"意见一致"与"伪交往"现象。但这种复杂的社会心理机制在千篇一律的赞符号和表情包的掩盖下却无从辨识。同时，对于他人"秀"（show）行为的"酸溜溜"及挫败心理则说明，当代青年极易被社交媒体所建构出的"虚拟社会"与商业文化打造的"幸福生活"幻象所干扰和影响，从而迷失在错误的人际交往模式与价值观念中。

再次，从社交媒体对青年心理影响趋势来看，如被访者（编号41：徐××，男，19岁，本科，兰州）所述"不想说""懒得说""不知道说什么""觉得一切都没意思"的缄默趋势令人忧虑。哈贝马斯的交往异化论曾将交往关系的异化归结为技术对人性的压抑，陈嬿如则在《心传：传播学理论的新探索》中提出，大众文化与新传播技术的结合将致使青年由最初对话语权的假想式及民主自由（liberty）进而转变为狂欢与放纵（license），最后转化为对社会的漠然（lost）、无感和缄默的状态。[1] 这种缄默不同于"讷于言而敏于行"，不同于"雄辩是银，沉默是金"，更不同于"缄默就是最严厉的批评"，它是数字时化代青年社会交往异化与焦虑现象形成的一种静默、隐藏的文本，是当代青年对于无法掌控的人际关系及自我身份认同缺失的一种迷失和麻木，这种无力感在技术更迭与社会变革加剧的当代社会显得尤为凸显，同时它也是造成青年一代文化精神薄弱、民族文化自信与自强心理缺失的重要社会根源。

---

[1] 陈嬿如：《心传：传播学理论的新探索》，厦门：厦门大学出版社，2010年，第101页。

四、结论与建议

（一）数字媒介时代青年玩乐劳动异化的新表征

马克思异化劳动理论是马克思以劳动价值论为基础，对资本主义社会经济资本剥削本质的深刻披露和揭示。传统资本主义政治经济理论中玩乐与性欲是对抗资本主义的重要革命性力量，而在数字媒介时代，玩乐则被权力场域商品化并且劳动化，呈现在我国社会文化背景下的青年数字劳动行为，则以玩乐劳动的形式展现出了新的异化特征。

首先，劳动者主体性的进一步弱化与丧失。马克思异化劳动观认为，主体的劳动不是自愿劳动而是强制劳动，而在劳动过程中主体感到的不是幸福而是不幸，当主体在强制劳动停止时，主体存在主动逃离的意识与行为。而当代青年在社交媒体上的玩乐劳动看似自由，但却存在显著的强迫性与无意识性，青年们在既无法停止也无从逃离的玩乐过程中，不仅不能获得心理安慰与使用满足，反而更加空虚、焦虑、无法抽身。

其次，劳动产品对劳动者异化的反噬性效应。在传统异化劳动体系中，劳动者与劳动产品之间的异化现象表现为"分裂为二"或"树立对立面的双重化过程"，两者之间的关系依然是二元对立的均质化对抗。而在社交媒体情境中的玩乐劳动，不仅呈现出了"劳动产品"与"劳动者"之间异化，同时，劳动产品还具备反过来规训、同化、甚至吞噬、解构主体思维与行为能力的反噬性异化效应。

最后，主体对抗异化的缄默化趋势。传统异化观认为，异化现象同样存在于人与他人的交往关系之中。而只有在实践中主动扬弃异化来恢复人的自由、自觉的活动才能改变这种状况。但研究却发现，我国青年在社交媒体使用的过程中，不仅存在"伪交往"和"价值观迷失"与"自我认同缺失"的异化行为，同时，年轻人对异化现象的解读与回应逐渐呈现出一种日趋"缄默化"的趋势，这成为当代青年人际交往与生活方式异化的新表征。

（二）当前社会语境中数字劳动异化的结果、影响与建议

当前我国社会正处在技术高速更迭，社会与文化变迁加剧的非常时期，以平台经济模式为基础的数字传媒产业结合数字劳动行为整合了来自技术、资本、媒介、消费市场等多方资源，共同打造了当代数字经济的运营模式。从社会经济效益出发，一方面，它打破了资本对物质劳动形式的依赖和垄断，形成了非物质劳动价值创造的集体智库，带来了新型的产业模态和价值增值方式。另一方面，立足于社会文化视角，它对数字劳动的劳动主体成员：心智与社会经验

尚未成熟的青年而言，也带来了复杂深远的影响。首先，媒介平台经济模式使得数字劳动者在其中扮演的"数字劳工"的角色更加隐没化，无酬数字劳工虽然为资本的积累与增值提供了原动力，但青年爱与关怀等心理需求却在循环往复的玩乐劳动中求而不得。其次，商业化与娱乐化使得玩乐有利可图，致力于玩乐欲望生产的权力场域将青年的认知、情感、经历在潜移默化中商品化与劳动化，这导致了青年主体意识的逐渐沦丧、精神价值与理性交往的社会整体性缺失。这不仅成为造成青年网络成瘾、网络犯罪、社会舆论与风气低下等社会问题的深层原因，同时，长远来看，独立自主、思辨笃行的青年精神进一步弱化与缺失，将对青年个体身份认同、民族文化自信与自强心的建构造成无法预估的阻滞效应。

马克思的异化劳动理论旨在批判资本主义社会中资本奴役劳动、物统治人等种种弊端，进而阐述扬弃异化和实现人的自由全面发展的未来社会理想。在技术与社会复杂变迁的当代中国社会，重思马克思异化劳动理论将为构建社会主义和谐社会，贯穿落实科学发展观，实现人的自由、全面发展带来新的启示和重要意义。党的十九大报告中也指出，"青年兴则国家兴，青年强则国家强。青年一代有理想、有本领、有担当，国家就有前途，民族就有希望。"因此，实现中华民族伟大复兴的中国梦，无疑需要一代代青年的接力奋斗。针对新时期出现的青年社交媒体使用玩乐劳动与数字异化现象，本研究认为应当着力于三个方面进行反思和提升。第一，"玩乐劳动"现象警示我们应当着力培养青年社交媒体使用的媒介素养，提高并强化青年自我反思意识与能力。这样一来，一方面，媒介使用素养的提高可促使青年有效识别玩乐中的诱导与欺骗行为，避免落入数字资本的商业陷阱之中，使媒介技术真正成为服务主体的工具。另一方面，可以实现青年数字劳动行为的自主性，让劳动成为人的自愿行为，同时提升数字劳动的主观能动性和创造性，推动数字经济的发展。第二，应当意识到建构数字产业发展的经济效益与受众健康发展的社会效益二者之间均衡关系的必要性与紧迫性，应当从互联网产业运作的规章制度层面来厘清产业发展与网民之间的权责与社会伦理机制，切实落实科学发展观，坚持以人为本、强调人的主体性地位，对于一味迎合青年参与感、社区感、游戏暴力本能与情感追求的企业或产业形态，予以严格的监督与管控，从而切实维护青年身心健康，真正意义上实现人的全面发展。第三，应当通过媒体与社会有意识的、积极的、系统地建构并传播真正主流的青年文化价值观、历史观与青年文化体系，建构青年民族与自我身份认同意识与能力，从而增强社会凝聚力、长远推动青年文化振兴事业的繁荣与发展。

第三节　社交媒体时代青年拼贴文化背后的焦虑、补偿与成因
——以大学生"朋克养生"现象为例

一、大学生群体中的"朋克养生"现象

"朋克养生"现象兴起于 2017 年 8 月，它以"一边作死，一边自救""一边放纵一边自嘲"的矛盾体验充分贴合了当代青年的心理需求，并成为当代大学生群体中广泛流行的青年次生文化。溯其来源，"朋克养生"概念诞生的起因是一位摄影师拍摄到了曾经铁汉般硬气俊朗的黑豹乐队鼓手，如今却以大肚松垮、手端保温杯的形象示人，来自摇滚与现实的巨大反差使得鼓手手中的保温杯瞬间走红。"保温杯里泡枸杞"的现象在青年群体中引起广泛讨论和强烈共鸣，"朋克养生"一词由此诞生。随后，以"熬夜""脱发""养生"三大关键词在内的"居家摇滚""脱发金属"式"养生社交"开始攻入各大平台，并成为大陆地区大学生自我戏谑、自嘲，以及独特的社交与生活方式（见表 3-32）：

表 3-32　当代大学生"朋克养生"行为的典型表现

序号	"朋克养生"行为
1	熬夜玩手机怕视力下降，换上了绿色壁纸
2	玩手机游戏太久损害视力，iPad 上看会儿视频缓解一下
3	网吧包夜前做做眼保健操
4	啤酒加枸杞，可乐放党参，川贝枇杷鸡尾酒，无糖雪碧黄瓜汁
5	夜店后夜跑，蹦迪带护膝
6	熬夜敷面膜，敷眼霜；熬一会儿夜，闭一会儿眼
7	大哭之后喝盐水，吃油炸食品配沙拉
8	暴饮暴食之前服用健胃消食片，一边吃辛辣油炸的食物一边喝中药
9	破洞牛仔套秋裤、破洞牛仔裤里贴暖宝宝
10	生理期只吃红枣口味的雪糕

图表来源：作者自制。

　　流行于大陆青年群体中的朋克式养生文化不同于以往任何时期的青年文化形式，在这之中所中呈现的"孜孜不倦熬夜，勤勤恳恳护肤，喝最烈的酒，坐最贵的救护车"式样的价值观念与行为方式，以一种交织着冲突与矛盾、戏谑与严肃的特殊情态倾诉着"95 后"乃至"00 后"青年对时代巨变带来的冲击、困惑与焦虑。本研究根据文献梳理与无结构式深度访谈的研究结果，对这种文化形态特征、心理机制、社会原因进行分析，旨在为及时疏导并化解青年成长中的焦虑与困惑、促进青年身心健康发展、建立健全积极向上的主流青年文化提供参考和借鉴。

二、"朋克养生"现象的特征

（一）异质文化的拼贴与"被纠缠的自由"

　　"朋克养生"文化的核心特征之一是其对于两种内容属性迥异、文化环境截然不同的文化样式的刻意拼贴。众所周知，发源于 20 世纪 70 年代、兴起于美国和英国无产阶级中的朋克文化（punk）最初表现为一种音乐上的叛逆运动，其主旨诉求是抗拒并反对一些包括前卫摇滚（progressive rock）、重金属（heavy metal）在内的已经既存的流行音乐形式，并着意突出、揭示和批判社会不公与底层压迫，饱含着强烈的颠覆性、对抗性以及解构主义色彩。随后，朋克音乐逐渐演变为广义的朋克文化风格（punk culture）和文化形式，并成为年轻人解放、反主流、表达内心叛逆追求的代表性文化表征。而养生文化的文化质地、内涵与机理则与朋克文化全然不同。"养生"一词出自《管子》，是保养生命以达长寿之意。我国传统养生文化不仅综合了儒、道、佛、诸子百家以及民间保健养生的思想与实践精华，同时也结合了中国古代哲学和中医基本理论，形成了形神兼顾、顺乎自然、物我合一、养生与养性、治国相统一的独特理念与文化内涵，它不仅反映了中国传统养生观与生命观、同时也是华夏民族以人为本、刚柔相济、仁爱、坚忍克己的文化观的重要表征。很明显，从文化属性而言，朋克文化倾向于一种动态、叛逆、混乱无序、外显、愤怒、解构式的文化内涵与精神，它形如一团愤怒、热烈而直接的火焰；而中国传统养生文化则是一种静态、保守、内敛、完整统一、平和、并蓄的文化样式，它形如清泉一般平静、通达、含蓄。那么两种毫无关联甚至形同水火的文化样式又缘何要拼贴为一种独特、另类甚至有些怪诞的新型文化呢？克尔凯郭尔曾提出，焦虑是人类在面对他的自由时所呈现的状态。① 弗洛伊德的"第二焦虑理论"则认为焦虑是冲突所引起的结果②。本文认为，朋克养生文化所呈现出的异质性文化拼贴特点既是自由与冲突交织的焦虑表现，是一种"被纠缠的自由"。一方面，在当前的文化语境中，改革开放及全球化战略对社会生活带来的巨大变迁与影响正如同毛细血管般渗透进当代青年的日常生活中，高度包容、多元与开放的信息环境每时每刻不停的为青年们输送着各式新鲜、另类的外来文化，而社交媒体的即时性、随进随出以及浸淫式传播的特点则为青年们缔造了一种前所未有的自由感。但是，对于大部分青年而言，他们对于不同背景、基因与特质的外来文化并不十分了解，而他们表现出来的认可和接受态度，多是源自西学东渐的惯性逻辑与当代商业文化的反复洗礼。例如，在笔者的调查中，大部分大学生所理解的朋克是"穿着另类""纹身""酷"，而对其产生的历史背景、精神内涵、发展脉络却一无所知。网络与社交媒体快闪式的信息接触方式造成了当代青年认知与思维惯习浅表化、感性化的特质，同时也使得各种异质性文化如同浮萍一般，顺水而来，顺风而走，青年们很难从他者文化中真正汲取到养分并有所收获，却又常常在异己的、陌生刺激的新奇景观中沉沦、迷失。另一方面，社会变革在青年文化塑造与心理秩序层面也投射出了深层涟漪。民族经济的崛起以及对于民族文化与传统人文精神的大力复兴使得越来越多的青年在日常学习、社交、娱乐、消费等多重面向中更深刻的体会到来自本土文化的价值与魅力。一百多年来，中国持续发生剧烈的西化和现代化运动带来的"外国的月亮更圆"的惯性逻辑逐渐瓦解，取而代之的是，中国人心理景观中的那条源远流长的大线索被接续起来，它不再模糊、混乱、断裂，而变的清晰、熟悉、充满认同感起来。这也是养生文化能在青年一代中兴起的重要原因之一。但是，在复杂时代与社会情境中的青年心理线索也很复杂，它们既通向熟悉亲切的、有认同感的历史景观，又会迷失在异己的、陌生刺激的新奇景观，这二者交织在一起，便构成了这种既静态又动态、既反叛又保守、既愤怒又平和、既割裂又统一、既外显又内敛、既解构又建构的青年"朋克养生"文化，它既是"自由的眩晕"抑或"被纠缠的自由"，也是当代青年文化内生性焦虑的集中体现。

---

① ［美］罗洛·梅：《焦虑的意义》，朱侃如译，桂林：广西师范大学出版社，2013年，第34页。

② ［美］罗洛·梅：《焦虑的意义》，朱侃如译，桂林：广西师范大学出版社，2013年，第115—124页。

（二）商业文化的浸润与文化间隙

"朋克养生"既是两种次生文化的结合体，同时又是一种长期浸润于商业文化而产生的文化间隙的表征。首先，从朋克文化发展历史来看，朋克自诞生之日起，主流唱片公司就试图从地下朋克获利，这虽然与朋克追求音乐的纯洁性、坚持边缘和地下的文化身份、对抗主流文化的天然伦理相违背，但是，最终也无法逃脱被商业洪流和意识形态收编并同化的命运。今日，朋克的反抗精神不复，留下的只是物质主义与商业文化大潮之下标榜另类、个性的与时尚的品牌logo 而已。传统养生文化的流变过程也是如此，养生文化原本追求的是个体修心养性、智慧通达、健体强身、克己自治的身心调和过程，它本是一种文化的启蒙与实践，而"朋克养生"更多则演变为健身、保健产业的核心卖点，这从市场中充斥的各类价格昂贵的养生茶、按摩仪器、精油、中药膏贴、保健食品保健药、健身美容服务等现象中就可见一斑。据《2017—2022 年中国健康养生行业市场发展现状及投资前景预测报告》显示，我国健康养生市场规模已经超过万亿元，市场份额庞大且增长快速。[①] 第一财经商业数据中心发布的《2018 生活消费趋势报告》也指出，90 后及 95 后新生代消费者对"养生"的偏好度在 2017 年一年中发生了明显变化，"少年养生派系"正在形成。报告指出，从整体消费者对于"养生"的搜索量来看，90 后及 95 后的年轻消费者对"养生"的偏好度明显上升，甚至超越了 1990 年以前出生的消费者。[②] 养生产业如火如荼的发展固然无可厚非，但是，在创造巨大的市场空间与利润的同时，养生文化似乎从持之以恒的、主体性的、系统化的、克己自治的身体与文化哲学被引导为"花钱就能保健康"式的简单粗暴的、单向度的、价值化的消费指南。

甚至，这些所谓的养生措施也是间断的、客体性的、非系统化的，它不但达不到长期性的良好效果，反而在一张消费购置的安全网之上更加放肆地鼓励青年人娱乐、消费和自我放逐。由此可知，"朋克养生"并不朋克也非养生，这种后工业时代出产的同源但却割裂的特异文化与传统或母体文化之间形成了一种剥离与间隙状态。当代的年轻人虽然饱尝了市场经济带来的丰硕的物质成果，但却更多折射为一种消费生活的民主化，它与真正意义上的文化启蒙、心灵土

---

① 《2017—2022 年中国健康养生行业市场发展现状及投资前景预测报告》，中国产业信息网，获取地址：http://www.chyxx.com/research/201610/456656.html，发布时间：2016 年 10 月 26 日。

② 《中国养生产业是怎样风靡起来的？》，界面新闻，获取地址：https://baijiahao.baidu.com/s?id=1611675133986073200&wfr=spider&for=pc，发布时间：2018 年 9 月 15 日。

壤的培育仍存在很大的间隙。这种分离与割裂情形与兰克在分离经验中描述的诸如出胎、断奶、上学、告别单身、结婚以及人格发展中所有的分离所带来的不安焦虑[①]相似，只不过这里指向了文化与心理层面的疏离。然而，更令人担忧的是，被等同于"理性"和"知性"的商业经济发展逻辑，并不会带来理性的整合，它使得本应充满创新、活力与批判力的青年文化成为"为某种自我中心的权力目的，误用理性和知性"的、被过度商业化异化了的次生文化，这种青年文化不仅自身形如无源之水、无本之木，缺乏持久与健康的生命力与发展根基，同时也误读并阻滞了传统文化与记忆延续的进程。

（三）社交媒体的培养皿与增殖器效应

以网络与社交媒体为代表的技术媒介成为形塑当代青年文化的重要推手甚至核心动力的观点已成为共识。对于"朋克养生"来说，社交媒体更是创造、传播、扩散其文化影响力的重要培养皿与增殖器。其传播历程基本分为以下几个步骤：第一步，在社交媒体上诞生的"熬夜""脱发""养生"为主题的"养生社交"即"朋克养生"的滋生温床，而少数意见领袖、KOL 等在微博、微信等社交媒体上发表的相关评论、调侃则对"朋克养生"文化的认知起到了进一步的推广作用。第二步，"朋克养生"在社交媒体上的作用从一开始作为被戏谑与调侃的笑料逐渐转变为一种促进大学生彼此间情感交流、获得认同感的方式；第三步，基于部分人的带动和从众心理的影响，社交媒体上的"朋克养生"行为分享也逐渐成为更多大学生信息习得、自我呈现、自我表露、释放现实压力所做出的努力行为。随后，社交媒体自我形象建构功能与拟剧效应进一步强化，无论是基于掩饰的"理想化表演""误解表演"或激发对方崇敬心理或挽回好感的"神秘化表演"与"补救表演"，都能够通过给他人"我在注重养生"的印象方式引导他人向着产生好感或接受"朋克养生"的观念与行为靠拢。最后，随着从众者不断地增加，"朋克养生"的话题在社交媒体上出现和讨论的次数也越来越多，越来越频繁，这客观上使得更多年轻人扭转了当初戏谑、自嘲、不羁的态度，从而更加注重自己的身体健康，并对大学生的消费观念和习惯产生了重要影响。据《2018 生活消费趋势报告》显示，综合各年龄段在电商平台上"枸杞"的搜索量来看，95 后的搜索量占比在 2017 年 9 月有显著提升。蜂蜜、枸杞、乳清蛋白、养生茶和酵素是 95 后热衷的养生食品，他们正试图深入体验

---

① ［美］罗洛·梅:《焦虑的意义》，朱侃如译，桂林：广西师范大学出版社，2013 年，第 128 页。

养生。[①] 客观而言，一方面，社交媒体成功实现并促进了"朋克养生"在大学生范围的传播与推广，同时，经由社交媒体与商业文化共塑的新型次生文化与商业模态也孕育而成。另一方面，经济实力与信息控制、形象制造、舆论建构的融合是新权利的本质。笔者认为，社交媒体与商业文化一起共振造势，在短期之内即可炮制一款青年次生文化，轻而易举便影响和带动青年的所思所想，这种转瞬即逝的现象看似匪夷所思，但却揭示了另一个重要问题，即，社交媒体在当代青年思维方式、文化结构中起到重要的引导作用，一旦对这一要素把控不力，就会对"百年树人"的传统教育工作起到负面的破坏和阻滞效应。同时，过多不健康与非主流的价值观也会助长青年"失去方向感"、忘记自己的人生使命。

三、"朋克养生"现象的心理与媒介运作机制：焦虑与补偿

诸如"喝啤酒放枸杞，可乐放党参，夜店后夜跑，蹦迪戴护膝"等看似不羁却又充满矛盾和挣扎生活方式，在媒介与社会的研究历史中似曾相识。梅琳夫妇在"美国小镇"（Middletown）(1929) 的研究中，呈现了十九世纪二三十年代蕴藏在社会发展肌理之下的大众的隐性焦虑特征："强迫式的不停工作（工商人士似乎都以追逐金钱的方式来追求美好生活）、强迫式的热爱交际（非常强调所谓的"参加"社团），以及疯狂的想用活动把自己的时间填满，也不管这样的活动本身是多么没有意义"[②]。美国的 19 世纪 20 年代正是战后经济飞速发展、社会历经"柯立芝繁荣"的时期，但同时也展现了寡占性资本主义发展进程中疯狂的个人竞逐所产生的普遍性焦虑。它与我国社会当前的经济高速运行的繁荣态势有些相似，这一时期人们虽然身处物质空前丰富的自由状态，但是，整个社会也充满着各种复杂的焦虑，人们既担心失去即既有的成果，又担心未来向着更加无法参透的方向驶去。这一时期既不同于完满与稳定状态所呈现的"确定的快乐"，也不同于战时或贫困潦倒时的"确定的痛苦"，它既抱有对失去现状而产生的"不确定的痛苦"，同时又满怀希望更多的快乐降临，这种在"不确定的痛苦"与"不确定的快乐"之间摇摆纠葛的状态既是社会焦虑滋生的温床，

---

① 《京东到家 2018 年消费报告：90 后成养生新势力》，证券时报网，获取地址：http://field.10jqka.com.cn/20190130/c609519710.shtml，发布时间：2019 年 1 月 30 日。

② [美] 罗洛·梅：《焦虑的意义》，朱侃如译，桂林：广西师范大学出版社，2013 年，第 159—161 页。

也是"人类在面对他的自由（可能性选择）状态时所呈现的焦虑状态"，或是存有对非存有（nonbeing）威胁的反应。

（二）使用满足与补偿动机

如前文所述，朋克养生现象背后的渊源一方面有时代因素宏观影响，在社会变革中产生的文化间隙、商业潮流的浸润与洗礼，以及社交媒体的肆意制造、传播与放任，那么，这种两难情境中的群体心理失序状态又是如何通过社交媒体获得满足的呢？在媒介的使用满足研究中，美国社会学者卡茨于1959年首先提出了"使用与满足"研究的方法，随后，卡茨、布鲁姆勒、古列维奇等人在1974年发表《个人对大众传播的使用》一文中，将媒介接触行为概括为一个"社会因素＋心理因素—媒介期待—媒介接触—需求满足"的因果连锁过程，并提出了"使用与满足"过程的基本模式。20世纪末至21世纪初步入网络社会以来，部分学者Goldberg、Yong、Rogers、Davis等则针对网络传播时代的特征，从受众视角受众出发，讨论了网络使用成瘾问题的心理机制模型。其中，Yong的ACE模型认为，网络的三个特征：匿名性、便利性和逃避现实性成为受众使用网络的重要吸引力来源；Grohol J M.则提出了网络作为一个有吸引力的新鲜事物，会对受众产生新鲜、痴迷到解脱的认知行为过程。[1]贺金波在《网络成瘾的发生机制和防治》中进一步提出了网络成瘾的发生机制应当归纳为"补偿动机理论"，这一理论是指，一些人因为在现实生活中无法满足、满足不充分或满足成本过高的一些需要，在网络活动中能够得到更为方便、经济和充分的满足，造成他们不断地依赖网络，逐渐疏远和脱离现实，并造成社会功能障碍的问题[2]。本研究认为，"朋克养生"现象也是当代大学生借助社交媒体获得文化与心理补偿，并以此来缓解个体的心理失序的尝试。虽然"朋克养生"是一个由朋克符号、养生符号、消费主义等诸多复杂符号组成的综合体，两种文化形态迥异，但是它们都指向于一个共同特征，既是对现代技术的批判以及对前现代文化传统的某种回应。一方面，它以一种交织着斗争、反叛同时又顺其自然、返璞归真的矛盾景观暗示了一个无法令人满足的世间来取代当代社会的工业化形象。另一方面，它又用一种虚构又真实、严肃又戏谑的叙事方式来

---

[1] Grohol JM., "Too much time online: internet addiction or healthy social interactions?" Cyberpsychol&Behavior,.vol.2,no.5 (1999),pp.395-401.

[2] 贺金波：《网络成瘾的发生机制和防治》，武汉：华中师范大学出版社，2015年，第37—43页。

陈述了一现代性症状，既在时代洪流的文化间隙中滋生的自我焦虑与内在冲突。在这种情境下，社交媒介使用形式与内容为青年提供了一种始终伴随，且交替在虚拟与现实之间的"去现代性"的生活想象。它既是一种脱离现代大工业系统的假设与可能，也是当代青年在遭受个体挫折与焦虑情境后的一种心理防御机制，借助这种超越自我的"涡轮增压"方式或者装置，青年们得以获得补偿及心理的安慰与满足。

四、对策建议

诚然，"朋克养生"行为一定程度上也是一种直观激烈的、面对现代生活的乐观主义的呈现，但不可置否的是，它也是当代青年主流文化缺位、青年使命与精神匮乏 、青年身份认同空置的表现（如图 3-10）：

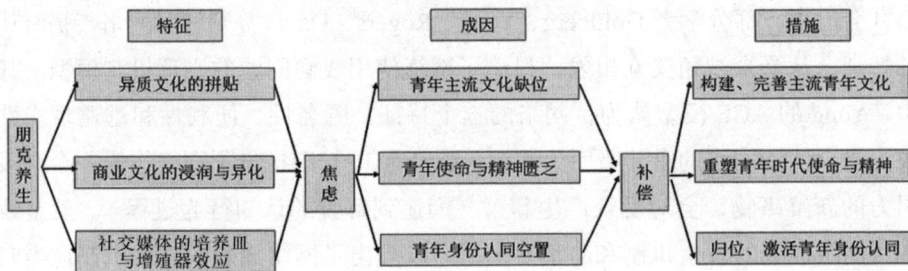

图 3-10　青年"朋克养生"特征及成因分析

研究认为应从以下三方面入手培育积极、健康的时代青年文化与价值观。

（一）建构、完善青年主流文化

在大陆青年"朋克养生"文化的背后，折射的是这个时代年轻人的集体不安。随着社会压力的增加，矛盾、焦虑等情绪的日益深化，或嬉笑怒骂、或怪诞夸张的、一切能够获得关注和认同的文化样式都成为青年人寻找情绪宣泄出口、获得心理慰藉，并尝试解决问题的重要文化载体。然而每一种闪耀一时却转瞬即逝的青年次生文化，都在陈述一个客观的事实，即当下真正主流的青年文化仍处在长期缺位的状态。正如陈嬿如在《心传：传播学理论的新探索》中指出，在新民主主义革命胜利前，直接服务于革命宣传的传播媒介都竭尽全力的宣传一个共同的理想，那就是人人平等，共同富裕的社会主义国家，既是一个理想，但是是一种过度热情的激进主义。在 20 世纪 50 年代后期曾经促使政府和媒介都全力鼓动民众进行跃进式的前进，也就是理想扭曲现实。社会主义革命胜利后，思想意识形态的斗争兴起来了，无论是党内的对立面还是传播媒介大众，关注的似乎不再是一个共同理想，而是一种或者多种思想正确与否。不论其权力斗争，相对于前面的理想主义这依然是一种倒退。思想斗争结束之后，迎来了形象制造时代，也是市场经济发展的必然产物。而当前大众传播媒介所传播的形象，大多数被抽空了理想的内涵，只有徒有其表的形象。① 对于青年文化与精神而言，亦是如此。1916 年李大钊曾从日本寄给《新青年》第一篇稿件《青春》。文中号召青年："本其理性，加以努力，进前而勿顾后，背黑暗而向光明，为世界进文明，为人类造幸福，以青春之我，创建青春之家庭，青春之国家，青春之民族，青春之人类，青春之地球，青春之宇宙，资以乐其无涯之生。"② 其中拼搏、博爱、奋发向上的青年精神鼓舞了一代代年轻人，自五四运动以来忧国忧民、热爱祖国、积极创新、探索科学的青年精神也成为当代中国青年精神的集中代表。然而，随着物质生活水平的不断充裕、对外开放水平和全球化进程的不断提高，青年们似乎逐渐在不断延伸的"自由中感到眩晕"，一方面，在传统文化的深度普及与传承乏力、主流青年文化缺位的情境下，面对时尚潮流的包装与铺天盖地的渲染，当代青年们面对一知半解的外来文化毫无判断与识别能力，轻而易举地认同和跟风。在"朋克养生"案例中，绝大部分学生并不了解朋克与中国传统养生文化的具体内涵，而仅仅是为了满足"一时的快感"或跟随潮流，却在享受过后需要通过所谓的养生行为弥补自己的"负罪感""愧疚感"来寻求"心理安慰"，其实质无非是包含了"放纵"与"自嘲"的自我情绪宣泄。在笔者的调查中，有学生将如今的弹幕网站、微信群等比喻成曾经让六七十年代青年们聚集在一起的咖啡馆、酒吧和俱乐部。听后不禁令人反思，当代青年内心深处对于真正主流的青年文化，群体归属还是满怀着深深的渴望。王国维先生曾经说过："欲觅吾心已自难，更从何处把心安？"因此，及时创立并完善独具时代特色、积极进步又深入人心的青年精神与文化，是当代教育与社会文化事业中的重中之重。

（二）重塑青年使命与精神

市场经济的浪潮在创造不可估量的经济效益与社会效益的同时，似乎将一切都商品化了，这正如齐泽克在《今天纠缠我们的是什么幽灵？》一文中所描述的："一切等级的和固定的东西也都烟消云散了，一切神圣的东西都也被亵渎

① 陈嬿如：《心传：传播学理论的新探索》厦门：厦门大学出版社，2010 年，第 74 页。
② 李大钊：《青春》，《新青年》，1916 年 9 月 1 日，第 2 卷，第 1 号。

了，取而代之的是全球动力机制成为新的社会现实，它把宗教虔诚、骑士热忱、小市民伤感这些情感的神圣发作，淹没在利己主义打算的冰水之中。它把人的尊严变成了交换价值，用一种没有良心的贸易自由代替了务实特许的和自力挣得的自由。"①而商业导向下生产的商品似乎也并非像我们满怀热情将它放入购物车时的单纯欢喜，"最初一看，商品好像是一种很简单很平凡的东西，但通过对商品的分析表明，它却是一种很古怪的东西，充满形而上学的微妙和神学的怪诞。而商品拜物教——即我们这种信念，商品是有魔力的物品，它有某种内在的形而上学力量——就我们（错误）感知现实的方式而言，不在我们的心智之中，而在于社会现实本身内部"。②无论是标榜反抗与斗争的朋克精神，抑或追求圆融克己、通达仁厚的传统养生文化精髓都被这种看似单纯的商业文化消解为欲望的产物，通过欲望的诱惑与操控，青年们本该有的自主思考、吃苦耐劳、勇于批判、敢于创新、积极求实的青年精神被消解，取而代之的是一种过度功利化、商业化的意识形态幻象，它甚至成为青年们认知社会现实的唯一方式。于是，原本内涵深刻的朋克文化被曲解成为放纵、疯狂的借口，博大精深的传统养生文化则化身为琳琅满目的各类养生食品、药品，为年轻人的行为提供安慰剂和后悔药。然而，文化的进步、心灵的解放绝非某些新新人类所标榜的青春永驻，自由无度，曲解文化、放肆理想、消解崇高的恶果正如陈嬿如所述，它将助长国人"失去方向感"的倾向，导致许多中国人忘记自己的身份认同，忘记自己的民族和国家的文化优势，忘记自己的人生使命。③真正符合时代发展要求、牢记民族使命的青年精神依然匮乏。当代传媒应当与政府配合，以审慎的眼光重新检视技术与商业时代"以人为本"的真正内涵，并对青年群体进行引导，为其塑造真正符合时代需要的、积极健康的青年使命与精神空间。

（三）归位、激活当代青年的身份认同

人之所以苦恼，是不知道自己到底是谁。由此可知，人需要得知"identity"，既身份认同，对个人而言，这是安身立命的本钱，而对于国家和民族来说，这种主义何尝不是一种信守的信仰底线④。然而，技术症候的变迁对人文社会带来

① 齐泽克：《〈共产党宣言〉的现实意义》，王立秋译，获取地址：海螺社区，http://www.sohu.com/a/309863336_790641，发布时间：2019年4月22日。
② 齐泽克：《〈共产党宣言〉的现实意义》，王立秋译，获取地址：海螺社区，http://www.sohu.com/a/309863336_790641，发布时间：2019年4月22日。
③ 陈嬿如：《心传：传播学理论的新探索》，厦门：厦门大学出版社，2010年，第42页。
④ 陈嬿如：《心传：传播学理论的新探索》，厦门：厦门大学出版社，2010年，第30—31页。

的复杂影响则正如唐娜·哈拉维所述:"20世纪后期,机器已使得自然与人造、心灵与身体、自我发展与外部设计之间的差异,以及许多其他过去常应用于生物体与机器的区分变得彻底模糊了。"① 伴随着人类身体可置换性与可拓展性的不断加深,人类不再是比自然或物质世界更优先的存在,也不再是历史必然性的结果,而由技术与人、技术与文化之间形成的分离感与撕裂感以及心理焦虑现象,则使得青年们在自然人、社会人、技术人之间的身份切换中寻找自我与身份认同变的更加艰难。如果青年文化始终呈现出类似于"朋克养生"式的零碎的、轻松的、流动的拼贴话语与即兴表达,以一种"当屌丝面对世界,自嘲就转为戏谑"的不羁身份轻松出现又迅速消逝,则原本就处在风雨飘摇之中的青年身份认同将随着青年文化的衰落而长期失落与空置。然而,一个国家要实现现代化,首先是人的现代化,在这一进程中紧要的则是教育的现代化,以大学生为主的青年群体毫无疑问成为教育现代化中的核心主体,全面看待并且正确调节媒介技术与人及文化的互动关系,切实落实并归位技术媒介时代青年的自我身份认同,充分激发其主体性和青年精神与文化机能,将是新时期提升青年教育、培养,促进文化创新与改革的重要思考面向与路径。

---

① [美]唐纳·哈拉维:《赛博宣言:20世纪80年代的科学、技术以及社会主义女性主义》,严泽胜译,桂林:广西师范大学出版社,2006年,第291、294页。

第四章 台湾地区大学生社交媒体使用
焦虑心理与行为研究

在台湾大学生社交媒体使用焦虑研究部分，研究逻辑与大陆保持一致，即通过量化与质化相结合的研究思路，采取问卷调查与深度访谈相结合的研究方法，对台湾地区大学生社交媒体使用焦虑心理和行为进行综合考察与比较研究。研究主要由台湾地区大学生社交媒体使用焦虑特征与影响机制——兼与大陆大学生的比较分析、台湾大学生社交媒体使用焦虑差异与"圈层化"效应研究、社交媒介时代两岸青年"丧系"文化的多元意义解读——以"小确幸"与"小确丧"为例三个小节构成，研究旨从普遍性、特殊性与代表性三个维度对台湾大学生社交媒体使用焦虑心理及行为进行初步考察与解析。

第一节 台湾地区大学生社交媒体使用焦虑特征与影响机制
——兼与大陆大学生的比较分析

根据前述设计修订问卷量表，本研究在台湾地区的辅仁大学、淡江大学、世新大学、暨南国际大学也进行正式问卷投放，采用配额抽样＋自愿样本方法，共回收有效问卷277份，以此问卷为基础，我们使用量化分析与比较研究方法，力图考察以下问题：（1）台湾大学生社交媒体使用情况、偏好、习惯如何？与大陆大学生有何异同。（2）台湾大学生社交媒体FoMO、社交媒体依赖、个体焦虑情况如何？与大陆大学生是否存在显著差异，如果差异显著应如何解释？（3）台湾大学生社交媒体使用焦虑的影响机制分析：结合社交媒体FoMO、社交媒体依赖、个体焦虑三方面因素，使用相关、回归以及中介效应分析方法，对台湾大学生社交媒体使用焦虑的内在影响机制进行考察，并与大陆大学生机制进行比较，找出异同，并进一步挖掘其内在原因。

一、台湾地区大学生社交媒体使用概况

台湾地区 277 份有效问卷的人口学统计情况如下：

表 4-1　台湾地区问卷样本个人特征统计

特征	组别	样本数	百分比	累计百分比
性别	男	160	57.76%	57.76%
	女	117	42.24%	100%
年级	大一	76	27.44%	27.44%
	大二	75	27.08%	54.51%
	大三	56	20.22%	74.73%
	大四	68	24.55%	99.28%
	硕士在读	2	0.72%	100.00%

如表 4-1 所示，在我们搜集的台湾地区大学生样本中，男性 160 名，占比 57.76%，女性 117 名，占比 42.24%。就样本年级构成来看，大一、大二学生在样本中所占比重最高，分别为 27.44% 和 27.08%，其次是大四（24.55%）、大三（20.22%），及少数硕士（2 名）。

表 4-2 统计了台湾地区大学生样本的社交媒体使用频次，在 277 份有效问卷中，选择"每天 10 次以上"以上的人数最多，达到 180 名（占比 64.98%），"每天 5-10 次"的样本 63 名（占比 22.74%），这两项加总之后达到台湾地区大学生总样本的 87.72%。相较大陆大学生，台湾地区社交媒体使用"每天 10 次以上"的个案百分比略低（大陆 77.41%），"每天 5—10 次"的略高（大陆 17.88%），"每天 3—4 次"的（11.55%）也比大陆（3.76%）高出不少，可见相较大陆样本，台湾地区样本更多地分布在使用频度相对较低的组别。我们计算了台湾与大陆大学生的每日社交媒体平均使用频次，台湾地区大学生平均使用频次为每天 10.247 次，大陆则达到 17.128 次，可见台湾地区大学生社交媒体使用的频繁程度要明显低于大陆大学生。

表4-2　台湾地区大学生社交媒体使用频度

使用频次	样本数	百分比
每天 10 次以上	180	64.98%
每天 5—10 次	63	22.74%
每天 3—4 次	32	11.55%
每天 1—2 次	2	0.72%
合计	277	100%
平均每天使用频次：10.247 次		

　　就表4-3所示台湾地区大学生样本社交媒体使用时间情况来看，社交媒体使用时长"每天1小时以下"以及"每天1—2小时"的占台湾地区样本总量的14.08%；使用时长"每天2—5个小时"的样本占44.77%，略低于大陆大学生（47.06%）；"每天5—8个小时"的占28.88%，与大陆大学生相近；"每天8小时以上"占比12.27%，略高于大陆大学生样本（8.24%）。我们使用加权平均法[①]计算了台湾与大陆大学生样本的每天使用时长均值，发现台湾地区大学生平均每天社交媒体使用时长为4.803小时，高于大陆大学生的4.479小时。综合表4-2所示情况，可以看出相较大陆大学生，台湾地区大学生社交媒体使用频次略低，但平均使用时长却相对较长；大陆大学生社交媒体使用频繁程度高，但平均使用时间却相对较短，其原因可能与两岸大学生课业压力不同有关。台湾大学生课业压力相对较轻[②]，大陆学生的平均课业压力较大，使得其社交媒体使用时间更为碎片化，次数更多而单次时长相对较短。

表4-3　台湾地区大学生社交媒体每日使用时长

使用时长	样本数	百分比
每天 1 小时以下	5.0	1.81%
每天 1—2 小时	34.0	12.27%

---

　　①　分组数据加权平均公式为：$s^2 = \dfrac{\sum_{i=1}^{k}(M_i - \bar{x})^2 f_i}{n-1}$，其中 M_i 为各组组中值，f 为各组样本数，各组组中指分别取为：0.5 小时、1.5 小时、3.5 小时、6.5 小时、9.5 小时。

　　②　《两岸高校"学霸"谁更拼？》，人民网，获取地址：http://paper.people.com.cn/rmrbhwb/html/2015—08/27/content_1603372.htm，发布时间：2015 年 8 月 27 日。

续表

使用时长	样本数	百分比
每天 2—5 小时	124.0	44.77%
每天 5—8 小时	80.0	28.88%
每天 8 小时以上	34.0	12.27%
合计	277	100.00%
平均每天使用时长：4.803 小时		

考虑到社交媒体使用与大学生学习与生活时间分配相关，我们将台湾地区大学生社交媒体使用时长与其所处年级变量进行交叉分析，得到表 4-4 所示结果：

表 4—4 台湾地区大学生所在年级与社交媒体使用时长交叉分析

使用时长	分布	年级					合计
		大一	大二	大三	大四	硕士	
每天 1 小时以下	频数	2	3	0	0	0	5
	行百分比	40.00%	60.00%	0.00%	0.00%	0.00%	100.00%
	列百分比	2.7%	3.9%	0.0%	0.0%	0.0%	1.8%
每天 1—2 小时	频数	12	12	5	5	0	34
	行百分比	35.29%	35.29%	14.71%	14.71%	0.00%	100.00%
	列百分比	16.0%	15.8%	9.1%	7.2%	0.0%	12.3%
每天 2—5 小时	频数	32	41	24	27	0	124

就表 4-4 来看，我们发现在台湾地区大学生中，无论是在大一、大二、大三还是大四年级[①]，社交媒体使用时长"每天 2—5 小时"的人数占比均最高，其次是"每天 5—8 小时"组别，"每天 8 小时以上"占比在各个年级也达到 10% 左右；"每天 1 小时以下"的样本占比最少。在各个年级层次，每天 2—5 小时以上的中高强度用户均占据多数（80% 以上），到了大三、大四这个比例则更高（达到 90% 以上），总体来看，台湾大学生社交媒体使用时长确实已经达到较高水平。

大陆大学生不同年级社交媒体使用时间均呈现"大一较少"——"大二剧

---

① 由于硕士样本过少，我们在讨论中予以略过。

223

增至峰值"——"大三、大四持续减少"的分布特征,而就台湾地区情况来看,我们发现在"每天 1 小时以下"和"每天 1—2 小时"这样的低使用强度组别,台湾大学生样本分布随年级上升而递减;而在"每天 2—5 小时"、"每天 5—8 小时""每天 8 小时以上"的高使用强度组别,其分布则随年级上升而递增,年级越高则高强度使用者占比越多,这一点与大陆学生的情况明显不同。其原因可能是大陆学生随年级上升课业与就业压力增大,导致社交媒使用时间减少,而在台湾地区,高年级学生面对即将步入社会的各方压力,反而需要更多时间在社交媒体上寻找信息资源或寻求心理慰藉。

表 4-5 列示了台湾地区大学生社交媒体使用的主要软件(平台)选择偏好,结果显示,Line、Instagram、Facebook 是三个主要平台,其中 Line 的使用者占比高达 98.56%,Instagram、Facebook 的使用者占比也分别达到 92.78% 和85.56%。值得注意的是,来自大陆的社交软件 QQ 在台湾也普及较广,使用者占比达到 77.26%;微博用户也有接近 20% 的使用者占比,在样本中甚至高于Twitter、MSN 和 WhatsApp 等国际主流软件。

表 4-5　台湾大学生社交媒体平台使用选择

社交媒体	样本数	个案百分比	总百分比
Line	273	98.56%	22.32%
Instagram	257	92.78%	21.01%
Facebook	237	85.56%	19.38%
QQ	214	77.26%	17.50%
微博	55	19.86%	4.50%
Twitter	47	16.97%	3.84%
微软 MSN	40	14.44%	3.27%
陌陌	32	11.55%	2.62%
WhatsApp	20	7.22%	1.64%
微信	12	4.33%	0.98%
土豆网	12	4.33%	0.98%
Skype	8	2.89%	0.65%
街旁	8	2.89%	0.65%

续表

社交媒体	样本数	个案百分比	总百分比
Youtube	4	1.44%	0.33%
其他	4	1.44%	0.33%
总计	1223	441.52%	100.00%

就台湾大学生社交媒体关注信息内容来看（表4-6），关注面最高的分别是娱乐、社会新闻、旅游、时尚等内容，个案百分比分别达到75.81%、62.82%、52.71%、44.40%，其后是财经、科技、教育、读书等内容。

表4-6　台湾大学生社交媒体关注内容及与大陆比较

内容	样本数	总百分比	台湾个案百分比	大陆个案百分比
社会新闻	174	14.19%	62.82%	78.35%
娱乐	210	17.13%	75.81%	79.76%
体育	51	4.16%	18.41%	19.06%
财经	79	6.44%	28.52%	12.71%
科技	79	6.44%	28.52%	16.71%
读书	55	4.49%	19.86%	29.41%
教育	32	2.61%	11.55%	21.18%
时尚	123	10.03%	44.40%	44.24%
旅游	146	11.91%	52.71%	40.24%
游戏	87	7.10%	31.41%	23.76%
圈内动态	178	14.52%	64.26%	0
其他	12	0.98%	4.33%	6.12%
总计	1226	100%	442.60%	371.53%

将表4-6内容与大陆大学生情况进行比较可以发现：

（1）台湾与大陆大学生关注内容的前两位均是娱乐与社会新闻，但台湾地区大学生的社交媒体内容关注更加多元化，各项目内容占比的绝对值较低，而大陆大学生的娱乐与社会新闻占比高达79.76%和78.35%明显高于台湾地区。

（2）大陆大学生对于娱乐与社会新闻的关注比例相近，而台湾大学生对于娱乐的关注占比（75.81%），明显高于社会新闻（62.82%）。这与台湾学生对于政治相关议题的回避有关联，并与质化研究中台湾学生追求"小确幸"式的生活方式相一致。

（3）大陆大学生对于"圈内动态"的选择人数为0，而台湾地区的选择人数比例则高达64.26%，可见相较于大陆大学生，台湾大学生对于自己社交圈内的动态信息更加关注。

（4）台湾大学生对于"财经""科技""旅游"内容的关注比例显著高于大陆大学生，大陆大学生对于"读书""教育"内容的关注则显著高于台湾大学生。可见大陆大学生较多关注于自身教育成长，台湾大学生则对财经科技等应用性知识关注更多。

二、台湾地区大学生社交媒体使用焦虑相关维度测量、分析与比较

1. 台湾大学生社交媒体错失焦虑（FoMO）测量结果

基于前文修订的社交媒体FoMO量表，我们对277个台湾地区大学生样本的社交媒体FoMO程度进行测量，并计算FoMO量表各题项总分，描述性统计如下：

表4-7　台湾大学生社交媒体FoMO测量总分描述性统计

统计指标	统计值	标准误	大陆统计值
均值	42.500	0.516	44.133
5%修整均值	42.896	—	44.257
中位数	44.000	—	44.500
方差	72.912	—	62.419
标准差	8.539	—	7.901
极小值	13.000	—	15.00
极大值	60.500	—	65.00
全距	47.500	—	50.00
四分位差	11.000	—	8.50
偏度	-0.758	0.227	-0.339
峰度	0.839	0.451	0.959

就表4-7来看，台湾大学生社交媒体错失焦虑测量的样本平均分为42.500，

低于大陆大学生样本均分 44.133；题项平均分为 3.269，在 5 点量表中处于中等偏上水平。台湾地区大学生 FoMO 总分的最小值（13）与最大值（60.5）均低于大陆大学生（最小值 15、最大值 65），并且呈现更强的左偏分布，这意味均值左侧分布的极端值更多。

为保持可比性，我们在对台湾地区大学生的测量分析中，使用与大陆样本相同的 FoMO 程度划分：13—23 分、23—34 分、34—44 分、44—55 分、55—65 分五个分数档，对应无明显 FoMO、轻度 FoMO、中度 FoMO、较强 FoMO、重度 FoMO 共 5 个等级，统计各等级频数与比例后，与大陆进行比较，结果如下：

表 4-8　台湾地区大学生社交媒体使用错失焦虑程度分布

分数区间	FoMO 程度	人数	台湾比例	大陆比例
13-23	无明显 FoMO	7	2.53%	1.41%
23-34	轻度 FoMO	29	10.47%	7.76%
34-44	中度 FoMO	105	37.91%	40.71%
44-55	较强 FoMO	124	44.77%	42.12%
55-65	重度 FoMO	12	4.33%	8.00%
合计		277	100.00%	100.00%

由表 4-8 可以看出，在台湾大学生样本中，无明显 FoMO 的人数所占比例最低为 2.53%；轻度社交媒体 FoMO 的人数 10.47%；占比最高是较强 FoMO 程度样本，达到 44.77%；其次是中等 FoMO 程度，占比 37.91%；重度 FoMO 的台湾大学生样本占 4.33%。

将台湾地区大学生 FoMO 总分分布与大陆地区样本进行比较（图 4-1），可以看出在"无明显 FoMO"与"轻度 FoMO"这两个较低程度组别，台湾地区大学生样本分布比例要高于大陆，而在"中度 FoMO"与"重度 FoMO"两个组别，台湾地区样本分布比例则要低于大陆，在"较强 FoMO"组别，台湾地区样本比例则与大陆基本相当。总体来看，相较大陆地区，台湾地区大学生 FoMO 总分在中低分数等级分布较多，在较高分数等级则分布相对较少。

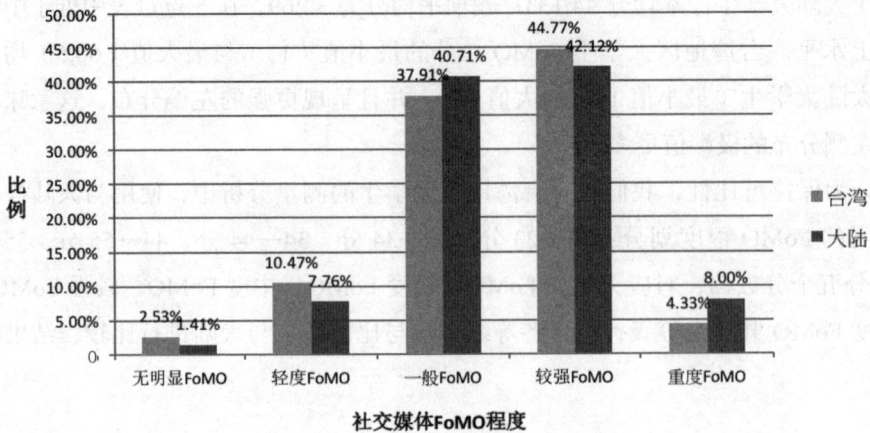

图 4-1　台湾与大陆大学生社交媒体 FoMO 总分分布比较

　　就台湾大学生社交媒体错失焦虑的各个维度均值来看，行为表现维度均值最高，达到 4.056 分，其后是心理动机维度（3.434 分）、信息焦虑维度（2.909分），情感映射维度（2.623 分），各因素平均值排序依次为行为表现 > 心理动机 > 信息焦虑 > 情感映射，这一排列顺序与大陆相似。总体来看，台湾地区大学生的社交媒体错失焦虑在动机与行为层面也表现得更为强烈。

表 4-9　台湾大学生社交媒体错失焦虑各维度评分均值描述统计

社交媒体 FoMO 因素	样本量	最小值	最大值	均值	标准差
心理动机	277	1	5	3.434	0.831
行为表现	277	1	5	4.056	0.858
情感映射	277	1	5	2.623	1.013
信息焦虑	277	1	5	2.909	0.898

　　2.台湾地区大学生社交媒体错失焦虑（FoMO）分组比较分析

　　台湾地区大学生的社交媒体错失焦虑是否在不同性别与年级之间存在差异？针对这一问题，本研究以性别、年级作为分组变量，使用 t 检验与方差分析方法，检验台湾大学生社交媒体 FoMO 总分及各维度均分在不同性别与年级组别的差异性，结果如下：

表 4-10　台湾大学生不同性别社交媒体错失焦虑差异比较

维度	性别	均值	标准差	t
心理动机	男	3.447	0.899	0.524
	女	3.394	0.726	
行为表现	男	4.045	0.898	-0.402
	女	4.092	0.801	
情感映射	男	2.657	1.038	0.488
	女	2.596	0.988	
信息焦虑	男	2.879	0.962	-0.710
	女	2.957	0.818	
社交媒体 FoMO（总分）	男	42.530	8.814	0.019
	女	42.511	8.319	

就表 4-10 来看，尽管台湾地区男性大学生的情感映射均分要高于女性，同时女性大学生的信息焦虑程度要高于男性，但就 t 检验结果来看，台湾地区大学生社交媒体错失焦虑程度在不同性别间并不存在显著差异，在心理动机、行为表现、情感映射、信息焦虑四个维度上的性别差异也不显著。

为考察不同年级之间社交媒体 FoMO 程度的差异，我们以年级作为自变量，对台湾地区大学生 FoMO 总分与各维度均分进行方差分析，结果如下：

表 4-11　不同年级台湾大学生社交媒体错失焦虑方差分析[①]

维度	年级	均值	标准差	F	两两比较
心理动机	大一	3.048	1.071	3.767** (0.013)	大二 > 大一 大三 > 大一 大四 > 大一
	大二	3.444	0.495		
	大三	3.543	0.745		
	大四	3.723	0.762		

---

① 由于台湾大学生样本中硕士样本极少，无法进行方差分析，故在报表中予以剔除。

维度	年级	均值	标准差	F	两两比较
行为表现	大一	3.817	1.164	1.204 (0.312)	无
	大二	4.151	0.643		
	大三	4.174	0.688		
	大四	4.155	0.767		
情感映射	大一	2.280	1.004	3.969*** (0.01)	大二＞大一 大四＞大一 大二＞大三 大四＞大三
	大二	2.892	0.948		
	大三	2.333	0.932		
	大四	2.976	1.006		
信息焦虑	大一	2.763	0.900	0.645 (0.588)	无
	大二	3.054	0.850		
	大三	2.833	0.957		
	大四	2.982	0.929		
社交媒体 错失焦虑 （总分）	大一	38.774	11.099	3.468*** (0.019)	大二＞大一 大四＞大一

注：括号中为 F 检验的 P 值，* 表示在 10% 水平上统计显著，** 表示在 5% 水平上统计显著，*** 表示在 1% 水平上统计显著。

就表 4-11 来看，我们发现与大陆大学生情况不同，在台湾地区大学生中，社交媒体错失焦虑程度在不同年级之间存在显著差异，具体表现为：大二、大四学生的 FoMO 程度显著高于大一；而在大陆大学生中，本科 4 个年级之间FoMO 程度并无显著差异。就社交媒体 FoMO 各维度均分情况来看：

（1）在心理动机维度，台湾地区大学生在不同年级之间存在显著差异，主要体现为大二、大三、大四学生的平均分值显著高于大一。

（2）在行为表现维度，台湾地区大学生在不同年级之间不存在显著差异。

（3）在情感映射维度，台湾地区大学生在不同年级之间存在显著差异，主要体现为大二、大四学生的平均分值显著高于大一和大三。

（4）在信息焦虑维度，台湾地区大学生在不同年级之间差异并不显著。

总体来看，在台湾不同年级大学生之间，社交媒体 FoMO 的差异主要体现在心理动机与情感映射层面。

3. 台湾与大陆大学生社交媒体错失焦虑（FoMO）比较分析

为了解台湾与大陆大学生社交媒体使用焦虑的差异状况，我们将台湾与大陆大学生社交媒体 FoMO 总分与各维度均分进行比较，结果如下：

表 4-12 台湾与大陆大学生社交媒体错失焦虑总分与各维度比较

变量	台湾		大陆		均值差异（台湾—大陆）	t
	均值	标准差	均值	标准差		
FoMO 总分	42.500	8.539	44.133	7.901	-1.633	2.226**
心理动机	3.434	0.831	3.440	0.768	-0.006	0.089
行为表现	4.056	0.858	4.231	0.767	-0.175	2.414**
感情映射	2.623	1.013	2.753	0.899	-0.13	1.423
信息焦虑	2.909	0.898	3.141	0.887	-0.232	2.923***

注：* 表示在 10% 的水平上统计显著，** 表示在 5% 水平上统计显著，*** 表示在 1% 水平上统计显著。

根据表 4-12 所示指标，我们可以得出以下结论：

（1）台湾地区大学生社交媒体 FoMO 均值为 42.5，相较大陆大学生（44.133）要低。通过 t 检验证明，台湾地区大学生社交媒体错失焦虑（FoMO）程度显著低于大陆大学生（5% 显著性水平）。

（2）台湾地区大学生社交媒体 FoMO 的行为表现强度显著低于大陆大学生（5% 显著性水平）。

（3）台湾地区大学生的社交媒体信息焦虑程度显著低于大陆大学生（1% 显著性水平）。

（4）台湾与大陆大学生社交媒体使用的心理动机无显著差异。

（5）台湾与大陆大学生社交媒体使用中的情感映射程度无显著差异。

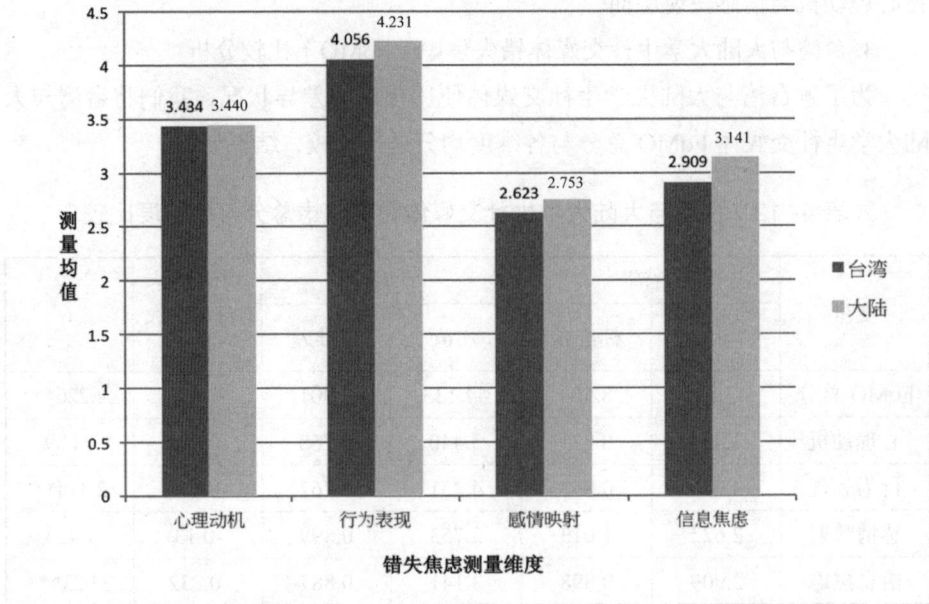

图 4-2　台湾与大陆大学生社交媒体 FoMO 各维度比较

三、台湾地区大学生社交媒体依赖程度测量、分析与比较

1.台湾大学生社交媒体依赖测量结果

基于前文修订的社交媒体依赖测量量表，我们对台湾大学生样本的社交媒体依赖程度进行测量，计算社交媒体依赖程度总分，描述性统计如下：

表 4-13　台湾大学生社交媒体依赖测量总分描述性统计

统计指标	统计值	标准差	大陆统计值
均值	49.597	0.646	51.799
5% 修整均值	49.871	—	51.966
中位数	50	—	52.500
方差	115.227	—	94.325
标准差	10.734	—	9.712
极小值	15	—	19
极大值	72	—	75
全距	57	—	56

统计指标	统计值	标准差	大陆统计值
四分位差	12.5	——	12.5
偏度	-0.388	0.227	0.319
峰度	0.512	0.451	0.770

就表 4-13 来看，台湾大学生社交媒体依赖的平均分为 49.597，低于大陆大学生的 51.799；题项平均分为 3.306，在 5 点量表中处于中等偏上水平。可以看出，台湾地区大学生社交媒体依赖总分的最小值（15）与最大值（72）均低于大陆地区（最小值 19、最大值 75），并且呈现左偏分布，这意味均值左侧分布的极端值更多，可见相较大陆，台湾大学生社交媒体依赖总分大体分布于相对较低的水平。

基于可比性考虑，我们对台湾地区大学生社交媒体依赖的考察也使用与大陆地区相同的依赖程度划分，分为 15—30 分、30—41 分、41—53 分、53—64 分、64—75 分五个组别，对应无明显依赖、轻度依赖、中度依赖、较强依赖、重度依赖共 5 个等级，统计各等级频数与比例后与大陆进行比较，结果如下：

表 4-14 台湾地区大学生社交媒体依赖程度测量分布

分数区间	依赖程度	人数	台湾比例	大陆比例
15—30	无明显依赖	10	3.61%	2.59%
30—41	轻度依赖	44	15.88%	9.41%
41—53	中度依赖	122	44.04%	40.00%
53—64	较强依赖	76	27.44%	39.29%
64—75	重度依赖	25	9.03%	8.71%

由表 4-14 可以看出，在台湾大学生样本中，无明显依赖的人数所占比例最低为 3.61%；轻度依赖的人数占 15.88%；占比最高的是中度依赖程度组别，达到 44.04%；其次是较强依赖组别，占比 27.44%；重度依赖的样本占 9.03%。

将台湾地区大学生社交媒体依赖程度的样本分布与大陆进行比较（图 4-3），可以看出在"无明显依赖"与"轻度依赖"这两个较低程度组别，台湾地区大学生分布比例要高于大陆；在"中度依赖"组别，台湾地区的样本分布（44.04%）略高于大陆（40.00%）；在"较强依赖"组别，台湾地区分布比例

（27.44%）要明显低于大陆（39.29%）；"重度依赖"组别中，台湾（9.03%）与大陆（8.71%）分布比例大体相当。总体来看，相较大陆大学生，台湾地区大学生在中低依赖程度组别分布比例更高，而在较强依赖程度组别分布比例则明显低于大陆。

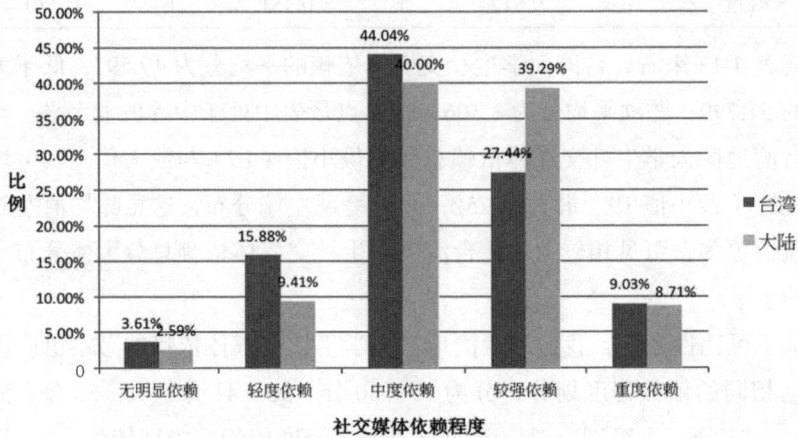

图 4-3　台湾与大陆大学生社交媒体依赖程度分布比较

如表 4-15 所示，就台湾大学生社交媒体依赖的各个维度均值来看，突显性维度均值最高，达到 3.968 分；其后是冲突性维度（3.295 分）和社交强化维度（3.271 分），戒断性（3.069 分）和强迫性（2.929 分）维度均值排在最低，各因素均值排序依次为：突显性＞冲突性＞社交强化＞戒断性＞强迫性，这一排序与大陆相似，表明在台湾地区，大学生的社交媒体依赖在对生活的嵌入与习惯形成方面同样表现得更为突出。

表 4-15　台湾大学生社交媒体依赖各维度评分均值描述统计

社交媒体依赖维度	样本量	最小值	最大值	均值	标准差
突显性	277	1	5	3.968	0.925
社交强化	277	1	5	3.271	0.871
强迫性	277	1	5	2.929	1.004
冲突性	277	1	5	3.295	0.894
戒断性	277	1	5	3.069	0.933

2.台湾地区大学生社交媒体依赖分组比较分析

我们以性别、年级作为分组变量，使用t检验与方差分析方法，检验台湾大学生社交媒体依赖总分及各维度均分在不同性别与年级组的差异性，结果如下：

表4-16　不同性别台湾大学生社交媒体依赖差异比较

维度	性别	均值	标准差	t
突显性	男	3.927	0.982	-0.872
	女	4.025	0.844	
社交强化	男	3.217	0.911	-1.232
	女	3.348	0.816	
强迫性	男	3.015	1.032	1.698*
	女	2.809	0.962	
冲突性	男	3.318	0.901	0.513
	女	3.262	0.893	
戒断性	男	3.010	0.988	-1.256
	女	3.152	0.854	
社交媒体依赖总分	男	49.462	10.994	-0.249
	女	49.787	10.473	

注：* 表示在10%的水平上统计显著，** 表示在5%水平上统计显著，*** 表示在1%水平上统计显著。

就表4-16来看，除男性大学生强迫性维度均分在10%的统计水平上显著高于女性大学生之外，台湾地区大学生社交媒体依赖程度在不同性别间并不存在显著差异；同时，突显性、社交强化、冲突性、戒断性维度均分在不同性别间也不存在显著差异。

为考察台湾大学生不同年级之间社交媒体依赖程度的差异，我们以年级作为自变量，对台湾地区大学生社交媒体依赖总分与各维度均分进行方差分析，结果如下：

表 4-17 不同年级台湾大学生社交媒体依赖评分方差分析[①]

维度	年级	均值	标准差	F	两两比较
突显性	大一	3.704	1.157	1.403 (0.246)	无
	大二	3.984	0.754		
	大三	4.196	0.814		
	大四	4.054	0.869		
社交强化	大一	2.957	1.088	2.886** (0.039)	大一＜大四 大一＜大三
	大二	3.226	0.573		
	大三	3.362	0.834		
	大四	3.595	0.818		
强迫性	大一	2.548	1.063	2.464* (0.066)	大一＜大二 大一＜大四
	大二	3.151	1.021		
	大三	2.899	0.961		
	大四	3.131	0.867		
冲突性	大一	2.978	0.946	3.152** (0.028)	大一＜大二 大一＜大四
	大二	3.591	0.787		
	大三	3.130	0.770		
	大四	3.452	0.939		
戒断性	大一	2.833	0.850	1.244 (0.297)	无
	大二	3.194	0.927		
	大三	3.000	1.068		
	大四	3.250	0.898		
社交媒体依赖 （总分）	大一	45.065	12.526	2.951** (0.036)	大一＜大二 大一＜大四
	大二	51.436	9.053		
	大三	49.761	10.641		
	大四	52.446	9.187		

注：括号中为 F 检验的 P 值，* 表示在 10% 水平上统计显著，** 表示在 5% 水平上统计显著，*** 表示在 1% 水平上统计显著。

———————

[①] 由于台湾大学生样本中硕士样本极少，无法进行方差分析，故在报表中予以剔除。

就表4-17来看，可以看出在台湾地区大学生中，社交媒体依赖总分在不同年级之间存在显著差异，集中表现为大二、大四的社交媒体依赖程度显著高于大一，这一情况与前文社交媒体FoMO的方差分析结果一致；而在大陆大学生中，本科4个年级之间社交媒体依赖程度并无显著差异。就社交媒体依赖各维度均分情况来看：

（1）在突显性维度，台湾地区大学生在不同年级之间差异并不显著，表明在各个年级阶段，社交媒体对于台湾大学生学习、生活习惯的嵌入程度差别不大，都达到了相当高的水平，在5点量表计分下，即使均值最低的大一也达到了3.7分以上，大三与大四甚至达到4分以上。

（2）在社交强化维度，台湾地区大学生在不同年级之间差异显著，集中体现在大三、大四学生的社交强化分值显著高于大一，大四年级均值最高（3.595）。这表明随着年级上升，台湾大学生对于社交强化功能的依赖持续加强，相较于大陆，台湾的大学生会更多地借助社交媒体获得社交拓展与个人机会，这也从侧面反映了社交媒体对台湾的经济社会嵌入更深，以至于资源、信息和机会更多得以在社交媒体上获得。

（3）在强迫性维度，台湾地区大学生不同年级之间存在显著差异，集中体现在大二、大四学生的强迫性显著高于大一，这一结论与前述关于不同年级社交媒体使用的分析结果相呼应，表明在台湾大学生中，年级越高则社交媒体使用时间越长，同时社交媒体使用的强迫性更加显著。

（4）在冲突性维度，台湾地区大学生在不同年级之间也存在显著差异，与强迫性维度的分析结果类似，这种差异也集中表现在大二、大四学生的测量均分显著高于大一。可以看出随着年级上升，台湾大学生社交媒体使用时长增加，社交媒体使用与其工作学习之间的冲突也更加明显。

（5）在戒断性维度，台湾地区大学生在不同年级之间的差异并不显著，这一结论与大陆大学生一致，表明两岸不同年级学生在一段时间无法使用社交媒体后，产生的戒断性反应并无显著差异。

总体来看，在台湾不同年级大学生之间，社交媒体依赖的差异主要体现在社交强化、强迫性与冲突性层面。

3.台湾与大陆大学生社交媒体依赖比较分析

为了解台湾与大陆大学生社交媒体依赖的差异状况，我们将台湾与大陆大学生社交媒体依赖总分与各维度均分进行比较，结果如下：

表 4-18　台湾与大陆大学生社交媒体依赖总分与各维度比较

变量	台湾		大陆		均值差异 （台湾 - 大陆）	t
	均值	标准差	均值	标准差		
依赖总分	49.597	10.734	51.799	9.721	-2.202	2.400**
突显性	3.968	0.925	4.120	0.778	-0.152	1.997*
社交强化	3.271	0.871	3.330	0.804	-0.059	0.655
强迫性	2.929	1.004	3.125	0.913	-0.196	2.230**
冲突性	3.295	0.894	3.375	0.818	-0.08	1.137
戒断性	3.069	0.933	3.317	0.895	-0.248	2.981***

注：* 表示在 10% 的水平上统计显著，** 表示在 5% 水平上统计显著，*** 表示在 1% 水平上统计显著。

根据表 4-18 所示指标，我们可以得出以下结论：

（1）台湾地区大学生社交媒体依赖均值为 49.597，相较大陆大学生（51.799）要低。t 检验结果也表明，台湾地区大学生社交媒体依赖程度显著低于大陆大学生（5% 显著性水平）。

（2）台湾地区大学生社交媒体突显性程度显著低于大陆大学生（10% 显著性水平）。

（3）台湾地区大学生的社交媒体强迫性程度显著低于大陆大学生（5% 显著性水平）。

（4）台湾地区大学生的社交媒体戒断性程度显著低于大陆大学生（1% 显著性水平）。

（5）台湾与大陆大学生在社交强化维度上并无显著差异。

（6）台湾与大陆大学生在冲突性维度上并无显著差异。

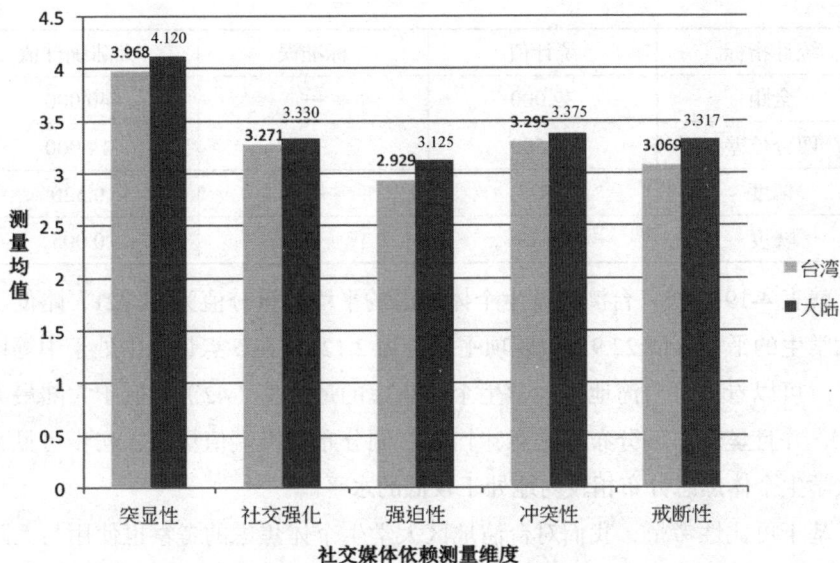

图 4-4 台湾与大陆大学生社交媒体依赖各维度比较

四、台湾地区大学生个体焦虑程度测量、分析与比较

1. 台湾地区大学生个体焦虑测量

为了解台湾地区大学生个体焦虑状况，基于前文修订的个体焦虑测量量表，对 277 名台湾大学生样本的个体焦虑程度进行测量，计算焦虑评价总分，描述性统计如下：

表 4-19 台湾地区大学生个体焦虑测量总分描述性统计

统计指标	统计值	标准差	大陆统计值
均值	21.221	0.487	22.950
5% 修整均值	20.876	—	22.554
中位数	20.000	—	22.000
方差	65.460	—	74.482
标准差	8.091	—	8.630
极小值	10.000	—	10.000
极大值	42.000	—	50.000

统计指标	统计值	标准误	大陆统计值
全距	32.000	—	40.000
四分位差	14.500	—	14.000
偏度	0.383	—	0.520
峰度	0.673	—	0.005

就表 4-19 来看，台湾大学生个体焦虑的平均测量分值为 21.221，略低于大陆大学生的平均分值 22.950，题项平均分为 2.121，在 5 点量表中处于中等以下水平。可以看出，台湾地区大学生个体焦虑的最大值（42）要低于大陆最大值（50），并且呈现右偏分布，这意味均值右侧分布的极端值更多，初步可见，台湾大学生个体焦虑分布相较内地处于较低的水平。

基于可比性考量，我们对台湾地区大学生个体焦虑的考察也使用与大陆相同的焦虑程度划分，即总分≥31 分，可能有严重焦虑；总分≥25 分，肯定有明显焦虑；总分≥20 分，肯定有焦虑；总分≥15 分，可能有焦虑；总分小于 15 分则认为没有焦虑症状。统计各等级频数与比例后与大陆进行比较，结果如下：

表 4-20　台湾地区大学生个体焦虑程度测量结果分布

分数区间	焦虑等级	人数	台湾比例	大陆比例
10—15	无焦虑症状	76	27.44%	18.35%
15—20	可能有焦虑	52	18.77%	17.65%
20—25	肯定有焦虑	51	18.41%	23.29%
25—31	肯定有明显焦虑	64	23.10%	23.06%
≥31	可能有严重焦虑	34	12.27%	17.65%

由表 4-20 可以看出，在台湾大学生样本中，"可能有严重焦虑"人数占比最低为 12.27%；"可能有焦虑"与"肯定有焦虑"人数均占 18% 左右；占比最高的"无焦虑症状"组别，达到 27.44%；其次是"肯定有明显焦虑"组别，占比 23.10%。横向比较各组情况，可以发现在中低焦虑程度组别中，台湾大学生分布比例相对较高。

将台湾地区大学生个体焦虑程度分布与大陆大学生进行比较（图 4-5），可以看出在"无焦虑症状"与"可能有焦虑"这两个较低程度组别，台湾地区大学生分布比例（两组分别为 27.44% 和 18.77%）要高于大陆大学生（两组分别为 18.35% 和 17.65%）；在"肯定有明显焦虑"组别，台湾（23.10%）与大陆（23.06%）大学生分布比例相当；而在"肯定有焦虑"和"可能有严重焦虑"组别，台湾地区大学生分布比例（两组分别为 18.41% 和 12.27%）则明显低于大陆大学生（两组分别为 23.29% 和 17.65%）。总体来看，相较大陆大学生样本，台湾地区大学生在中低焦虑程度组别分布比例更高，而在中高焦虑程度组别分布明显低于大陆地区，可以看出，台湾地区大学生的个体焦虑程度的分布区间要低于大陆。

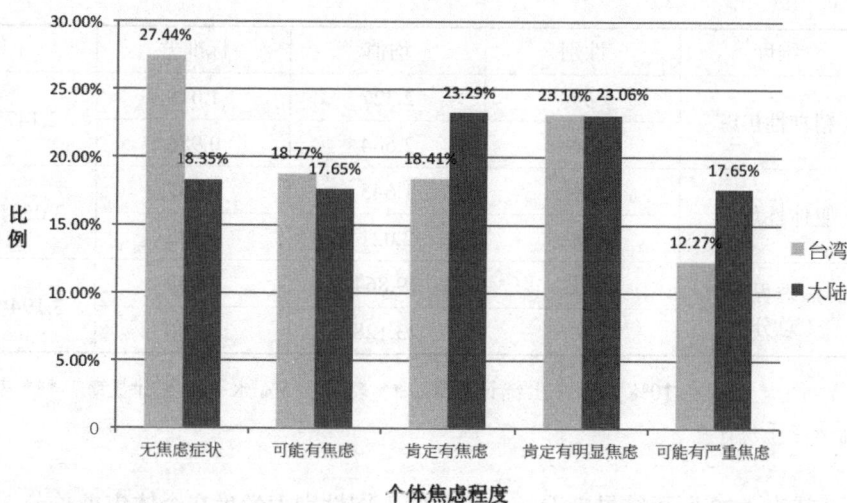

图 4-5　台湾与大陆大学生个体焦虑程度分布比较

就台湾地区大学生精神性焦虑与躯体性焦虑维度的平均得分来看，精神性焦虑维度平均分值（2.442）相对更高；躯体性焦虑平均分值（1.802）则相对较低。与大陆一样，台湾大学生的个体焦虑也主要表现在精神性焦虑维度，但横向比较可以发现，台湾地区大学生精神性焦虑与躯体性焦虑的最大值（分别为 4.8 与 4.2）均小于大陆，两个维度的均值也比大陆大学生要低。

表4-21　台湾地区大学生个体焦虑两维度均值描述统计

维度	样本量	最小值	最大值	均值	标准差
精神性焦虑	277	1.000	4.800	2.442	1.010
躯体性焦虑	277	1.000	4.200	1.802	0.821

2.台湾地区大学生个体焦虑的分组比较分析

我们使用t检验方法，考察台湾大学生的个体焦虑在不同性别、年级是否存在显著差异。

表4-22　台湾大学生不同性别间个体焦虑程度比较

维度	性别	均值	标准差	t
精神性焦虑	男	2.327	1.018	2.147**
	女	2.604	0.986	
躯体性焦虑	男	1.645	0.787	3.059***
	女	2.021	0.827	
焦虑程度（总分）	男	19.864	7.952	3.194***
	女	23.128	7.980	

注：* 表示在10%的水平上统计显著，** 表示在5%水平上统计显著，*** 表示在1%水平上统计显著。

就表4-22所示结果来看，台湾地区不同性别大学生在个体焦虑总分、精神性焦虑、躯体性焦虑上均存在显著差异，具体表现为女性大学生各个维度的焦虑程度均大幅高于男性大学生。而在大陆样本中，大陆大学生在个体焦虑总分与精神性焦虑上的性别差异并不显著，由此可知，台湾地区的女性大学生明显承受了更多的焦虑。

为了解台湾大学生个体焦虑程度在不同年级是否存在差异，我们以年级为自变量，以焦虑测量总分以及各维度均分为因变量进行方差分析，结果如下：

表 4-23　台湾大学生不同年级个体焦虑程度方差分析

维度	年级	均值	标准差	F	两两比较
精神性焦虑	大一	2.342	1.071	1.107 (0.350)	无
	大二	2.671	0.986		
	大三	2.200	0.825		
	大四	2.500	1.093		
躯体性焦虑	大一	1.935	0.951	0.443 (0.723)	无
	大二	1.735	0.729		
	大三	1.817	0.624		
	大四	1.714	0.923		
焦虑程度 （总分）	大一	21.387	9.577	0.257 (0.856)	无
	大二	22.032	7.021		
	大三	20.087	6.640		
	大四	21.071	8.777		

注：括号中为 F 检验的 P 值，* 表示在 10% 水平上统计显著，** 表示在 5% 水平上统计显著，*** 表示在 1% 水平上统计显著。

根据表 4-23 可以看出，台湾大学生个体焦虑程度在各个年级之间并无显著差异；就各维度来看，精神性焦虑、躯体性焦虑的平均分值在各年级之间也无显著差异。

另外，我们试图分析台湾大学生个体焦虑程度与其经济状况之间的关系，将台湾大学生的焦虑测量总分及各维度均分与其个人平均月支出变量结合进行方差分析，结果如表 4-24 所示：

表 4-24　台湾大学生经济状况与个体焦虑水平的方差分析

维度	平均月支出（新台币）	均值	标准差	F	两两比较
精神性焦虑	500 以下	2.750	1.425	2.366**(0.035)	"500 以下""1501—2000""5001—8000"组别显著高于其他组别。"501—1000"组别显著低于其他组别。
	501—1000	1.720	0.796		
	1001—1500	2.500	0.914		
	1501—2000	2.900	0.926		
	2001—2500	2.155	1.053		
	2501—3000	2.336	0.965		
	3001—5000	2.400	0.283		
	5001—8000	2.750	1.425		
	8000 以上[①]	—	—		
躯体性焦虑	500 以下	1.775	0.977	0.937(0.472)	"1501—2000"组别显著高于"2001—2500"组别
	501—1000	1.680	0.860		
	1001—1500	1.990	0.830		
	1501—2000	1.992	0.883		
	2001—2500	1.509	0.581		
	2501—3000	1.727	0.902		
	3001—5000	1.800	0.589		
	5001—8000	1.775	0.977		
	8000 以上	—	—		

───────

① 本研究搜集的台湾样本中并没有月支出在 8000 新台币以上的大学生，故在方差分析中无该组别结果汇报。

续表

维度	平均月支出 （新台币）	均值	标准差	F	两两比较
焦虑程度 （总分）	500 以下	22.625	10.501	1.861* (0.094)	"1501—2000" 组别显著高于 "501—1000" 和 "2001—2500" 组别
	501—1000	17.000	8.028		
	1001—1500	22.450	7.877		
	1501—2000	24.462	7.870		
	2001—2500	18.318	7.047		
	2501—3000	20.318	8.289		
	3001—5000	21.000	2.582		
	5001—8000	21.161	8.101		
	8000 以上	—	—		

注：括号中为 F 检验的 P 值，* 表示在 10% 水平上统计显著，** 表示在 5% 水平上统计显著，*** 表示在 1% 水平上统计显著。

我们在表 4-24 中发现，台湾大学生个体焦虑与其经济状况（月支出水平）之间确实存在显著关联，但这种关联更多体现在精神性焦虑层面，学生躯体性焦虑与月支出水平的关联并不显著。具体来看，主要的差异源于月支出"500以下""1501—2000""5001—8000"组别样本精神性焦虑的显著偏高，以及月支出"501—1000"组别焦虑水平的显著偏低。

3. 台湾与大陆大学生个体焦虑状况比较分析

为了解台湾与大陆大学生个体焦虑状况差异，我们将台湾与大陆大学生个体焦虑总分与各维度均分进行比较，结果如下：

表 4-25　台湾与大陆大学生个体焦虑总分与各维度比较

变量	台湾		大陆		均值差异 （台湾—大陆）	t
	均值	标准差	均值	标准差		
焦虑总分	21.161	8.101	22.950	8.630	-1.789	1.914*
精神性焦虑	2.438	1.013	2.645	0.976	-0.207	1.953*
躯体性焦虑	1.795	0.822	1.945	0.948	-0.15	1.446

注：* 表示在 10% 的水平上统计显著，** 表示在 5% 水平上统计显著，*** 表示在 1% 水平上统计显著。

根据表 4-25 所示分析指标，我们可以得出以下结论：

（1）台湾地区大学生个体焦虑总分均值为 21.161，低于大陆大学生焦虑总分均值 22.950，t 检验结果表明，台湾地区大学生个体焦虑程度显著低于大陆大学生（10% 显著性水平）。

（2）台湾地区大学生精神性焦虑程度显著低于大陆大学生（10% 显著性水平），两岸大学生在躯体性焦虑程度上并无显著差异。

（3）综合可见，台湾与大陆大学生个体焦虑程度的差异集中体现在精神性焦虑层面。

五、台湾大学生社交媒体使用焦虑的内在影响机制分析

基于第三章所述理论机制与研究假设，我们对台湾地区大学生社交媒体 FoMO、个体焦虑与社交媒体依赖之间关联机制进行梳理，并与大陆大学生的机制分析结果进行比较，以揭示台湾地区大学生社交媒体使用焦虑的内在机制，并了解其是否与大陆地区存在差异。

1. 台湾大学生社交媒体使用焦虑内在机制的相关分析

（1）台湾大学生社交媒体 FoMO 与社交媒体依赖的相关分析

对台湾大学生社交媒体 FoMO 的总分及各维度均分与社交媒体依赖总分及各维度均分进行相关分析，使用 Pearson 相关系数，并进行双侧 t 检验，结果如下：

表 4-26　台湾与大陆大学生社交媒体 FoMO 与社交媒体依赖之间的相关系数

检验因素	地区	FoMO 总分	心理动机	行为表现	情感映射	信息焦虑
依赖总分	台湾	0.920**	0.716**	0.720**	0.514**	0.780**
	大陆	0.906**	0.595**	0.700**	0.547**	0.847**
突显性	台湾	0.733**	0.661**	0.884**	0.224*	0.422**
	大陆	0.649**	0.400**	0.877**	0.273**	0.433**
社交强化	台湾	0.702**	0.854**	0.568**	0.222*	0.391**
	大陆	0.694**	0.785**	0.402**	0.303**	0.502**
强迫性	台湾	0.717**	0.492**	0.407**	0.537**	0.681**
	大陆	0.675**	0.340**	0.426**	0.480**	0.762**

续表

检验因素	地区	FoMO 总分	心理动机	行为表现	情感映射	信息焦虑
冲突性	台湾	0.671**	0.349**	0.509**	0.575**	0.572**
	大陆	0.640**	0.325**	0.499**	0.477**	0.614**
戒断性	台湾	0.733**	0.429**	0.429**	0.411**	0.928**
	大陆	0.820**	0.459**	0.522**	0.547**	0.904**

注：表中 ** 号表示在 1% 水平（双侧）上显著相关，* 标志在 5% 水平（双侧）上显著相关。

就表 4-26 来看，与大陆相似，在台湾地区大学生社交媒体 FoMO 总分、维度均分与社交媒体依赖总分、维度均分之间，两两呈现显著的正相关关系。我们发现与大陆情况类似，台湾地区大学生社交媒体依赖总分及 FoMO 总分之间也存在高度相关，并且相关系数高达 0.92，比大陆地区（0.906）更高，这说明在台湾地区大学生中，社交媒体 FoMO 对社交媒体依赖的预测作用更为明显。同时，相较大陆，台湾大学生情感映射与社交媒体依赖各维度的相关系数相对较低，信息焦虑与与社交媒体依赖各维度的相关系数则普遍较高。

对比台湾与大陆相关系数绝对值可以看出，在社交媒体 FoMO 各维度与社交媒体依赖各个维度的关联中，台湾大学生心理动机、行为表现与社交媒体依赖的相关系数均高于大陆，在情感映射与信息焦虑上与社交媒体依赖的相关系数均低于大陆。

（2）台湾大学生社交媒体依赖与个体焦虑的相关分析

计算台湾大学生社交媒体依赖总分及各维度均分与个体焦虑总分及维度均分之间的相关系数，结果如下：

表 4-27　台湾与大陆大学生社交媒体依赖与个体焦虑间的相关系数

检验因素	地区	焦虑总分	精神性焦虑	躯体性焦虑
依赖总分	台湾	0.307**	0.423**	0.085
	大陆	0.515**	0.593**	0.326**
突显性	台湾	0.031	0.149	-0.122
	大陆	0.174**	0.246**	0.063
社交强化	台湾	0.115	0.159	0.031
	大陆	0.299**	0.344**	0.190**
强迫性	台湾	0.331**	0.410**	0.147
	大陆	0.530**	0.542**	0.406**
冲突性	台湾	0.394**	0.491**	0.173
	大陆	0.428**	0.537**	0.226**
戒断性	台湾	0.307**	0.416**	0.094
	大陆	0.514**	0.584**	0.335**

注：** 表示在 1% 水平（双侧）上显著相关，* 表示在 5% 水平（双侧）上显著相关。

就表 4-27 所示相关系数来看，台湾地区大学生社交媒体依赖总分与个体焦虑总分在 1% 的统计水平上显著正相关，但相关系数（0.307）小于大陆地区（0.515）。与大陆地区相似，台湾地区大学生社交媒体依赖与个体焦虑之间的关联也很大程度上体现在强迫性、冲突性、戒断性维度，但不同的是，突显性、社交强化维度与台湾大学生个体焦虑之间的相关系数并不显著（大陆相关系数小但显著）。不仅如此，我们还发现在社交媒体依赖与大学生个体焦虑各维度关联中，台湾地区所有相关系数均小于大陆，可见台湾地区大学生社交媒体依赖与个体焦虑的关联并没有大陆那么显著，换言之，台湾大学生由社交媒体依赖引致的个体焦虑相对较小，其原因和机制有待进一步挖掘。

（3）台湾大学生社交媒体 FoMO 与个体焦虑的相关分析

我们计算了台湾大学生社交媒体 FoMO 测量总分及各维度均分和个体焦虑总分及维度均分之间的相关系数，如表 4-28 所示：

表 4-28　台湾与大陆大学生社交媒体 FoMO 与个体焦虑之间相关系数

检验因素	地区	焦虑总分	精神性焦虑	躯体性焦虑
FoMO 总分	台湾	0.345**	0.465**	0.107
	大陆	0.541**	0.614**	0.352**
心理动机	台湾	0.048	0.138	-0.076
	大陆	0.193**	0.242**	0.102
行为表现	台湾	0.053	0.192*	-0.131
	大陆	0.192**	0.267**	0.076
情感映射	台湾	0.568**	0.619**	0.358**
	大陆	0.643**	0.686**	0.464**
信息焦虑	台湾	0.345**	0.427**	0.155
	大陆	0.567**	0.621**	0.394**

注：表中 ** 号表示在 1% 水平（双侧）上显著相关，* 标志在 5% 水平（双侧）上显著相关。

就表 4-28 所示相关系数来看，台湾地区大学生社交媒体 FoMO 总分与个体焦虑总分在 1% 的统计水平上显著正相关，相关系数为 0.345，小于大陆地区相关系数 0.541。与大陆相似的是，台湾地区大学生社交媒体 FoMO 与个体焦虑的关联也更多体现在精神性焦虑，情感映射与信息焦虑维度三个层面。

相较大陆，台湾地区大学生社交媒体 FoMO 与个体焦虑各维度的相关系数普遍较小或显著性较低，这种情况在心理动机与行为表现维度尤为明显。综合来看，台湾地区大学生社交媒体 FoMO 与个体焦虑的关联程度小于大陆，换言之，相较大陆大学生，台湾大学生较不容易因情感映射和信息焦虑而导致个人情绪受到负面影响，其原因可能与台湾青年中普遍存在的"小确幸"心态有关，同时也表明了技术媒介过快发展所造成的文化与心理间隙，在大陆大学生中体现得更加明显。

2. 台湾大学生社交媒体使用焦虑机制——直接效应与中介效应检验

（1）台湾地区大学生社交媒体 FoMO 对社交媒体依赖的预测作用检验

在针对大陆样本研究的基础上，我们试图在台湾大学生样本中检验社交媒体 FoMO 对于社交媒体依赖的预测作用，并与大陆情况进行比较。将社交媒依赖总分及各维度均分作为因变量，社交媒体 FoMO 各维度均分作为自变量，使用逐步回归方法进行拟合，结果如下：

表 4-29　台湾大学生社交媒体 FoMO 对社交媒体依赖各维度的逐步回归分析

因变量	预测变量	R^2	β		F	t
			台湾	大陆		
社交媒体依赖总分	心理动机	0.862	0.278	0.215	327.534***	6.061***
	行为表现	0.823	0.312	0.320		6.841***
	情感映射	0.881	0.157	0.111		4.281***
	信息焦虑	0.605	0.489	0.539		12.624***
突显性	心理动机	—	—	0.061	331.273***	—
	行为表现	0.780	0.843	0.777		18.081***
	情感映射	—	—	—		—
	信息焦虑	0.789	0.113	—		2.435**
社交强化	心理动机	0.727	0.854	0.698	471.149***	17.317***
	行为表现	—	—	—		—
	情感映射	—	—	—		—
	信息焦虑			0.204		
强迫性	心理动机	0.574	0.252		80.561***	3.765***
	行为表现	—	—			—
	情感映射	0.523	0.274	—		3.964***
	信息焦虑	0.459	0.462	0.762		6.333***
冲突性	心理动机	—	—		66.437***	—
	行为表现	0.475	0.312	0.255		4.437***
	情感映射	0.330	0.368	0.187		5.028***
	信息焦虑	0.538	0.294	0.387		3.853***
戒断性	心理动机	—	—		575.469***	—
	行为表现	0.867	0.103	0.088		2.771***
	情感映射	—	—			—
	信息焦虑	0.859	0.890	0.792		24.037***

注：表中 β 为标准化系数为调整后，R^2 为调整后。* 表示在 10% 水平上统计显著，** 表示在 5% 水平上统计显著，*** 表示在 1% 水平上统计显著。

由表 4-29 可以看出，在台湾地区大学生中，社交媒体 FoMO 的 4 个维度分值也可以较好地预测社交媒体依赖总分，并可以共同解释 88.1% 的因变量变动，这表明社交媒体 FoMO 对社交媒体依赖的预测作用在台湾大学生中表现显著。但就对社交媒体各个维度的解释力来看，台湾与大陆存在较大差异，并体现在以下方面：

①在大陆样本中，社交媒体突显性可通过心理动机与行为表现两个变量来预测；而在台湾样本中，突显性的预测变量则是行为表现与信息焦虑。这说明相较大陆，错失信息焦虑对台湾大学生的社交媒体突显性具有更强解释力，这导致其更为习惯性地使用社交媒体。

②在大陆样本中，社交强化维度分值可通过心理动机与信息焦虑变量来预测，而在台湾样本中，社交强化维度则单独由心理动机变量预测。可见相较大陆，台湾大学生社交强化程度更少受到信息焦虑的影响。

③在大陆样本中，社交媒体强迫性由信息焦虑维度单独进行解释；而在台湾样本中，强迫性则是由心理动机、情感映射与信息焦虑三者共同解释，这说明相较大陆，台湾大学生社交媒体强迫性的影响因素更为多元和复杂。

④在大陆与台湾大学生中，社交媒体冲突性具有相同的三个预测因素，包括行为表现、情感映射与信息焦虑。但就标准化系数来看，在台湾地区大学生中，行为表现与情感映射对社交媒体冲突性的解释力相对更强。

⑤在大陆与台湾大学生中，社交媒体冲突性具有相同的两个预测因素，包括行为表现与信息焦虑。但就标准化系数比较来看，这两个因素在台湾大学生社交媒体戒断性中的解释力相对更强。

（2）台湾大学生社交媒体依赖与个体焦虑的双向关系检验

在针对大陆样本的检验基础上，我们也使用相同方法，对台湾大学生社交媒体依赖与个体焦虑的双向关系进行检验，结果如下：

表 4-30　台湾大学生社交媒体依赖与个体焦虑的双向关系检验

基于测量总分的检验					
因变量	自变量	β 系数	t	p	F	调整 R²
依赖总分	焦虑总分	0.307	3.403***	0.001	11.579***	0.086
依赖总分	精神性焦虑	0.545	5.352***	0.000	14.827***	0.198
	躯体性焦虑	-0.219	-2.148**	0.034		
精神性焦虑	依赖总分	0.423	4.924***	0.000	24.49***	0.172
躯体性焦虑	依赖总分	0.085	0.898	0.371	0.807	0.001
基于各维度均分的检验					
焦虑总分（逐步回归）	戒断性	—	—	—	20.418***	0.148
	强迫性	—	—	—		
	突显性	—	—	—		
	冲突性	0.394	4.519***	0.000		
精神性焦虑（逐步回归）	戒断性	—	—	—	35.283***	0.234
	强迫性	—	—	—		
	突显性	—	—	—		
	冲突性	0.491	5.940	0.000		

注：表中 β 为标准化系数，* 表示在 10% 水平上统计显著，** 表示在 5% 水平上统计显著，*** 表示在 1% 水平上统计显著。

就表 4-30 来看，在台湾地区大学生中，个体焦虑总分对社交媒体依赖总分具有显著正向作用，这表明假设 H2 在台湾地区大学生中也成立，但个体焦虑所能解释的社交媒体依赖变动（8.6%）比大陆地区（21.1%）要小。躯体性焦虑对依赖总分影响的回归系数显著为负，这表明台湾大学生个体焦虑对社交媒体依赖的强化作用主要体现在精神性焦虑层面；社交媒体依赖对台湾大学生的精神性焦虑具有强化作用，对躯体性焦虑的强化作用则不显著。

可以看出，相较大陆，台湾大学生的个体焦虑对社交媒体依赖的影响效应和解释力明显偏小。换言之，在台湾地区大学生中，由个体焦虑引起的社交媒体依赖相对不显著。

使用逐步回归法，以社交媒体依赖各个维度作为自变量对焦虑总分进行回归，我们发现台湾地区拟合结果与大陆地区存在明显差异，在以焦虑总分与精神性焦虑均分为因变量进行回归中，台湾地区都只有冲突性1个维度进入回归，而大陆地区则有冲突性、戒断性、强迫性、冲突性4个维度进入回归，这从侧面说明在台湾地区，社交媒体依赖对大学生个体焦虑的影响因素相较大陆更为简单，主要是因社交媒体依赖与生活、学习、工作目标发生冲突，导致引发的焦虑。

（3）台湾大学生社交媒体使用焦虑内在机制——基于中介效应模型的路径分析

针对第一章提出的一系列假设，我们基于温忠麟等（2014）设计的中介效应检验程序，对台湾大学生社交媒体使用焦虑的内在机制与路径进行分析，首先对社交媒体FoMO总分、个体焦虑总分、社交媒体依赖总分进行拟合，并在台湾大学生中检验假设H1a、H2a、H3a，结果如下：

表4-31　台湾大学生社交媒体FoMO、个体焦虑与社交媒体依赖总分间的中介路径检验

假设	因变量	自变量	路径系数	拟合值	统计量	效应类别		大陆检验结果
						中介效应	遮掩效应	
H1a	依赖总分	FoMO总分	c	1.1525	24.8173***	不显著	—	中介效应不显著
	依赖总分	FoMO总分	c'	1.1573	23.2978***			
	—	个体焦虑总分	b	−0.0150	−0.2844			
	个体焦虑总分	FoMO总分	a	0.3253	3.8687***			
	—	—	ab	−0.0049	−0.2746			

假设	因变量	自变量	路径系数	拟合值	统计量	效应类别 中介效应	效应类别 遮掩效应	大陆检验结果
H2a	依赖总分	个体焦虑总分	c	.4078	3.4028***	完全中介	—	部分中介
H2a	依赖总分	个体焦虑总分	c'	−.0150	−.2844	完全中介	—	部分中介
H2a	—	FoMO 总分	b	1.1573	23.2978***	完全中介	—	部分中介
H2a	FoMO 总分	个体焦虑总分	a	0.3653	3.8687***	完全中介	—	部分中介
H2a	—	—	ab	0.4227	3.8130***	完全中介	—	部分中介
H5a	个体焦虑总分	FoMO 总分	c	0.3275	3.8981***	不显著	—	中介效应不显著
H5a	个体焦虑总分	FoMO 总分	c'	0.3917	1.8158*	不显著	—	中介效应不显著
H5a	—	依赖总分	b	−0.0557	−0.3233	不显著	—	中介效应不显著
H5a	依赖总分	FoMO 总分	a	1.1519	24.9060***	不显著	—	中介效应不显著
H5a	—	—	ab	−0.0642	−0.3230	不显著	—	中介效应不显著

注：表内（ ）内为效应百分比，* 表示在 10% 水平上统计显著，** 表示在 5% 水平上统计显著，*** 表示在 1% 水平上统计显著。

就表 4-31 所示中介效应检验结果来看：

①在假设 H1a 针对（社交媒体 FoMO →个体焦虑→社交媒体依赖路径）的中介效应检验中，社交媒体 FoMO 对社交媒体依赖的直接效应显著为正，这在台湾地区大学生中验证了假设 H1，但个体焦虑在两者之间的中介效应并不显著，假设 H1a 在台湾大学生样本中未被证实，这一中介效应检验结果与大陆相同。

②在假设 H2a 针对（个体焦虑→社交媒体 FoMO →社交媒体依赖路径）的中介效应检验中，与大陆地区的部分中介效应不同，台湾大学生社交媒体 FoMO 在个体焦虑与社交媒体依赖之间发挥了完全中介效应。尽管假设 H2a 在

台湾大学生样本中得到证实，但完全中介效应也从侧面说明，在台湾大学生中社交媒体 FoMO 是引致其社交媒体依赖的核心因素，在其作用下，台湾大学生个体焦虑对社交媒体依赖的影响作用几乎可以忽略不计。这也印证了表 4-30 相关系数的分析结论，即台湾大学生的个体焦虑对社交媒体依赖的影响效应和解释力明显偏小。

③在假设 H5a 针对（社交媒体 FoMO →社交媒体依赖→个体焦虑路径）的中介效应检验中，结果显示社交媒体 FoMO 对个体焦虑具有显著的正向直接效应，假设 H5 在台湾大学生样本获得证实。但与大陆地区中介效应检验结论一样，社交媒体依赖作为中介变量的效应并不显著，H5a 在台湾大学生样本中也未得到证实。

参照大陆地区社交媒体使用焦虑各维度的中介效应分析，我们也基于相同假设和检验方法，对台湾地区大学生社交媒体使用焦虑的内在机制进行分析，使用 SPSS 的 PROCESS 插件，对台湾大学生样本进行中介效应检验，结果如下：

表 4-32　台湾大学生社交媒体使用焦虑相关维度间的中介效应分析

假设	因变量	自变量	路径系数	拟合值	统计量	效应类别		大陆检验结果
						中介效应	遮掩效应	
H6a	精神性焦虑	信息焦虑	c	0.4817	5.0037	部分中介（37.10%）	—	部分中介（20.17%）
	精神性焦虑	信息焦虑	c'	0.3030	2.3383**			
	—	强迫性	b	0.2350	2.0274**			
	强迫性	信息焦虑	a	0.7605	9.8248***			
	—	—	ab	0.1787	1.9758*			
H6b	精神性焦虑	信息焦虑	c	0.4817	5.0037***	不显著	—	中介效应不显著
	精神性焦虑	信息焦虑	c'	0.3946	1.5489			
	—	戒断性	b	0.0909	0.3695			
	戒断性	信息焦虑	a	0.9582	25.8136***			
	—	—	ab	0.0871	0.3692			

假设	因变量	自变量	路径系数	拟合值	统计量	效应类别		大陆检验结果
						中介效应	遮掩效应	
H6c	精神性焦虑	信息焦虑	c	0.4817	5.0037	部分中介（49.70%）	—	部分中介（24.7%）
	精神性焦虑	信息焦虑	c'	0.2423	2.1828**			
	—	冲突性	b	0.4214	3.7709***			
	冲突性	信息焦虑	a	0.5681	7.3802***			
	—	—	ab	0.2394	3.3338***			
H6d	精神性焦虑	信息焦虑	c	0.4817	5.0037***	不显著	—	中介效应不显著
	精神性焦虑	信息焦虑	c'	0.4986	4.6758***			
	—	突显性	b	−0.0390	−.3747			
	突显性	信息焦虑	a	0.4335	4.9351***			
	—	—	ab	−.0169	−.3662			
H7a	突显性	情感映射	c	0.2056	2.4557**	不显著	—	中介效应不显著
	突显性	情感映射	c'	0.1957	1.8203*			
	—	精神性焦虑	b	0.0159	0.1478			
	精神性焦虑	情感映射	a	0.6226	8.4305***			
	—	—	ab	0.0099	0.1468			
H8a	强迫性	情感映射	c	0.5354	6.7935***	不显著	—	部分中介（57.53%）
	强迫性	情感映射	c'	0.4552	4.5308***			
	—	精神性焦虑	b	0.1288	1.2807			
	精神性焦虑	情感映射	a	0.6226	8.4305***			
	—	—	ab	0.0802	1.2576			

续表

假设	因变量	自变量	路径系数	拟合值	统计量	效应类别		大陆检验结果
						中介效应	遮掩效应	
H9a	戒断性	情感映射	c	0.3723	4.6933***	部分中介（38.92%）	—	部分中介（49.35%）
	戒断性	情感映射	c'	0.2274	2.2865**			
	—	精神性焦虑	b	0.2327	2.3382**			
	精神性焦虑	情感映射	a	0.6226	8.4305			
	—	—	ab	0.1449	2.2386**			
H10a	强迫性	信息焦虑	c	0.7605	9.8248***	部分中介（9.63%）	—	部分中介（9.15%）
	强迫性	信息焦虑	c'	0.6873	8.1379***			
	—	精神性焦虑	b	0.1519	2.0274**			
	精神性焦虑	信息焦虑	a	0.4817	5.0037***			
	—	—	ab	0.0732	1.8476*			
H11a	戒断性	信息焦虑	c	0.9582	25.8136***	不显著	—	中介效应不显著
	戒断性	信息焦虑	c'	0.9517	23.0885***			
	—	精神性焦虑	b	0.0135	0.3695			
	精神性焦虑	信息焦虑	a	0.4817	5.0037***			
	—	—	ab	0.0065	0.3614			
H12a	精神性焦虑	社交强化	c	0.1663	1.5341	—	遮掩效应	完全中介
	精神性焦虑	社交强化	c'	−0.0288	−0.2676			
	—	信息焦虑	b	0.4925	4.7015***			
	信息焦虑	社交强化	a	0.3962	4.4172***			
	—	—	ab	0.1951	3.1813***			

假设	因变量	自变量	路径系数	拟合值	统计量	效应类别		大陆检验结果
						中介效应	遮掩效应	
H12b	精神性焦虑	社交强化	c	0.1663	1.5341	—	遮掩效应	部分中介（56.50%）
	精神性焦虑	社交强化	c'	0.0155	0.1757			
	—	情感映射	b	0.6198	8.1703***			
	情感映射	社交强化	a	0.2433	2.2707**			
			ab	0.1508	2.1727**			
H13a	信息焦虑	精神性焦虑	c	0.3793	5.0037***	不显著	—	部分中介（18.11%）
	信息焦虑	精神性焦虑	c'	0.3372	4.7015***			
	—	社交强化	b	0.3401	4.0911***			
	社交强化	精神性焦虑	a	0.1238	1.5341			
	—	—	ab	0.0421	1.4003			
H13b	信息焦虑	精神性焦虑	c	.3793	5.0037***	部分中介（59.14%）	—	部分中介（52.56%）
	信息焦虑	精神性焦虑	c'	.1549	2.3383**			
	—	强迫性	b	.5437	8.1379***			
	强迫性	精神性焦虑	a	.4126	4.8415***			
	—	—	ab	.2243	4.1378***			
H13c	信息焦虑	精神性焦虑	c	0.3793	5.0037***	完全中介	—	部分中介（77.24%）
	信息焦虑	精神性焦虑	c'	0.0536	1.5489			
	—	戒断性	b	0.8697	23.0885***			
	戒断性	精神性焦虑	a	0.3745	4.7226***			
	—	—	ab	0.3257	4.6227***			

续表

假设	因变量	自变量	路径系数	拟合值	统计量	效应类别		大陆检验结果
						中介效应	遮掩效应	
H13d	信息焦虑	精神性焦虑	c	0.3793	5.0037***	部分中介（12.97%）	—	部分中介（11.83%）
	信息焦虑	精神性焦虑	c'	0.3300	4.6758***			
	—	突显性	b	0.3571	4.6045***			
	突显性	精神性焦虑	a	0.1379	1.9923**			
	—	—	ab	0.0492	1.8790*			
H13e	信息焦虑	精神性焦虑	c	0.3793	5.0037***	部分中介（55.21%）	—	部分中介（34.04%）
	信息焦虑	精神性焦虑	c'	0.1699	2.1828**			
	—	冲突性	b	0.4806	5.4430***			
	冲突性	精神性焦虑	a	0.4357	6.0191***			
	—	—	ab	0.2094	4.0068***			
H14a	戒断性	精神性焦虑	c	0.3745	4.7226***	部分中介（37.86%）	—	部分中介（32.59%）
	戒断性	精神性焦虑	c'	0.2327	2.3382**			
	—	情感映射	b	0.2274	2.2865**			
	情感映射	精神性焦虑	a	0.6235	8.4305***			
	—	—	ab	0.1418	2.1925**			

续表

假设	因变量	自变量	路径系数	拟合值	统计量	效应类别		大陆检验结果
						中介效应	遮掩效应	
H15a	突显性	精神性焦虑	c	0.1379	1.6223	—	遮掩效应	部分中介（54.87%）
	突显性	精神性焦虑	c'	0.0159	0.1478			
	—	情感映射	b	0.1957	1.8203*			
	情感映射	精神性焦虑	a	0.6235	8.4305***			
	—	—	ab	0.1220	1.7674*			
H16a	强迫性	精神性焦虑	c	0.4126	4.8415***	完全中介	—	部分中介（25.80%）
	强迫性	精神性焦虑	c'	0.1288	1.2807			
	—	情感映射	b	0.4552	4.5308***			
	情感映射	精神性焦虑	a	0.6235	8.4305***			
	—	—	ab	0.2838	3.9693***			
H16b	强迫性	精神性焦虑	c	.4126	4.8415***	部分中介（63.18%）	—	部分中介（79.28%）
	强迫性	精神性焦虑	c'	.1519	2.0274**			
	—	信息焦虑	b	.6873	8.1379***			
	信息焦虑	精神性焦虑	a	.3793	5.0037***			
	—	—	ab	.2607	4.2393***			

260

续表

假设	因变量	自变量	路径系数	拟合值	统计量	效应类别		大陆检验结果
						中介效应	遮掩效应	
H17a	突显性	精神性焦虑	c	0.1379	1.7223*	完全中介	—	完全中介
	突显性	精神性焦虑	c'	0.0159	0.1478			
	—	情感映射	b	0.1957	1.8203*			
	情感映射	精神性焦虑	a	0.6235	8.4305***			
	—	—	ab	0.1220	1.7674*			
H17b	突显性	精神性焦虑	c	0.1379	1.7223*	完全中介	—	完全中介
	突显性	精神性焦虑	c'	−0.0324	−0.3747			
	—	信息焦虑	b	0.4491	4.6045***			
	信息焦虑	精神性焦虑	a	0.3793	5.0037***			
	—	—	ab	0.1703	3.3522***			
H18a	戒断性	精神性焦虑	c	0.3745	4.7226***	部分中介（37.86%）	—	部分中介（32.59%）
	戒断性	精神性焦虑	c'	0.2327	2.3382**			
	—	情感映射	b	0.2274	2.2865**			
	情感映射	精神性焦虑	a	0.6235	8.4305***			
	—	—	ab	0.1418	2.1925**			

续表

假设	因变量	自变量	路径系数	拟合值	统计量	效应类别		大陆检验结果
						中介效应	遮掩效应	
H18b	戒断性	精神性焦虑	c	0.3745	4.7226***	完全中介	—	完全中介
	戒断性	精神性焦虑	c'	0.0135	0.3695			
	—	信息焦虑	b	0.9517	23.0885***			
	情感映射	精神性焦虑	a	0.3793	5.0037***			
	—	—	ab	0.3610	4.8858***			

注:( )内为效应百分比,* 表示在 10% 水平上统计显著,** 表示在 5% 水平上统计显著,*** 表示在 1% 水平上统计显著。

我们将表 4-32 的检验结论进行整理,并与大陆样本结论比较如下:

表 4-33　基于台湾大学生的检验结果汇总与比较

假设	内容	台湾	大陆
H1	社交媒体 FoMO 对大学生社交媒体依赖具有显著的正向影响	成立	成立
H2	大学生个体焦虑程度对其社交媒体依赖程度有显著正向影响	成立	成立
H3	大学生社交媒体依赖对大学生个体焦虑程度有显著正向影响	成立	成立
H4	大学生个体焦虑对其社交媒体 FoMO 有显著正向影响	成立	成立
H5	社交媒体 FoMO 对大学生个体焦虑有显著正向影响	成立	成立
H1a	个体焦虑在大学生社交媒体 FoMO 与社交媒体依赖之间发挥显著正向中介效应	不成立	不成立
H2a	社交媒体 FoMO 在大学生个体焦虑与社交媒体依赖之间发挥显著正向中介效应	成立	成立
H5a	社交媒体依赖在大学生社交媒体 FoMO 与个体焦虑之间发挥显著正向中介效应	不成立	不成立
H6	社交媒体信息焦虑对大学生精神性焦虑具有强化作用	成立	成立
H6a	强迫性在信息焦虑与大学生精神性焦虑之间发挥中介作用	成立	成立
H6b	戒断性在大学生信息焦虑与精神性焦虑之间发挥中介作用	不成立	不成立

续表

假设	内容	台湾	大陆
H6c	冲突性在大学生信息焦虑与精神性焦虑之间发挥中介作用	成立	成立
H6d	突显性在大学生信息焦虑与精神性焦虑之间发挥中介作用	不成立	不成立
H7	情感映射对大学生社交媒体突显性具有正向作用	成立	成立
H7a	精神性焦虑在情感映射与大学生社交媒体突显性中发挥中介作用	不成立	不成立
H8	情感映射对大学生社交媒体强迫性具有正向作用	成立	成立
H8a	精神性焦虑在情感映射与大学生社交媒体强迫性中发挥中介作用	不成立	成立
H9	情感映射对大学生社交媒体戒断性具有正向作用	成立	成立
H9a	精神性焦虑在情感映射与大学生社交媒体戒断性中发挥中介作用	成立	成立
H10	信息焦虑对大学生社交媒体强迫性具有正向作用	成立	成立
H10a	精神性焦虑在信息焦虑与大学生社交媒体强迫性中发挥中介作用	成立	成立
H11	信息焦虑对大学生社交媒体戒断性具有正向作用	成立	成立
H11a	精神性焦虑在信息焦虑与大学生社交媒体戒断性中发挥中介作用	不成立	不成立
H12	社交媒体的社交强化功能对大学生精神性焦虑具有加剧作用	不成立	不成立
H12a	社交媒体信息焦虑在社交强化与精神性焦虑之间发挥中介作用	不成立	成立
H12b	情感映射在社交媒体社交强化功能与大学生精神性焦虑间发挥中介作用	不成立	成立
H13	大学生精神性焦虑对其使用社交媒体的信息焦虑具有强化作用	成立	成立
H13a	社交媒体的社交强化功能在大学生精神焦虑与信息焦虑之间发挥中介作用	不成立	成立
H13b	强迫性在大学生精神性焦虑与社交媒体信息焦虑之间发挥中介作用	成立	成立
H13c	戒断性在大学生精神性焦虑与社交媒体信息焦虑之间发挥中介作用	成立	成立
H13d	突显性在大学生精神性焦虑与社交媒体信息焦虑之间发挥中介作用	成立	成立

假设	内容	台湾	大陆
H13e	冲突性在大学生精神性焦虑与社交媒体信息焦虑之间发挥中介作用	成立	成立
H14	大学生精神性焦虑对其社交媒体使用中的戒断性具有强化作用	成立	成立
H14a	情感映射在精神性焦虑与戒断性之间发挥中介作用	成立	成立
H15	大学生精神性焦虑对其社交媒体使用中的突显性具有强化作用	不成立	成立
H15a	情感映射在精神性焦虑与突显性之间发挥中介作用	不成立	成立
H16	大学生精神性焦虑对其社交媒体使用中的强迫性具有加剧作用	成立	成立
H16a	情感映射在精神性焦虑与强迫性之间发挥中介作用	成立	成立
H16b	信息焦虑在大学生精神性焦虑与社交媒体强迫性之间发挥中介作用	成立	成立
H17	大学生精神性焦虑对其社交媒体使用中的突显性具有强化作用	成立	成立
H17a	情感映射在精神性焦虑与突显性之间发挥中介作用	成立	成立
H17b	信息焦虑在大学生精神性焦虑与社交媒体突显性之间发挥中介作用	成立	成立
H18	大学生精神性焦虑对其社交媒体使用中的戒断性具有强化作用	成立	成立
H18a	情感映射在精神性焦虑与戒断性之间发挥中介作用	成立	成立
H18b	信息焦虑在大学生精神性焦虑与社交媒体戒断性之间发挥中介作用	成立	成立

六、基于台湾大学生样本的分析总结与讨论

1. 台湾大学生社交媒体使用情况

（1）就社交媒体使用频次来看，台湾地区大学生社交媒体使用的频繁程度要明显低于大陆大学生。

（2）台湾地区大学生平均每天社交媒体使用时间为 4.803 小时，高于大陆大学生的 4.479 小时。相较大陆大学生，台湾地区大学生社交媒体使用频次略低，但平均使用时间却相对较长；大陆大学生社交媒体使用频繁程度高，但平

均使用时间却相对较短。可能原因是由于两岸大学生课业压力不同，台湾大学生课业压力相对较轻。同时，也可能由于大陆社交媒体平台功能与现实生活关联性更强，黏性更高所致。另外，通过前文调查结果可知，大陆大学生社交媒体使用焦虑状况显著高于台湾地区，这与其社交媒体使用时长也有直接关联。

（3）台湾大学生的社交媒体使用时长则随年级上升而递增，年级越高高强度使用者占比越多。相较之下，大陆大学生在大二阶段社交媒体使用时长最长，大三、大四则逐年递减。

（4）相较大陆，台湾地区大学生的社交媒体内容关注更加多元和分散化，其对于娱乐的关注占比（75.81%）明显高于社会新闻（62.82%）；同时，其对于自己社交圈内的动态信息以及财经、科技等应用性知识更加关注；大陆大学生则多关注于自身教育成长。

2. 台湾大学生社交媒体使用焦虑相关维度测量结果与比较分析

（1）台湾大学生社交媒体错失焦虑的样本测量平均分为 42.500，低于大陆地区大学生均分 44.133。相较大陆大学生，台湾地区大学生 FoMO 总分在中低分数档分布较多，在较高分数档则分布相对较少。就台湾大学生社交媒体错失焦虑的各个维度均值来看，社交媒体 FoMO 各因素平均值排序依次为行为表现 > 心理动机 > 信息焦虑 > 情感映射，与大陆大学生一样，台湾地区大学生的社交媒体错失焦虑在动机与行为层面同样表现得更为强烈。

台湾地区大学生社交媒体错失焦虑程度在不同性别间并不存在显著差异。但与大陆大学生不同的是，在台湾地区大学生中，社交媒体错失焦虑程度在不同年级之间存在显著差异，表现为大二、大四学生的社交媒体 FoMO 程度显著高于大一。t 检验显示，台湾地区大学生社交媒体错失焦虑（FoMO）程度显著低于大陆大学生，这种差异在行为表现和信息焦虑层面表现得尤为显著。

（2）台湾大学生社交媒体依赖的平均分为 49.597，低于大陆大学生的51.799。相较大陆大学生样本，台湾地区大学生在中低依赖程度组别分布比例更高，而在较强依赖程度组别分布比例明显低于大陆大学生。与大陆大学生相似，台湾大学生社交媒体依赖各维度均分排序为突显性 > 冲突性 > 社交强化 > 戒断性 > 强迫性，表明在台湾地区，大学生的社交媒体依赖在对生活的嵌入与习惯形成方面的影响也更为突出。除男性大学生强迫性维度均分在 10% 的统计水平上显著高于女性大学生之外，台湾地区大学生社交媒体依赖程度在不同性别间并不存在显著差异；同时，突显性、社交强化、冲突性、戒断性维度均分在不同性别间也不存在显著差异。t检验结果显示，台湾地区大学生社交媒体突显性程度显著低于大陆大学生，这种差异主要体现在强迫性与戒断性维度。

与大陆不同的是，在台湾地区大学生中，社交媒体依赖总分在不同年级之间存在显著差异，集中表现为大二、大四的社交媒体依赖程度显著高于大一。在台湾不同年级大学生之间，社交媒体依赖的差异主要体现在社交强化、强迫性与冲突性层面。我们发现无论是在总分还是强迫性、冲突性、戒断性维度，台湾地区学生均呈现大一较低→大二显著升高→大三明显下降→大四再次显著升高的分布状况。这种情况与大陆本科各年级间差异不显著的情况截然不同。究其原因，可能在于台湾地区大学生在大三阶段课业压力相较大二大幅提升，导致学生不得不投入更多精力于课业，对于社交媒体使用的强迫性、冲突性、戒断性下降；而到了大四之后，课业压力减小就业压力上升，这使得学生更多地使用社交媒体获取信息资源，或者使用社交媒体作为对现实的解压或逃避。

（3）台湾大学生个体焦虑的平均测量分值为 21.221，略低于大陆大学生的平均分值 22.950。相较大陆大学生样本，台湾地区大学生在中低焦虑程度组别分布比例更高，而在中高焦虑程度组别分布明显低于大陆地区，台湾地区大学生个体焦虑程度的分布区间要低于大陆大学生。

台湾地区不同性别大学生在个体焦虑总分、精神性焦虑、躯体性焦虑上均存在显著差异，表现为女性大学生各个维度的焦虑程度均大幅高于男性大学生。可见相较内地男女大学生之间焦虑差异不大的情况，台湾地区的女性大学生明显承受了更多的焦虑，其原因可能与台湾地区女性社会经济地位的相对低下有关。文献研究显示，台湾地区女性在招募、雇用、配置、升迁、训练、福利措施等工作环境中受到明显的差别待遇，性别职业区隔现象严重，相较大陆，台湾女性在社会法律地位与婚姻家庭地位中劣势均非常明显[1]，这使得台湾女大学生在各方面都将面临更多的压力。

台湾大学生个体焦虑程度在各个年级之间并无显著差异；精神性焦虑、躯体性焦虑的平均分值在各年级之间也无显著差异。台湾大学生个体焦虑与其经济状况（月支出水平）之间确实存在显著关联，但这种关联更多体现在精神性焦虑层面，学生躯体性焦虑与月支出水平的关联并不显著。具体来看，主要的差异源于月支出"500 以下""1501—2000""5001—8000"组别样本精神性焦

----

① 颜士梅：《台湾妇女社会地位的现状及其成因》，《浙江大学学报（社会科学版）》，1997年第 2 期，第 58—63 页。

虑的显著偏高，以及月支出"501—1000"组别样本焦虑水平的显著偏低。不同于大陆样本中最低月支出组别的低焦虑水平，台湾地区"500以下"组别样本的焦虑程度明显高于内地贫困大学生，但稍高一些的"501—1000"组别焦虑程度则大幅下降，可见在满足基本生活要求后，台湾的贫困大学生也能保持较好的心态，比较之下，可从侧面反映出大陆对贫困生帮扶政策的显著作用和必要性。与大陆地区相似的是，在中等支出水平的"1501—2000"和较高支出水平的"5001—8000"组别，台湾大学生样本也存在较强的精神性焦虑，可见"上行焦虑"和个人支出满足后面对众多选择的困惑和迷茫感构成了台湾大学生个体焦虑的重要因素。

3.台湾大学生社交媒体使用焦虑的内在影响机制分析

（1）基于相关系数的分析结果

对台湾地区大学生而言，在社交媒体依赖的形成机制中，来自情感映射与信息焦虑的影响相对小于大陆。在社交媒体依赖与大学生个体焦虑各维度关联中，台湾地区所有相关系数均小于大陆，可见台湾地区大学生社交媒体依赖与个体焦虑的关联没有大陆显著。相较大陆大学生，台湾地区大学生社交媒体FoMO与个体焦虑各维度的相关系数普遍较小或显著性偏低，这种情况在心理动机与行为表现方面尤为明显，可见台湾地区大学生社交媒体FoMO与个体焦虑的关联程度小于大陆大学生。

（2）基于回归方法的分析结果

社交媒体FoMO对社交媒体依赖的预测作用在台湾大学生中也具有解释力。但就对社交媒体具体维度的解释力来看，台湾与大陆研究中的回归结论存在较大差异。表现在以下方面：相较大陆大学生，对于信息错失焦虑对台湾大学生社交媒体突显性具有更多解释力，台湾大学生的社交强化倾向更少受到信息焦虑的影响；社交媒体强迫性的影响因素更为多元和复杂；行为表现与情感映射对台湾大学生社交媒体冲突性的解释力相对更强。

与大陆大学生一样，在台湾地区大学生中，个体焦虑对社交媒体依赖的强化作用主要体现在精神性焦虑层面；但相较大陆大学生，台湾大学生的个体焦虑对社交媒体依赖的影响效应和解释力明显偏小。换言之，台湾地区大学生中由个体焦虑引起的社交媒体依赖相对较少。在台湾地区，社交媒体依赖对大学生个体焦虑的影响因素相较大陆更为简单，主要是由于社交媒体依赖与生活、学习、工作目标发生冲突而引发的焦虑。

（3）基于中介效应模型的路径分析结果

通过中介效应检验程序，对台湾大学生社交媒体使用焦虑的内在机制与路径进行分析，结果概括如下：

①与大陆样本假设 H2a 部分中介效应不同，台湾大学生社交媒体 FoMO 在个体焦虑与社交媒体依赖之间发挥了完全中介效应。这一检验结果也从侧面说明，在台湾大学生中社交媒体 FoMO 是引致其社交媒体依赖的核心因素，在其作用下，台湾大学生个体焦虑对社交媒体依赖的影响作用几乎可以忽略不计。

②大陆大学生对社交媒体的情感映射会通过强化其精神性焦虑程度，进而增加其社交媒体使用的强迫性，但在台湾大学生中，这一中介机制并不成立，原因在于台湾大学生的精神性焦虑并不会显著强化其社交媒体使用中的强迫性。

③在大陆，信息焦虑对大学生精神焦虑具有核心影响；社交强化功能会通过加剧大学生对社交媒体的情感映射，进而强化其个人焦虑，但在台湾地区这两种中介机制均不成立。在大陆，个体焦虑会促使大学生更多使用社交媒体的社交强化功能，进而加剧其信息焦虑程度，但在台湾大学生中，这一中介机制也不成立。上述两方面检验差异的原因都在于台湾大学生通过使用社交媒体的社交强化功能时，较不容易产生焦虑情绪。

④在大陆，个体焦虑会促使大学生强化对社交媒体的戒断性，进而加剧其信息焦虑程度，在台湾大学生中这一中介机制更为显著，表现为完全中介，这意味着相较个体焦虑，台湾大学生的社交媒体戒断性对其信息焦虑几乎具有完全性的解释力。

⑤在大陆，个体焦虑可以通过强化大学生对社交媒体的情感映射，进而强化其社交媒体使用的戒断性，而在台湾地区这一中介机制并不成立，原因在于台湾大学生的个体焦虑与其社交媒体突显性之间并无显著关联，也就是说台湾大学生并不容易因为个体焦虑而强化对社交媒体的使用意识和习惯。

总结大陆与台湾大学生在社交媒体使用焦虑及形成机制上的不同，可以归纳为以下几点：

①台湾地区大学生社交媒体错失焦虑（FoMO）程度显著低于大陆大学生，尤其是行为表现和信息焦虑维度的表现低于内地。

②台湾大学生的社交媒体依赖程度显著低于大陆，尤其是在强迫性和戒断性方面。但在年级分布上，台湾大学生在大二与大四年级对社交媒体的依赖明显较高，大陆大学生本科不同年级间没有显著差异。

③台湾地区大学生个体焦虑程度显著低于大陆大学生，这种差异集中体现在台湾大学生精神性焦虑的相对偏低。但不同于大陆的是，台湾女性大学生个体焦虑程度远高于男性，这从侧面说明台湾地区女性承受压力明显更高，性别平等观念遇到的阻力相较大陆更为严峻。

④相较大陆大学生，台湾大学生的社交媒体依赖较少受到个体焦虑影响，更多地与社交媒体 FoMO 相关，并可由社交媒体 FoMO 高度预测和解释。

⑤尽管从理论和经验上看，社交媒体 FoMO 与社交媒体依赖之间都存在"固有"关联，但这种关联在台湾地区大学生中更多体现在心理动机与行为表现上，而大陆大学生则更多体现在情感映射和信息焦虑上。换言之，对台湾地区大学生而言，在其社交媒体依赖的形成机制中，来自情感映射与信息焦虑的影响没有大陆大学生那么显著。

⑥台湾地区大学生社交媒体依赖与个体焦虑的关联程度低于大陆，换言之，台湾大学生由社交媒体依赖引致的个体焦虑相对较少。同时在台湾地区，社交媒体依赖对大学生个体焦虑的影响因素相较大陆更为简单，主要是由于社交媒体依赖导致与生活、学习、工作目标发生冲突而引发的焦虑。

⑦相较大陆大学生，台湾大学生较不容易因社交媒体 FoMO（尤其是情感映射和信息焦虑）而导致个人焦虑情绪加剧，其原因可能与台湾青年中普遍存在的"小确幸"意识有关。

综合前述研究结论可以发现，与大陆样本比较，尽管台湾大学生社交媒体依赖与 FoMO 之间的关联更为显著，但其社交媒体依赖与个体焦虑之间的双向关联均明显较小；同时，台湾大学生的个体焦虑与社交媒体 FoMO 的关联程度也相对较低，这导致在台湾大学生中，社交媒体错失焦虑——依赖——个体焦虑三者间交互反馈的关联路径被显著弱化，从而很大程度上阻断了依赖→焦虑→更加依赖的负面循环，这使得台湾大学生的社交媒体使用焦虑不容易获得强化，从笔者测量的数据上也可看出，台湾大学生社交媒体 FoMO、社交媒体依赖与个体焦虑均呈现比大陆更低的水平。当然，台湾大学生社交媒体依赖、FoMO 与个体焦虑的关联程度较低，其原因可能源于其焦虑面向与社交媒介的关联相对较弱，更多来源于现实社会中遇到的困扰。换言之，虽然共处于信息社会，但由于两岸近年来经济、技术、文化环境的差异，两岸大学生所呈现出的焦虑情形也不尽相同，台湾地区大学生受到社交媒体的影响虽然也很大，但其焦虑特征表现为更多的"现实型焦虑"（如社会环境、就业、性别），而大陆大学生则表现为更多的"技术型焦虑",即信息社会技术理性带来的影响在大陆更加深重，这也是大陆近年来更加注重文化复兴、以人为本以及道德理性的重要原因。

第二节　台湾大学生社交媒体使用焦虑与"圈层化"效应研究

一、台湾大学生社交媒体使用研究概况

随着信息技术的全球化与纵深化程度不断加剧，网络对于当代社会带来的复杂影响正如多名学者曾经指出的一样：网络已成为现代生活型态的一种隐喻(metaphor)与象征，然后会逐渐形成一种以内在期望、需求与忧惧为内涵的虚拟社会，值得进一步思考其对真实生活、社会及心理层面的影响[①]。在社交媒体影响的多维面向中，由网络与社交媒体使用不当带来的负面影响在台湾地区青年群体中也得到了证实。台湾部分学者就大学生网络使用形态、动机及其影响进行了较为细致的考察。首先，就网络及社交媒体使用基本概况而言，有研究推估，截至 2018 年，台湾 12 岁以上上网人数达 1738 万人，而全台上网人数估计已达 1866 万，整体上网率达到 79.2%。其中，网民于内容媒体、社群媒体的使用率最高，皆超过八成，电子商务使用率则有六成[②]。其次，在网络与社交媒体使用动机层面，台湾学者刘家仪研究表明，网络交友可以视为现实人际关系的延伸。在现实生活中得不到满足的人际关系，则可透过在网络人际关系寻求替代。[③] 洪赞发进一步指出，社群网站致力于满足被爱、减轻寂寞、获得激励、寻求刺激、增进自我了解、认知性要素、情感性要素、存在需求、关系需求与成长需求等方面的需求。[④] 王丹芸也提出，社交媒体在寻求认可、表达自我和

---

① Walther J. B., "Computer—mediated communication: impersonal, interpersonal and hyperpersonal interaction", *Communication Research*, vol.23, no.1(1996), pp. 3—43.

Walther J. B., "Interpersonal effects in computer—mediated interaction: a relational perspective," *Communication Research*, vol.19, no.1(1992), pp.52—90.

Lewis P H, "Strangers, not their computers, build a network in time of grief", *The New York Times*, at A1, D2(8th March,1994).

② 冯宁默：《当拟像遭遇青年"乡民"——谈台湾网络文化与大陆想象》，中评网，获取地址：http://www.CRNTT.com，发布时间：2018 年 12 月 9 日。

③ 刘家仪：《以人际关系论与计划行为论探讨网络交友之现象》，高雄：中山大学硕士学位论文，2001 年。

④ 洪赞发：《社群网站人际关系、社群认同、需求满足对忠诚度之影响》，台中：朝阳科技大学硕士论文，2013 年。

发展关系发挥重要作用。[①]

最后，在网络与社交媒体使用不当引发的焦虑问题中，已有不少学者进行了讨论。杨静芳研究指出，社会焦虑程度越高，网络人际互动感受也相对较强，并且有利用网络自在表达，以减少面对面、避免焦虑方式的互动特质[②]。值得注意的是，在高度网络成瘾的族群中，此一工具性使用非但无法使其满足，反而呈现出更加焦虑的现象[③]。学者陈金英就网络使用习性、网络交友期待与社交焦虑进行了综合探讨，研究发现，对于网络交往异性与发展恋情有较高期待的学生，其社交焦虑亦同步偏高，每次使用网络时间愈长，社交焦虑现象也愈明显。[④]吴齐殷、李文杰则针对长期沉浸在互联网中的受众进行调查，结果发现，长期沉浸于网络环境并不会有愉快感受，反而成为深化个人情绪负担的结果。[⑤]除此之外，郭正莹针对大学生网络自我揭露、网络社会支持与孤寂感为议题展开研究，研究发现，有网络交友经验者的孤寂感比没有网络交友经验者高，而曾有网络交友经验的大学生较为孤寂，透过网络交友有助于补偿现实生活的不足，在网络上向网友自我揭露较多的大学生也较为孤寂。[⑥]杨淑燕则以台北地区成年人Facebook成瘾与寂寞感进行研究，结果发现，社交媒体脸书的成瘾与孤寂和情绪性孤寂之间成正相关，脸书成瘾与社会性孤寂之间则呈现低度负相关。[⑦]学者张如佩也同样以脸书为例，就主动揭露信息与负面情绪和孤寂的关系做了探讨[⑧]，研究发现，使用者在使用脸书的过程中，容易产生比较的心态，当使用者的比较心态愈高，其负面情绪与孤寂感也较高。另外，研究发现，过度期望与负

---

① 王丹芸：《云林县初中特教学生脸书使用行为于人际关系发展与学习动机之探讨》，嘉义：南华大学硕士学位论文，2015年。
② 杨静芳：《社交焦虑，网络社交焦虑与网络环境特性之关联性 探讨》。台北：台湾大学心理学研究所硕士论文，2003年。
③ 邱秋云：《网络恋情者个人特质与其网恋经验之初探》，新竹：交通大学传播所硕士论文，2003年。
④ 陈金英：《网络使用习性、网络交友期望与社会焦虑之分析》，《资讯社会研究》，2004年第7期，第111—145页。
⑤ 吴齐殷、李文杰：《青少年友谊网络的特质与变迁：长期追踪研究》，台北："中央研究院"青少年生命历程与生活调适研讨会，2001年，第1—31页。
⑥ 郭正莹：《男女大学生网络自我揭露、网络社会支持与寂寞感之差异研究——以实时通讯为例》，台北：中国文化大学硕士论文，2008年。
⑦ 杨淑燕：《大台北地区成年人脸书成瘾与寂寞感之研究》，台北：中国文化大学硕士论文，2016年。
⑧ 张如佩：《脸书主动信息揭露与负陈情绪和寂寞的关系》，台湾交通大学硕士论文，2013年。

面情绪只有在浏览时间少的时候，才有显著正相关，研究者推估是因为不常浏览脸书的使用者较容易有较高的期望，期望其他使用者对所发表的文章给予响应或按赞，然而没有得到更多的响应时，进而感到孤寂。而顾虑只有在浏览时间多时，才有显著正相关[①]。

我国台湾学者的相关研究多基于台湾岛内大学生的基本学习与生活情况、采用量化研究的方法对其网络及社交媒体使用基本情况进行了较为细致的探讨，并为台湾地区该领域研究的深入研究奠定了重要的基础。但是，已有成果中对于社交媒体使用焦虑的直接研究较少；同时，研究较少采用量化与质化相结合的方法，在考察普遍性规律的同时，注重揭示台湾大学生社交媒体使用心理及行为中的特殊性。本研究根据前文量化研究的成果，采用半结构式深度访谈法对台湾大学生社交媒体使用焦虑心理与行为进行考察，旨在更加深入的了解当代台湾青年媒介环境与文化近况，以及其社交媒体使用焦虑背后蕴藏的特殊心理与意识情态，从而为促进两岸青年沟通与交流，增进文化认同提供策略指引。

二、研究问题与方法

（一）研究问题

在前期专家与小组访谈的基础上，初步确立本研究的五个基本维度及问题如下：

1. 考察维度（见表4-34）

表4-34　台湾大学生社交媒体使用焦虑考察维度

维度一：使用概况	维度二：动机	维度三：行为表现	维度四：信息焦虑	维度五：情感映射
使用平台及内容	心理动机	生活嵌入	强迫心理	情绪影响
使用频次、场合	认知动机	耐受性	信息焦虑	社会比较
使用时长等	/	/	戒断反应	/

2. 研究问题

Q1. 台湾大学生社交媒体使用概况（使用平台及内容、使用频次、使用场合、使用时长等）

---

① 谢宛芸：《大学生FB及LINE社群网站使用动机、社交焦虑与孤寂感关系之探讨》，屏东大学硕士论文，2019年。

Q2.台湾大学生社交媒体使用动机

Q3.台湾大学生社交媒体使用焦虑的行为表现与感情变化特征

Q4.台湾与大陆大学生社交媒体使用结构同异性

Q5.台湾与大陆大学生社交媒体使用焦虑情形同异性

（二）研究方法

研究确定了来自台湾地区台北、新北、屏东、台中、桃园、台南、彰化、新竹等共43名在校大学生作为访谈对象。访谈在2019年1月—5月实施，主要采用面对面与电话访谈相结合的方式进行，个案访谈时间为40—60分钟，全程录音并作详细记录以便于回访及核查。访谈以半结构方式围绕研究主题展开，以"渐进式聚焦法"从一般性问题入手，逐渐深入对聚焦问题的考察。研究试图通过深度访谈法激发并了解研究对象内心深处的心理感知与所思所想，深入挖掘台湾大学生社交媒体使用的基本特征及焦虑情态。下表列出了受访者的人口统计学特征，出于受访者匿名的需要，数据分析采取了匿名的方式。（见表4-35）

表 4-35　受访者统计信息表

编码段	平均年龄	男女比例	所在学校	所在地
台北 1—10	22.3	1：1	世新大学	台北
台南 11—17	21.1	3：4	世新大学	台北
新北 18—25	21.8	1：1	世新大学	台北
台中 26—30	22.1	1：4	世新大学	台北
屏东 31—34	21.6	1：3	世新大学	台北
桃园 35—38	20.0	1：3	世新大学	台北
彰化 39—41	19.7	3：0	世新大学	台北
新竹 42—43	19.0	0：2	世新大学	台北

三、研究发现

（一）台湾大学生社交媒体使用基本概况

1.社交媒体平台与内容

据 Hootsuite 发布的 *Digital in* 2018 *in Eastern Asia Essential Insights* 报告显示，截至 2018 年台湾地区最流行的社交媒体前 12 名分别是：Facebook、YouTube、Line、FB messenger、Instagram、Google+、Skype、WeChat、Twitter, Eyny、WhatsApp、新浪微博。[①] 而据笔者调查显示，大多数台湾大学生最常用的三个社交媒体分别是 Facebook（以下简称 FB）、Instagram（以下简称 IG）和 Line，除此之外在台湾大学生群体中最受欢迎的特色网络社群是 Dcard 和批踢踢实业坊（以下简称 PTT）。它们构成了台湾大学生社交媒体使用的主要平台。

1. Line

Line 是一款以通讯为主的综合性软件，跟微信一样，目前除了可以免费通讯外，平台上还有订阅号、电子支付、提供新闻资讯、购物回馈服务、旅游电商服务等功能，最大的产品特色是聊天表情贴图。Line 在台湾的使用人数很多，如同微信在大陆的地位，几乎每个人都有一个 Line 账号。台湾大学生使用 Line 主要是用于通讯、追踪粉专（类似微信公众号）、建立群组，并作为小组讨论的工具广泛应用到学习和生活当中，但几乎不用 Line 发动态。Line 虽然有很多附加功能和周边产品，但参与调查的台湾大学生表示，少有人会使用 Line 的周边产品，主要原因是 Line 的周边产品很多功能被 FB 和 IG 替代；同时，世新大学的被访者表示 Line 提供的新闻资讯娱乐性比较强，所以他们并不喜欢看，而是会选择在 Line 上追踪粉专。除此之外，Line 官方的表情贴图 "Line Friends" 以其可爱、呆萌的形象获得了台湾大学生的广泛青睐，这成为 Line 区别其他通讯社交软件的重要标识。但是 Line 的表情贴图需付费购买，调查显示，台湾同学大部分会付费购买喜欢的贴图，而购买的贴图既可以赠送给列表中的朋友，也会自用一些流传在网上的梗图。

2. Facebook

Facebook 的主要功能是发文（动态时报）、打卡、聊天，注册后用户可以创建个人档案、加好友、传讯息，并在其他使用者更新个人档案时获得自动通知。

---

① 《FB 社群龙头地位不保？台湾网络社群趋势全分析》，行销人网，获取地址：https://www.marketersgo.com/marketing/2018/04/15/2017—social—media—analysis—report/，发布时间：2018 年 4 月 15 日。

用户也可以加入有相同兴趣的群组，这些群组依据工作地点、学校、兴趣或其他特性进行分类。同时，用户可将朋友分别加入不同的列表中管理，例如"同事"或"挚友"等。FB 系统也会推荐"可能认识的人"和"朋友的朋友"，因此可以循线找到共同好友。FB 是台湾使用人数最多的社交媒体，但是对于台湾青年而言，不少被访大学生表示，FB 对自身的吸引力在下降，而 IG 的使用比率在逐渐提高。这与 *Digital in 2018 in Eastern Asia Essential Insights* 中的调查结果相吻合，研究显示，FB 在台湾的使用率最高的年龄层其实是 25 到 34 岁的上班族，使用人数约为 510 万人。其次则为 35 到 44 岁的中世代，人数为 430 万。第三才是 18 到 24 岁的青年族群，使用人数约为 360 万[①]。这表明，Facebook 已经不再是传统认知中"年轻人会玩的东西"，而台湾的年轻群体正在逐渐流向至其他社交媒体。通过本次调查发现，造成此现象的主要原因一方面是源于 FB 的广告、视频、抖音过多引起了年轻受众的反感。另一方面则是由于在台湾地区，长辈使用 FB 的人数增多，由于代际差异和青年一代独立意识、隐私观的强化，更多年轻人转而使用私密性更强的 IG。

3. Instagram

Instagram 是 Facebook 公司旗下一款免费提供在线图片及视频分享的社交软件，主要功能是发布限时动态与贴文。限时动态只会保存 24 小时，因此特别适合发日常，在其图片功能上 Instagram 集拍照修图为一体，用户用手机拍下相片后可直接将滤镜效果添加到相片上，一键即可分享到 Instagram、Facebook、Twitter 等平台。其图多字少的形式与风格较为贴合年轻用户的性格特质与信息传播惯习，从而广受台湾年轻人的喜爱。

4. 特色网络社群 PTT 与 Dcard

除了以上广为人知的社交媒体之外，在台湾年轻群体中还有两个本地特色显著、流行范围较广的网络社群：批踢踢实业坊（PTT）和 Dcard。

（1）PTT

批踢踢实业坊，简称 PTT。PTT 官方声称其是以学术性质为目的，提供各专业学生实习的平台、并以电子布告栏系统（BBS，Bulletin Board System）为主的一系列服务。它由台湾大学电子布告栏系统研究社维护运作，大部份的程

---

① 《FB 社群龙头地位不保？台湾网络社群趋势全分析》，行销人网，获取地址：https://www.marketersgo.com/marketing/2018/04/15/2017—social—media—analysis—report/，发布时间：2018 年 4 月 15 日。

序码由就读或已毕业于资讯工程学系的学生进行维护。

据 PTT 官方说明，它的目标是"建立一个快速、实时、平等、免费，开放且自由的言论空间"，且绝不商业化、绝不营利。目前 PTT 已拥有超过 2 万个分类广告牌，每天有超过 2 万篇文章更新，从八卦、娱乐、运动、政治、文学、旅游、美食、女性、军旅与网购无所不包，注册账号 150 万，尖峰时段超过 15 万人同时在线。PTT 的用户群主要集中在 18—35 岁的年轻群体，实行注册实名制，是台湾最有影响力的网络社群，同时也是极富台湾本地特色的社交媒体之一。① 由于 PTT 汇集了从政治时事到街头流行、热销商品到地方文化、影音书籍推荐等各类信息与热点话题，且鼓励言论自由，因此 PTT 成为台湾大学生信息获取、购物、交友、讨论、租屋、找工作、分享家庭、学习、职场琐事的重要平台，同时它也成为在台湾青年群体中引导政治与群体风向的重要媒介。例如：

Box1：

编号 18："我会经常打开 PTT，如果是想看特定的新闻或政治类的讨论，就会找特定的广告牌进去，如果比较悠闲，就会随便浏览。但看新闻报道本身我会在风传媒、报道者这些媒体看。"（和××，男，20 岁，大二，新北）

编号 6："原本会（常使用 PTT），但是 PTT 会带风向，政治议题的想法都是大同小异的，同温层的情况非常严重，导致没办法客观地获取信息。之后因为资料太多太庞杂以致于不太想要使用，现在都是看自己有想找的资料才会去看特定的版，它有分很多版我都挑自己有兴趣的，比如国际新闻，因为国际新闻大多是外媒的资料所有没有什么带风向的问题，而且里面的人也不太看国际新闻，所以没有什么讨论度可以比较客观地看，或者看比较休闲的男女版、旅游版。"（黄××，女，20 岁，大二，台北）

（2）Dcard

Dcard 是另一个在台湾青年群体中较流行的社交媒体平台，仅开放给台湾地区以及部分海外大学的学生注册。网站的用户在每个午夜 12 时，会收到一张系统配对的匿名邀请卡（Dcard），若有兴趣与对方认识的话就可以送出交友邀请，收到邀请的人在当天午夜之前必须同意邀请，双方才能成为朋友，一旦错过之后，这两位用户便不会再收到或是抽到彼此的 Dcard。Dcard 属于匿名社交

① 维基百科：《批踢踢实业坊（PTT）》，获取地址：https://zh.wikipedia.org/wiki/%E6%89%B9%E8%B8%A2%E8%B8%A2 ，2019 年 6 月 14 日

网站，但需要用学校邮箱注册，并在首页显示板块＋校名。Dcard 功能与 PTT
类似，但只针对大学生用户群，所以 Dcard 的使用族群平均年龄是略小于 PTT
应用群体的，有些 PTT 用户认为 Dcard 充斥着幻想文，因此称 Dcard 为"低能
卡"。同时，由于 Dcard 使用学校邮箱注册，所以页面中会设置相关学校的特定
板块，如世新大学就有世新版，里面有各种校园资讯和记录大学生生活与情感
的心情文，这也成为台湾大学生最常关注的板块之一。

（二）社交媒体使用特征

通过此次调研发现，台湾大学生在社交媒体上的功能使用主要包括点赞、
回复、转发、评论与发文几个方面，其使用特点如下：

（1）点赞。研究发现，在社交媒体常用的点赞、评论、转发、回复、发文
等主要功能中，最常被使用的是点赞功能，因为点赞不需要考虑很多，大部分
大学生会根据自己的内容偏好来选择点赞与否，对与自身有关的或者很好的朋
友发布的内容也会点赞，但很少在公众人物下面点赞。调查显示，大多数大学
生平时不会在意别人对自己发布内容的点赞数和评论数，但曾经会。如，"我习
惯没什么点赞了！就 40 个赞左右没有太大变化。如果只有 20 个赞也就不会太
在意啦，所以我才不太发文因为也没什么人看。刚上大学看到人家 100+ 赞会有
一点自卑觉得自己被边缘，现在就已经还好了。"（曾 ××）；还有部分学生表
示，对于自己精心编辑后发布的内容还是会想得到别人的反馈，也有部分学生
表示，现在不太常发文的原因之一是发了也很少获得点赞。

（2）回复、转发与评论。研究发现，台湾大学生在社交媒体上的回复、转
发与评论行为，与其关系亲密性和相关性有紧密关联。例如，台湾青年在 FB
的功能使用层面大多限于关系相对疏远的次级关系群体，同时，FB 主要被应用
于转发社团活动消息、系办活动、抽奖活动、文章、视频等。如，"脸书发文都
是因为功课，所以比较中规中矩。"（曾 ××）IG 则主要应用于关系相对密切的
密友，由于 IG 的限时动态功能使得用户发文 24 小时之后即消失，仅自己能看
到浏览记录和评论，而对于不想完全公开的限时动态可选择"密友可看"，所以
很多台湾大学生在发动态时几乎没有心理负担和困扰，作为生活感悟和日常琐
事的记录而乐于分享，但对于分享贴文的文案和图片则会经过仔细筛选、排版。
如：

Box2：

编号 19："修图选文比较麻烦，限时非常方便，限时更火了，所以很多人

用，蛮多人 care 限时动态被看的人数。"（陈××，女，19 岁，大二，新北）

编号 12："发限时比较多，我觉得我的生活很有趣，身边的人发的也比较好笑所以发的很多或者分享歌曲。"（郭××，女，20 岁，大三，台南）

（3）发文。研究表明，台湾大学生在社交媒体上的发文频率呈现下滑趋势，发文态度相对谨慎。如：

Box3：

编号 32："不太 po 文，因为要想太久，感觉会需要比较认真发，我比较懒。限时比较方便，不用想很久。"（曾××，女，20 岁，大二，屏东）

编号 12："PO 文是永恒的东西，对我来说很像一个里程碑，需要认真去做，会调色修图片，如果觉得不合适就再编辑。"（郭××，女，20 岁，大三，台南）

编号 4："不太发，比较少，觉得比较有趣但没有及时发或者不知道怎么配文字也不知道如何表达就拖掉了。"（李×，男，20 岁，大二，台北）

编号 43："没有到精心编辑的地步，但会想一下要 PO 什么比较好。"（马××，女，19 岁，大二，新竹）

House 与 Davis 认为，用户深入使用图像信息 (photographic messaging) 的主要因素有记忆补捉 (memory capture)、自我展现 (self-expression) 与沟通 (communicate)。同时，江瑞菁也认为，Instagram 用户有机会在 Instagram 展现个人的能力，也借此获得他人的回馈，并在具有互动性的环境当中，表达自己的想法，其互动与交流能够促进人与人之间的友谊。[①] 由此可知，发文频率减少与谨慎态度的呈现，一方面源于青年群体对于社交媒体自我形象表露与塑造、社交交往功能的重视；另一方面，它也一定程度映射了社交媒体各类表情包、网络语言符号的过剩对主体元语言与思维构成的表述乏力与雷同，这是技术媒介过度发展对青年主体表达与话语方式侵占与剥夺的重要体现。

四、社交媒体使用动机

动机是一种内在动能，这种心理因素会推动个人完成他的欲望和目标。研究发现，其社交媒体使用动机主要涵盖了认知动机与心理动机两个维度。首先，在认知动机层面，综合所有受访者答案可知，其使用社交媒体的主要目的是聊天、购物、收发讯息、了解新闻资讯、关注朋友动态、打发时间、娱乐八卦、

---

① 林欣谕：《青年族群使用 instagram 之心理需求与持续使用意图研究》，台北：台湾师范大学硕士论文，2017 年。

获取知识、关注兴趣领域的 KOL 等。如：

Box4:

编号 7："我会用 Line 联络，用 IG 看朋友动态，脸书用得比较少，因为广告和网络噪音太多了，用 Dcard 看实习消息和世新版，很闲的时候看看娱乐、心情版。"（刘 ××，女，21 岁，大三，台北）

编号 35："打发时间，看品牌新讯息，收集资料，通常用 Pinterest 找好看图片，用 Line 通讯。"（曾 ××，女，19 岁，大二，桃园）

编号 2："除了常用的，还会看社交媒体上搞笑、有趣的事。"（戴 ××，女，20 岁，大二，台北）

编号 20："Ins 发限时和买衣服，Facebook 看学校公告事项，以前用 Dcard 看美妆和学校的事，后来没有兴趣。"（郭 ××，女，20 岁，大三，台南）

编号 4："还会在上面了解优惠讯息。"（李 ×，男，20 岁，大二，台北）

编号 31："吸收新知、了解新闻，与朋友互动。"（林 ××，女，23 岁，大三，屏东）

编号 22："最关注的是艺术创作、新闻、美食类、游戏类的信息，所以会关注这些领域的创作者的 FB 或 Ins。"（赵 ××，男，18 岁，大一，新北）

编号 39："社交媒体带来很多娱乐选项。"（许 ××，男，21 岁，大二，彰化）

其次，台湾大学生社交媒体使用心理动机主要体现在逃避无聊、避免现实社交尴尬、强化社交与情感关联、获得归属与爱等方面。如：

Box5:

编号 26："无聊的时候就看看，感觉时间很快就过去了。"（周 ××，女，21 岁，大二，新北）

编号 40："对比较内向的人来说，社群媒体让人不用体验面对面的尴尬。"（江 ××，男，19 岁，大一，彰化）

编号 5："一是可以看到朋友的动态，二是就算很久没联络或者静静躺在通讯录里的好友，通过他们发的动态可以了解他们的近况，比较不会有失联的感觉。"（李 ××，男，23 岁，大三，台北）

编号 35、1："社交媒体通讯免费，方便远距离沟通，让人觉得（即使相距很远但）依然有人陪伴，社交媒体变得有温度。"（曾 ××，金 ×）

编号 12："（社交媒体）互动、多元、拉近与人的距离，让自己变得更会沟

通。"（郭××，女，20 岁，大三，台南）

总体而言，台湾大学生社交媒体使用动机与大陆地区大学生并无太多差异，主要都聚焦于信息获取、学习、娱乐、社交等几个方面，在被访者诚恳的话语背后也不难得知，社交媒体也是台湾青年人排解寂寞、化解面对面社交尴尬、与同侪建立关系、维系感情、建立社区归属，感获得情感认同的重要渠道。

五、台湾大学生焦虑心理与行为

本研究从：（一）行为表现维度中的耐受性和生活嵌入（二）信息焦虑维度中的强迫心理、信息焦虑、戒断反应，以及（三）情感映射维度中的情绪影响、社会比较几个方面综合考察了台湾在校大学生社交媒介使用中存在的焦虑心理和行为。

（一）行为表现中的耐受性与生活嵌入

根据台湾学者陈淑惠[①]与王智弘[②]的研究，耐受性 (tolerance) 主要指向"随着使用网路的时间、经验增加，其使用网络的欲望也愈渐茁壮，即逐渐无法被目前的使用时间给满足，因此其所需的网络使用时间会愈渐增加的状况"。生活嵌入则指向"表达习惯性使用社交媒体、感觉社交媒体已经成为自己身体的一部分的状态"。

通过调查发现，台湾大学生在社交媒体使用过程中也存在着一定的耐受性和生活嵌入特征。例如，部分受访学生表示，"学习一天已经很累了，只有晚上会空闲下来，知道自己需要休息但是却忍不住刷手机，而且越玩时间越长，越无法入睡，有点担心自己又有点自责"（黄××）、"每天都会使用，但满足感来得太快所以空虚感也很严重"（阙××）、"有时候眼皮都打架了，手机会掉下来砸到脑袋才会放下手机睡着"（黄××）。但是，从使用时长来看，大部分受访者每日平均花费 3—4 个小时浏览社交媒体，其嵌入性并不十分突出。这一状况可能与台湾学生更早使用社交媒体有关。在大陆，大部分初中和高中禁止学生在校内使用手机，而许多家长也会出于学生学业考虑而不允许孩子使用手机。所以大部分学生到了大学才开始高频度地在日常学习与生活中使用社交媒体，而台湾学生通常从初中开始就接触社交媒体，使用年限的增长一定程度上

---

① 陈淑惠、翁俪祯、苏逸人、吴和懋、杨品凤：《中文网路成瘾量表之编制与心理计量特性研究》，《中华心理学刊》，2003 年第 45 期，第 251—266 页。
② 王智弘：《网路成瘾的成因分析与辅导策略》，《辅导季刊》，2008 年第 1 期，第 1—12 页。

促成了嵌入现象的淡化，同时也一定程度弱化了由耐受性造成的焦虑心理与行为。如有受访者（刘××）提到："在一两年前我每天使用社交媒体的时长可能是翻倍的，而现在越来越发现手机或者说社交媒体在侵占我自己的时间，所以现在会主动少用。"

（二）信息焦虑维度中的强迫心理、信息焦虑、戒断反应

1. 强迫心理

首先，在强迫性方面，从受访者的情况来看，"自身无法有效克制使用网路的冲动与渴求"的情况时常发生，且主要在睡前体现的更为突出。调查显示，所有受访者均有睡前浏览社交媒体的习惯，时长在15分钟以上。大部分学生并没有稳定的作息时间，通常都是看社交媒体直到有困意的情况下才停止，较为极端的受访者表示，曾有夜间躺在床上困到手机砸到脸才肯放下。同时，相较于图文内容，社交媒体上的视频类讯息更会让人"停不下来"。而相较于浏览社交媒体讯息，看小说、打手游、看游戏直播对于部分受访者来说更容易引发"不知不觉就开始熬夜"的状况。

2. 信息焦虑

此次研究较少发现台湾大学生使用社交媒体时，出现的信息焦虑问题。只有在特定事情发生，例如身处社团、兼职联系较紧密的具体事件情境中，受访者才会因担心错过重要消息而产生轻度焦虑，即弗洛伊德所说的现实性焦虑和斯皮尔伯格所描述的状态焦虑。值得注意的是，许多台湾大学生不但很少有信息焦虑现象，反而对于社交媒体出现的信息过度现象产生了排斥与厌烦心理，并且试图通过自我信息控制与管理，实现"反信息焦虑"。如：

Box6:

编号2："讯息很多，但质量良莠不齐。"（戴××，女，20岁，大二，台北）

编号32、28、31："时间被侵占，会浪费掉很多时间。"（曾××、李××、林××）

编号3："资讯和消息太多，信息爆炸带来烦躁。"（陈××，男，21岁，大二，台北）

编号2、22："社交媒体算法一直推荐会带来困扰。"（戴××、赵×）

编号31："会觉得信息太多带来的焦虑，有出现个人时间被侵占，已读也会带来困扰不回不行，提醒自己马上回却又忘记。"（林××，女，23岁，大三，屏东）

编号 22："社交媒体的演算与推荐功能有时候会让我焦虑，比如有一次我在 Youtube 上不小心点开了火影忍者，结果接下来就一直给我推荐火影忍者的内容，可是我根本不喜欢火影忍者！"（赵 ×，男，18 岁，大一，新北）

编号 32："小组作业做完，如果是不太熟的人组成的群组会删掉。"（曾 ××，女，20 岁，大二，屏东）

编号 40："我目前有 70 多个群组，不会删掉，但会关掉消息提醒。"（江 ××，男，19 岁，大一，彰化）

3. 戒断反应

在访谈中，主要通过"如果长时间不看手机会有怎样的感受"和"是否会在工作学习中忍不住看社交媒体"这两个问题来探究大学生对于网络成瘾"戒断性"方面的特征。整体来看，部分同学在长时间无法看手机的状况下并不担心错过重要消息。如，"忘带手机会有点焦虑，会觉得有点怪，但不会一直很焦虑地想"（江 ××），甚至部分被访者认为"完全不担心""没什么重要消息""有其他方式找到我"；个别同学甚至感觉"消息太多不看反而轻松""工作效率会更高"。此外，多位受访者认为，自己之前浪费了过多时间在社交媒体之上，而现在有主动隔绝和逃离的倾向，以对抗潜在的成瘾与焦虑状况。如有（戴 ××）同学提到"只要在工作就会把手机移动网络或 WiFi 关掉以屏蔽新讯息"；还有（阙 ××）同学表示"我知道自己会忍不住去玩，所以会在做事的时候把手机放得远远的"；有（陈 ××）、（曹 ××）、（刘 ××）同学还参加了纪律性社团，在参加社团活动期间关掉手机以戒除依赖。

（三）情感映射维度中的情绪影响与社会比较

情绪影响指的是"刷完社交媒体心情更加不好了"而社会比较则体现为"在社交媒体上看到别人晒'成功与幸福生活'有挫败感，并产生对自己的生活状态感到担忧和不满"的状态。

1. 情绪影响

社交媒体作为台湾大学生接收信息的重要渠道，也成为造成情绪波动、制造人际摩擦的主要媒介。有同学表示，社交媒体会影响情绪波动。在受访者之中，部分同学还提到了因为通过社交媒体跟进最近"返送中"运动而感到担忧的情况。同时，社交媒体作为一个态度和意见聚合的大熔炉，也可能会给使用者带来不良的情绪影响。如陈 ×× 同学便提到，当在 Facebook 上看到过于偏激的言论时可能会出现愤怒的情绪。而熟人圈中朋友发布的负能量信息也可能会使部分同学因为受到情绪影响而停止追踪发布这类信息的朋友。除此之外，社交媒体也成为制造和放大人际摩擦的重要渠道。许××同学就分享了自己在社交媒体"被黑"的经历，曾××同学则表示，感觉社交媒体上的人体现的性格与现实生活中有点差距，而自己曾经因为在社交媒体上遭遇朋友"当面一套，网上一套"的作法而被边缘化。社交媒体在消弭以往传播媒介的时空分离性，带来高效便捷性的同时，其构建的"虚拟空间"也使得网络人际关系与现实出现了一定的剥离甚至割裂现象，当现实生活中的人际关系并非如同社交媒体上呈现出的那样单纯、美好或是热络，相反，生活中的摩擦也可能借由社交媒体"半公开"的性质而放大时，许多大学生也会因此承受更多的压力与焦虑。

2. 社会比较现象

研究发现，台湾大学生在社交媒体使用中仍会出现一定的社会比较现象。对于朋友圈晒成绩、秀恩爱之类的行为，部分受访者也会与自身比较，但有相关性强弱之分，如与自己不太密切相关的大多数人持能接受、还好、会羡慕但不会嫉妒的态度，认为做自己的事、按自己的计划安排就好；而对于与自身比较贴近的话题像实习、求职、生活之类，同时"秀幸福"的对象恰恰是自己周边认识的人，则容易产生"相对剥夺感"，从而激发短暂性焦虑。如：

Box7:

编号32："周围的同学晒成绩会检讨自己之后继续废，晒恩爱会问自己干嘛还单身。"（曾××，女，20岁，大二，屏东）

编号19："一定会跟自己作比较，为什么我很想做的的事情其他人都做到了而我还是这个样子，就会焦虑。"（陈××，女，19岁，大二，新北）

编号36："同学交流的比较多，常聊生涯规划很焦虑。（阙，女，21岁，大三，桃园）"

六、台湾与大陆大学生社交媒体使用结构同异性分析

研究表明，台湾与大陆大学生在社交媒体使用结构方面既展现出一致性，也表现出多维度的差异性。一致性主要体现在社交媒体使用动机与形式上，差异性则重点表现为由媒介平台形态与功能差异造成的社交圈分层化效应，这构成了台湾大学生独特的自我圈层、家庭圈层和同侪圈层，同时这也成为塑造台湾大学生社会意识、态度与认知的重要因素。

（一）社交媒体使用形式与动机的一致性

通过调查可知，大部分被访者注册、使用社交媒体的原因与方式都基于现实生活中的熟人社交及家庭关系，他们表示不会选择添加完全不认识的人为好友，加好友的前提是确认对方与自己有交集。这也是中国传统亲缘文化、社群关系在社交平台上得以延续和继承的重要体现。另一方面，社交媒体是两岸青年获取信息、获得新知、建立并拓展社交关系、获得归属感、进行情感释放与调节的重要载体。例如，有受访者表示，"一个人在外地如果不用社群媒体就跟世界脱离。"（曾××）；喜欢 IG 的限时动态功能，因为"能想发就发，不用考虑太多，只需注重自己的感受"（李××）；通过社交媒体上朋友圈的建立能够找到"共同兴趣、专业的人，使彼此互相交流与分享"（叶×）。这与构成虚拟社区的六大要素：即以成员归属感为中心，在归属感的基础下，虚拟社区成员的活动将提供丰富的信息内容、社群认同、与成员有志同道合之感、拥有共同兴趣、彼此互动与参与发展的机会[①]的结论相互印证，并与大陆大学生社交媒体使用动机相一致。同时，在社交媒体使用过程中出现的依赖心理、从众心理、猎奇心理、强迫心理、攀比心理等心理特征与大陆大学生也具有一定的相似性。（参见第三章第二节）

（二）社交媒介平台功能差异化与社交圈分层化效应

1. 社交媒体形态与功能差异化

通过调查可知，Line、Facebook 与 IG 已成为广泛流行于台湾大学生之中的主流社交平台。但同时，这三大社交平台与大陆流行的社交媒体功能却不尽相同。例如，Line 与微信有些相似，两者的功能几乎一样。但是，微信更加接近于一个集社交、电子商务、支付、O2O 等多种产品于一体的"巨无霸"平台，因此，大陆大学生对微信的依赖大，花在微信上的时间更多，微信用户黏性也较强。但是 Line 与其他产品如 Line Camera 相机、Line POP 是独立运行的，外加台湾电子商务与电子支付并不发达，同时市场上有更多年轻化、有特色的社交软件可供选择，所以台湾大学生对 Line 的黏性不高，多用于日常通讯。而 Facebook 则与微信一样都是基于熟人的社交，发布的内容都可以选择公开或私密。但是，Facebook 的添加好友功能更加开放，例如，微信的好友数达到数量就不能再加好友，但是 Facebook 会变成 follow 的形式，关注的人可以

① 黄翊媗：《游戏虚拟社区的信息分享行为研究——以巴哈姆特魔兽世界版为例》，台北：台湾师范大学图书信息学研究所，2011 年。

收到更新的消息。而且 Facebook 会根据通讯录、好友、好友的朋友推荐"你可能认识的人"，且点进"可能认识的人"的主页，就能看到 TA 的好友名单，虽然功能强大，但对于愈发重视隐私的台湾年轻人来说，这也可能会激发更多担忧。Instagram 则以图片社交见长，同时，社交平台中 IG 带来的压力大于 FB 和 Line。因为 IG 是以视觉为导向的社交平台，且年轻用户居多，年轻用户会更在意外在形象的经营。多数人在使用 IG 发贴文都会对图片和文字进行不同程度的选择编辑，并由此产生想要"好好呈现自己"的发文压力。而限时动态的出现，虽然降低了发文压力，并与网络时代年轻人的信息传播习惯相贴合，但由于发布变得轻松且具时效性，从而使得更多年轻人乐于在 IG 上分享生活，但随着使用频率的增多、刷新 IG 的次数也变的更多、更琐碎。

调查表明，在台湾大学生日常学习与生活中，Line 作为通讯工具，列表的好友和群组最多，通常包括家人、朋友、亲戚、同学、工作伙伴等，对于不太熟的人也会优先选择加 Line；FB 则包括熟人圈和追踪的明星、媒体等，IG 则是比较亲密的朋友和追踪的人。大部分年轻人在 Line 或 Facebook 上会添加父母、长辈为好友，但在 IG 上不会。即使是简单的转发、回复与评论行为，青年们也会先考虑对象的亲密性和相关性，而这与对象所属的社交平台关系紧密，如："一般不会在 Line 发动态，也很少会评论回复"（畲××）、"常使用转发功能的是 FB，转发社团活动消息、系办活动、抽奖活动、文章、视频等"（林×）。"脸书发文都是因为功课，所以比较中规中矩。"（曾××）、"IG 上的基本都是'好基友'一般都会直接留言讲。"（沈××）

由此可知，社交媒体的功能已经不仅仅是能够使个人与社区进行聚集、交流、共享、合作和娱乐的软件的汇总，同时，如同卡斯特与约翰·B.汤普森所述，网络传播中的技术权力已成为象征权力的媒介权力，它通过生产和传播符号形式介入事件并影响他人行为甚至制造事件。[①] 由调查可知，不同社交平台的功能差异塑造了台湾大学生社交与生活圈的分层化效应，这不同于中国传统文化中"差序格局"的秩序规则，它既不遵从老幼尊卑，也不关乎血亲地缘、经济水平，抑或政治地位和文化资本，它完全由媒介技术形态塑造的虚拟社会规则延伸而来，并成为构筑"后人类"时代人的社会性及其社交结构的重要基础。

2. "自我圈层""家庭圈层"和"同侪圈层"

---

① [英]克里斯蒂安·福克斯：《社交媒体批判导言》，赵文丹译，北京：中国传媒大学出版社，2018 年，第 77—78 页。

　　媒介平台的差异化形成了台湾大学生独特的社交圈分层化效应。依据其与大学生主体在社交平台上的关系特征，可划分为自我圈层、家庭圈层和同侪圈层，这成为构建台湾青年自我意识与性格特征、认知方式与政治态度的重要基础。

　　（1）"自我圈层"——自我意识建构与"信息茧房"效应

　　由调查可知，无论是 Line、FB 或者 IG，大部分学生都会选择实名注册并且使用自己的照片作为头像，这也成为台湾大学生展示自己、分享自己、建构社交圈的重要平台。大学生们在社交媒体中塑造的自我，一方面是自己真实生活动态的呈现，另一方面也是自我意识的存在和觉醒，它同时协调本我遵循现实原则，但也试图展示理想中的超我，建构主体意识与开放型人格。这种主体意识的直接表现，除了调查中青年们表现出的对自己头像、发布照片、PO 文的重视与谨慎，同时也折射在日趋强化的自我隐私意识之上。如：

　　Box8：

　　编号 19："FB 家人亲戚比较多，IG 都是朋友，所以我不常在 FB 发文，IG 会更常用一点。"（陈××，女，19 岁，大二，新北）

　　编号 40："FB 会关注发送新闻的粉丝专页，也有家人，但不会常交流，IG 关注的朋友和同学会多一点"。（江××，男，大一，19 岁，彰化）

　　编号 32："FB 关注了很多家人朋友，还有老师，因为老师会通过 FB 建立群组布置任务和作业缴交方式，所以 FB 对我来说是接收这些消息的，不会主动去交流。IG 更多的是亲近的朋友。"（曾××，女，大二，20 岁，屏东）

　　值得注意的是，部分受访者还表示，会在 FB 设置"仅限自己可见""好友可见"或对父母进行了访问权限设置。他们认为，越来越多长辈拥有 FB 账号，而公开的动态消息容易被父母、亲戚、师长看到，这使得年轻人感觉被"监视"。Livingstone 等人曾提出，青少年对隐私的定义已经发生了变化，隐私不再关乎特定信息是否被揭露的问题，而是关于哪些人了解了他们哪些事情的问题。[①] 对父母进行访问权限设置即是其中一例。而 IG 则更加私密，只有设置为私密账户且经本人同意后才能加为好友（43 人中只有 7 人 IG 为公开状态，且都是男生），受访者中大部分人都设置了挚友名单，而限时动态只能让名单中的人看到。

---

　　① Livingstone, and S., "Taking risky opportunities in youthful content creation: teenagers" "use of social networking sites for intimacy, privacy and self-expression.", New Media & Society vol.10,no.3(2008), pp.393-411.

法国思想家托克维尔 19 世纪时就已指出，民主社会天然地易于促成个人主义的形成，并将随着身份平等的扩大而扩散。而在桑斯坦看来，网络信息时代在带来更多资讯和选择的同时，在看似更加民主和自由的表象下其实也蕴藏着对民主的破坏。桑斯坦在《网络共和国》中描述到："在互联网时代，伴随网络技术的发达和网络信息的剧增，我们能够在海量的信息中随意选择我们关注的话题，完全可以根据自己的喜好定制报纸和杂志，每个人都拥有为自己量身定制一份个人日报（dailyme）的可能。这种'个人日报'式的信息选择行为会导致网络茧房的形成。而当个人长期禁锢在自己所建构的信息茧房中，失去了解不同事物的能力和接触机会，个人生活则难免会呈现出定式化、程序化的特征。"[①]

自我圈层已成为构建台湾青年社交媒体时代自我认知与认知世界的重要方式和路径。但是，令人担忧的是，在海量信息包裹的信息时代，随着青年人自我观念与隐私意识的不断崛起与深化，"信息茧房"效应会更加凸显，而一旦受到不良与歪曲舆论导向的影响，将对台湾青年正确的自我意识建构与社会认知带来恶劣的负面影响。

（2）"家庭圈层"——沟通阻滞与矛盾激化效应

由社交媒体功能差异分化出的第二个重要的圈层即家庭圈层。被访的大学生绝大部分均表示自己在 Line 上有家人群，一般是大家族群 + 小家庭群，家族群的消息一般为长辈的嘘寒问暖、家庭日常、宣布家庭重要事情、转发养生健康类文章。而受访者自身则属于在大家族群里不活跃的人，对于家族群内转发文章的行为，大部分年轻人选择无视，但不会反感。如："有的知道是假新闻也不会想要反驳长辈，还是选择略过"（李××）；"我会觉得都是假新闻，但不会去纠正或讨论"（阙××）。同时，很多同学表示，家人群并不会让家庭关系变得更亲密，线下的交流反而更重要。有的同学甚至觉得，社交平台不仅不容易沟通和交流反而更加容易发生争执，在维持远距离关系的同时也可能增加一些线上的家庭矛盾与冲突。"我们家人群会探讨政治的内容，我跟爸妈有因为'同婚法案'的事情发生蛮大的摩擦吵架"（阙××）；"我跟我妈不能聊到任何政治的话题，否则就会吵起来，因为我们的政治观点不一样。"（和××）

家庭是构建社会组织的重要因子，同时也是塑造社会与民族认同的重要根基。根据调查可知，与大陆大学生社交圈分层现象有所区别的是，当家庭成员

---

① [美] 凯斯·桑斯坦：《网络共和国：网络社会中的民主问题》，黄维明译，上海：上海人民出版社，2003 年。

之间发生争议，尤其是针对社会、政治事件时，社交媒体并未能起到增进沟通、缓解矛盾、建构共识的作用，相反社交媒体使得双方立场的冲突跨越了地理障碍而更加激化。有研究曾针对年轻学生与其父母进行定群追踪，探讨"代际"政治态度的传递与变迁问题，研究发现，子女政治态度深受父母影响。研究指出，在大学生学习社会行为规范以及政治态度的形成过程中，家庭是最重要的先天影响机制，尤其父母的政治价值在子女政治价值形成时，扮演重要角色[①]。而台湾大学生四年间政党偏好皆稳定者占 52.0%，其余 48% 皆为变化者，其中，家庭父母政党偏好是影响子女政党偏好变化的主要原因。反观其他学校、同侪、媒体等自变量的影响力都不如父母，而即使到了大学阶段，父母对于大学生政党偏好的影响仍不容小觑。[②]

由此可知，父母对子女的政治态度有较强的影响，而社交媒体则在针对政治观念与冲突的交流层面起到了反向的沟通阻滞与矛盾激化效果。因此，如何合理开发和利用社交媒体，协调台湾同胞代际认知差异与矛盾，带动台湾青年向着正确的文化观与政治观发展，将是借助新媒体开展对台文化传播的重要方向与策略。

（2）"同侪圈层"——"同温层效应"

根据调查笔者发现，随着社交媒体与网络社会的不断深化和发展，当代台湾大学生社群之间的沟通并不见得一定会比信息匮乏的时代来得顺畅和有效。他们同样受到海量信息的困扰，同时，身处"信息茧房"之中的年轻人更容易被诸多因素所引导。在这些因素中，除了家庭、学校之外，同侪团体对其认知与其政治学习具有相当程度的影响。[③] 在调查中，许多受访者都表示："了解最新资讯和热门话题，看看同温层在关注什么"（吴××、邹××）；"我觉得'同温层'挺好的，好像大家都是一个温度，想法差不多"（畲××）。只有个别同学表示："活在同温层和信息茧房的世界里，如果没有主动认识多元的世界进而观点，容易被带风向"（和××）。

在台湾大学生口里广为流传的"同温层"（stratosphere），原为气象学概念，

---

① 刘嘉薇、黄纪：《父母政党偏好组合对大学生政党偏好之影响——定群追踪之研究》，《台湾民主季刊》，2012 年 9 月第 3 期，第 37—84 页。
② 刘嘉薇、黄纪：《父母政党偏好组合对大学生政党偏好之影响——定群追踪之研究》，《台湾民主季刊》，2012 年 9 月第 3 期，第 37—84 页。
③ 刘嘉薇、黄纪：《父母政党偏好组合对大学生政党偏好之影响——定群追踪之研究》，《台湾民主季刊》，2012 年 9 月第 3 期，第 37—84 页。

意指对流层顶部至平流层中下层区域，是平流层里温度最低且温度保持不变或变化很小的区域。后延伸为网络热词，《自由时报》中将"同温层"解释为：一个人所能接触到的社交圈，在某些特定主题上，有共同或类似的信念、立场及主张时，会让人以为多数人都跟自己有相同的想法，因而容易误判情势，这个现象在社群网络发达的今天尤为明显。①　显而易见，长期被信息茧房所包裹，本身就容易使人产生盲目自信、拒斥其他合理性、心胸狭隘等心理问题，而来自于同侪的"同温层"效应很有可能进一步固化和强化个体的极化思想，把自己封锁在所谓的"同盟"之中，从而愈发远离客观真理。这对台湾青年群体多元与客观信息接收、正确意见与态度的形成造成极大干扰，一旦舆论方向被恶意带偏，则对其正确的认知构成难以转变的负面影响。

七、台湾与大陆大学生焦虑情况比较

根据调查可知，大陆与台湾大学生在社交媒体使用层面都存在着不同程度的焦虑现象。一方面，在使用动机层面，信息获取、归属感、被关注、社交需求等动机不得满足就会一定程度激发焦虑；另一方面，台湾青年在行为表现、信息焦虑、和情感映射层面的焦虑特征与程度与大陆大学生仍有不同。

（一）焦虑程度差异

首先，在行为表现层面，通过前文可知，社交媒体在台湾大学生日常生活中的总体嵌入程度相对较低，虽然一定程度也存在"在社交媒体上逗留的时间比自己打算的要长"的情况，但大部分同学还是能够较为有效地分配和管理自己使用手机及社交媒体的时间。其次，在信息焦虑层面，较少有受访者在无法使用社交媒体时，担心错过重要信息，或感到空虚无聊、焦躁不安，面对过多的信息轰炸和手机使用太久的情况，还有部分同学会采取关掉信息提醒、删除群组或者参加"纪律社团"积极主动戒断社交媒体的过度使用。在情感映射层面，虽然部分台湾大学生与大陆学生一样存在着不同程度的社会比较心理与行为，但总体而言对其情绪影响较为有限。

（二）焦虑面向差异

通过前文研究可知，大陆大学生社交媒体使用焦虑的成因部分与现实生活中学习、工作、就业、情感压力相关，另一方面，由技术媒介带来的对青年群

---

①　痞客邦：《网路穷字：同温层，最近这个词很红！》，获取地址：https://nzt48.pixnet.net/blog/post/213712983—，发布时间：2018年12月1日。

体的异化与玩乐劳动现象、以及对青年文化的负面影响成为导致大陆大学生社交媒体使用焦虑的重要成因。也就是说，除了现实性因素之外，媒介技术理性的负面效应对大陆青年带来的消极影响是大陆大学生社交媒体使用焦虑的核心面向。而与之不同的是，台湾大学生社交媒体使用焦虑背后折射出更多的则是源于现实焦虑。例如：

Box9：

编号41："担心香港，会用社群媒体跟进，跟家人朋友聊。"（杨××，男，19岁，大二，彰化）

编号18："我的妈妈是'深绿'，我也是'绿'的，但因为学了新闻专业的关系所以我现在会偏向理智分析，不是所有事情一开始就可以去下对错的判断。但是我说服不了我妈，我们也没办法讨论到政治，否则就会爆炸。"（和××，男，20岁，大二，新北）

编号40："社群媒体上自己想发又不会发的东西一般都是政治比较多，怕不熟的人觉得我太偏激，懒得解释。"（江××，男，19岁，大一，彰化）

编号2："因为我是一查就要查到底的人，所以会觉得这个社会怎么这样，而我却也不能做什么。中美贸易战和最近香港的事情，最近的话，焦虑就是这些时事。"（戴××，女，20岁，大二，台北）

通过调查可知，滋生在当代台湾大学生生活中的现实焦虑有两个主要来源，其一，来自大学生涯的各种压力。如期末报告、考试、小组合作的压力，以及对于实习、求职、生活中遇到的挫折、担忧所产生的短暂性焦虑。但是，由于台湾的工读生文化让学生在读书时期能接触社会和职场领域，而愉悦的社团文化和比较轻松的学习氛围也使他们"看起来比较快乐"。因此，这部分焦虑成因所占比例并不很大。其二，来自于对台湾地区政治、经济与文化环境的深深忧虑。例如，对台湾地区的国际地位、对外来势力的惧怕、内部族群的冲突、少数群体的权利等问题，这成为台湾大学生焦虑的核心来源。

八、小结

通过此次调查，研究发现：

1. 在社交媒体使用基本情况层面，台湾大学生最常用的几个社交媒体为Facebook、Instagram 和 Line，Dcard 和批踢踢实业坊。在社交媒体上的点赞、回复、转发及评论行为与其关系亲密度和相关性有紧密关联。

2. 台湾大学生社交媒体使用动机主要为：聊天、购物、收发讯息、了解新闻资讯、关注朋友动态、打发时间、娱乐八卦、获取知识、关注兴趣领域等，同时社交媒体也是他们排解寂寞、化解面对面社交尴尬、与同侪建立关系、维系感情、建立社区归属感、获得情感认同的重要渠道。

3. 台湾大学生社交媒体使用在耐受性、社会比较两个维度与大陆大学生焦虑情形有相似之处，在生活嵌入、信息焦虑、强迫心理、戒断反应、情绪影响方面均未呈现出明显焦虑情形。对于信息焦虑现象还出现了较强的自我管理与控制行为。

4. 台湾与大陆大学生在社交媒体使用结构方面即展现出一致性，同时也表现出多维度的差异性。一致性主要体现在社交媒体使用动机与形式。差异性则重点表现为由媒介平台形态与功能差异造成的社交圈分层化效应。而"自我圈层""家庭圈层""同侪圈层"三大圈层成为构建台湾青年自我意识与性格特征、认知方式与政治态度的重要基础。

5. 大陆与台湾大学生在社交媒体使用层面都存在着不同程度的焦虑现象，大陆大学生社交媒体使用焦虑水平总体高于台湾。但大陆大学生焦虑的重要成因之一是由技术媒介带来的对青年群体的异化与玩乐劳动现象，以及对青年文化的负面影响。而台湾青年则更多倾向于现实性焦虑类型，焦虑源头主要为：忧虑台湾地区的国际地位、对外来势力的惧怕、内部族群的冲突、少数群体的权利等。针对这些问题，社交媒体的影响主要体现在：（1）社交媒体上海量、真假不一、倾向各异的新闻导致青年产生信息麻痹，并在"自我圈层"中形成"信息茧房"效应，从而不能形成正确、公允的舆论导向。（2）来自于同侪圈层的"同温层"传导效应，容易对个体正确价值观与判断造成干扰。（3）现实焦虑在"家庭圈层"中不仅不能得到有效的沟通、认同与纾解，反而促使矛盾与焦虑进一步加剧。研究旨在通过以上结果为明确两岸青年信息沟通方向、两岸青年文化传播引导机制与舆论风险控制机制的制定提供部分依据与参考。

第三节　社交媒介时代两岸青年"丧系"文化的多元意义解读 ——以"小确幸"与"小确丧"为例

一、"丧系"文化的两种阐释

近年来，以"小确幸"与"小确丧"为代表的、一体两面式"丧系"文化成为集中反映我国当代青年"信心丧失""颓废""放弃大理想追求小幸福"的心理与文化情态广泛存在于两岸大学生的日常学习与生活之中,并成为两岸学者共同关注的议题。

当前,关于"丧系"文化的研究主要涵盖了两种分析与评论面向。一方面,部分观点认为,"丧系"文化主要指向一种颓丧、麻木的消极状态,对大学生的身心发展构成不利的影响。例如,台湾学者林信华既认为"小确幸"是一种向往真切、不虚幻的生活情趣,没有宏大的构想与雄心,对未来缺乏远景的规划,而台湾的年轻人则越来越没有豪气,输不起,不敢往外闯[①]。还有观点认为,"小确幸"体现为一种避世退缩的心态,是失落感加剧的表现,同时也表现出强烈的无助感和对生活现实无可奈何的情绪[②]。另有观点进一步指出,"小确幸"语义在台湾的流行,除了继续表示了一种获得小而确切幸福感的意思外,还多与批评时政、讽刺万物齐涨或通货膨胀造成的民不聊生现象相关。[③] 对于"小确丧"现象的分析观点也认为,"小确丧"会侵蚀青年人的精神世界,危害青年人的个人成长和社会和谐。[④] 例如,施蕾即表示网络"丧文化"现象的重要表征之一是颓废无力[⑤];汪忱则认为社交网络下青年"丧文化"的特点是自嘲为主[⑥];高凌波则在《网络传播中的"丧文化"研究》一文中指出,"丧文化"具有消极性,包括自嘲、颓废、麻木,并体现在动漫、表情包、经典语录、音乐文学作品、营销行为中[⑦];而刘楠则在《"丧"文化的网络媒介呈现与引导研究》中提出,"丧文化"的媒介呈现特征为"索然无力"的乏力颓废、"自我蔑视"的无奈逃避、"悲观自嘲"的自虐反讽[⑧]。

---

① 林信华:《选举后台湾社会面临的四个困境》,中评网,获取地址:http://bj.crntt.com/doc/1035/1/7/0/103517004.html?coluid=3&kindid=13&docid=103517004&mdate=1208131801,发布时间:2014年12月8日。

② 李文艺:《"小确幸"心态与两岸关系的民意基础》,《现代台湾研究》,2015年第3期,第13—18页。

③ 曾秋桂:《在台湾地区阅读村上春树的"小确幸"》,《东北亚外语研究》,2014年第3期,第37—42页。

④ 姚本先:《新时期大学生价值观演变的轨迹、特点及原因》,《高等教育研究》,2007第9期,第76—81页。

⑤ 施蕾:《无力颓废与抵抗消解——网络"丧文化"现象解读》,《福建师范大学学报(哲学社会科学版)》,2017年第6期,第168—174页、第179页。

⑥ 汪忱:《社交网络中青年"丧文化"研究》,郑州大学硕士论文,2018年。

⑦ 高凌波:《网络传播中的"丧文化"研究》,苏州大学硕士论文,2018年。

⑧ 刘楠:《"丧"文化的网络媒介呈现与引导研究》,河北大学硕士论文,2018年。

另一方面，也有观点对"丧系"文化的积极面向进行了考察与分析，研究认为"丧文化"是"社会问题的一种反映"，是"年轻人向他们所生活的社会和世界提出温和的抗议"，主流社会应该报以同情和理解。① 如，李文艺便提出，"小确幸"作为一种社会心态，从侧面反映了台湾民众目前流行的生活态度和价值追求，折射出台湾社会，特别是青年一代的现实政治关怀。它否定急功近利、向往公平正义，但同时也存在格局狭隘、避世退缩的消极面②；董扣艳也从发展效能的视角指出，尽管"丧文化"充斥着满满的消极情绪，但是"丧潮流"之下却涌动着一股积极向上的正能量，这与网络上所表现的"丧形象"相互矛盾③。刘楠也认为，青年"丧文化"群体具有"丧而不颓"的矛盾特质，追捧"丧文化"的青年群体即使内心并没有真正绝望也可能表现出灰心丧气、消极颓废的外在特质，其目的是为缓解内心的迷茫困惑、宣泄焦虑不安的情绪④。总体来说，两岸学者从多元视角综合考察了"丧系"文化的特质及其社会根源，为我国青年亚文化的研究提供了重要基础。但是，已有研究较少将两种文化进行综合比较与考察，且鲜有研究对两种"丧系"文化呈现出的共性及其文化症候背后蕴藏的多元意义进行分析解读，这也是本研究关注并致力考察的重点问题。

二、"小确幸"与"小确丧"的性质差异与共同表征

（一）性质差异：沉重的逃避与轻松的戏谑

就"小确幸"和"小确丧"而言，两种"丧系"文化虽然都影射了时代与社会变迁对青年带来的深重影响和随之而来的焦虑情结，但是这两种青年文化的性质却存在显著的差异。

"小确幸"一词源自日本作家村上春树的彩图随笔集《朗格汉岛的午后》，用来指称生活中"微小而确实的幸福"。"小"是微小的、琐碎的，同时也是自我的、私领域的；"确"是确实的、可感的，同时也是可控的。在村上春树笔下，他的"小确幸"来自他对生活与世界的独特观察力、敏锐感受力以及对个人内

---

① 朱力、朱志玲：《我国集体行动的重大转折——2005 年、2012 年涉日游行示威活动之比较》，《江海学刊》，2013 第 3 期，第 105—112 页。
② 李文艺：《"小确幸"心态与两岸关系的民意基础》，《现代台湾研究》，2015 年第 3 期，第 13—18 页。
③ 董扣艳：《"丧文化"现象与青年社会心态透视》，《中国青年研究》，2017 年第 11 期，第 23—25 页。
④ 刘楠：《"丧"文化的网络媒介呈现与引导研究》，河北大学硕士论文，2018 年。

心世界的洞察与自省。① 很快,这种"微小而确实的幸福"的生活态度在台湾地区引发强烈共鸣,并在青年人中广泛流行。虽然,"小确幸"文化中细微而具体的幸福看似轻松愉快,但却成为台湾社会长期以来政治与经济形势在青年文化与心理层面的重要折射。有观点认为,当前台湾的政治局势造成的政治失望使得台湾民众对于台湾的未来疑虑颇深,研究表明,台湾民众对政党的不信任,一直保持在 70% 左右,这已经成为政治态度的常态。② 而年轻一代有意逃避未来憧憬,宁愿龟缩起来谋求自己小利益、获得切实满足,也不愿意随政党的宣传和当局的规划起舞。可以说"小确幸"的精神状态类似于二战后西方国家"迷惘的一代""垮掉的一代"。③ 同时,近年来台湾经济发展萎靡,就业率低、薪资低、升迁不易、物价高,对未来没方向和工时过长等问题的凸显也使得台湾经济与就业环境越发恶劣。据统计,台湾的失业率虽勉可维持 4%,但是青年世代的失业率却高达 10%,且大学刚毕业的年轻人失业率特别高,这已成为台湾社会的危机。④ 除此之外,受制于僵硬的行政、教育与法规架构的束缚,留给青年人的创新、成长机遇愈加狭窄。由此可知,台湾青年文化中的"小确幸"现象并非真正意义上的幸福生活,而是由于困顿停滞的大环境的限制及无力与之对抗的无奈、以逃避现世的沉重姿态诉诸短暂的、既定的,但却早已异质化了的幸福。然而,倘若越来越多的青年都抱持着这种"独善其身"和"三斗米"式的追求,放弃理想、宗旨与使命,长此以往,则必定会导致社会凝聚力松散、经济与文化事业停滞不前。

相比之下,兴起于大陆的"小确丧"则有着不同的背景与性质。"丧"文化概念兴盛于 2017 年,微博博主"@青红造了个白"发布了一张"葛优躺"图片,并配文"我差不多是个废人了",一时间,以 90 后、95 后、00 后为主的青年群体不约而同地响应,通过疯转在社交媒体上红极一时。随后,明星、微博大 V 等意见领袖加速了"小确丧"文化的扩散与传播,在"葛优瘫"的带领下,一批"什么都不想干""躺尸到死亡""颓废到忧伤"的马男波杰克、悲伤的青

---

① 刘雅静:《葛优躺背后的退缩型主体——"小确丧"解读及其对策》,《中国青年研究》,2018 年第 4 期,第 76—81 页、第 27 页。

② 《青年参考》,2013 年 10 月 23 日,统计数字据淡江大学林聪吉的研究。

③ 刘雅静:《葛优躺背后的退缩型主体——"小确丧"解读及其对策》,《青年文化》,2018 第 4 期,第 76—81 页、第 27 页。

④ 英冠达:《台媒:台湾就业环境早已进入寒冬》,新华网,获取地址:https://www.kanzhun.com/news/344315.html,发布时间:2018 年 5 月 10 日。

蛙、流泪咸鱼等表情包、图片、文字、音乐、动画片、文案活跃于热搜榜与各类网络平台。同时，"小确丧"不仅成为青年群体中广泛传播的流行文化，"丧符号"也成为企业吸引年轻消费群体进行营销推广的重要手段。

虽然，"丧"字在《说文解字》中意为"亡"，表示"丧失、失去，以及丧仪、人的尸体、骨殖、祸难"的意思。从字面意思来看，"丧"文化也覆盖着一种文化层面的否定、哀伤、自谑以及批判的意味。但是，"小确丧"并非彻头彻尾的"丧"，而是当代青年通过颓废无力、自嘲式的娱乐化口吻表达对现实压力的不满与困惑的独特话语方式。近年来，随着社会政治局势稳定、经济环境持续向好、经济结构持续优化、对外开放水平不断提升，居民生活的安全感、幸福感也在不断走高。但与此同时，由社会发展过速造成的文化间隙与隔阂，也成为引发社会普遍性焦虑的重要成因。青年们游走于应接不暇的多元世界与价值观中，难免感到无所适从，这种在自由与矛盾中反复纠缠的焦虑情结在身心尚未成熟、价值观尚在形塑过程中的青年群体身上体现得尤为突出，但是它始终是一种"假丧"状态，通过青年社会化历程的完善与自我疗愈，焦虑情形也会相应得到一定纾解。由此，台湾青年沉重的逃避现世与大陆青年轻松的戏谑现实成为区分"真丧"与"假丧"的分水岭。同时，在文化层面形成的对外开放不断深化的格局，对青年群体的心理与行为也带来了较大的冲击和影响。基于此种社会背景，"小确丧"诞生并成为大陆地区折射当前青年焦虑心理与行为的文化症候之一。

（二）共同表征：时代变迁语境中的焦虑话语建构

就"小确幸"与"小确丧"而言，虽然两种文化看似形式对立，但从其发展历程、文化内核、话语方式与传播形态来看，"小确幸"与"小确丧"都是"丧系"文化的一体两面，具备高度的相似性和一致性。

首先，从其发展历程来看，两种文化均来自于同一种青年次生文化脉络，它与早期的"loser"文化、"屌丝"文化一脉相承，并相继发展为"小确幸""小确丧"，以及今日的"佛系""朋克养生"等次生文化现象。其次，虽然两种文化的呈现方式不同（见表4-36），但是仔细观察其文化表现形式，不难发现，二者的文化内核都倾注于表达在时代巨变的语境之下，当代青年面对各类社会压力所呈现出的无助、困惑与焦虑；它们共同反映了一种"从无到有"（现代化）

的满足感，再到"有等于无"（后现代）的虚脱感的无限连锁。① 其三，它们都借用一种自我安慰、自嘲、自谑的方式将社会污名转化为另类的自我身份认同，并将"反鸡汤"语言风格演绎成一种精神标签，以此来用一种另类、柔性的方式抵抗社会巨变对其身心带来的巨大冲击。其四，它们都是网络与社交媒体时代的青年文化产物，共同依托于社交媒介而得到广泛传播与扩散。

表 4-36 "小确幸"与"小确丧"的呈现样式

"小确幸"②	"小确丧"
发个小财	对理想、梦想不抱希望
享用美食	不敢面对挑战，总是觉得无论自己多努力，也无法改变现状，不如多吃吃多喝喝
家人团聚	不敢谈恋爱，怕遇到渣男渣女，怕养育孩子，怕买不起房子
睡到自然醒	作息经常不规律，熬夜、失眠或者两者兼而有之
朋友捎来问候	如果可以的话，完全不需要社交
与好友旅行	重度依赖手机，沉迷游戏
看好书、听好音乐、看好电影	拖延专业户，做任何事情都提不起精神，完全没有动力去做在截止期限前的任何事
好久不见的朋友把酒言欢	聚会只是短暂的娱乐一下，不期待互相关心和依赖，相比那些虚伪的寒暄，还是宅在家里最舒服
买到物超所值的东西	将懒惰归为拖延症，把坏心情总结为水逆，说单身是因为没带招桃花链，不想工作和学习等等。
累了一天泡个澡	如果可以最好宅在家里不出门

表格来源：作者自制

除此之外，虽然"小确幸"与"小确丧"诞生环境与性质不同，但台湾与大陆同根同源，两种文化共同作为我国青年"丧系"文化的不同面向，承载着相同的文化渊源、连接着同源的民族记忆、分享着一致的情感基础。随着近年来台湾青年与大陆的联系不断加强，大量台湾青年到大陆求学、就业、生活，并在切实的惠台政策中体验到了"两岸一家亲"的真实感受和深刻的民族文化

① 陈永峰：《小确幸：后现代集体想像》，《中国时报》，发布时间：2014 年 3 月 3 日。
② 人民日报：《台湾流行"小确幸"》，人民网，获取地址：http://paper.people.com.cn/rmrbhwb/html/2012/12/21/content_1163584.htm，发布时间：2012 年 12 月 21 日。

认同。因此，"小确幸"与"小确丧"作为"丧系"文化的不同面向共同呈现了当代中国社会与文化格局变迁中的青年焦虑话语建构，通过对其文化特质的梳理与考察，是深入解析两岸青年文化心理特征、把握青年文化发展走向、促进两岸青年文化健康成长，强化两岸青年交流与融合的重要基础。

三、两岸青年"丧系"文化的多元解读

在对"小确幸"与"小确丧"两种青年文化的特征、性质进行充分梳理的基础上，本研究应用无结构式深度访谈方法对 49 位大陆（华侨大学、北师大珠海分校）与台湾（世新大学）在校大学生（见表 4-37）进行了访谈，考察了其对于"丧系"文化的认知、心理与行为特点，访谈在 2019 年 4 月—5 月开展，主要采用面对面与网络访谈相结合的方式进行，个案访谈时间为 40—60 分钟，全程录音并作详细记录以便于回访及核查。下表列出了受访者的人口统计学特征，出于受访者匿名的需要，在访谈分析采取了匿名的方式并以编号记名。

表 4-37　受访者基本信息表

编码段	平均年龄	男女比例	所在学校	所在地
大陆 1—24	21.3	1：1	华侨大学	厦门、泉州
台湾 25—49	20.8	2：3	世新大学	台北

通过研究可知，在现代生活中，许多青年一边将追求"小确幸"、"我基本是个废柴""没关系，你是最胖的"之类的丧气话挂在嘴边，一边却也不忘投身于紧张的学习、工作与社会生活之中，以做好准备应对巨大的社会压力。也就是说，青年"丧系"文化并非全然的自我否定、批判与放弃，而是当前社会与媒介文化转型时期的一种青年亚文化症候，它甚至是当代青年日趋成熟与多元化的世界观、反抗现实困境与自我疗愈的综合反映。

（一）"丧系"文化的多元价值观呈现

1. 日趋成熟与多元化的世界观

Box1：

编号 2："当下可能就是一个宣泄，或者是跟人说，我最近怎么了？就把自己的状态公布，但是可能过后我就会把它删了。而且我觉得我不会自暴自弃，因为我可能我本身的性格是带有一点点乐观，我觉得可能丧只是当下的。我会

选择发朋友圈，然后再删或者是听歌，或者是看综艺节目这些。虽然丧，我还是会继续的努力去做我手头上的或者是我未来要做的事情。"（陈×，女，25岁，大陆）

编号3："我觉得发的时候只不过是口头上说一说，然后发完的话（情绪）会好一点，一般不会丧到那样消极"。"对我来说其实是因为文化流行起来的，然后因为身边有人用，所以或多或少的会接触一下，然后去使用一下，有些时候只是为了想让自己和你的聊天对象处在共同的聊天语境中。"（赵××，女，22岁，大陆）

编号4："在网上发完之后可能感觉会好点，当下发的情绪可能很差，但心里其实想的'你要更努力一点'。因为虽然我会这样发，但是我对任何事情还是比较积极向上的，只是可能对我来说，'丧'可能只是当时的一种心态。"（李××，女，19岁，大陆）

编号26："只是觉得（'小确幸'）有趣，其实'佛系'（说法）流行起来的的时候，我也跟着试一试，对情绪没有太大影响，然后该做什么就做什么"（黄××，女，23岁，台湾）

编号31："没有什么感觉啦，'小确幸'的说法比较早啦，潮流过了生活还是原来的生活"（徐×，男，21岁，台湾）

编号6："（发的当下）就当时是真的有点情绪，有点丧吧，但心里还是知道，还是得屈服于现实，还是知道我自己得做正事。"（林××，女，22岁，大陆）

中国的70后与80后，是刚刚历经了从集体主义的框架中剥落下来、个体话语与独立意识初步萌芽的一代。教育事业与政治话语的紧密结合使得"学习"成为那个时期青年成长历程中核心的价值标准与生活坐标，社会交往、情感与心理培育、娱乐生活等事项已然被"学习"要务所覆盖。单向度的青年文化价值观形如一把无形的保护伞，它一方面迅速提升了教育水准，另一方面却也将青年社会化历程中应当历经的多元世界观与可能性、各类社会冲击与压力隔离在外。90后与00后却不同，集体主义的保护伞早已分崩离析，传统主流话语在他们身上业已失效，青年们以个体形式漂移在五光十色的物质世界中，网络与社交媒体普及之后，虽然青年们拥有更加多元化的信息来源、生活方式和选择的权利，但也更早、更完全地暴露在社会压力之下，交织着来自社会环境变迁、学业、就业、社交、情感等多重因素的复杂影响，游走在快节奏的网络虚拟世界之中，更容易引发当代大学生激烈的迷茫与焦虑。

通过访谈可知，无论是"小确幸"还是"小确丧"，对于大部分大学生而言，"丧系"话语和生活多体现在社交媒体上的聊天与情感发泄，较少真正动摇青年群体内心的价值方向感并且影响其现实生活。同时，研究表明，当代青年对于各色青年亚文化的态度也相对宽容，呈现出兼容并包的随和态度。可以说，"丧系"文化是当代青年在面对社会重压前的紧张感与正常的应激式情绪反应，同时，它也是网络社会以来社会价值观日趋开放、包容、多元的象征。随着社会转型的不断深入，竞争的不断加剧，对于当代青年而言，及早从单维度的盲目乐观主义中觉醒，及时认清现实，在风雨中磨砺、成长，未尝是件坏事。但是，值得注意的是，社交媒体在"丧系"文化中扮演的角色，它作为"小确幸"与"小确丧"的制造者、传播者，对新型青年文化的形成起到了重要的型塑作用。因此，着力考察社交媒体的传播机制及其影响将对积极疏导青年焦虑情绪与心理冲突，树立正确、积极健康的主流青年文化，起到重要的辅助作用。

2. 另类反抗与自我疗愈

编号 6："可能只有那个表情包，才比较符合我当时的心情，而且我觉得你用了表情包，然后就觉得很开心啊，很开心，后面就能更积极地面对接下来的事情。我觉得这也是一种情绪转化的办法吧，就是发那个 7788 的表情包，比较丧，也比较搞笑。虽然有用那种丧的表情包，但其实心里还是想有其他美好的事情，生活还是有其他新的希望。我觉得毕竟生活还是积极一点，就毕竟开心一点也是过，然后难过也是过，那就让自己开心一点，我在发丧的表情包，其实是为了让自己不丧。"（林××，女，22 岁，大陆）

编号 37："我觉得'小确幸'对我的影响还好吧，但是有一点还蛮实用，就是我不再像别人一样一直想买名牌鞋之后，心里还蛮踏实的。"（马××，男，24 岁，台湾）

编号 27："只有吃到好吃的东西啊，洗衣服时突然发现口袋里还有一百块的时候觉得蛮开心，算是有点'小确幸'吧，不过我还是觉得我父亲教我的比较有用，还是要多学一点、多忍耐一点，因为我也想去更多的地方走走看看。"（赵×，男，21 岁，台湾）

通过研究可知，首先，"丧系"文化的应用心理面向并不像许多研究者所担忧的会对其价值观、人生观带来过多负面的影响。相反，"丧系"文化在当代青年娱乐、追赶潮流、发泄情绪、社交需要等维度还具备提供娱乐、创造文化与情感共鸣、缓解负面情绪、强化社交的发展效能。

正如《商君书·更法》所述："狂夫乐之，贤者丧焉。"随着全球化水平的不断提高，物质主义、技术主义、单向度的价值观在青年群体中的影响也在不断深化，"丧系"文化从另一个层面而言，也成为青年通过自嘲、戏谑的方式努力辨识、质疑和反叛物质至上，希望通过特殊的话语方式来回归人性、抵抗个体生命的虚空和惰性的重要尝试。即"它远远不只是一个软绵绵或看似颓废沮丧的生活态度，而是当代青年反思现代性后果的重要文化实践，是'一个强悍的政治建构'"①。

在青年文明史中，勇于独立思考、反抗社会不公，历来是青年文化独树一帜的标志与象征。在前互联网时代，芝加哥学派、伯明翰学派就曾将青年文化中的斗争性、破坏性、非主流性看待为是工人阶级对社会结构性矛盾、资产阶级霸权的顽强斗争与抵抗，后工业时代的朋克、嬉皮士等亚文化形态也成为抵制当代资本主义的青年文化武器。媒介政治经济学的"受众商品论"曾指出，商业大众媒体的主要产品是受众力（audience power）。而在数字媒体时代，青年们不分日夜的网络冲浪，看似满足了自身信息获取、娱乐的需求，实则是在没有报酬的情况下充当着数字劳动者的角色（play labor），并以群体之力带来了庞大的经济效果。因此，如果从非道德审判角度出发，在社交媒体时代的懒惰行为，甚至是对抗数字劳动、反抗单向度社会发展观的另类尝试。因此也可以说，"丧系"文化既是当代青年借用自我污名化、防御性示弱的方式对社会单向度价值标准、结构性压力的另类呼声与反抗，同时，它也正是当代青年在压力中自我疗愈的重要表征。我们甚至庆幸，经过网络"大杂烩"式文化洗礼的青年们自创了"小确幸"和"小确丧"来代表当下独属于中国90后、00后的文化心理，而没有急于给自己贴上"社交恐惧""抑郁症""焦虑症"之类的"时髦"标签，从而将自己推入经由他者构建秩序与规则的"症状池"中。"丧系文化"一定程度上说明了青年们尚且具备在复杂的社会与文化格局中辨识自我的能力，哪怕是矛盾、分离与推拉撕扯的自我。

（二）"丧系"文化中的精神困境

当然，青年群体中出现的"丧系"文化也有值得深思和警醒的地方，认真检视其生成的根本原因，将是剖析当代青年文化心理与行为取向、避免青年文化变质、社会危机滋生的重要方式。

① 赵刚：《说说"小确幸"——台湾太阳花一代的政治认同》，观察者网，获取地址：https://www.guancha.cn/ZhaoGang/2014_12_24_304278_s.shtml，发布时间：2014年12月24日。

1. 技术媒介与商业浪潮的文化反噬

Box3：

编号 3："就有情感认同，特别在某些特定的情况下，比如说我心情不好的时候，我可能会认。心情不好的时候就很符合'小确丧'。"（赵 ××，女，22 岁，大陆）

编号 2："我觉得那句说什么你无法叫醒一个不回消息的人，但红包可以，我觉得这句好像是真的挺丧的，而且也是挺真实的，因为现在每个人手机都是不离手的。"（陈 ××，女，22 岁，大陆）

编号 19："本来我不知道什么是丧，可能只是遇到困难时优点小沮丧吧，结果看大家都丧来丧去的，连我妈也说我丧头丧脑，整天拿着手机，好像我真的很丧一样。"（朱 ×，男，24 岁，大陆）

编号 28："我觉得每晚睡前刷手机就很幸福啊，听音乐和看视频都行，不过我不希望夜晚过去，因为感觉第二天现实生活里还是有好多事情等着做"。（畲 ××，女，23 岁，台湾）

编号 33："我觉得'小确幸'的提法最近在台湾好像没有之前那么多了，不过有些打着这个（'小确幸'）名号的民宿啊、饭店啊还是有的，好像大陆的同学会很好奇，每次有人来玩，我也带他们去。"（蔡 ××，女，22 岁，台湾）

近年来，僵尸片大热荧屏，一具具失去意识、疯狂吞噬的丧尸成功地拉动了票房收入。抬眼望去，大学校园里到处都是埋头行走、埋头吃饭、埋头听课的学生，他们不分日夜游走在社交媒体切割的虚实世界中，用近乎夸张的同步使用着网络语言、表情来传递信息。笔者担忧，青年们在看似自由进出的技术与文化状态中，随着自主语言与意识的逐渐趋同与丧失将导致更剧烈的文化沦丧。弗洛姆曾提出，寡占性资本主义的新近发展倾向，已加速对人的价值的贬抑。不只是工人，中小企业主、白领劳工以及消费者，他们的角色越来越与人无关，每个人都是机器上的小螺丝，而这部机器快的让人无从了解，更遑论去影响它，因此，社会上便出现自由换工作或自由购物这种空泛的自由，这是种负面的自由，因为我们只是一颗小螺丝，换成一另一颗小螺丝。① 同时，弗洛姆相信，西方文化最常运用的机制便是自动从俗（automation conformity），即个人全盘接受文化模式所提供的人格类别，他丝毫不差的称为所有其他人的样子，

---

① ［美］罗洛·梅：《焦虑的意义》，朱侃如译，桂林：广西师范大学出版社，2013 年，第 161—165 页。

以及他们期待的样子。① 从这个角度来看，"小确幸"与"小确丧"与自动从俗的小螺丝有些相似之处，而"丧系"文化式的弱抵抗也很快将被商业主义浪潮之下"小确幸"风格民宿、"丧茶""没希望酸奶""爱无能小酒馆"式的营销逻辑收编，长此以往，独立自主、勇于批判反思的青年精神将逐渐沦为技术与商业文化反噬作用下的牺牲品。

2. 精英制下的文化审判

通过文献研究可知，2017 年以来，不少学者对"小确幸""小确丧"文化展开了热烈的批评，认为这是一种文化的"病态"，应当采取措施远离这种消极文化。然而，正如伊森·沃特斯在《像我们一样疯狂：美式心理疾病的全球化》中指出的一样，西方精神类疾病正是通过西方心理学式的"自我反思"建构出"我不正常，我无法社会化，我必须做点什么否则我就什么都不是，但我做什么会有意义呢？一切都没有意义"的感觉来消解个体的反抗意识。② 这一情况与"丧系"文化的心理特质极为相似，笔者担忧，社会精英主义与家长制者也会将"丧系"文化，原本只是一种阶段性的媒介与青年文化症候，审判、制造成为一种真"丧"式的心理疾病，这不仅低估了当代青年生命与心灵的韧性，消解了青年原本就应当具备的抗压与反思机能，还关上了青年们自我疗愈的大门。

每一代人都有自己的"丧"，每个时代都有自己的焦虑。媒介文化研究视野下，流行于两岸青年文化中的"小确幸"与"小确丧"成为当代中国青年"丧系"文化的两个重要面向，通过对其发展背景、特征的考察可发现，"丧系"文化既涵盖了积极意义也有引人反思和警醒的消极影响。它既是两岸青年多元价值观与另类反抗及自我疗愈的集中呈现，但同时也真实的折射出当代社会媒介与商业文化反噬、精英式的文化审判对青年社会化历程造成的"丧"式效应。应当理性看待社交媒体时代青年"丧系"文化的进步意义，同时针对引发"丧系"文化的社会根源进行深刻反思，从而为合理疏导两岸青年技术媒介使用的心理及行为、正确引导青年文化发展走向、提供分析思路与策略指引。

---

① [美]埃里希·弗洛姆：《逃避自由》，刘林海译，北京：国际文化出版公司，2002 年，第 185 页。

② [美]伊森·沃特斯：《像我们一样疯狂：美式心理疾病的全球化》，黄晓楠译，北京：北京师范大学出版社，2016 年，第 221 页。

结论与建议

焦虑的存在并非没有其意义。无所不在的焦虑可以帮我们看清自身的处境，看到存在的艰辛和荒谬，体验到生命的全部真实性，触摸到生存结构的坚硬外壳，从而意识到，人生的幸福并不是剔除所有的痛苦与焦虑，而是从这些苦难与焦虑中找到存在的真谛。[①] 当前我国正处在经济高速发展、信息技术日新月异、社会改革逐步深化的重要发展阶段，而在社会发展取得重大成果的同时，其在文化层面产生的间隙效应也成为织造时代焦虑的重要原因。这一特征在我国两岸大学生社交媒体使用心理与行为中体现的尤为突出。通过对两岸大学生社交媒体使用焦虑心理与行为的普遍性、特殊性与代表性的综合考察、研究结论如下。

结　论

一、普遍性特征

通过对华侨大学、厦门理工学院、兰州大学、北京师范大学珠海分校以及台湾地区辅仁大学、淡江大学、世新大学等在校大学生开展的问卷调查结果来看，两岸大学生均存在不同程度的社交媒体使用焦虑情形，同时，其社交媒体使用在使用频率、时长与内容，社交媒体使用焦虑方面主要呈现出以下特点：

（一）社交媒体使用频率、时长与内容

首先，在社交媒体使用频率层面，台湾地区大学生社交媒体使用的频繁程度要明显低于大陆大学生（台湾平均 10.247 次 / 天，大陆大学生则达到平均 17.128 次 / 天）。但是，台湾大学生使用频次虽然略低，但其平均使用时长

---

① 杨钧：《焦虑——西方哲学与心理学视阈中的焦虑话语》，北京：北京大学出版社，2013年，第183—184页。

（4.803 小时）却相对较长；大陆大学生社交媒体使用频繁程度高，但平均使用时长（4.479 小时）却相对较短。其次，在社交媒体内容选择层面，台湾与大陆大学生都热衷于追踪娱乐热点（分别占比 79.76% 和 75.81%），但是，大陆学生更加关注社会新闻（78.35%），较台湾（62.82%）高出近 16%。同时，台湾大学生对于"财经""科技""旅游"内容的关注比例高于大陆大学生，而大陆大学生对于"读书""教育"内容的关注则显著高于台湾大学生。由此可见，大陆大学生较多关注自身教育成长，而台湾大学生则对财经、科技等应用性知识关注更多。另外，值得注意的是，大陆大学生信息获取渠道相对多元和广泛，而对于圈内动态的关注度（64.26%）则显著低于台湾大学生，这与质化研究中台湾大学生社交媒体使用出现的"信息茧房"与"同温层"效应相互印证。由此可知，建构于社交媒体之上的"自我圈""同侪圈""家族圈"成为构成台湾大学生信息认知、价值判断、意识形成的核心渠道与主要方式。

（二）社交媒体使用焦虑情况

1. 焦虑机制

本研究分别从错失焦虑、社交媒体依赖和个体焦虑三个维度共同阐释社交媒体焦虑的形成机制。首先，根据相关与回归分析表明，社交媒体错失焦虑（FoMO）是大陆大学生社交媒体依赖的重要前导和预测因素，错失焦虑是导致大陆大学生社交媒体依赖达到较高水平的重要成因。其次，社交媒体依赖会加剧个体焦虑程度（特别是精神性焦虑），尤其当大学生的信息来源、社交生活与社交媒体深入绑定，随之而来的信息焦虑和情感映射就会加剧个体焦虑程度；再次，大学生个体焦虑的加剧也会通过强化其错失焦虑症状，反过来加剧其对社交媒体的依赖，并由此形成依赖→焦虑→更加依赖的负面循环，在此循环机制中，社交媒体 FoMO 发挥关键性的中介作用。而在台湾地区，社交媒体依赖与个体焦虑之间双向关联均明显较小，个体焦虑与 FoMO 的关联程度也较低，由此，社交媒体错失焦虑—依赖—个体焦虑，三者间交互反馈的关联路径也被显著弱化，从而使台湾大学生的社交媒体依赖、FoMO 与个体焦虑均较大陆呈现出较低水平。

2. 错失焦虑

（1）错失焦虑程度

总体而言，通过 t 检验表明，台湾地区大学生社交媒体错失焦虑程度显著低于大陆大学生，并且达到 10% 的显著性水平。具体来说，大陆大学生的社交媒体错失焦虑（FoMO）以及社交媒体依赖已经达到较为严重的程度（样本平均分为 44.133），同时大陆大学生中的个体焦虑情况也相当普遍，很多学生（40.71%）已经居于"明显焦虑"以上水平。同时，值得关注和警惕的是，上述三者存在相互的强化效应，这将致使大学生焦虑情绪的深化变得更加容易。台湾大学生焦虑水平则相对较低（样本平均分为 42.500），在"无明显 FoMO"与"轻度 FoMO"两个组别中高于大陆水平；在"中度 FoMO"与"重度 FoMO"两个组别的样本分布比例则要低于大陆大学生；而在"较强 FoMO"组别，台湾地区大学生样本比例则与大陆大学生基本相当。

（2）错失焦虑表现

研究发现，就错失焦虑的几个维度来看，两岸大学生的社交媒体错失焦虑在动机与行为层面的焦虑情形基本一致。如大陆大学生在心理动机、行为表现、情感映射、信息焦虑四个方面评分为：3.440 分、4.231 分、2.753 分、和 3.141 分；而台湾大学生则分别为 3.434 分、4.056 分、2.623 分和 2.909 分。错失焦虑的各构成因素的平均值排序依次为行为表现＞心理动机＞信息焦虑＞情感映射。但是，台湾地区大学生社交媒体 FoMO 的行为表现强度显著低于大陆大学生（5% 显著性水平），同时，台湾大学生的社交媒体信息焦虑程度显著低于大陆大学生（5% 显著性水平），且在心理动机和情感映射程度无显著差异。这表明台湾地区大学生社交媒体在生活中的嵌入度较低，其焦虑总体水平也相对较低，这一结论与深度访谈结果相一致。

（3）不同性别、年级错失焦虑差异

通过 t 检验与方差分析可知，两岸大学生在社交媒体错失焦虑程度的性别属性上并不存在显著差异，同时，在心理动机、行为表现、情感映射、信息焦虑四个维度上的性别差异也不显著。但是 FoMO 值在不同年级之间存在显著差异，其中，台湾地区大二、大四的学生 FoMO 程度显著高于大一，且主要体现在心理动机与情感映射层面；而在大陆大学生中，本科 4 个年级之间 FoMO 程度并无显著差异。

3. 社交媒体依赖

（1）社交媒体依赖程度

通过 t 检验与方差分析发现，台湾地区大学生社交媒体依赖程度（均值为 49.597）显著低于大陆大学生（均值为 51.799）5% 的显著性水平。其中，台湾地区大学生在中低依赖程度组别分布比例更高（分别占到 44.04% 和 15.88%），而在较强和重度依赖程度组别分布的比例明显低于大陆大学生（分别为27.44%和9.03%），这也印证了大陆大学生社交媒体使用的焦虑、依赖与个体焦虑交互加深机制的结论。

（2）社交媒体依赖表现

研究发现，两岸大学生社交媒体依赖各维度的均值排名具备较高的一致性，分别为：突显性＞冲突性＞社交强化＞戒断性＞强迫性。同时，在具体的各个维度中存在一定差异，具体表现在：台湾地区大学生社交媒体使用突显性程度显著低于大陆大学生（10%显著性水平），社交媒体使用强迫性程度显著低于大陆大学生（10%显著性水平），社交媒体使用戒断性程度显著低于大陆大学生（5%显著性水平），而两岸大学生在社交强化与冲突性上并无显著差异。由此可见，社交媒体在两岸大学生学习与生活中均扮演重要角色，但由其带来的冲突性也十分显著。虽然两岸大学生社交媒体依赖特征基本相似，但大陆大学生依赖程度则相对更深，并表现出更具突显性、强迫性、更加难以戒断的特点，由此可知，社交媒体对大陆青年带来的负面影响更加显著。

（3）社交媒体依赖的性别、年级差异

首先，两岸大学生社交媒体使用依赖在性别维度与FoMO检测情况较为相似，大陆男女大学生在社交媒体依赖层面基本无显著差异。而台湾地区男性大学生强迫性维度均分在10%的统计水平上显著高于女性大学生，在突显性、社交强化、冲突性、戒断性维度并不存在显著差异。其次，在年级属性上，两岸大学生表现出显著差异。在台湾不同年级大学生之间，社交媒体依赖的差异主要体现在社交强化、强迫性与冲突性层面。在强迫性、冲突性、戒断性维度方面，台湾地区学生均呈现大一较低→大二显著升高→大三明显下降→大四再次显著升高的情况。与之不同的是，大陆本科各年级间社交媒体依赖差异均不显著。这可能与台湾大学生课业结构、就业压力与借助社交媒体获得解压或寻求逃避的心理动机有关。

4. 个体焦虑

（1）个体焦虑程度

研究发现，台湾大学生个体焦虑的平均测量分值为21.221，略低于大陆大学生的平均分值22.950。同时，台湾大学生的个体焦虑对社交媒体依赖的影响效应和解释力明显偏小。且台湾地区大学生的个体焦虑程度的分布区间要低于大陆大学生。这一定程度印证了本研究台湾大学生焦虑倾向趋于更加多元、现实性的结论，同时有可能与台湾青年群体中普遍存在的"小确幸"心理相关。

（2）个体焦虑的性别差异

台湾地区不同性别大学生在个体焦虑总分、精神性焦虑、躯体性焦虑上均存在显著差异，具体表现为女性大学生各个维度的焦虑程度均大幅高于男性大学生。可见相较内地男女大学生之间焦虑差异不大的情况，台湾地区的女性大学生明显承受了更多的焦虑，其原因可能与台湾地区女性遭遇到更多的性别压力有关。同时，通过与月支出水平的关联分析可知，由个人支出更自由和充裕所带来的"上行焦虑"成为两岸大学生困惑、迷茫的共同来源，相对低支出水平群体并未产生过多的焦虑情形，一方面与大陆的贫困生帮扶政策相关，另一方面也说明了建设积极健康的青年文化的必要性与紧迫性。

二. 特殊性与代表性

通过针对两岸大学生半结构与无结构式的深度访谈研究，发现其在社交媒体使用焦虑心理与青年文化建构的特殊与代表性层面表现出以下特征：

（一）大陆大学的"玩乐劳动"现象与"朋克养生"文化

首先，大陆地区大学生社交媒体使用呈现出典型的玩乐劳动特征，第一，大陆青年社交媒体使用看似无拘无束，但却存在显著的强迫性与无意识性，青年们在既无法停止也无从逃离的玩乐过程中不仅不能获得心理安慰与使用满足，反而更加空虚、焦虑、无法抽身，从而致使主体性进一步弱化与丧失。第二，社交媒体情境中的玩乐劳动，不仅呈现出了"劳动产品"与"劳动者"之间异化，同时，劳动产品还具备反过来规训、同化，甚至吞噬、解构主体思维与行为能力的反噬性异化效应。第三，大陆青年在社交媒体使用的过程中，不仅存在"伪交往"和"价值观迷失"与"自我认同缺失"的异化行为，同时，年轻人对异化现象的解读与回应逐渐呈现出一种日趋"缄默化"的趋势，这成为当代青年人际交往与生活方式异化的新表征。

其次，通过对当前大陆广为流传的"朋克养生"文化的考察发现，"朋克养生"即非朋克也无关养生。在"朋克养生"所呈现的异质文化拼贴性、商业文化的浸润与异化，以及社交媒体的培养皿与增殖器效应背后，折射的乃是在当代媒介与社会变革带来的多元文化冲击下，由青年主流文化缺位、青年使命与精神匮乏、青年身份认同空置共同形成的社会焦虑与现实。令人担忧的是，在一场场喧嚣又转瞬即逝的次生文化狂欢之后，放纵新传播技术与大众文化结缘后产生的后果，会致使青年人坠入自由、放纵，最终走向漠然。

（二）台湾大学生社交媒体使用"圈层化"效应与"丧系"文化

通过研究发现：首先，台湾大学生社交媒体使用总体焦虑程度低于大陆大学生。在耐受性、社会比较两个维度与大陆大学生焦虑情形有相似之处，在生活嵌入、信息焦虑、强迫心理、戒断反应、情绪影响方面均未呈现出明显焦虑情形。对于信息焦虑现象还出现了较强的自我管理与控制行为。其次，台湾与大陆大学生在社交媒体使用结构方面既展现出一致性，同时也表现出多维度的差异性。一致性主要体现在社交媒体使用动机与形式。差异性则重点表现为由媒介平台形态与功能差异造成的社交圈分层化效应。而"自我圈层""家庭圈层""同侪圈层"三大圈层成为构建台湾青年自我意识与性格特征、认知方式与政治态度的重要基础。第三，虽然两岸大学生社交媒体使用都存在着不同程度的焦虑状况，但是其各自来源却有差异。大陆大学生焦虑的重要成因之一是由技术媒介带来的对青年群体的异化与"玩乐劳动"现象，以及对青年文化的负面影响。而台湾青年则更多倾向于现实性焦虑类型，焦虑源头主要为：忧虑台湾地区在的国际地位、对外来势力的惧怕、内部族群的冲突、少数群体的权利等。针对这些问题，社交媒体的影响主要体现在：（1）社交媒体上海量、真假不一、倾向各异的新闻导致青年产生信息麻痹，并在"自我圈层"中形成"信息茧房"效应，从而不能形成正确、公允的舆论趋向。（2）来自于同侪圈层的"同温层"传导效应，容易对个体正确价值观与判断构成干扰。（3）现实焦虑在"家庭圈层"中不仅不能得到有效的沟通、认同与纾解，反而促使矛盾与焦虑进一步加剧。

另外，研究发现，在台湾青年中广泛流行的"小确幸"现象与大陆新近出现的"小确丧"现象同根同源，作为当代青年"丧系"文化的一体两面共同折射了不同社会语境下的青年焦虑情境。但是，"丧系"文化并非"真丧"，它作为当代青年在面对社会重压前的紧张感与正常的应激式情绪反应，首先，起到了提供娱乐、追赶潮流、排解焦虑、深化社交的发展效能。其次，它也一定程度上成为网络社会以来社会价值观日趋开放、包容、多元的象征。再次，"丧系"文化也成为当代青年借用自我污名化、防御性示弱的方式对社会单向度价值标准、结构性压力的另类呼声与反抗。同时，它也正是当代青年在压力中自我疗愈的重要表征。当然，这种文化也具有消极面向，一方面，青年们沉迷在社交媒体创造的虚拟世界中无法自拔，从自主语言、自主思维能力的逐渐弱化进而演变为青年的文化沦丧，而伴随着技术与商业文化的洗礼，青年独立自主、勇于抗争的青年精神与力量也最终走向衰亡。另一方面，社会精英主义与家长制也会将"丧系"文化审判、制造成为一种真"丧"式的心理疾病，这不仅低估了当代青年生命与心灵的韧性，消解了青年原本就应当具备的抗压机能，还关上了青年们自我疗愈的大门。因此，认真检视这一次生文化生成的根本原因，将是剖析当代青年文化心理与行为取向、避免青年文化变质、社会危机滋生、消除青年焦虑的重要方式。

建　议

根据前文量化与质化研究分析结果，应当如何调适并有效纾解存在于两岸青年中的社交媒体使用焦虑心理与行为，本研究认为，可以从以下几个方面入手：

1. 针对研究发现的焦虑机制与影响性因素，本研究认为，要避免我国大学生社交媒体使用焦虑心理与行为的循环持续和加剧，有效调控社交媒体错失焦虑（FoMO）将是重要的对策切入点。目前国内研究和监测我国大学生社交媒体使用错失焦虑的量表尚不完善，应当进一步深化对该领域的重视程度，通过研发切实有效的大学生社交媒体错失焦虑量表，准确把握其错失焦虑特征与程度，通过完善的监测与反馈机制的建立，较早、有针对性地对相关问题进行干预和调节，有效地弱化甚至阻断大学生社交媒体使用在心理动机、行为表现、情感映射、信息焦虑层面的焦虑程度，并积极控制由 FoMO—依赖—个体焦虑三者之间交互加剧形成的不利影响（如成瘾、心理问题、学业影响）。

2. 针对调查中出现的大学生社交媒体使用突显性与冲突性问题，可以从大学课程体系设置的角度出发，通过在大学课程体系中增设诸如："大学生社交媒体使用规范""媒介素养""媒介文化研究"等指导性、思辨性较强的校选课、必修课等，帮助大学生群体系统提升对于社交媒体的深度认识、使用规范与网络媒介信息的识别水平。

3. 针对调查中出现的大学生社交媒体使用戒断性、强迫性、信息焦虑等问题，可尝试从大学校园生活与文化建构角度出发，着力通过校选课、兴趣小组、创新创业实践等活动的创立与完善培养其自主创新能力、实践能力与团队协作水平。同时，针对社交媒体焦虑水平较高的同学，学校可通过开设"社交媒体使用纪律社团"、心理咨询与治疗等方式进行干预、疏导与治理。

4. 针对大学生群体出现的社交媒体使用不当导致的主体性缺失问题，应当从主体观念建构层面，积极引导大学生树立理性、健康的技术媒介观，辩证看待社交媒体对当代社会带来的多元作用与影响。对于刚刚结束高考，步入大学的大一、大二年级大陆大学生群体，应当从入学的初始阶段起即通过学校、社会、媒介宣传等多维方式积极引导学生合理利用社交媒体，并着力培养大学生自主思维、思辨、创新的意识、自信心与能力。

5. 针对青年主流文化缺失的问题，可以从青年文化建构角度，积极树立方向正确、健康向上的主流青年文化观，可尝试借助社交媒体平台、校园版块的设立与互动，更加生动、有效地激活中国传统文化在当代青年主流文化建构中的积极作用与意义。同时，在弘扬社会主义理想和发展市场经济现代化的基础之上，培育并完善符合时代要求的真正主流的青年文化价值观、历史观与青年文化体系，重塑当代青年的时代使命感与责任感，从而增强社会凝聚力、长远推动我国文化振兴事业的繁荣发展。

6. 针对调查中出现的社交媒体使用在心理动机、行为表现、情感映射等层面产生的焦虑问题，可以尝试从社交媒体监管制度与策略层面，通过媒介、政府多元方式共同建立健全大学生社交媒体使用规范与监管措施，鼓励社交媒体平台提供更多元化、积极向上的内容，根据算法推荐增加与大学生相关的信息推送，完善大学生个性化信息开发与屏蔽机制，有效缓解其社会比较心理。同时应加强对于过度商业化、暴力、色情等不良信息的管控与惩罚力度。

7. 针对当代社会技术理性观过度发展的问题，在产业政策层面，应当意识到建构数字产业发展的经济效益与大众健康发展的社会效益二者之间的均衡关系，应当从互联网产业运作的规章制度层面来厘清产业发展与受众之间的权责与社会伦理机制，切实落实科学发展观，坚持以人为本、强调人的主体性地位，对于一味迎合青年参与感、社区感，游戏暴力本能与情感诉求的企业或产业形态，应予以严格的监督与管控，从而切实维护青年身心健康，真正意义上实现人的全面发展。

8. 调查显示，来自大陆的社交软件 QQ 在台湾大学生群体中普及率达到77.26%，微博用户接近 20%，在样本中甚至高于 Twitter、MSN 和 WhatsApp 等国际主流软件，而结合对台湾大学生社交媒体使用焦虑来源的考察结果可知，在当前形势下，借助在台湾大学生群体中逐步渗透的大陆社交媒体软件，不断加强两岸青年多层次、多领域、多渠道的互动与交流，持续增进台湾大学生对大陆的了解，拓展其在大陆广阔的就业、学习、创业空间，从而有效消解其对于大陆的歧见与误解，化解两岸舆情传播风险，增进理解与认同。

9.研究发现，存在于台湾大学生群体中的"自我圈层""家庭圈层""同侪圈层"三大圈层成为构建台湾青年自我意识与性格特征、认知方式与政治态度的重要基础。而针对社交媒体信息海量化引起的"信息麻痹""信息茧房"效应而导致的大学生"自我圈层"日趋封闭、固化的问题，应当借助包括社交媒体互动、线下学习、合作与交流等多元方式尽可能纠偏台湾大学生错误观念，增进台湾大学生对于大陆的客观、积极认知、了解与认同。

10.针对调查中出现的来自于台湾大学生同侪圈层的"同温层"传导效应，应当在尽可能的情形下深化两岸青年信息交流的纵深度，通过对同侪圈层的不断渗透和影响，避免"同温层"效应对于正确公允的政治态度与认知生成的干扰与阻碍；针对造成沟通阻滞、矛盾激化的社交媒体传播"家庭圈层"效应，应当合理开发和利用社交媒体的平台功能，协调台湾同胞代际认知差异与矛盾，积极引导台湾青年向着正确的文化观与政治观发展，从而有效避免两岸舆情风险与认同危机，这将是借助社交媒体开展对台青年文化传播的重要方向与策略。

附 录

前测问卷题项

预期维度：突显性
Q1. 习惯性使用社交媒体
Q2. 一有空（如课间、食堂就餐、搭车）就使用社交媒体
Q3. 每到新地方、看到新鲜事都习惯用社交媒体进行信息分享
Q4. 每隔一段时间都会打开社交媒体查看是否有自己的信息
Q5. 在社交媒体上逗留的时间比自己打算的要长
Q6. 感觉社交媒体上的广告更可信
Q7. 每晚需要刷一下社交媒体才能安心入睡
Q8. 每次学习、工作前习惯刷一下社交媒体
Q9. 我常用社交媒体纪录自己的生活和感悟
Q10. 感觉社交媒体已经成为自己身体的一部分
预期维度：社交强化
Q11. 用社交媒体与他人沟通会觉得自己沟通更自在，更自信
Q12. 社交媒体能够满足自己大部分的社交需求
Q13. 社交媒体使得自己和家人之间的关系更亲近了
Q14. 社交媒体使自己的社交圈范围更扩大了
Q15. 社交媒体拉近了人与人之间的情感距离
Q16. 社交媒体帮自己获得了更多工作、学习、就业、交友等机会
Q17. 社交媒体可以帮助自己获得更多的关注和认可
Q18. 社交媒体上别人的关注和评论让自己很有成就感
Q19. 社交媒体让自己觉得朋友就在身边
Q20. 在社交媒体上自己敢于说出日常生活中不敢说的话
预期维度：强迫性
Q21. 看到或听到社交媒体上的新消息提醒，不打开看就焦躁不安

Q22. 睡前不想看社交媒体却忍不住看了又看
Q23. 听到别人手机社交媒体上的提示音响起会以为是自己的
Q24. 每次只打算玩一会社交媒体，但刷很久都停不下来
Q25. 产生自己手机社交媒体上提示音或震动响起的幻听
Q26. 聚会时很想与家人朋友多交流但却忍不住刷社交媒体
Q27. 社交媒体使用已经影响到视力、睡眠质量、记忆力但依然忍不住继续使用
预期维度：冲突性
Q28. 玩社交媒体经常没有什么明确的目的
Q29. 看到朋友发布秀美食、秀美景、撒狗粮、秀自拍等信息觉得有点烦闷压抑
Q30. 没有社交媒体能够更加集中精力、提高效率的完成工作和学习任务
Q31. 关机之后睡眠质量更好
Q32. 社交媒体使用的越多反而觉得自己更孤单了
Q33. 在社交媒体上看到别人晒"成功与幸福生活"有挫败感产生
Q34. 刷完社交媒体心情更加不好了
Q35. 向往 70，80 年代没有社交媒体的"一支笔，一封信"时代
Q36. 觉得社交媒体很烦但又离不开
Q37. 觉得社交媒体很大程度上影响了自己的生活
预期维度：戒断性
Q38. 无法使用社交媒体时，感到空虚无聊
Q39. 无法使用社交媒体时，感到焦躁不安
Q40. 无法使用社交媒体时，我担心错过重要信息
Q41. 手机故障、断电、断网无法使用社交媒体的时刻觉得比自己生病还难受
Q42. 常因社交媒体使用中断、打乱学习、工作、生活的节奏
Q43. 在社交媒体上花费过多时间，导致睡眠时间减少或失眠
Q44. 在偏远地区无法使用社交媒体时感觉自己被世界抛弃了
Q45. 看完别人的"幸福生活"对自己的生活状态感到担忧和不满
预期维度：用户焦虑心理与症状
Q46. 感到莫名的焦躁、不安、恐慌

续表

| Q47. 感到自卑、内疚和自责 |
| Q48. 感到情绪低落 |
| Q49. 易出现紧张感、易疲劳不能放松 |
| Q50. 易害怕黑暗、陌生人、一人独处 |
| Q51. 睡眠质量下降 |
| Q52. 记忆衰退、注意力难以集中 |
| Q53. 对以往爱好的活动感到缺乏兴趣 |
| Q54. 觉得自己可能将要发疯 |
| Q55. 总担心有不幸的事件将要发生 |
| Q56. 害怕孤独、担心被孤立或遗弃 |
| Q57. 因为一阵阵头晕而苦恼（头昏） |
| Q58. 经常做噩梦 |
| Q59. 胸痛，胸闷或压迫感 |
| Q60. 心动过速、心悸、胸痛、血管跳动感、心搏脱漏 |
| Q61. 觉得手脚麻木或刺痛 |
| Q62. 口干、潮红、苍白、易出汗、起鸡皮疙瘩、紧张性头痛、毛发竖起 |
| Q63. 肌肉紧张、活动不灵活、牙齿打颤、声音发抖 |
| Q64. 尿频尿急 |
| Q65. 感到身体部分或全部不属于自己了 |

参考文献

中文文献

1. ［美］埃里希·弗洛姆:《逃避自由》,刘林海译,北京:国际文化出版公司,2002年。

2. 包亚明:《现代性与空间的生产》,上海:上海教育出版社,2003年。

3. 曹博林:《社交媒体:概念、发展历程、特征与未来——简兼谈当下对社交媒体认识的模糊之处》,《湖南广播电视大学学报》,2011第3期。

4. 曹家荣、黄厚链:《流动的手机:液态现代性脉络下的速度、时空与公私领域》,台北:E世代重要议题——人文社会面向研讨会论文,2011年5月。

5. 曹锦丹、王畅、梅松丽、贺伟:《信息焦虑量表编制及其信效度检验》,《图书情报工作》,2011年第2期。

6. 曾秋桂:《在台湾地区阅读村上春树的"小确幸"》,《东北亚外语研究》,2014年第3期。

7. 陈金英:《网络使用习性、网络交友期望与社会焦虑之分析》,《资讯社会研究》,2004年第7期。

8. 陈淑惠、翁俪祯、苏逸人、吴和懋、杨品凤:《中文网路成瘾量表之编制与心理计量特性研究》,《中华心理学刊》,2003年第45期。

9. 陈嬿如:《心传:传播学理论的新探索》,厦门:厦门大学出版社,2010年。

10. 陈叶:《大学生社交媒体的使用情况、社会支持和社交焦虑的关系及情绪启动＋效应的研究》,漳州:闽南师范大学教育硕士专业学位论文,2015年。

11. 程文英、曹锦丹、卢时雨:《信息焦虑量表的修订》,《情报科学》,2014年第1期。

12. 董扣艳:《"丧文化"现象与青年社会心态透视》,《中国青年研究》,

2017 年第 11 期。

13. 范虹江:《高中女生情绪——社交孤独感与心理健康的关系研究》,《中国学校卫生》, 2007 年第 3 期。

14. 范哲、杨晓新、王周秀:《高校学生社交媒体平台交互学习动机研究——以微博平台开展应用型课程学习为例》,《情报资料工作》, 2015 年第 2 期。

15. [奥]弗洛伊德:《精神分析引论》,高觉敷译,北京:商务印书馆, 1986 年。

16. [奥]弗洛伊德:《抑制、症状与焦虑》,(《弗洛伊德文集》第六卷),长春:长春出版社, 2004 年。

17. 高凌波:《网络传播中的"丧文化"研究》,苏州:苏州大学硕士论文, 2018 年。

18. 高尚:《社交媒体:大学组织文化的新变量》,《江苏高教》, 2013 年第 5 期。

19. 高文斌:《网络成瘾病例心理机制及综合心理干预研究》,《心理科学进展》, 2006 第 4 卷。

20. 郭正莹:《男女大学生网络自我揭露、网络社会支持与寂寞感之差异研究——以实时通讯为例》,台北:中国文化大学硕士论文, 2008 年。

21. 何兴杰、王洪辉:《论贫困大学生的焦虑情绪》,《成都理工大学学报(社会科学版)》, 2004 年第 1 期。

22. 贺金波、陈昌润、贺司琪、周宗奎:《网络社交存在较低的社交焦虑水平吗?》,《心理科学进展》, 2014 年第 2 期。

23. 贺金波:《网络成瘾的发生机制和防治》,武汉:华中师范大学出版社, 2015 年。

24. 贺伟、Doris J.Van Kampen:《图书馆焦虑量表的修订及信效度检验》,《图书情报知识》, 2008 年第 2 期。

25. 洪赞发:《社群网站人际关系、社群认同、需求满足对忠诚度之影响》,台中:朝阳科技大学硕士论文, 2013 年。

26. 胡存明、李长瑾:《大学生网络行为与抑郁焦虑的关系》,《医学与社会》, 2010 年第 11 期。

27. 黄少华、陈文江:《重塑自我的游戏:网络空间的人际交往》,兰州:兰州大学出版社, 2002 年。

28. 黄翊婠:《游戏虚拟社区的信息分享行为研究——以巴哈姆特魔兽世界版为例》,台北:台湾师范大学图书信息学研究所,2011 年。

29. 江云霞:《微信用户的人格特质与错失焦虑症关系研究》,南昌:南昌大学硕士论文,2018 年。

30. 姜春林:《普赖斯与科学计量学》,《科学学与科学技术管理》,2011 年第9 期。

31. 〔美〕凯斯·桑斯坦:《网络共和国:网络社会中的民主问题》,黄维明译,上海:上海人民出版社,2003 年。

32. 〔英〕克里斯蒂安·福克斯:《社交媒体批判导言》,赵文丹译,北京:中国传媒大学出版社,2018 年。

33. 〔美〕克里斯托弗·拉什:《自恋主义文化》,陈红雯、吕明译,上海:上海译文出版社,2013 年。

34. 孔令全、黄再胜:《国内外数字劳动研究——一个基于马克思主义劳动价值论视角的文献综述》,《东行政学院学报》,2017 年第10 期。

35. 黎琳、徐光兴、迟毓凯等:《社会比较对大学生社交焦虑影响的研究》,《心理科学》,2007 第5 期。

36. 黎伟:《大学生焦虑水平及其影响因素研究》,武汉:华中师范大学硕士论文,2002 年。

37. 李娜、胡泳:《社交媒体的中国道路:现状、特色与未来》,《新闻爱好者》,2004 年第12 期。

38. 李佩宜、徐俊冕:《强迫症与焦虑的关系及临床类型的研究》,《中华精神科杂志》,1999 年第1 期。

39. 李文艺:《"小确幸"心态与两岸关系的民意基础》,《现代台湾研究》,2015 年第3 期。

40. 林欣谕:《青年族群使用 Instagram 之心理需求与持续使用意图研究》,台北:台湾师范大学硕士论文,2017 年。

41. 刘畅:《网人合一类像世界体验经济——从 web1.0 到 3.0 的启示》,《云南社会科学》,2008 第2 期。

42. 刘根勤、曹博林:《高校学生网络接触与信息焦虑实证研究》,《中国青年研究》,2012 年第9 期。

43. 刘红、王洪礼:《大学生的手机依赖倾向与孤独感》,《中国心理卫生杂志》，2012 年第 1 期。

44. 刘家仪：《以人际关系论与计划行为论探讨网络交友之现象》，高雄：中山大学硕士论文，2001 年。

45. 刘嘉薇、黄纪：《父母政党偏好组合对大学生政党偏好之影响——定群追踪之研究》，《台湾民主季刊》,2012 年 9 月第 3 期。

46. 刘玲：《拉康欲望理论阐释》，《学术论坛》，2008 年第 5 期。

47. 刘鲁川、李旭、张冰倩：《基于扎根理论的社交媒体用户倦怠与消极使用研究》，《情报理论与实践》，2017 年第 12 期。

48. 刘鲁川、张冰倩、李旭：《社交媒体用户焦虑和潜水行为成因及与信息隐私关注的关系》，《情报资料工作》，2018 年第 5 期。

49. 刘楠：《"丧"文化的网络媒介呈现与引导研究》，保定：河北大学硕士论文，2018 年。

50. 刘卫东、荣荣：《网络时代媒介权力结构与社会利益变迁：以当代中国社会意识形态为视角》，《新闻与传播研究》，2012 年第 2 期。

51. 刘卫华、李应西：《浅谈中药剂量和疗效的关系》，《中医学报》，1996 年第 2 期。

52. 刘小枫：《舍勒选集》，上海：上海三联书店，1999 年。

53. 刘雅静：《葛优躺背后的退缩型主体——"小确丧"解读及其对策》，《中国青年研究》，2018 年第 4 期。

54. 刘振声：《社交媒体依赖与媒介需求研究——以大学生微博依赖为例》，《新闻大学》，2013 年第 1 期。

55. ［英］罗洛·梅：《焦虑的意义》，朱侃如译，桂林：广西师范大学出版社，2013 年。

56. ［美］马尔库塞：《理性与革命——黑格尔和社会理论的兴起》，程志民等译，重庆：重庆出版社,1993 年。

57. 马克思：《1844 年经济学哲学手稿》，刘丕坤译，北京：人民出版社，1985 年。

58. ［加拿大］马歇尔·麦克卢汉：《理解媒介——论人的延伸》，何道宽译，北京：商务印书馆，2000 年。

59. 梅松丽、曹锦丹：《信息焦虑的心理机制探析》，《医学与社会》，2010 年第 10 期。

60.［美］R. 尼布尔:《人的本性与命运》，成穷、王作虹译，贵阳：贵州人民出版社，2006 年。

61.［美］尼尔·波兹曼:《娱乐至死》，广西：广西师范大学出版社，2004 年。

62.［美］帕维卡·谢尔顿:《社交媒体：原理与应用》，张振维译，上海：复旦大学出版社，2018 年。

63. 钱铭怡、章晓云、黄峥等:《大学生网络关系依赖倾向量表（IRDI）的初步编制》，《北京大学学报（自然科学版）》，2006 年第 6 期。

64. 丘文福、林谷洋、叶一舵等:《社交媒体使用对大学生焦虑的影响：上行社会比较和心理资本的序列中介作用》，《中国特殊教育》，2017 年第 8 期。

65. 邱均平、王菲菲:《基于文献计量的国内外社会网络分析研究比较》，《情报资料工作》，2011 年第 1 期。

66. 邱秋云:《网络恋情者个人特质与其网恋经验之初探》，新竹：交通大学硕士论文，2003 年。

67. 任磊:《父亲和母亲教养方式影响网络成瘾发生机制的比较研究》，武汉：华中师范大学硕士论文，2014 年。

68. 申琦:《网络素养与网络隐私保护行为研究：以上海市大学生为研究对象》，《新闻大学》，2014 年第 5 期。

69. 施蕾:《无力颓废与抵抗消解——网络"丧文化"现象解读》，《福建师范大学学报（哲学社会科学版）》，2017 年第 6 期。

70. 宋伟:《微博用户的情绪焦虑及其应对》，《新闻传播》,2013 年第 5 期。

71. 宋小康、赵宇翔、张轩慧:《移动社交媒体环境下用户错失焦虑症(FoMO) 量表构建研究》，《图书情报工作》，2017 年第 8 期。

72. 孙宜君、王建磊:《论新媒体对文化传播力的影响与提升》，《新闻与传播研究》，2012 年第 4 期。

73. 孙中亮:《大学生"蚁族焦虑"的现状分析及理论思考》，南京：南京财经大学硕士论文，2012 年。

74. 谭天、张子俊:《我国社交媒体的现状、发展与趋势》，《编辑之友》，2007 年第 1 期。

75. 谭文芳:《大学生网络使用动机类型及其与网络成瘾的关系分析》，《长沙大学学报》，2005 年第 5 期。

76.［英］汤姆·斯丹迪奇:《从莎草纸到互联网：社交媒体 2000 年》，林华译，北京：中信出版社，2015年。

77.［美］唐·泰普斯科特：《数字化成长：网络世代的崛起》，陈晓开等译，长春：东北财经大学出版社，1999年。

78.唐承鲲、徐明：《基于社交媒体合作学习效果的影响要素与实现机制分析》，《远程教育杂志》，2015年第6期。

79.［美］唐纳·哈拉维：《赛博宣言：20世纪80年代的科学、技术以及社会主义女性主义》，严泽胜译，桂林：广西师范大学出版社，2006年。

80.唐兴通：《社会化媒体营销大趋势——策略与方法》，北京：清华大学出版社，2011年。

81.童媛添、邱晓雯、连帅磊等：《社交网站上行社会比较对青少年抑郁的影响：社交焦虑的中介作用》，《中国临床心理学杂志》，2017第3期。

82.汪忱：《社交网络中青年"丧文化"研究》，郑州：郑州大学硕士论文，2018年。

83.王畅：《信息焦虑调查表的编制研究》，长春：吉林大学硕士论文，2010年。

84.王丹芸：《云林县初中特教学生脸书使用行为于人际关系发展与学习动机之探讨》，嘉义：南华大学硕士论文，2015年。

85.王立皓、童辉杰：《大学生网络成瘾与社会支持、交往焦虑、自我和谐的关系研究》，《健康心理学杂志》，2003年第2期。

86.王智弘：《网路成瘾的成因分析与辅导策略》，《辅导季刊》，2008年第1期。

87.［巴西］威廉·弗卢瑟尔：《摄影的哲学思考》，李文吉译，台北：远流出版公司，1994年。

88.韦耀阳：《大学生信息焦虑与网络依赖的关系研究》，《情报科学》，2014年第11期。

89.温忠麟、叶宝娟：《中介效应分析：方法和模型发展》，《心理科学进展》，2014年第5期。

90.吴鼎铭：《网络"受众"的劳工化：传播政治经济学视角下网络"受众"的产业地位研究》，《国际新闻界》，2017年第6期。

91.吴齐殷、李文杰：《青少年友谊网络的特质与变迁：长期追踪研究》，台北：中央研究院青少年生命历程与生活调适研讨会，2001年。

92. 吴贤华、满丛英、黄燕等:《大学生信息焦虑量表的编制》,《湖北第二师范学院学报》, 2018 年第 12 期。

93. 吴贤华、满丛英:《信息焦虑及相关研究进展》,《湖北第二师范学院学报》, 2017 年第 3 期。

94. 吴祖宏:《大学生手机社交媒体依赖的问卷编制及特点研究》, 重庆: 西南大学硕士论文, 2014 年。

95. 袭开国、董博、崔诣晨:《贫困大学生焦虑现状及其影响因素》,《中国健康心理学杂志》, 2011 年第 11 期。

96. 谢芳芳、燕连福:《"数字劳动"内涵探析——基于与受众劳动、非物质劳动、物质劳动的关系》,《教学与研究》, 2017 年第 12 期。

97. 谢宛芸:《大学生 FB 及 LINE 社群网站使用动机、社交焦虑与孤寂感关系之探讨》, 屏东大学硕士论文, 2019 年。

98. 徐华、吴玄娜、兰彦婷等:《大学生手机依赖量表的编制》,《中国临床心理学杂志》, 2008 年第 1 期。

99. 徐娟、于红军、张德兰、姚聪燕:《青少年网络成瘾心理干预》, 北京: 化学工业出版社, 2010 年。

100. 颜士梅:《台湾妇女社会地位的现状及其成因》,《浙江大学学报 (社会科学版)》, 1997 年第 2 期。

101. 杨邦林、叶一舵、邱文福:《社交网络中上行社会比较对大学生焦虑的影响: 链式中介效应分析》,《信阳师范学院学报 (哲学社会科学版)》, 2017 年第 4 期。

102. 杨冬:《文学理论——从柏拉图到德里达 (第 2 版)》, 北京: 北京大学出版社, 2012 年。

103. 杨钧:《焦虑——西方哲学与心理学视阈中的焦虑话语》, 北京: 北京大学出版社, 2013 年。

104. 杨淑燕:《大台北地区成年人脸书成瘾与寂寞感之研究》, 台北: 中国文化大学硕士论文, 2016 年。

105. 杨伊生、侯友、张秋颖:《大学生网络成瘾与焦虑形态的关系研究》,《内蒙古师范大学学报 (哲学社会科学版)》, 2007 年第 6 期。

106. 姚本先:《新时期大学生价值观演变的轨迹、特点及原因》,《高等教育研究》, 2007 第 9 期。

107. 叶凤云、李君君:《大学生移动社交媒体错失焦虑症测量量表开发与应用》,《图书情报工作》,2019 年第 5 期。

108. 叶浩生:《西方心理学的历史与体系》,北京:人民教育出版社,1998年。

109. [美]伊森·沃特斯:《像我们一样疯狂:美式心理疾病的全球化》,黄晓楠译,北京:北京师范大学出版社,2016 年。

110. 袁立、刘杨:《社交媒体对大学生的影响分析——基于安徽高校的调查》,《现代传播》,2015 年第 4 期。

111. 张翠英、安美荣、王建芳等:《Web 引文数量探析》,《情报科学》,2004 年第 5 期。

112. 张帆:《对消费文化背景下媒体的思考》,《湖南大众传媒职业技术学院学报》,2005 年第 3 期。

113. 张恒艳:《论泛娱乐化思潮对高校思想政治教育带来的挑战》,《中国市场》,2015 第 9 期。

114. 张如佩:《脸书主动信息揭露与负陈情绪和寂寞的关系》,新竹:交通大学硕士论文,2013 年。

115. 张咏华、聂晶:《"专业"对大学生社交媒体使用及动机的影响——以上海大学生为例》,《国际新闻界》,2013 年第 12 期。

116. 郑希付、沈家宏等:《网络成瘾的心理学研究——认知和情绪加工》,广州:暨南大学出版社,2009 年。

117. 郑子涵:《社交媒体依赖及其对人际关系的影响研究》,《科技传播》,2016 年第 15 期。

118. 中共中央马克思恩格斯列宁斯大林著作编译局:《马克思恩格斯全集》,北京:人民出版社,1998 年。

119. 周涛:《大学生社交焦虑与网络成瘾的相关研究》,《湖南师范大学教育科学学报》,2003 年 5 月第 3 期。

120. 朱力、朱志玲:《我国集体行动的重大转折——2005 年、2012 年涉日游行示威活动之比较》,《江海学刊》,2013 年第 3 期。

121. 朱智贤:《心理学大词典》,北京:北京师范大学出版社,1989 年。

英文文献

1.Abeele M V， Rooij T V， "Fear of missing out(FoMO) as a predictor of prob-lematic social media use among teenagers"， Proceedings of International Conference on Behavioral Addictions, Geneva:March, 2016.

2.Abel.J.P， Buffcl， Burrsa, "Social media and the fear of missing out: scale development and assessment"， Journal of business and economics research (online)， vol.14, no.1(2016).

3.Alt D, "College students' academic motivation, media engagement and fear of missing out"， Computers in Human Behavior, no.49(2015).

4.Andreassen C S， Torsheim T, Brunborg G S (eds.), "Development of a Facebook Addiction Scale"， Psychological Reports, vol.110, no.2(2012).

5.Armstrong L， Phillips J G， Saling L L, "Potential determinants of heavier internet usage"， International Journal of Human-Computer Studies, vol. 53, no. 4(2000).

6.Aroles J, Book review: Trebor Scholz(eds.)， "Digital Labour: The Internet as Playgroud and Factory'"， Work Employment Society,no.28(2014).

7.Ball-Rokeach S J， Defleur M L， "A Dependency Model of Mass-Media Effects"， Communication Research, vol.3, no.1(1976).

8.Bawden D， Robinson L， " The dark side of information: overload, anxiety and other paradoxes and pathologies"， Journal of Information Science, vol.35, no.2(2008).

9.Beyens I, Frison E, Eggermont S, " 'I don' t want to miss a thing' : adolescents' fear of missing out and its relationship to adolescents' social needs，Facebook use，and Facebook related stress"， Computers in human behavior, vol.64, no.11(2016).

10.Bianchi A and Phillips J G， "Psychological Predictors of Problem Mobile Phone Use"， CyberPsychology & Behavior, vol.8, no.1(2005).

11.Bostick S, "The Development and Validation of the Library Anxiety Scale"，Detroit: Wayne State University,1992.

12.Boyd D M, Ellison N B， "Social Network Sites:Definition,History, and

Scholarship", Journal of Computer-Mediated Communication, vol.13,no.1(2007).

13.Burke M, Marlow C, Lento T, "Social network activity and social well-being", CHI 2010: Proceedings of 28th International conference on human factorsin computing systems. Atlanta: ACM press, 2010.

14.Chotpitayasunondh V, Douglas K M, "How 'phubbing' becomes the norm: The antecedents and consequences of snubbing via smart phone", Computers in Human Behavior, no.63(2016).

15.Christian F, "Digital Labour and Karl Marx", London:Routledge, 2014.

16.Davis R A, "A cognitive-behavioral model of pathological Internet use", Computers in Human Behavior, vol.17, no.2(2001).

17.Fisher E, "How Less Alienation Creates More Exploitation? Audience Labour on Social Network Sites" ,TripleC, vol.10, no2(2012).

18.Gubrium J F, Holstein J A, " Handbook of Interview Research: Context and method", London: Sage publications, 2001.

19.H S Sullivan, "Conceptions of modern psychiatry" ,New York:William Alanson white psychiatric foundation,1953.

20.Hato B, "Mobile phone checking behavior out of a fear of missing out: development, psychometric properties and test-retest reliability of a C-FoMO-Scale", Tilburg : Tilburg University, 2013.

21.Jung C G, "psychology and religion" ,new harven,conn. : Yale University Press, 1938.

22.Kaplan A M & Haenlein M, "Users of the World,unite!The Challenges and Opportunities of Social Media", Business Horizons , vol.53, no.1(january-february 2010).

23.Kenny D A, Korchmaros J D, Bolger N, " Lower level mediation in multi-level models", Psychological Methods, vol.8, no.2(2003).

24.Kierkegaard S, "The Concept of Anxiety" ,trans,by Reidar Thomte and Albert B.Anderson, New Jersey: Princeton University Press, 1981.

25.Kimberly S Young, "Internet Addiction: The Emergence of a New Clinical Disorder", CyberPsychology & Behavior, vol.1, no.3(1998).

26.Krüger S, Johanssen J, "Alienation and Digital Labour—A Depth-Hermeneutic

Inquiry into Online Commodification and the Unconscious", Journal of the American College of Surgeons , vol.43, no.5(2014) .

27.Kücklich J, "Precarious Playbour: Modders and the Digital Games Industry" ,Fibreculture Journal ,no.5(2005).

28.Kvasny L, "Digital Labour: The Internet as Playground and Factory" ,New Technology,Work and Employment,vol.28,no.3(2013).

29.Lampe C A C, Ellison N, Steinfield C, "A familiar face(book) : profile elements as signals in an online social network," CHI2007: Sigchi Conference on human factors in computing systems. San Jose: ACM press, 2007.

30.Lapolla K, "The Pinterest project: Using social media in an undergraduate second year fashion design course at a United States University", Art Design & Communication in Higher Education, vol. 13 no.2(2014).

31.Leary M R , " Social Anxiousness: The Construct and Its Measurement" , Journal of Personality Assessment, vol.47, no.1(1983).

32.Lee A R , Son S M , Kim K K , "Information and communication technology overload and social networking service fatigue: A stress perspective" , Computers in Human Behavior, no.55(2016).

33.Leslie R A , James M F , "Pharmacological magnetic resonance imaging: a new application for functional MRI" , Trends in Pharmacological Sciences, vol.21, no.8(2000).

34.Lewis P H , "Strangers, not their computers, build a network in time of grief" , The New York Times, at A1, D2(8th March,1994).

35.Lynd, R S and Lynd, H M : "Middletown in Transition" . New York: Harcourt, Brace and World, 1937.

36.Mackinnon D P , Fairchild A J , "Current Directions in Mediation Analysis" , Current Directions in Psychological Science, vol.18, no.1(2009).

37.Mayfield A, "what is social media" , icrossing.co.uk/ebooks.

38.Min-Woo Kwon, Angelo J D, Mcleod D M, "Facebook Use and Social Capital: To Bond, To Bridge, or to Escape" , "Bulletin of Science Technology & Society", vol. 33 no.1-2(2013).

39.Park W K, "Mobile Phone Addiction" , London: Mobile Communications,

2005.

40.Przybylski A K , Murayama K , Dehaan C R (eds.), "Motivational, emotional, and behavioral correlates of fear of missing out", Computers in Human Behavior, vol. 29, no.4(2013).

41.Reagle J, "First Following the joneses: FOMO and conspicuous sociality", First monday, vol.20, no.10(2015).

42.Rowlands,Nicholas,Russell,canty&Watkinson, " Social media use in the research workflow", Learned Publishing ,vol. 24 no.3(2011).

43.Sandoval M&Fuchs C, "Introduction: Philosophers of the World Unite! Theorising Digital Labour and Virtual Work—Definitions,Dimensions,and Forms" ,Triple C,vol.12,no.2(2014).

44.Sandström M, "Mobile phone use and subjective symptoms : Comparison of symptoms experienced by users of analogue and digital mobile phones", Occupational Medicine, vol.51, no.1(2001).

45.Selye,H, "The Stress of Life" ,New York: McGraw-Hill Book Company, 1956.

46.Skues J L , Williams B and Wise L, "The effects of personality traits, self-esteem, loneliness, and narcissism on Facebook use among university students" , North-Holland: Elsevier Science Publishers B V, 2012.

47.Terranova T, "Free Labour: Producing Culture for the Digital Ecomomy" , Social Text,vol.18,no.2(2000).

48.Thadani D R and Cheung C M K, "Online Social Network Dependency: Theoretical Development and Testing of Competing Models" , HICSS 2011:Proceedings of the Annual Hawaii International Conference on System Sciences, Hawaii,January 2011.

49.Van Merriënboer, J. J G , Stoyanov. "Learners in a changing learning landscape: Reflections from an instructional design perspective", "Springer Netherlands" , 2008.

50.Vivien S.Huan, Rebecca P.Ang, StefanieChye, "Loneliness and Shyness in Adolescent Problematic Internet Users: The Role of Social Anxiety" ,Child & Youth Care Forum,vol.43, no.5(2014).

51.Walther J. B., "Computer-mediated communication: impersonal, interpersonal and hyperpersonal interaction", Communication Research, vol.23, no.1(1996).

52.Watson D and Friend R , "Measurement of social-evaluative anxiety" , Journal of Consulting and Clinical Psychology, vol.33, no.4(1969).

53.Wurman R S, "Information anxiety" , New York: Doubleday Press, 1989.

54.Yamakami T , "Towards understanding SNS fatigue: exploration of social experience in the Virtual World" , ICCCT 2012: 7th International Conference on Computing and Convergence Technology, Seoul, December 2012.

后　记

一个偶然的机会，我在教学过程中与同学们交流社交媒体使用心得，多次听到同学们提及由社交媒体使用产生的浮躁感、网络沉迷、失眠、焦虑等问题。通过后期在两岸不同高校展开的深入访谈与调查，我发现，社交媒体使用焦虑现象已广泛存在于当代大学生的学习与生活之中，而其对大学生身心带来的影响也越发多元、深入与复杂。由此，了解社交媒体使用焦虑现象的现况、特征、成因与基本影响，并尝试探索纾解问题的对策与建议成为了本研究开展的初衷。

由于相关领域的研究尚处在起步阶段，尚未形成完善的研究模型与框架，同时，研究对象涉及大陆与台湾地区，研究指向也包含了文化、心理、时政等多重面向，这无疑使得研究在理论与方法设计、数据收集等层面面临更多困难。研究的开展得益于两岸高校相关领域的多位专家、学者及同学的指导、通力支持与配合，在此由衷感谢所有对本书提供支持、帮助、启发、建议的师长、同事与同学，特别感谢朱轶副教授对本书的大力指导与帮助，感谢朱燕华、孙洁、郑伟、康苗苗等同学在数据、文献搜集、分析等方面提供的帮助，没有你们本书无法完成。